本书得到河南大学文学院学术出版基金的资助

沈从文新论

A NEW INTERPRETATION
OF CONGWEN SHEN

侯运华 ◎ 著

中国社会科学出版社

图书在版编目(CIP)数据

沈从文新论/侯运华著. —北京：中国社会科学出版社，2021.5
ISBN 978-7-5203-7952-6

Ⅰ.①沈… Ⅱ.①侯… Ⅲ.①沈从文(1902-1988)—人物研究
②沈从文(1902-1988)—文学研究 Ⅳ.①K825.6②I206.6

中国版本图书馆 CIP 数据核字(2021)第 032993 号

出 版 人	赵剑英
责任编辑	郭晓鸿
特约编辑	杜若佳
责任校对	师敏革
责任印制	戴　宽

出　　版	中国社会科学出版社
社　　址	北京鼓楼西大街甲 158 号
邮　　编	100720
网　　址	http://www.csspw.cn
发 行 部	010-84083685
门 市 部	010-84029450
经　　销	新华书店及其他书店
印　　刷	北京明恒达印务有限公司
装　　订	廊坊市广阳区广增装订厂
版　　次	2021 年 5 月第 1 版
印　　次	2021 年 5 月第 1 次印刷
开　　本	710×1000　1/16
印　　张	23.75
插　　页	2
字　　数	307 千字
定　　价	138.00 元

凡购买中国社会科学出版社图书，如有质量问题请与本社营销中心联系调换
电话：010-84083683
版权所有　侵权必究

前　言

人说沈从文胆小，爱哭，不愿意结交权贵等。这是缺点吗？若果真如此，14岁外出当兵，21岁只身闯北京的沈从文，如何解释？是否可以理解为独特性格、诗人气质使然？我对沈从文的重新解读，是带着诸多问题启动的。沈从文的一生，很多时候是被人误解的，所以，他的墓碑上刻着这样的话："照我思索，可理解'我'；照我思索，可认识'人'。"① 他的墓志铭，凸显出强烈的渴望世人按照其本色理解他、阅读其文本、阐释其文学活动的愿望。基于此，我觉得须从研究作家开始，剖析其孤独性格，解读其生命密码与文学创作。这样的研究动机，构成本书新的思维。

沈从文冲出湘西、莽莽撞撞闯进新文学阵营时，并不属于任何团体或流派。孤身独行的现实处境与缺乏父爱的成长经历，促成其孤独的性格；没有丰厚的中西文化素养，没有系统的文学知识训练，也没有师友的具体指导等，导致其文学视角多为早年的传奇经历，创作出表现湘西、家族和自身经历的文本，于是，有了《湘行散记》《从文自传》等散文名作和记载其人生轨迹、欲望升腾的早期小说。从其孤独性格切入，阐释其富有自传色彩的散文和小说，得出富有新意的结论，是解读

---

① 刘红庆：《沈从文家事》，新星出版社2012年版，第343页。

沈从文的新视角。

　　没有系统的学院教育并不意味着沈从文没有自己的文化选择。他所选择的"小乡城文化",以顺应自然、人格平等、重义轻利、忧患意识等内蕴成全了其文学创作,但也带来了负面效应。独特的文化选择使其建构两个对构的文学世界——小乡城世界和大都市世界,并以人性的挖掘和人生形式的表现凸显自我风格,进而影响了凌叔华、林徽因、萧乾等人的创作,形成了京派,确立了其现代文学大家的地位;但是,过于单一的文化选择,也使其无法构建自己的哲学,因而限制了其文学成就的进一步提升,故"十城"中只创作了《边城》,中华人民共和国成立后不得不放弃文学,转而从事文物研究。从文化选择切入其文学创作和人生选择,得出富有文化意蕴的结论,是为新观点。

　　最能体现沈从文文学成就的体裁是小说。从早期对孤苦灵魂的展现、对人性的刻画、对欲望压抑和存在困境的描绘,到后期对存在的思辨、对知识分子群体的透视、对宗教存在的思索、对女性和民族命运的关注以及对民族性的剖析,其视野越来越开阔,所抵境界也越来越深邃。这是其小说能够超越时空、获得世界性声誉的原因。将其小说创作做整体观,综合考察其内蕴构成与变化,使本书对沈从文小说文本内蕴的阐释亦达到了新层次。

　　内蕴的拓展为沈从文赢得了声誉,艺术探索的得失是确立其文学史地位的重要标尺。沈从文是现代文学史上难得的文体家,不受成规制约的思维特征、侧重小说创作的探索试验,使其小说融合多种文体,形成复合文本;追叙往事和讲究叙事魅力,促其采用倒叙手法,注重小说的结尾艺术。从叙事特征看,沈从文小说的复调叙事、意象叙事、心理描写等独具特色。无论是多视角勾画场景,还是变换叙事者进行多维叙述,抑或是引入民间文学叙事技法等,均构成复调叙事;广采植物意象、动物意象和富有人文内涵的社会意象进入文本,亦使其叙事风格多姿多彩。多维度阐释沈从文艺术探索的得失，是对沈从文研究的新贡献。

沈从文小说的抒情色彩、诗性特质，源于其诗人气质。欲知晓这种气质的内涵与效应，须对其诗歌创作进行阐释。沈从文冲上文坛之前，已经建构起以小乡城文化为主，并吸纳新文化成分的主体意识；北京大学发起的歌谣运动，促使他搜集故乡民歌民谣，整理发表湘西民谣并评点其特性。湘西民谣歌唱爱情、彰显人性的特征对沈从文的白话诗创作影响巨大，侧重表现爱情的萌生、曲折及凸显的人性内涵，进而探索人本问题，为其主要内蕴。中华人民共和国成立后，他用旧体诗表现新现象，融入对社会、历史、文化的思考，或追念情感往事与朋友情谊。将沈从文的歌谣整理、白话诗创作与旧体诗写作一起研究，既可剖析沈从文的主体意识对其诗歌创作的制约，亦能在中国近现代诗歌发展史的背景下概括其价值，得出新结论，这为本书又一新见。

如前所述，沈从文在主要的文学体裁上均取得突出成就。何以如此？他建构有自己的文学理论。拒斥现代社会规则和道德，赞许凸显人类质朴、童真内涵的"神话"意识是沈从文文学理论的总纲。具体讲，包括文学创作要全面、深刻，作家应有独立意识和悲悯情怀，充满爱心；文学创作是人格与环境和谐统一的活动，作家应处理好文学与政治的关系等。其创作风格的独特、评论对象的独到、主持报刊的特异，均可由此找到答案。本书不局限于从人性来讨论沈从文的文学理论，完整阐释其文学观念，亦凸显出新意来。

人生富有传奇，创作蕴含生机。我希望，借助我的文字，引领您一同走进他的文学世界，一起领略他的人性画卷、欲望天地和如歌的旋律、忧伤的美丽。写作本书，将其小说、散文、诗歌、评论、书信等均纳入研究视野，是研究范畴的扩大；采用文本细读、阐释学、叙事学、文化剖析、文献考证等多种方法进行研究，是研究方法的综合。视野的拓展与方法的多维，自然带给研究者诸多新的感悟；当然，借助研究主体熟悉中国近代文学、现代文学、当代文学的学养优势，梳理问题的来龙去脉，理清现象的前承后续，也是笔者提出"新论"的底气所在。

总之，以沈从文的全部文学活动为研究对象，将笔者30年来研读沈从文的种种体悟融会到一本著作中分享给读者，是写作本书的目的。以阅读感受为主，借鉴合适的理论阐释所悟，表达所得，而避免大段引述他人的观点，只将其作为思考的背景和参照，是本书的写作策略。这样做，一方面留出空间展示自我研究的成果，另一方面，一定程度上避免了过度引述造成的叙述间隙。至于效果如何，恳请方家指正。

目 录

第一章 沈从文的存在状态与浪漫书写 …………………（1）
  一 边缘存在 ………………………………………………（1）
  二 孤独心态 ………………………………………………（24）
  三 浪漫书写 ………………………………………………（32）
  四 《湘行散记》 …………………………………………（47）

第二章 沈从文的文化选择 ………………………………（60）
  一 "小乡城"文化的内涵 ………………………………（61）
  二 文化选择制约其人生道路 ……………………………（66）
  三 文化选择影响其文学创作 ……………………………（71）
  四 文化选择形成其文化保守倾向 ………………………（81）
  五 文化选择使其创作个性鲜明 …………………………（88）
  六 文化选择结出的硕果:《边城》 ………………………（96）

第三章 沈从文的小说创作 ………………………………（121）
  一 孤苦灵魂的书写 ………………………………………（123）
  二 对存在的思辨 …………………………………………（135）

  三　对人性的透视 ……………………………………（145）
  四　对国民性的反思 …………………………………（151）
  五　对知识分子的刻画 ………………………………（155）
  六　对未来命运的展望 ………………………………（164）
  七　对宗教存在的思索 ………………………………（176）

第四章　沈从文小说的艺术探索 ………………………（186）
  一　沈从文小说的文体试验 …………………………（186）
  二　沈从文小说的结构艺术 …………………………（198）
  三　沈从文小说的叙事特征 …………………………（204）
  四　沈从文小说的心理描写 …………………………（237）

第五章　沈从文的主体意识与诗歌创作 ………………（248）
  一　文化选择与主体意识的建构 ……………………（248）
  二　歌谣的搜集与运用 ………………………………（251）
  三　沈从文的白话诗创作 ……………………………（261）
  四　沈从文的旧体诗创作 ……………………………（284）

第六章　沈从文的文学批评与"京派""海派"之争 …（311）
  一　沈从文的文学批评 ………………………………（311）
  二　沈从文的读者意识和风格追求 …………………（331）
  三　沈从文与京派、海派之争 ………………………（341）
  四　京派小说的独特风貌 ……………………………（349）
  五　沈从文理论建构的价值 …………………………（364）

后记 ……………………………………………………………（369）

第一章 沈从文的存在状态与浪漫书写

研究沈从文的文学创作，不能不考虑其存在状态。类似"另一个国度"（湘西）的特殊空间，使其世代处于国家政权控制的边缘地带；沈从文本人对政治的疏离、对团体的抗拒以及其职业选择的冷僻等，也使其不可能进入社会结构的中心。唯其如此，作为认知主体，沈从文往往视野有限，缺乏向外拓展的动力，从而转向自我冥思，凸显出孤独心态。受此心态左右，其文学创作多以自我经历为主，表现出自传性特色，情感表现充分，抒情特征鲜明，是对中国现代社会的浪漫书写。

一 边缘存在

1988年5月10日晚8点35分，沈从文逝世。从此，这个从湘西凤凰闯出来的倔强汉子，似乎与现实世界切断了关联。然而，随着时光流逝，沈从文创造的文学世界和建构的文物研究天地，却越来越具有魅力，吸引着对文学痴情和对传统文化着迷的读者。那么，沈从文究竟是怎样的一个存在呢？

沈从文的存在处于空间边缘。从空间上考察，湘西处于中国西南方一隅，因为被巫山、武陵山、雪峰山、大娄山、云贵高原环绕，阻断了湘西与外面世界的联系，因而形成独特的文化系统和民风民俗，沈从文称之为"另一个国度"。其总体格局的封闭形成的保守势态，导致人们的存在状态千百年来极少变化；封闭便少见识，少见识便缺少参照系，因此，湘西人极容易满足，少思变化，使生活其中的敏感者几乎有窒息感。

空间的阻隔，造成文化交流的困难，给湘西文化的存在带来多重效应。一方面，在独特的地理环境和历史因素共同作用下，形成了内蕴别致的"小乡城文化"。① 其存在，既影响了沈从文主体意识的构成，亦对其文学创作具有决定性制约。正如夏志清所言："在这方面，他创作的目标是与叶慈相仿的：他们都强调，在唯物主义文化的笼罩下，人类得跟神和自然，保持着一种协调和谐的关系。只有这样才可以使我们保全做人的原始血性和骄傲，不流于贪婪与奸诈。沈从文与他同期的大部分作家另外一个不同之点是，他虽然对资产阶级生活方式的无聊与堕落感到深恶痛绝，却拒绝接受马克思主义乌托邦式的梦想。因为这种乌托邦一出现，神祇就要从人类社会隐没了。他对古旧中国之信仰，态度之虔诚，在他同期作家中，再也找不出第二个。"② 另一方面，文化基因缺少变化，使湘西苗族的存在处于超稳定状态。沈从文这样描述其生存状态："然而从整个说来，这些人生活却仿佛同'自然'已相融合，很从容的各在那里尽其性命之理，与其他无生命物质一样，惟在日月升降寒暑交替中放射，分解。而且在这种过程中，人是如何渺小的东西，这些人比起世界上任何哲人，也似乎还更知道的多一些。"③ 一切顺其自然，从好处看，这里的人们顺应天性，少功利意识，没有汉文化圈内尔虞我诈、拼命钻营的现象，使其生存变得平静恬然。但是，放大视野观察，则会发现其弊端。当外部文化轰然而来时，还停留在自然状态的苗

---

① 参阅侯运华《论沈从文的文化选择》，《河南大学学报》1997年第3期。
② [美]夏志清：《中国现代小说史》，刘绍铭译，香港中文大学出版社2001年版，第162页。
③ 沈从文：《箱子岩》，《沈从文全集》第11卷，北岳文艺出版社2002年版，第280页。

族众生难免有难以招架的困境，并滋生对前途的隐隐困惑。然而，隐隐困惑并未达到能够促使其改变的程度，于是，轻轻一叹后依然故我，循环着祖先的生活："他们那么忠实庄严的生活，担负了自己那分命运，为自己，为儿女，继续在这世界中活下去。不问所过的是如何贫贱艰难的日子，却从不逃避为了求生而应有的一切努力。在他们生活爱憎得失里，也依然摊派了哭，笑，吃，喝。对于寒暑的来临，他们便更比其他世界上人感到四时交替的严肃。历史对于他们俨然毫无意义，然而提到他们这点千年不变无可记载的历史，却使人引起无言的哀戚。"① 沈从文的"哀戚"并不具有普遍性，因为生活在那里的人们并没有意识到自我生存状态的可悲。悲哀意识的内循环，只能加重沈从文的孤独和担忧，推动他思考有无改变的可能。

作为冲出湘西的先觉者，沈从文冲出去、接受其他文化后，便警觉到湘西文化的滞后，因而产生改变其文化内蕴的冲动——"这个民族，在这一堆日子里，为内战，毒物，饥馑，水灾，如何向堕落与灭亡之大路走去，一切人生活习惯，又如何在巨大压力下失去了它原来的纯朴型范！""这责任应当归谁？"② 然而，追问并没有答案，只有作者急切希望有所改变。在《箱子岩》中，他才想略尽人力，去改造之："我们用什么方法，就可以使这些人心中感觉一种对'惶恐'，且放弃过去对自然和平的态度，重新来一股劲儿，用划龙船的精神活下去？这些人在娱乐上的狂热，就证明这种狂热使他们还配在世界上占据一片土地，活得更愉快更长久一些。不过有什么方法，可以改造这些人狂热到一件新的竞争方面去？"③ 急切中蕴含着探寻的冲动，暗示里有所趋指。

---

① 沈从文：《一九三四年一月十八日》，《沈从文全集》第11卷，北岳文艺出版社2002年版，第253页。
② 沈从文：《辰河小船上的水手》，《沈从文全集》第11卷，北岳文艺出版社2002年版，第275、276页。
③ 沈从文：《箱子岩》，《沈从文全集》第11卷，北岳文艺出版社2002年版，第281页。

如果沈从文是呼风唤雨的政治家，也许这样的思考可以搅动沉滞的湘西。问题在于：一个文学家对社会思潮的干预和改变世道人心的能力是非常有限的，绝非梁启超发动"小说界革命"时所渲染的那样，小说有改变社会的巨大力量。因此，他只能在自己的文章中呼吁，在小说中描摹，甚至仅仅是在给妻子的信中倾诉。这样的呼喊，若存在于湘西山水间，肯定会引发悠长的回音。但是，在20世纪30年代的中国社会上，沈从文注定只能收获孤独。

沈从文的存在亦处于社会边缘。走出湘西之前，沈从文就有意无意游离于群体。从私塾里逃出来，是对社会群体的逃离，他宁愿与愚昧天真的村童戏耍，也不愿遵从社会规则。进入军队后，他所担当的文书职务，依然是相对独立的工作。虽然能够在军官们旁边侍候，但在军阶严格的行伍间，他注定只能给他们抄抄写写，或利用一技之长为他们炖狗肉。即便是到了芷江，担任警察所办事员时，他也只能在五舅父黄巨川和七姨夫熊捷三等人雅集时担任书写任务，并不能成为其中一员。做完这些事务后，他才能在熊捷三书房里读商务印书馆的《说部丛书》，"我记得迭更司的《冰雪因缘》《滑稽外史》《贼史》这三部书，反复约占了我两个月的时间。我喜欢这种书，因为它告给我的正是我所要明白的。"① 这些小说，为沈从文打开了一扇瞭望西方世界的窗户；同时，细细品味，也能体悟到他的孤独与寂寞。一个人默默欣赏美丽，独自咀嚼寂寞，便会感悟到美丽深处的内蕴——"美丽总是愁人的。我或者很快乐，却用的是发愁字样。但事实上每每见到这种光景。我总默默的注视许久。我要人同我说一句话，我要一个最熟的人，来同我讨论这些光景。可是这一次来到这地方，部队既完全开拔了，事情也无可作的，玩时也不能如前一次那么高兴了。虽仍然常常到城门边去吃汤圆，同那老人谈谈，看看街，可是能在一堆玩，一处过日子，一阵子说话的，已无

---

① 沈从文：《女难》，《沈从文全集》第13卷，北岳文艺出版社2002年版，第323页。

一个人。"① 如果从情感层面观察，沈从文更是孤独。那些豪门亲戚希望他做女婿，他却爱上了一位商人的女儿马泽蕙，成天悄悄地给她写情诗，然后请她的弟弟马泽淮送去，马泽淮则趁机向他借钱。最终，美人没有得到，家里交他保管的卖房钱却少了一千元。他羞愧难当，离开芷江，到常德遇到表哥黄玉书，做了一段代写情书的文秘和代送情书的信使。一个失恋者，为他人写情书，成全了表哥的爱情，自己却什么也没有！沈从文的尴尬、寂寞，是外人难以理解的，因此，在不了解贺龙队伍的情况下，他也产生了要到那里去的冲动。如果不是遇到表弟聂清，将他引到保靖，在那里结识了印刷工头赵奎五，知道了新文学的存在，并萌生了冲出湘西的理想，其人生可能是另外的道路了。在保靖，他从赵奎五那里看到了《新潮》《创造》等新文学刊物；同时，一场大病使其经历40多天的折磨，病刚好，照顾过他的好友陆弢却意外溺死。外界信息的诱惑，自身病痛的刺激，生死一瞬的现实，均让他陷入更深的孤独。他像痴呆了一样，想了四天，决定离开湘西，到北京闯一闯。这是众多同代人没有想过且不敢选择的道路，他选择了！选择就意味着承担，从此以后，他必须独自承担选择带来的一切。

从封闭空间冲出来的沈从文，在北京、上海这样的现代都市里，能否挤进社会中心，占据登高一呼、应者云集的社会位置呢？终其一生，沈从文也没有成功。他总是处于社会的边缘，按照"乡下人"独特的"尺"与"称"衡量来到面前的事事物物，决定自己的取舍。初到北京，无论是被拉车人用拉猪的板车骗到小旅馆，还收取他很高的费用，使其对城市产生了终身难灭的拒斥感，还是住在酉西会馆里，少有人交往，时常一个人孤零零地待一天，以至于表弟黄村生担心他出问题，帮他转移到北京大学附近的公寓里，均凸显出其孤独于社会主流之外的状态。因为没钱，他只能住储煤间改成的小屋子，这就是其早期小说结尾

---

① 沈从文：《女难》，《沈从文全集》第13卷，北岳文艺出版社2002年版，第319页。

常署的"窄而霉小斋"。此期,他报考北京大学、燕京大学均失败,唯一考取的中法大学,却因为交不出28元的费用而放弃。显然,沈从文没有自己的社交圈,除了偶尔遇到一些爱好文学的大学生和关照他的表亲们,他没有找到固定的朋友。后来,认识了胡也频、丁玲,算是有了文学上的知音,却只是一样挣扎在生存线上的同病相怜者。唯其如此,他对郁达夫的爱护与劝诫终身不忘;而鲁迅将丁玲的求助信误会为他化名女性求助而公开贬抑的羞辱,孙伏园将其投稿揉成一团、扔到废纸篓的细节等,则无不让沈从文感到生存无助的侮辱和孤独。

他这样描述自己的存在状态:"阴郁模样的从文,目送二掌柜出房以后,……'唉!无意义的人生,——可诅咒的人生',伤心极了,两个陷了进去的眼孔内,热的泪只是朝外滚。""我不能奋斗去生,未必连爽爽快快去结果了自己也不能吧?"① 被饥饿折磨得两眼深陷,人生陷入"生死两徘徊"的困境,却无处倾诉,只能躲到阴暗潮湿的小屋里自己品味。因此,他抱怨:"人类的同情,是轮不到我头上了。但我并不怨人们给我的刻薄。我知道,在这个傲扰争逐世界里,别人并不须对他一人负有什么应当必然的义务。"到了绝望时,他高喊:"我只要生!我不管如何生活方式都满意!我愿意用我手与脑终日劳作来换每日低限度的生活费。"② 意识到人类的无情,渴望独立生存,勉强活下去,才乞求不顾尊严的救援;但是,救援并没有得到,得到的只能是更加失望。因为孤独和绝望,他迷失了自我,并厌恶人类:"我请你想法把我心交还。""一个人,没有了心,就是这样空空洞洞的,实不能够生存,那是你知道的!""我对人似乎除憎恶以外找不出稍好情感来。""你们也许还不认清你们的敌人吧!这我可以告你:眼前的一切,都是你的敌

---

① 沈从文:《一封未曾付邮的信》,《沈从文全集》第11卷,北岳文艺出版社2002年版,第3页。
② 沈从文:《一封未曾付邮的信》,《沈从文全集》第11卷,北岳文艺出版社2002年版,第5页。

人啊！法度，教育，实业，道德，官僚，……一切一切，无有不是。"
"到这世界上，谁个不是赖着与同类抢抢夺夺来维持生存？你不夺人，其实别人把你连生下去的权利也剥去了！金钱，名位，那里不是从这个手中抢到那个手中？"① 一个人存在于世上，否定自我存在的族群，以眼前的一切为敌，认为别人的存在是为了剥夺自己的生存权利。这种郁达夫式的激愤和绝望，既是时代因素造成的，也有他对世界和人际关系认知的偏差，更有存在主义那样对人与人关系的负面认定。虽然此时已经有几篇文章发表，可是其自我存在却是这样："我，还依然是我！……人呢，一天天的老去了！长年还丧魂落魄似的东荡西荡，也许生活的结束才是归宿。"② 看不到前途，不知道未来的希望何在。因此，抱着死灰的心态丧魂落魄地漂在北京，苦熬岁月，以为只有死亡才能结束眼前的贫穷与无聊。平淡的文字所传达的内涵如此决绝，虽然没有惊心动魄的情绪，也能使人体味到文字背后的孤寂与清冷。

登上文坛后，他有过短暂的兴奋。与丁玲、胡也频等人的交往，似乎也找到了同志。尤其是1925年经丁西林介绍他在《现代评论》兼做发报员后，与主编陈源、文艺编辑杨振声等认识，并开始在此刊物上发表作品，他似乎暂时找到了友情的归宿，文学创作也有了起色。"从发表《怯步者笔记——鸡声》起，沈从文成了《现代评论》的经常撰稿人，1926—1928年间，《现代评论》陆续刊发了他22篇文学作品，他后来因此被批评者列入'现代评论派'。"③ 但是，随着20世纪20年代中期文化中心的转移和热心帮助他的徐志摩的遇难，被生活驱赶到上海的沈从文，一边用棉花塞住流血的鼻子，一边拼命写作来养家。1928年，他写信给徐志摩："因穷于对付生活，身体转坏，脾气亦坏，文章

---

① 沈从文：《狂人书简》，《沈从文全集》第11卷，北岳文艺出版社2002年版，第16、26—27页。
② 沈从文：《流光》，《沈从文全集》第11卷，北岳文艺出版社2002年版，第38页。
③ 吴世勇：《沈从文年谱（1902—1988）》，天津人民出版社2006年版，第29页。

一字不能写。自己希望也不过为奢,但想得一笔钱应付各方,能安安定定休息一个月,只要有一个月不必在人事上打算,即是大幸福,此事你帮帮看看。"① 显然,他已经到了需要朋友帮忙才能度日的程度了,尽管他的愿望不高,却没有实现的可能。为了摆脱困境,他便沉溺于幻想:"我只能常常作着发财的梦,说我忽然就有了五万六万块钱,因为有钱则许多女人都不会嫌我了。……不过这财五万六万打那儿地方发起?除了作梦说是骤然间就可以作到,我现在是还日日要耽着心无从缴下一月房租的。"② 1929 年,在给好友王际真的信中,"我发烧到不知多少度,三天内瘦了三分之一,但又极怕冷,窗子也不敢开。无事作,坐在床边,就想假若我是死了又怎么样?"③ 这种状态延续到 1930 年也没有改变:"我只是一天瘦一天,像吃烟君子,今天是坐到桌边就打盹的,半月来完全是这样子,生自己的气,找不出做人的根据,所以很容易生气。"④ 天性善良的他不愿责怪别人,只能自己生闷气,折磨自己。

　　自己陷入困顿,还不忘帮助别人,最终窘迫到连通信的邮票钱都要考虑再三了。他让王际真帮他购买东西,却担心邮费问题:"若果要邮费太多,又要上许多海关上的税款,恐怕就寄不来了,因为我身边从没有存过五块钱。"因为"我除了把文章作好,要他们寄稿费给那些朋友外,就只能为他们卖卖稿子。我近来就成天为这些人转寄稿件,我的穷,在这事上也有点关系"。⑤ 能够交心的朋友远在美国,周围帮助过的朋友却少有人反过来帮他,书商们除了利用他赚钱,盘剥他,也少来往。这种现实,使他对文坛不满,对为钱而写作不满。1931 年,他告

---

① 沈从文:《致徐志摩》,《沈从文全集》第 18 卷,北岳文艺出版社 2002 年版,第 11 页。
② 沈从文:《南行杂记》,《沈从文全集》第 11 卷,北岳文艺出版社 2002 年版,第 83 页。
③ 沈从文:《致王际真》,《沈从文全集》第 18 卷,北岳文艺出版社 2002 年版,第 19—20 页。
④ 沈从文:《复王际真》,《沈从文全集》第 18 卷,北岳文艺出版社 2002 年版,第 33 页。
⑤ 沈从文:《复王际真——在武汉大学》,《沈从文全集》第 18 卷,北岳文艺出版社 2002 年版,第 114—115 页。

诉王际真："中国文学的兴味与主张，是一万元或一个市侩所支配，却不是一个作家支配的，读者永远相信书店中人的谎话，永远相信先生老师者流的谎话，我同这些有力量抬高我的人是完全合不来的，所以我看得出我未来的命运。"① 不趋时，不苟且，孤独坚守自我，只能收获寂寞。"我或者可以有一时聪明起来，写得出一部永远存在的著作，可是使我对于钱发生一些责任，这一定永远做不到！"② 生活在看重金钱的时代，被金钱压得喘不过气来，却不愿被金钱捆绑住自己的笔，便难免自我斗争，承受着巨大压力。有时，他甚至对自我身份认同与社会宣传产生厌恶感："我又印出了两本书。际真，这怎么办？我讨厌极了我的文章，见到新书同报纸上广告就非常生气。我只想做一点忘了我现在的事业，全无从做到。"③ 身为作家，对出版新书不是欣喜，而是厌恶。见到宣传广告，不满；甚至想忘掉自己的事业——写作。可以看出，迫于生活压力而应付式的写作已经让沈从文接近崩溃。在这样的强烈负面情绪下写出的作品，肯定缺乏明快的阳光与绚丽的色彩。

《一个天才的通信》《呆官日记》《不死日记》等自传体小说中，主人公经常受不住社会黑暗与贫病的压力而自杀，便是其潜意识的流露。而充斥于字里行间的"自杀""死亡"等字眼，也充分表现出其生存的艰难与存在的孤独。他认为自己是深夜独行的天才，"天才永远是孤独，孤独的见解多是对的。对与不对是诉诸历史的事。而所谓深夜独行者，他是终不免被人迫害无以为生的吧"。④ 现实中得不到公正评价，期待历史能够证明，问题是不待历史证明，孤独者就可能被人迫害而难以生

---

① 沈从文：《致王际真——住到上海不动了》，《沈从文全集》第18卷，北岳文艺出版社2002年版，第127页。

② 沈从文：《致王际真——住到上海不动了》，《沈从文全集》第18卷，北岳文艺出版社2002年版，第129页。

③ 沈从文：《致王际真——住到上海不动了》，《沈从文全集》第18卷，北岳文艺出版社2002年版，第144页。

④ 沈从文：《中年》，《沈从文全集》第3卷，北岳文艺出版社2002年版，第432页。

存。这是多么悲观的"中年"！写好了文章，没有钱买邮票的窘迫；大白天自慰带来的负罪感，生理需求得不到满足的压迫和急切需要找一个异性的渴望共同挤压着他。"在这十天中，只是躺在床上流汗把日子度过了。其间作了两次坏事，是白天。人却似乎不怎样疲乏？可是更坏的是莫名其妙竟对于房东女儿动了心。"① 此时的沈从文渴望友谊和爱情，他呼吁："我所需要于人，是不饰的热情，是比普通一般人更贴紧一点的友谊，要温柔，要体谅。"② "我咀嚼自己胡涂的用钱，便想起母亲说的应当有个妻来管理的事了。不然真不行。不过这时到什么地方去找这样一个人呢？谁愿意作这样一个萎靡男子的妻？说是有，我可不敢相信的。"③ 在世态炎凉、金钱至上的大都市里，真挚的友谊和爱情无疑是奢侈品，怎么能够容易获得呢？如果别人告诉他有，他都不敢相信。即便是被时人认为关系密切的胡也频、丁玲夫妇，实际上也没有给予他真挚的友谊。1928年12月6日，沈从文拜访程万孚。他离开后，程万孚写信给程朱溪："此人真苦，真可怜！而也频与丁玲在一起，从文处处皆受指挥，不然，奶奶不悦，先生亦怒。他又毫无趣，且贫，他的遗嘱已写好，想死，非自杀，乃怕死。你可写信安慰他，但勿说起胡与蒋，因他们同住，免多事。"④ 此信将沈从文的困苦、他所获得友谊的实质以及处境的尴尬等均凸现出来。真挚友谊求之不得，便陷入郁达夫式的苦闷与孤独之中。"近来人是因了郁达夫式悲哀扩张的结果，差不多竟是每一个夜里都得赖自己摧残才换得短短睡眠，人是那么日益不成样子的消瘦下去，想起自己来便觉得心酸。"⑤ 郁达夫在现代文学史上是以凸显生的苦闷与性的苦闷著称的，接受过郁达夫帮助的沈从文在相似的

---

① 沈从文：《不死日记》，《沈从文全集》第3卷，北岳文艺出版社2002年版，第409页。
② 沈从文：《Láomei, zuohen!》（妹子，真美呀！苗语），《沈从文全集》第11卷，北岳文艺出版社2002年版，第56页。
③ 沈从文：《中年》，《沈从文全集》第3卷，北岳文艺出版社2002年版，第435页。
④ 吴世勇：《沈从文年谱（1902—1988）》，天津人民出版社2006年版，第68页。
⑤ 沈从文：《此后的我》，《沈从文全集》第11卷，北岳文艺出版社2002年版，第62页。

处境中不知不觉进行着相同的书写，希望最低限度的生活，渴望得到异性的关爱。现实中无法满足，只能在文章中诅咒一番，在黑夜里靠自慰满足生理需求。这样的白日梦今人看来近乎荒唐，当事人却可能靠它维系着最后一丝生存下去的梦想。"所有的白日的梦，那种天真同稚气，不是梦想到钱是居然平空多了起来，便是在这眼前的世界里，女子们，对于性欲，竟忽然会特别慷慨大方起来。"① 梦，只能满足于一时，眼看着身边的朋友们"因贫病与对女人的绝望而死"，② 感到惊悚的同时，他不得不回到现实中，在茫茫人海中寻找自己所需要的对象。

似乎是宿命，沈从文找异性朋友时也处于悖论之中——一方面，他认为上海女人不行；另一方面，生活在上海，却急于找一个女性。这实在是悲哀的事情，多种情绪的纠葛使其更加孤独、苦闷，难以摆脱。他讨厌上海女人："上海女人顶讨厌，见不得。男人也无聊，学生则不像学生，闹得凶。"③ 因为他曾经存心去看南京路上走路的顶好看的新式女人，"每一个脸我都细心的检察一番，每一个人从我身边过去的我都贪馋的看一个饱。只要是女人，我全不让她在我审视以前把她从我心上开释。但结果，怎么样？这算一个顶坏的统计。一百个穿皮领子新式女人中间，不到五个够格。每一个女人脸上倒并不缺少那憔悴颜色。每一个女人都像在一种肉欲的恣肆下受了伤。每个人都有点姨太太或窑姐儿神气。"都市女性的张扬与俗气是他难以忍受的，内心却非常渴望得到一个体贴温柔的女人："一到身上有点病疼时则尤易为了想起女人而悲哀，若果别人要我的稿子，则我就可以拿这四百块钱作我一切的好梦了。"④ 他也明白，眼下的经济状况根本不允许他实现找到心中理想女

---

① 沈从文：《此后的我》，《沈从文全集》第 11 卷，北岳文艺出版社 2002 年版，第 63 页。
② 沈从文：《此后的我》，《沈从文全集》第 11 卷，北岳文艺出版社 2002 年版，第 64 页。
③ 沈从文：《南行杂记》，《沈从文全集》第 11 卷，北岳文艺出版社 2002 年版，第 78 页。
④ 沈从文：《南行杂记》，《沈从文全集》第 11 卷，北岳文艺出版社 2002 年版，第 82 页。

性的梦，因为那是在文章卖出去之后才有资本的。何况，在上海找一个内敛、脱俗的女性也不容易，他只好仍处于压抑、孤独之中。

长期的压抑与孤寂，使沈从文极为焦虑与自卑，以至遇到自己的学生张兆和之后，又陷入苦闷与孤独之中。一方面，张兆和的大家闺秀气质吸引着他，使其感到找到了理想的异性；另一方面，他只是张兆和众多追求者中不起眼的一个，长时间的追求得不到回音，以致他想自杀。他这样写道："××，莫生我的气，许我在梦里，用嘴吻你的脚，我的自卑处，是觉得如一个奴隶蹲到地下用嘴接近你的脚，也近于十分亵渎了你的。"① 既有爱上一个人之后自觉低微的真实情感，也有对方高不可攀造成的实在压抑。情感的失落带来生存的绝望，生活的重压接近其能够承受的临界点，所以在给朋友的信中，他悲哀地倾诉："谁知这些希望都完全是空事情，事实且常常与希望相反，便是我自己越活越无'生趣'。这些话是用口说不分明的，一切猜疑也不会找到恰当的解释，连我自己也不知道，为什么到现在还成天只想'死'"。② 可见，在长久的期待中，爱情似乎终于来了；可是，遗憾的是这爱情为单相思。它不仅没有给沈从文充分的欢欣，反而给予他难以忘怀的刺痛与压抑。

1933年9月9日，经过漫长的爱情马拉松之后，沈从文与张兆和结婚。几个月后，因为母亲病重，他便不得不辞别新婚的妻子，返乡探母。《湘行散记》中，我们可以领略到他对妻子的思念与重返故乡激起的种种感慨。正是在返乡探亲前后，他写出了小说代表作《边城》。沈从文返乡探母是在1934年1月7日起程的，前后将近一个月时间。他回到北平不久，就收到大哥来信，得知母亲于2月13日去世。续写《边城》就是在离开湘西和失去母亲的双重情感氛围中进行的。为何创

---

① 沈从文：《由达园给张兆和》，《沈从文全集》第11卷，北岳文艺出版社2002年版，第95页。

② 沈从文：《由达园给刘廷蔚》，《沈从文全集》第11卷，北岳文艺出版社2002年版，第98页。

第一章 沈从文的存在状态与浪漫书写

作《边城》？沈从文有自己的答案："我要的，已经得到了。名誉，金钱和爱情，全都到了我的身边。我从社会和别人证实了存在的意义。可是不成。……我准备创造一点纯粹的诗，与生活不相粘附的诗。情感上积压下来的东西，家庭生活并不能完全中和它，消蚀它。我需要一点传奇，一种出于不巧的痛苦经验，一分从我'过去'负责所必然发生的悲剧。换言之，即爱情生活并不能调整我的生命，还要用一种温柔的笔调来写各式各样爱情，写那种和我目前生活完全相反，然而与我过去情感又十分相近的牧歌，方可望使生命得到平衡。这种平衡，正是新的家庭所不可少的！"① 很多人困惑，新婚不久、处于创作巅峰状态的沈从文为什么如此？实际上，正是沈从文内心深处还有更高的情感追求，才对现实不满足，觉得"到处是不凑巧"。显然，沈从文没有从世俗层面满足情感，而是对人类情感有了更深的思考，一种脱离生活、带有诗意的情感理想诱惑着中年沈从文，使其超越现实，梦追高远。但是，"高处不胜寒"！走得太急，不仅拉下了世人，连身边最亲密的人也离他越来越远，直到产生隔膜感。沈从文去世十多年后的 1999 年 8 月 23 日，张兆和为自己和沈虎雏编的《从文家书》写"后记"，痛定思痛的反思，使她更明白沈从文的孤独："六十多年过去了，面对书桌上这几组文字，校阅后，我不知道是在梦中还是在翻阅别人的故事。""从文同我相处，这一生，究竟是幸福还是不幸？得不到回答。我不理解他，不完全理解他。后来渐渐有了些理解，但是，真正懂得他的为人，懂得他一生承受的重压，是在整理编选他的遗稿的现在。"② 相守 55 年，两人却处于"不理解"的状态，沈从文生前的孤独可想而知。

寄居昆明期间，战争的特殊环境，与家人的长期分离和周围高水平教授们的挤压，使得沈从文更加孤独，开始喜欢孤独。他自我体

---

① 沈从文：《水云》，《沈从文全集》第 12 卷，北岳文艺出版社 2002 年版，第 110 页。
② 张兆和、沈从文：《从文家书》，上海远东出版社 1996 年版。

悟:"我需要清静,到一个绝对孤独环境里去消化消化生命中具体与抽象。……我需要在这种地方,一个月或一天。我必须同外物完全隔绝,方能同'自己'重新接近。"① 一个人在战争环境中,远离家人,渴望孤独。正因为身边没有亲人,更没有理解自己的知音,他才渴望独处,期待将孤独自我消化。他想重新接近自己,说明他已经远离了自我,或者说是迷失了自我。这样的存在,只能使其更加孤独。"我好单独,或许正希望从单独中接近印象里未消失那一点美。温习过去,即依然能令人神智清明,灵魂放光,恢复情感中业已失去甚久之哀乐弹性。"② "我实需要'静',用它来培养'知',启发'慧',彻悟'爱'和'怨'等等文字相对的意义。到明白较多后,再用它来重新给'人'好好作一度诠释,超越世俗爱憎哀乐的方式,探索'人'的灵魂深处或意识边际,发现'人',说明'爱'与'死'可能具有若干新的形式。"③ 这段容易被忽视的文字,告诉我们沈从文不仅处于孤独之中,而且已经养成了依赖静处的习惯。在静处时,他思考"人""爱""死"等人生要义,这些也是创作不可回避的问题。但是,他不是哲学家,这种思考注定没有明晰的结果,还使他陷入危机之中。唯其如此,死亡意识一直纠缠着他:"我好像为什么事情很悲哀,我想起'生命'。"④ "我目前俨然一切官能都十分疲劳,心智神经失去灵明与弹性,只想休息。……是的,我的休息,便是多数人说的死。"⑤ 待到张兆和克服困难,与他团聚后,沈从文依然没有走出隔膜与孤独。"主妇完全不明白我所说的意义,只是莞尔而笑。然而这个笑又像平时是了解与宽容,亲切和同情的象征,这时对我却成为一种排斥的力量,陷我到完全孤立无助情境中。"⑥ 1948 年在给妻子

---

① 沈从文:《烛虚》,《沈从文全集》第 12 卷,北岳文艺出版社 2002 年版,第 22 页。
② 沈从文:《烛虚》,《沈从文全集》第 12 卷,北岳文艺出版社 2002 年版,第 24 页。
③ 沈从文:《烛虚》,《沈从文全集》第 12 卷,北岳文艺出版社 2002 年版,第 27 页。
④ 沈从文:《生命》,《沈从文全集》第 12 卷,北岳文艺出版社 2002 年版,第 42 页。
⑤ 沈从文:《潜渊》,《沈从文全集》第 12 卷,北岳文艺出版社 2002 年版,第 34 页。
⑥ 沈从文:《绿魇》,《沈从文全集》第 12 卷,北岳文艺出版社 2002 年版,第 155 页。

的信中写道:"你可不明白,我一定要单独时,才会把你一切加以消化,成为一种信仰,一种人格,一种力量!至于在一处,你的命令可把我头脑弄昏了,近来命令稍多,真的圣母可是沉默的!"① 他明确意识到只有自己独处时才能够思考对方、理解对方。这种同一屋檐下的隔阂是因为沈从文被对方左右时的窘迫造成的,哪怕是出于爱的力量也不行。其中既有沈从文不愿处处受制于妻子的意识,也有希望张兆和沉默下来,给自己一个安静环境的祈求。可以看出,与张兆和在沈从文去世后才意识到二人的隔膜不同,沈从文早就敏感地意识到了夫妻间的隔膜。张兆和善意的宽容、温和的笑声,不但不能缓解他的孤独,反而使他更加"孤立无助"。因此,沈从文的孤独是浸透到意识深处的孤独。

1949年后,沈从文一度疯狂。本来,1948年12月,陷入围城里的沈从文曾经有机会离开北京到台湾,国民政府代理教育部部长陈雪屏送来机票。沈从文拒绝了,一方面因为共产党做了动员,地下党员乐黛云等人的登门劝说,楼适夷托黄永玉写信给他保证共产党不会难为他;另一方面,好朋友朱光潜、提携他多年的杨振声等人也决定不走;更主要的是他想给孩子们选择一个新环境:"我不向南行,留下在这里,本来即是为孩子在新环境中受教育,自己决心作牺牲的!"② 此外,不愿意围绕政府做向心运动、甘居"边缘"的人生定位也是不容忽视的因素。多少年了,他批评政府,也批判国共两党之争,不表现出鲜明的政治取向。如果此时他选择飞往台湾,则明显向国民党靠拢。这不符合沈从文的存在状态,所以他留下来。对于沈从文1949年后的存在,有学者这样概括:"对于沈从文这样的作家,当时共产党政权采取的方式并不是具体的限制或迫害行为,而是采取冷藏的办法置之不理。表现最明显的是1949年7月第一次全国文艺工作者代表大会名单

---

① 沈从文:《致张兆和》,《沈从文全集》第18卷,北岳文艺出版社2002年版,第497页。
② 沈从文:《复张兆和》,《沈从文全集》第19卷,北岳文艺出版社2002年版,第17页。

中没有沈从文。"① 实际上，沈从文早就开始自我"冷藏"了。他曾将40年代的文集命名为《潜渊》，表明自己置身"边缘"，积极思辨，却不愿轻易发言的沉潜状态。关于"沉潜"，汤用彤先生曾经对经历"反右"斗争、被打成"右派分子"的儿媳乐黛云解释过："你知道'沉潜'二字的意思吗？沉，就是要有厚重的积淀，真正沉到最底层；潜，就是要深藏不露，安心在不为人知的底层中发展。"② 这对于理解沈从文自20世纪40—80年代的存在状态很有帮助。如果说40年代他还没有彻底沉潜下去的话，经过60—70年代的政治运动和自我反思，他退居历史博物馆，沉入历史深处，完成了"沉潜"。只是，他没有想到留下后会有那么多磨难——置身"边缘"而不得，家人也嫌弃他"落伍"，在接踵而至的政治运动中被朋友疏离等，既使其感受到政治强力的震撼，也被政治甩到了更为"边缘"的地方。

后来，他选择到历史博物馆工作，以远离政治中心的行为将自我彻底边缘化。因此，他能够在一次次政治运动中受到最低限度的冲击，保全自己，并将青年时期养成的对文物的爱好转化为职业，投注热情于瓶瓶罐罐、花花草草，成就了一番事业。对于这种存在状态，有学者认为是沈从文屈服的结果："而探究其中的缘故，不难发现，沈从文的'清醒'来自于他的'边缘'身份，而'边缘'之所以能够形成，一方面是他主动选择的结果，但不能忽略的是，主流意识对他的有意轻视，因为他太早就宣布'缴械投降'，没有一丁点反抗行为和过程，所以才得以退居边缘。对于一个没有进攻能力，也没有防御能力的'文弱书生'，斗争，是没有多少价值的。"③ 此处强调了沈从文作为行为主体对

---

① 贺桂梅：《转折的时代——40—50年代作家研究》，山东教育出版社2003年版，第85页。
② 刘晨芳：《未名湖畔的两只小鸟——乐黛云访谈录》，汤一介：《在非有非无之间——汤一介自述》，河南文艺出版社2017年版，第184页。
③ 商昌宝：《沈从文：被打倒的新月派作家》，分别刊于《二十一世纪》（香港）2009年10月号；《东岳论丛》2011年第10期。

现实的屈服与认同,却忽略了沈从文进入文坛以来一直处于"边缘"的历史存在。我却认为,沈从文不足以成为新生政权的斗争对象和他自己过早的投降,使其少受冲击是相关的;而愿意屈服、能够"缴械投降"的内在动力,则是沈从文一贯的社会定位使然。

既然自我定位于"边缘",就决定了沈从文在其人生的主要时段采取低调策略。他也有过激昂慷慨的时刻,譬如1933年前后,主编《大公报·文艺副刊》时,不仅策划了文艺奖,团结了一批志同道合的文学家形成京派,而且发表《文学者的态度》,挑起京海派之争。即便是那时,其文章亦非剑拔弩张式的檄文,而是讲理为主,行文风格是宽容圆润的。他对自己欲做和能做的事情是有清醒认识的,尤其是涉及时局发展和自我人生取向时。1948年12月1日,他写道:"人近中年,观念凝固,用笔习惯已不容易扭转,加之误解重重,过不多久即未被迫搁笔,亦终得搁笔。这是我们年龄的人必然结果。"① 12月7日,他再次表示:"一切终得变。从大处看发展,中国行将进入一个崭新时代,则无可怀疑。……人近中年,情绪凝固,又或因性情内向,缺少社交适应能力,用笔方式,二十年三十年统统由一个'思'字出发,此时却必需用'信'字起步,或不容易扭转,过不多久,即未被迫搁笔,亦终得把笔搁下。这是我们一代若干人必然结果。"② 在国共两党对决的平津战役胜败已经分明的时刻,沈从文意识到自己未来的必然命运——搁笔!在这两封信中,他阐述了原因。其一,人到中年,观念凝固,不容易改变了。其二,"误解重重",有政治观念的,有文学信念的;有共产党方面的,也有国民党方面的;有来自朋友间的,也有来自家人的……重重叠叠,交织如网的"误解"对他造成巨大压力。其三,几十年写作从

---

① 沈从文:《致季陆》,《沈从文全集》第18卷,北岳文艺出版社2002年版,第517页。
② 沈从文:《致吉六——给一个写文章的青年》,《沈从文全集》第18卷,北岳文艺出版社2002年版,第519页。

"思"出发，表达的多为自己思考的结果，是自我思想的物化；如今，转而从"信"出发，评判文学的标准变成了"信仰"。他一下子不能适应，转变不过来。其四，肯定时代将发生巨变，自己这一代人将面临共同命运，即必须调整自我以适应时代。尤其是从旧时代过来的作家们，大多将因为不能适应变化而搁笔。中国当代文学史的发展证明了沈从文预见的准确性，确实有一大批作家从文坛消隐了。但是，这不能成为沈从文的荣耀，只能证明作为先觉者痛苦存在的佐证。敏感的神经往往要承受比常人大得多的刺激，外来的压力与内心的愿望建构起的矛盾复合体，将形成强烈的内驱力，影响其人生抉择和事业选择。

经过几年调整，沈从文终于可以进入工作状态了。可是，他一片迷茫，不知道干什么好。1956年，春天的美景似乎带给他温暖，政治气候似乎也鼓起了他重新创作的雄心。10月5日，他写信给大哥："又还想写几个未着手的小说，又想把丝绸问题深入摸几年，不知什么是最需要的。"① 想做事，却不知道做什么，凸显出沈从文极度的迷茫。向蜗居湘西的大哥写信，目的不是让大哥替自己做决定，而是为了倾诉。寻求向远方的亲人倾诉，一定程度上也反映出在家中他寻找不到更合适的倾诉对象，因为妻子、孩子都嫌他落后。他的创作梦一直存在，也知道自己不写作是个大损失。他明白自己创作短篇小说的能力，1957年，他感慨："可惜的还是写短篇的能力，一失去，想找回来，不容易。大哥，只有我们自己可以说，这真是国家损失。因为我知道，一个得用的头脑，包含一种极端复杂经验知识的综合，花钱再多也不易培养。"② 1960年，给大哥倾诉："最可惜的是一生只想写短篇小说，竟中途而止，未能充分使用生命到上面去。"③ 尽管转业十多年了，沈从文对自

---

① 沈从文：《复沈云麓》，《沈从文全集》第20卷，北岳文艺出版社2002年版，第4页。
② 沈从文：《致沈云麓》，《沈从文全集》第20卷，北岳文艺出版社2002年版，第197页。
③ 沈从文：《致沈云麓》，《沈从文全集》第20卷，北岳文艺出版社2002年版，第431—432页。

己不能继续写所擅长的短篇小说依然耿耿于怀，认为是国家的损失。这不是其故步自封，而是在阅读期刊、报纸上发表的短篇小说，经过比较后的惋惜之词。但是，真的动笔创作，他却遇到诸多困惑，也准备默默消化之："我近来正在起始整理小说材料，已收集了七八万字，如能写出来，初步估计将会有廿五万字。目前还不决定用什么方法来下笔。因为照旧方法字斟句酌，集中精力过大，怕体力支持不住。而且照习惯一写作体力消耗极大，即需大量吃流质和糖，现在情形却不许可。如照普通章回小说写，倒不怎么困难，但是这么一来，将只是近于说故事，没有多大意思，一般读者可能易满意，自己却又不易通过。"①欲重新创作，却遇到方法选择的困难，即选择自己肯定的方法，写出延续自我风格的小说，还是选择所谓民族形式——章回体小说，以适应国家的号召与读者的审美趣味？在以赵树理为代表的"山药蛋派"和以孙犁为代表的"荷花淀派"为主流的20世纪60年代的文坛，沈从文要想创作时代需要、能够发表的小说，就不得不思考这些问题。在《人民文学》杂志社供职的张兆和带来的信息与干预，也使其滋生更多困惑。同时，还有体力方面的考虑。故沈从文放弃创作，绝不应简单归因于外部因素如政治环境等，也不应简单得出沈从文被政治降服的结论，而应综合考察。②因为周扬和文联领导都曾经支持他继续写作，1961年，他两次写信告诉大哥："又最近闻周扬说，还是让我写小说，也许不久还是要把搁下十年的旧业，重新再抓起来。"③"前些日子，文联方面告我，他们商量结果，还是让我写小说，且不一定写什么新题材，即写五四以来种

---

① 沈从文：《致沈云麓》，《沈从文全集》第20卷，北岳文艺出版社2002年版，第465页。
② 如有学者这样概括其1949年后的思想轨迹："沈从文的思想转变轨迹便呈现出来，即由'自我压迫'到'自我折磨'到'自我调整'再到'自我解放'。"商昌宝：《沈从文：被打倒的新月派作家》，分别刊于《二十一世纪》（香港）2009年10月号；《东岳论丛》2011年第10期。
③ 沈从文：《复沈云麓》，《沈从文全集》第21卷，北岳文艺出版社2002年版，第52页。

种，照自己所习惯办法写也成。且不拘到什么地方去写也可为设法。我也想，与其看到目前这些事，白着急，无作用，带徒弟又不是一年半载可见功，倒不如还是暂时换个工作方法，离开下博物馆，趁精力还济事，再在写作上试作几年努力，为国家留下点东西。"① 这些资料透出的信息耐人寻味，高层起码是有过支持他继续写小说的行为和指示的，他也确实动心过。只是从能力、体力和社会三个方面综合思考这一问题后，他才决定放弃："过去只以为会写一生短篇小说，而且深深相信写个半世纪，在作品方面，数量和内容都必然将突过契诃夫或莫泊桑记录，能通过一切困难，创造出崭新记录。照趋势看来，也像十分自然。只要体力支持得住，写下去像是必然的结果。不意社会一变，什么也变了，新的要求不同，我工作只有自然结束了。"②

因为对社会、世情不了解，他只有谨慎从事，退缩以对，甚至连出差报销的小事，他也郑重对待。1961 年 6 月 27 日，准备接受组织安排去青岛修养时，写信给作协副秘书长："关于车费，我希望自己花合理一些，不必要公家破费，望你能够同意，免得我住下情绪上反而成为一种担负，也失去了组织上让我休息之原来好意！"③ 1970 年 7 月 24 日，他再次表示："我觉得既已失去劳动力，这么消极的消耗国家的高工薪，和个人有限生命，实在对国家不起。"④ 在政治生活、社会环境均发生巨变的情况下，沈从文依然按照自己的逻辑行事。在他看来，我不浪费国家的钱财，减轻国家负担，忏悔自己的贡献太少，就可能减少外来的攻击和自身的愧疚。他甚至做好了可能回乡养老的思想准备。1966 年，他告诉大哥："国家正在'文化大革命'，什么事都在起绝大变化，明天事情不可知。""正当这种大时代，以你年龄身体而言，最好是安居

---

① 沈从文：《复沈云麓》，《沈从文全集》第 21 卷，北岳文艺出版社 2002 年版，第 60 页。
② 沈从文：《复沈云麓》，《沈从文全集》第 20 卷，北岳文艺出版社 2002 年版，第 481 页。
③ 沈从文：《致张僖》，《沈从文全集》第 21 卷，北岳文艺出版社 2002 年版，第 63 页。
④ 沈从文：《致高岚》，《沈从文全集》第 22 卷，北岳文艺出版社 2002 年版，第 336 页。

养病，不宜轻易出门。即在本城，也以越少和人往来谈话为好，亲戚间不走动，可省事些。""你手边若还有点点钱，可决不要随意花去。我们或许有一天会两手空着回到家乡的。"① 一方面，他对人人自危的人际关系极为敏感，提醒哥哥提防；另一方面，他再次产生对未来命运的恐惧。这让人想起他在《边城》中多次凸显出的忧患意识，老船夫担心外孙女会重复女儿的命运，翠翠则多次想到爷爷死了怎么办。显然，20世纪30年代萦绕在沈从文脑中的对未来的担忧，一直没有离去。只是，往昔是对湘西民族整体命运的担忧，现在变成了对自己未来的恐惧。在这种心态的支配下，其生存状态只能是越来越低调、越来越谨慎了。

1967年，"文化大革命"愈演愈烈，运动带来的恐惧与喧嚣使他对政治中心的北京彻底绝望，进而产生想摆脱体制的愿望。3月25日，他准备辞职以远祸："上街的挤车的和我年纪上下的已极稀少，真是一种警告。运动完后不'免职'也得研究研究，是否应当请求'退职'。"② 表面看，是由时间（年纪）引发的恐惧，实际上是对"文化大革命"的恐惧与对前途的迷茫。5月6日，他致信单位领导，希望不再支取薪水。这封信先叙述体力退化，机能衰退，医生建议休息，然后表示："长此下去，再拿高薪，于理不合，心中深增惭愧。拟从五月份起，不再支领个人薪资，盼得许可。"③ 他不明白这场运动的目的何在，也不明白自己处在怎样的位置，只是天真地以为只要不拿单位的工资，就可以免受冲击，才有这近乎幼稚的举动。随着"文化大革命"的深入开展，沈从文的低调自保策略愈加尴尬。一方面，他庆幸1949年后低调带来的安宁，如1968年2月16日写信道："我一生最大弱点，即是

---

① 沈从文：《致沈云麓》，《沈从文全集》第22卷，北岳文艺出版社2002年版，第19—20页。
② 沈从文：《复沈虎雏、张之佩——给在工厂的次子夫妇·之一》，《沈从文全集》第22卷，北岳文艺出版社2002年版，第33页。
③ 沈从文：《致历史博物馆革命委员会》，《沈从文全集》第22卷，北岳文艺出版社2002年版，第35页。

能任劳，而不善任怨。……过去不依赖国民党，解放后又不走阎王殿小路，热心帮人忙而少私心，抓工作而不争名位，所以这次不至于如巴金、冰心、老舍等狼狈。"① 自我总结，认为不紧跟政党是对的；同时，亦有免难后的自得与侥幸。另一方面，尽管退缩自保，仍难免有人陷害，甚至是自己热心帮助过的人。如1969年11月12日，他告诉妻子："又为了工作，处处爱护范某，到时却反被他陷害，写了十二大张纸二百几十条无中生有罪状（当时都能致人死命），无一条成立。"② 这个"范某"，后来成为知名书画家，其人品、画品俱暴露出为业界规则所难容的特质，恰恰证明了其对沈从文诬陷的可恶。

即便是遇到老朋友给予的极大委屈，他也没有剑拔弩张、睚眦必报。1980年，丁玲发表文章攻击沈从文："四五个月前，有人送了《记丁玲》这样一本书给我，并且对这部书的内容提出许多疑问。最近我翻看了一下，原来这是一部编得很拙劣的'小说'，是在1933年我被国民党绑架，社会上传说我死了之后，1933年写成、1934年在上海滩上印刷发售的。作者在书中提到胡也频和我与革命的关系时，毫无顾忌，信笔编撰，……不仅暴露了作者对革命的无知、无情，而且显示了作者十分自得于自己对革命者的歪曲和嘲弄。……贪生怕死的胆小鬼，斤斤计较个人得失的市侩，站在高岸上品评在汹涌波涛中奋战的英雄们的高贵绅士是无法理解他的。这种人的面孔、内心，我们在几十年的生活经历和数千年的文学遗产中见过不少，是不足为奇的。"③ 此文置他们几十年的友谊于不顾，不仅宣称沈从文的散文《记丁玲》是拙劣的小说，而且界定其品质为"胆小鬼""市侩"，是对史实的有意遮蔽和对其人格的极大侮辱。这让当年为胡也频、丁玲夫妻尽力尽责的沈从文很是委

---

① 沈从文：《致张之佩》，《沈从文全集》第22卷，北岳文艺出版社2002年版，第109—110页。
② 沈从文：《致张兆和》，《沈从文全集》第22卷，北岳文艺出版社2002年版，第214页。
③ 丁玲：《也频与革命》，《诗刊》1980年第3期。

屈，但是，他并没有公开发文反击，只是把委屈告诉信得过的朋友。3月末，他写信给施蛰存："近闻丁玲在好几种刊物上，大骂我四十年前文章对彼与也频有亵渎处，……廿年委屈，出于何人？明明白白，实在眼前，竟视若无睹。而四十年前为之奔走，不顾危难，知其事如兄等还活着的人并不少。只图自己站稳立场，不妨尽老朋友暂时成一'垫脚石'，亦可谓聪敏绝顶到家矣。"① 1982年1月4日，他给人写信时再次提起此事，依然愤愤不平："她这二十多年的委屈，假若真的是'委屈'，明明白白是得罪了大老总和内部至今尚当权的某某，和我毫不相关。如今不敢面对现实提一个字，因为懂得我绝对不会和她争论是非，且既无权无势，更不会出别的点子使她难堪，便三番五次的这样那样的骂来骂去，用心之深，可说'举世无双'！……我照例牢记住家乡老话，'男不与女斗'五字真言，一切沉默接受而已。老太婆如果还有在作家中'坐第一把交椅'兴趣，据我想，恐不那么容易。"② 不公开争论，并非不在乎或理亏，而是其一贯低调行事的风格使然，也有看透丁玲伎俩、不愿为其耗费精力的超脱之处。若仔细体味，正因为丁玲背后有诸多政治纠葛，沈从文不与其纠缠是明智的理性选择。直到生命的最后，沈从文依然是小心谨慎，不愿惹是生非。1988年，凌宇准备召开一次沈从文研究的国际学术会议，4月8日他致信凌宇："你目下的打算（指拟召开'沈从文研究'国际性学术活动），万万走不通，希望即此放下痴心妄想。你只知道自己，全不明白外面事情之复杂。你全不明白我一生，都不想出名，我才能在风雨飘摇中，活到如今，不至于倒下。"③ 这是我们能够看到的沈从文留下的倒数第三篇文字，其对世事人心的畏惧和对"风雨飘摇"人生的恐惧，到离世之际依然没有散去。

---

① 沈从文：《致施蛰存》，《沈从文全集》第26卷，北岳文艺出版社2002年版，第68页。
② 沈从文：《致萧离》，《沈从文全集》第26卷，北岳文艺出版社2002年版，第330—331页。
③ 沈从文：《致凌宇》，《沈从文全集》第26卷，北岳文艺出版社2002年版，第547页。

由此体悟到20世纪这代知识分子的心路历程和复杂心态，观察其置身"边缘"的社会定位与低调处世以自保的无奈策略，仍然会激发内心深处的酸楚与对人性内蕴的感喟！

二 孤独心态

边缘处境使其处于无法俯瞰全局的地位，其视野也就限于自己所见的范围。当他尝试创作时，往往聚焦自己喜欢和思考过的对象，于是形成独特的效应：一方面，因为文字记录的均是亲身经历，特别真实，凸显个性；另一方面，因为向内挖掘，所表现的内容并非所有读者都能理解，甚至连文学素养较高的评论者也会误解其本意，反向激发其孤独感。阅读《沈从文全集》中的文本，尤其是那些自传色彩浓郁的小说、散文和记录其心理变化、凸显其潜意识的家信，我们能够强烈感觉到他的孤独。既有言说思想不为人知的苦恼，也有文本内蕴被人曲解的痛苦，更有连亲人、朋友都不理解而远远回避导致的自闭状态。何以如此？值得探究。

首先，封闭的环境是其孤独心态的外部成因。环境的封闭表现在以下几个层面。第一是生长环境。出生在相对封闭的凤凰县，在当兵之前连县域内的情况都不了解；从军以后，行踪极少走出湘西这个群山环绕、高原隔绝的空间。这是苗族为主的少数民族聚居区，"从古到今，苗族人从不打骂孩子；讨老婆，唱山歌，赶场自由恋爱凭本事；夫妻之间从来经济独立；老人到处受尊敬；崇尚信义，严守节仪；注意公道是非；忍辱负重，牢守纪律；但是你别惹翻了他，眼睛一红，看那掀起的满天风雷！"① 在这样的地理环境、人文气息的熏陶下，其性格明显有别于同时代汉文化圈内成长的作家。他对人生的认知，也深受这一环境

---

① 黄永玉：《无愁河的浪荡汉子》，转引自卓雅《黄永玉和他的湘西》，上海文艺出版社2004年版，第65页。

的影响,"他对人生一般的看法。首先,他认为人类若要追求更高的美德,非得保留如动物一样的原始纯良天性不可,他觉得,一个人即使没有高度的智慧与感受能力,照样可以求得天生的快乐和不自觉地得来的智慧"。① 这种认同自然、本能违智的人生观,制约着其早期创作;后来,虽然有所调整,却没有根本改变。可见,沈从文成长的湘西地理环境对其有多大影响。第二是社会环境。沈从文的从文之路开始于北京,那是一个讲究等级和正统的几百年帝都,对于一个既无学历也无所长的外来者而言,所有的物质存在如高楼大厦、高等学府、商店酒馆等,均对其构成压迫。无论他怎么努力,想挤进去都很困难。一次次冲击,一次次失败,跌倒在地的挫败感,在其早期小说中有详尽的描述,也助推了沈从文的孤独感。受生长环境的影响,他看不起却躲不开城里人,"人倒很多。到处可以碰头。样子都差不多,睡眠不足,营养不足。俨然多少代都生活在一种无信心、无目的、无理想情形中。脸部各种官能因不曾好好运用,都显出一种疲倦或退化神情。……用什么方法可以使这些人都多有一点生存兴趣哭起来笑起来?似乎需要一个'神',一种'神话'。……也许真正需要的是一个艺术家,文学作家,来创造神与神话。"② 在他看来,城里人萎靡不振,缺乏上进心,宛如行尸走肉!何以救治?需要拯救者。谁能创造拯救城里人的"神话"?作家。这段话不仅透出了沈从文为何坚持从文之路,也凸显出其欲通过文学作品改造城里人乃至所有中国人精神品质的志向。坚守自己的价值立场,沈从文对人类行为展开思考:"他们的心和手结合为一形成的知识,已能够驾驭物质,征服自然,用来测量在天空中飞转星球的重量,好像都十分有把握,可始终就不大能够处理名为'情感'这个名词,以及属

---

① [美]夏志清:《中国现代小说史》,刘绍铭译,香港中文大学出版社2001年版,第169页。
② 沈从文:《潜渊》,《沈从文全集》第12卷,北岳文艺出版社2002年版,第85页。

于这个名词所产生的种种悲剧。大至于人类大规模的屠杀，小至于个人家庭纠纠纷纷，一切'哲人'和这个问题碰头时，理性的光辉都不免失去，乐意转而将它交给'伟人'或'宿命'来处理。"① 既然人类对自我如此缺乏了解，情愿将情感等问题交给"宿命"，那么，千古以来人间难觅知音的感慨就不再是虚幻的命题，而成为眼前的实存。生活在这样的社会环境中，抱着用湘西人优美、健康、自然人性来拯救国民性愿望的沈从文便难免有孤独感。

其次，民族历史是其孤独心态的独特成因。现代作家中，极少有人像沈从文这样，具有奇特的民族历史积淀。湘西，从东汉时马援南征开始，一直是汉族中央政权与地方少数民族势力斗争不止的空间。无论是民族势力坐大，与中央政权发生战争，还是战争之后，中央与地方达成协议，甚至设置土司"以夷制夷"，漫长的历史进程伴随着民族冲突的腥风血雨，使湘西人的民族意识中充满对外来者的敌视、排斥。沈从文有苗族、土家族血统，其祖母为苗族，其母黄素英是土家族人，从小熏染的民族传说、民族神话中蕴含着大量本民族历史的惨痛经历，使其对异族文化取排斥态度。从民族传统看，苗族等少数民族没有"万般皆下品，惟有读书高"的理念，而是对军功的推崇，这也影响沈从文的价值判断。他厌恶知识阶层，这些人是他进入新的都市后遇到的接受现代教育的学者或学生，对事对人的态度、评世论文的立场使其感到陌生，因为他们拥有与自己不一样的文化内蕴和人生态度。"虽如罗素所说，'远虑'是人类的特点，但其实远虑只是少数又少数人的特点，这种近代教育培养成的知识阶级，大多数是无足语的！"② 正因为价值立场、文化选择的差异，沈从文否定了知识阶级中的大多数。有时候，他甚至对所有读书人都抱着不友好的态度："'读书人'是个通泛名词，我这

---
① 沈从文：《绿魇》，《沈从文全集》第12卷，北岳文艺出版社2002年版，第136页。
② 沈从文：《烛虚》，《沈从文全集》第12卷，北岳文艺出版社2002年版，第18页。

里想借用它专指现在教书读书的一部分人。这些读书人知识虽异常丰富，常因近代教育制度或社会组织，知识仅仅变成一种'求食'的工具，并不能作为'做人'的张本。"① 他渴望保持自我，"我需要清静，到一个绝对孤独环境里去消化消化生命中具体与抽象。……我需要在这种地方，一个月或一天。我必须同外物完全隔绝，方能同'自己'重新接近"。"我发现在城市中活下来的我，生命俨然只淘剩一个空壳。……生存俨然只是琐碎继续琐碎，什么都无意义。"② 否定都市生活，否定存在的意义！由陷入孤独，到渴望孤独，沈从文心理变化朝着一个近乎病态的方向发展。对孤独的留恋，有对湘西"小乡城文化"的坚守，也有对置身其中的都市文化的顽固排拒。终其一生，一直以"乡下人"自居，除了文化选择的原因，民族立场的坚持也是重要原因。

再次，艰辛的人生是其孤独心态形成的助力。综观沈从文的人生道路，几乎在每一个阶段都与常人不同。童蒙阶段，进入私塾读书，他却从不认真学习，经常兴致勃勃地逃学。为此不少受老师、哥哥、家长的惩罚。尽管成名后撰写《从文自传》时津津乐道"我在读社会这本大书"，实际上是一种不合社会大流的存在方式。逃学期间，游泳、观看狩猎等活动尚有同伴，但是，更多时候是一个人徘徊街头，游逛市井，看打铁人、斗鸡者、屠夫等行业的市井生活，或者到山上听各种昆虫的叫声，览枝头各种飞禽的姿态。"家中不了解我为什么不想上进，不好好的利用自己聪明用功，我不了解家中为什么只要我读书，不让我玩。"③ 这段自传写出了沈从文与家人的隔阂，不仅仅是常人所谓的代沟，更多是自性的认知与坚持，实际上，沈从文能够凭顽强而充满韧劲地挤进文坛，这种近乎顽固的坚持起了很大作用。十几岁时，他为了当

---

① 沈从文：《一种态度》，《沈从文全集》第 14 卷，北岳文艺出版社 2002 年版，第 127 页。
② 沈从文：《烛虚》，《沈从文全集》第 12 卷，北岳文艺出版社 2002 年版，第 22、23 页。
③ 沈从文：《从文自传》，《沈从文全集》第 13 卷，北岳文艺出版社 2002 年版，第 260 页。

兵上训练班，很快进入军队漂泊。虽然有祖辈声誉的荫庇，并没有受很多苦，可是，与那些经历复杂的成人在一起，给他们做文书，或专门烧狗肉，他显然不能融入那个群体。"这一段流浪的岁月，对沈从文后来的写作生活非常重要，不但因为他可以从此获得不少见识和刺激性的经验，而且最重要的是，使他增加了对历史感和事实的认识。由于这种认识，他后来面对左派强迫附和的压力时，也不为所动。"① 进入青春期，先是爱上马泽淮的姐姐，没有得到爱情却被骗一千多大洋；再就是躲在"窄而霉小斋"里渴望爱情而不得，用眼泪和忏悔打发人生。他有强烈的自我需求："我所需要于人，是不饰的热情，是比普通一般人更贴紧一点的友谊，要温柔，要体谅。我愿意我的友人脸相佳美，但愿意她灵魂还超过她的外表更美。"② 渴望异性而不得，希求最低限度的生活而不能，这种生存状态使其很难过一种有尊严的生活，更不要说体面了。而寄居在讲究等级和排场的百年帝都，或漂流到金钱至上的上海，传统的气场或金银的光辉均对其构成巨大的压抑，使得他无法且不敢走进都市生活的深处，只能徘徊在边缘地带，默默品味生存的孤寂。

直到年近而立遇到张兆和，才似乎结束尴尬无聊的孤独。生活中有了伴侣，不再漂泊，暂时获得了稳定；对异性的渴望也有了具体目标，情感得到了部分满足，但内心深处的孤寂并未完全消解。一方面，因为他认为在都市里找不到本真了。"'吾丧我'，我恰如在找寻中。生命或灵魂，都已破破碎碎，得重新用一种带胶性观念把它粘合起来，或用一种人格的光和热照耀烘炙，方能有一个新生的我。"③ 自我迷失，灵魂破碎，人格不再完整，外在的稳定替代不了内心的焦虑，精神深处依然

---

① [美]夏志清：《中国现代小说史》，刘绍铭译，香港中文大学出版社2001年版，第164—165页。
② 沈从文：《Láomei, zuohen!》（妹子，真美呀！苗语），《沈从文全集》第11卷，北岳文艺出版社2002年版，第56页。
③ 沈从文：《烛虚》，《沈从文全集》第12卷，北岳文艺出版社2002年版，第27页。

孤独。另一方面，虽然最终得到了所爱，却并非意味着和谐。他与妻子之间存在隔膜，已如前述。不仅无法靠婚姻弥补彼此的差距，而且无法靠情感驱赶内在的孤独。在文坛成功后，因为不随潮流，坚持表现人性，既获得一批同志，形成京派；也与文坛上的其他流派隔绝，甚至论战，如批评左翼文学的为了主义而创作，挑起京派、海派之争等，已经是多面树敌。不仅海派作家与其论争，左翼作家也开始批判之。1948年1月3日，《大公报》为纪念熊希龄出版《熊秉三先生逝世十周年纪念特刊》，沈从文发表了《芷江县的熊公馆》，赞美熊希龄的"悲悯与博大"、熊母的"忠厚宽和"等；3月，冯乃超撰文对其展开批判，认为该文"掩盖地主剥削农民的生活现实，粉饰地主阶级恶贯满盈的血腥统治"，判断其为"地主阶级的弄臣"，是"为了以缅怀过去来安慰自己，才写出这样的作品来，然而这正是今天中国典型地主阶级的文艺，也是最反动的文艺"。① 郭沫若则发表《斥反动文艺》一文，将其定性为"作文字上的裸体画，甚至写文字上的春宫"的桃红色作家，说他"存心不良，意在蛊惑读者，软化人们的斗争情绪"，"一直是有意识的作为反动派而活动着"，并对他的"与抗战无关论""反对作家从政""民族自杀悲剧"及其倡导的"新第三面"和"第四组织"等主张作了清算，将其描画为"看云摘星的风流小生"和"摩登文素臣"。② 他被迫离开文坛和大学，在历史博物馆、故宫博物院从事文物研究几十年。在远离社会旋涡的坛坛罐罐周围躲避，看着出土的花花草草、绫罗绸缎，写成了《中国古代服饰研究》。很多人看到了成果的厚重，他自己也庆幸没有继续在文学圈内厮混，然而，仔细体悟一下"庆幸"背后一个成功作家的悲凉，那种掩不住的孤独不是油然而生吗？！

---

① 冯乃超：《略评沈从文的〈熊公馆〉》，原刊于香港生活书店《大众文艺丛刊》第一辑，吴世勇：《沈从文年谱（1902—1988）》，天津人民出版社2006年版，第294页。
② 郭沫若：《斥反动文艺》，1948年3月1日香港生活书店《文艺的新方向》，王训昭等：《郭沫若研究资料》（上），中国社会科学出版社1986年版，第383—384页。

最后，独特的性格是其孤独心态的内在成因。成长于湘西独特的地理、历史环境中，沈从文具有典型的湘西人性格。认定的事情不轻易改变，无论外在压力多大，仍然坚守自我。"我自己作我的小说，我并未梦到过我有一次卖给谁。我是我自己所有，我的思想也只是经验给我的。也不会为任何人用一点钱就可以买到。"① 对其人生中最重要的事情——写作，他强调只依据自己的经验与感受，不愿意被金钱收买，凸显出个性倔强的特点。同时，具有顽固的反思和对存在的敏感。对于自己的创作，他似乎永远不满意，并进而展开对存在的反思。1936年，他撰写《〈边城〉题识》："三月二十一看此书一遍。觉得很难受，真像自己在那里守灵。人事就是这样子，自己造囚笼，关着自己；自己也做上帝，自己来崇拜。生存真是一种可怜的事情。""一个人记得事情太多真不幸。知道事情太多也不幸。体会到太多事情也不幸。"（一九三六年三月二十一日校注此书完事 从文）② 沈从文处于人生巅峰时，却意识到存在的悲哀——自造囚笼，自我崇拜，最终的感觉却是可怜！何以如此？知道事情太多，体悟太多，而这一切又忘不掉，死死纠缠着作者。也许，这是非作家难以体验的情感，也是沈从文对诸多评论《边城》者不满的原因所在。纠缠他的有这种来自灵魂深处的矛盾，也有战争带来的压迫："人类用双手—头脑创造出一个惊心动魄文明世界，然此文明不旋踵立即由人手毁去。人之十指，所成所毁，亦已多矣。"③ 1945年抗战胜利，经历过短暂的兴奋后，跟很多知识分子一样，他希望中国和平建设，百姓获得安宁。但是，国共两党的冲突随即爆发，使其很想在两党之外选择一条不流血的形式，这也是郭沫若等人称其走第三条道路的原因。实际上，跟汤一介回忆汤用彤时所述一样，"他虽不满国民党政府，但对共产党也

---

① 沈从文：《杂谈 六》，《沈从文全集》第14卷，北岳文艺出版社2002年版，第26页。
② 沈从文：《〈边城〉题识五种》，《沈从文全集》第14卷，北岳文艺出版社2002年版，第440页。
③ 沈从文：《潜渊》，《沈从文全集》第12卷，北岳文艺出版社2002年版，第30页。

存在怀疑，认为争权夺利于民族和国家有害无益。他甚至对某些民主党派的成员不甚佩服，认为有的教授也并不是真正考虑国家民族的前途。"① 凡有独立思想者对其他思潮往往持怀疑态度，却使自我陷入更加孤独的处境。沈从文《题〈长河〉校注本后》曰："这热忱与虔敬态度，唯一希望除了我用这支笔来写他，谁相信，谁明白？然而我这支笔到当前环境中，能写些什么？纵写出来又有什么意义？逝者如斯，人生可悯。"（从文 桃源新村第八栋茅屋中 卅四年一月四日注)② 对战争的思考延伸到对人与文明关系的反思，感慨"人生可悯"；对自己创作的价值追问则透出世间无知音的困窘，进而表现其存在的困惑——无人理解的焦虑。对写作意义的怀疑，最终归结为对人生的悲哀认知，难怪《长河》萦绕着挥之不去的悲情！长期陷入自己并不擅长的人生终极目标的追寻，实际上使其超负荷存在，几乎抵达崩溃的临界点。

  1949年，外部环境的巨变、内在反思的沉重使其濒临崩溃边缘。1月12日，他写道："我应当休息了，神经已发展到一个我能适应的最高点上。我不毁也会疯去。[题于文末]"③ 这里，有即将崩溃的预感，是反思其人生转型的深层原因，也凸显出其性格悲剧的存在。也许是出于谨慎，此处倒不像其早期文本中直接写应当死去，反而让知情者感觉到比直言死亡更可怕的氛围。一个内心孤独的作家，对时代、命运等人生大义无疑具有比常人更敏感的认识，意识到并表现出"应当休息"，当为绝望至极的呐喊。然而，他喊也不敢喊，只能悄悄地在自家藏书的边角写下感悟。他回复妻子，一方面感到意志的迷失和存在价值的消亡，另一方面则凸显强烈的孤独感——众人的不理解和回避他。对于本来朋

---

  ① 汤一介：《在非有非无之间——汤一介自述》，河南文艺出版社2017年版，第18页。
  ② 沈从文：《题〈长河〉校注本后》，《沈从文全集》第14卷，北岳文艺出版社2002年版，第445页。
  ③ 沈从文：《题〈绿魇〉文旁》，《沈从文全集》第14卷，北岳文艺出版社2002年版，第456页。

友就不多的沈从文来说，这是导致内心失衡的最后一根稻草。他这样呼喊："我'意志'是什么？我写的全是要不得的，这是人家说的。""给我不太痛苦的休息，不用醒，就好了，我说的全无人明白。没有一个朋友肯明白敢明白我并不疯。大家都支吾开去，都怕参预。……我看许多人都在参预谋害，有热闹看。"① 没有人敢明白，恰恰说明那些人太明白利害了。明知道一个眼神就可能给沈从文以生的热情，却没有人敢，均以疏离待之，以致使其产生了类似迫害狂般的被害感。尽管相隔70年，我们依然可以感受到沈从文的委屈、恐惧和愤懑。

三　浪漫书写

孤独的性格容易使人内观，思考者对自我人生的反思往往借用夸饰性语言表达出来。在叙说描写对象时，叙述人却不愿过多流露内心世界，热衷于感官印象的捕捉，细腻展现细节，铺排描绘自然。由于自身经历有限，当他试图拓展叙事内蕴时，时常凝眸带有传奇色彩的民族神话、民间传说等，民风的淳朴、民俗的独特自然也成为其表现对象。

（一）对人生经历的夸饰

沈从文生长于湘西这"另一国度"里，受军功意识的熏染，很小就混迹于行伍间，走遍了湘西的山山水水，闻听过众多同行者的故事。因此，当他提笔写作时，首先成为表现对象的就是其人生经历。阅读《从文自传》或披览《湘行散记》，研读其创作的早期小说，均能发现这一特征。

《从文自传》1934年7月上海第一出版社出版，并非其最早的散文，却是最能凸显其人生经历的作品。从目录列出的标题，即可看出作家写作对其生长环境的依赖。《我所生长的地方》《我的家庭》《我在读

---

① 沈从文：《张兆和致沈从文暨沈从文批语·复张兆和》，《沈从文全集》第19卷，北岳文艺出版社2002年版，第9页。

一本小书同时又读一本大书》《我上过许多课仍然不放下一本大书》等，在在凸显"我"的存在。即便是那些没有明确标示"我"的散文，也以标题的地域性和内容的独特性隐含着作家的独有信息。唯其如此，这部作品不仅满足了读者对其奇特人生的好奇，展示了"另一国度"的风貌，也以个性的张扬、自我意识的膨胀应和了新文学思潮，使沈从文这个新文化运动落伍者搭上了新文学的快车。显然，与诸多新文学作家接受西方思想影响方张扬个性、凸显自我不同，沈从文以本民族性格蕴含的文化自信为基础，借助自身经历的叙事彰显个性，虽非有意识选择，是生活积累使其不得不如此，却具有中国特色。当读者接受其文本时，尽管也有惊讶、好奇，相对于深受欧风熏染的其他作家的文本，反而显得更亲近一些。否则，就很难理解句式生涩、不讲章法的沈从文的散文为何能够迅速走红，成为深受读者欢迎的作品。《湘行散记》写作时间早于《从文自传》，是沈从文返乡探母期间写给新婚妻子张兆和的书信选集。其详细内涵及艺术特征留待后述，这里仅关注它的体裁特性——书信体，这种表现私密情感为主的散文，先天决定了其内蕴的表现自我。散文中给张兆和介绍所见所闻，表达对妻子的思念，凸显对湘西世风世情变迁的反思等，均典型地透出沈从文通过散文描述自我人生的特点。

《从文自传》的开卷之作为《我所生长的地方》，描述位于黔北、川东、湘西的一个偏僻地方"镇筸"，人口只有三五千，正规士兵有七千，碉堡有四五千，且处于山顶关键处，用来威慑、镇压苗民；然后，介绍这里的习俗、物产、商业、山川概况，最后点明是凤凰县。"我就生长到这样一个小城里，将近十五岁时方离开。……那地方我是熟习的。现在还有许多人生活在那个城市里，我却常常生活在那个小城过去给我的印象里。"[①] 一篇短文，将其成长背景、自传的叙事空间及其特

[①] 沈从文：《从文自传·我所生长的地方》，《沈从文全集》第13卷，北岳文艺出版社2002年版，第246页。

点叙述清楚了。后面的散文中，他描述自己独特的家庭、逃学的经历、预备班的传奇、参军后的见闻、结识的朋友等，直到遇到长沙来的印刷工人赵奎五，得知新文学的消息，决定离开湘西，寻找自己的梦。阅读这部自传，读者能够清晰地获知沈从文早年的人生经历，熟悉其成长的城市、家庭、地理及历史背景。

  这种描写，并非原生态呈现，而是多年后作家的追忆，融会叙述者浓郁的情感而成的，因此存在叙事的变形，充满夸饰性描述。他可以异常绝对地说："在我生长那个地方，当兵不是耻辱。本地的光荣原本是从过去无数男子的勇敢搏来的。谁都希望当兵，因为这是年轻人一条出路，也正是年轻人唯一的出路。"① 他凸显与家人的隔阂："家中不了解我为什么不想上进，不好好的利用自己聪明用功，我不了解家中为什么只要我读书，不让我玩。"② 他定格独特画面——"白日里出到街市尽头处去玩时，常常还可以看到一幅动人的图画，前面几个士兵，中间一个十二三岁的小孩子，挑着两个人头，这人头便常常是这小孩子的父亲或叔伯，后面又是几个兵，或押解一两个双手反缚的人，或押解一担衣箱，一匹耕牛。"③ 凤凰人注重军功是事实，家中人与他有隔阂，生活中能见到挑两个人头行路的小孩等，这些存在于世间的常事，到了他的笔下往往成为异常绝对的实存。于他固然是强调描述对象真实性的需要，或凸显印象深刻使然，但以艺术真实性衡量，则会发现表现对象的变形。显然，不管描写对象是什么，经过他夸饰性描述后都呈现出超过原状的存在形态，因而给读者留下极深的印象。

---

  ① 沈从文：《从文自传·我上许多课仍然不放下那一本大书》，《沈从文全集》第13卷，北岳文艺出版社2002年版，第284页。
  ② 沈从文：《从文自传·我读一本小书同时又读一本大书》，《沈从文全集》第13卷，北岳文艺出版社2002年版，第260页。
  ③ 沈从文：《从文自传·怀化镇》，《沈从文全集》第13卷，北岳文艺出版社2002年版，第313页。

（二）对感官刺激的描摹

沈从文的思维特征不属于抽象思辨型，而是形象感知类的。同样的存在环境，其他人可能只获得笼统感知，他却能够细腻捕获环境构成要素中的细节，品味其味道，描绘其形态，以生动的文字勾勒出鲜活的画面来。《我读一本小书同时又读一本大书》这样描述其自我意识："当我学会了用自己眼睛看世界一切，到一切生活中去生活时，学校对于我便已毫无兴味可言了。""我得认识本人以外的生活。我的智慧应当从直接生活上得来，却不需从一本好书一句好话上学来。""我生活中充满了疑问，都得我自己去找寻答解。我要知道的太多，所知道的又太少，有时便有点发愁。"① 当其主体意识建构起来后，他就不满足于别人告诉他什么了，而是喜欢自己直接体验。之所以如此，是因为沈从文有强烈的求知欲望，欲知很多，所知有限，故不愿受拘于一时一地。不满足于私塾里老师教授的死知识，想了解自身以外的生活，对外部世界充满好奇和疑问，欲知和已知之间构成矛盾，使少年沈从文感到忧愁。沈从文的文字，透露出其认知特征，即看重自我实感，相对忽视间接经验。

孤独与忧愁酝酿出超现实的冲动，鼓动他一次次逃学，在山野间、集市上，看猎人狩猎，听野兽吼叫，或者在打铁人家的火炉旁，编织竹篓的阿婆家，耗去那些本该在学堂里读书的时间。这是自由、随机的生存状态，"有人下棋，我看下棋。有人打拳，我看打拳。甚至于相骂，我也看着，看他们如何骂来骂去，如何结果。"② 看人磨针，看人做伞，看人打豆腐，看人做豆粉，看人扎冥器，看雨后人们怎样跃下桥头跳进河中捞浮物；看杀牛，看杀人，还看滚在河滩上的昨天砍掉的污秽的头颅……视觉的充盈诱惑着年少的沈从文，使其流连忘返。他还充

---

① 沈从文：《从文自传·我读一本小节同时又读一本大书》，《沈从文全集》第13卷，北岳文艺出版社2002年版，第251、253、261页。

② 沈从文：《从文自传·我读一本小书同时又读一本大书》，《沈从文全集》第13卷，北岳文艺出版社2002年版，第253页。

分调动听觉、味觉,感受大自然演奏的交响乐。人间四月天,雨后满山的蟋蟀叫声;半野街巷里,钉鞋敲打青石板的节奏;"蝙蝠的声音,一只黄牛当屠户把刀割进它喉中叹息的声音,藏在田塍土穴中大黄喉蛇的鸣声,黑暗中鱼在水面泼剌的微声,全因到耳边时分量不同,我也记得那么清清楚楚"。微妙的声音让世界活泼起来,进而带动味觉感知外界事物,他"还各处去嗅闻:死蛇的气味,腐草的气味,屠户身上的气味,烧碗处土窑被雨以后放出的气味,要我说来虽当时无法用言语去形容,要我辨别却十分容易"。①对味觉、听觉的细腻感知和真切描写,现代作家中极少有人达到如此精妙境界。即便如朱自清的散文《春》,虽然也采用通感手法,多维度描述自然界的春意盎然,却因为追求整体的诗意笼罩而在细密程度上略逊一筹。这样,一般人视若无物的自然世界,在他面前便充满生命力;行文出来,使其散文具有了鲜活的生气。

沈从文宁愿与同伴们跳进池塘胡乱扑腾半天,也不愿意接受老师的约束。这份野性往往招来惩罚,可是他竟然没有感受到惩罚的痛苦,反而展开想象:"我一面被处罚跪在房中的一隅,一面便记着各种事情,想象恰如生了一对翅膀,凭经验飞到各样动人事物上去。按照天气寒暖,想到河中的鳜鱼被钓起离水以后拨剌的情形,想到天上飞满风筝的情形,想到空山中歌呼的黄鹂,想到树木上累累的果实。由于最容易神往到种种屋外东西上去,反而常把处罚的痛苦忘掉,处罚的时间忘掉,直到被唤起以后为止,我就从不曾在被处罚中感觉过小小冤屈。"自我意识的建构,来自直接经验;想象力的培养,则可以把痛苦转化为快乐。这就是沈从文的思维特征。所以他追忆这些生活场景时,不觉得冤屈,因为"我应感谢那种处罚,使我无法同自然接近时,给我一个练习

---

① 沈从文:《从文自传·我读一本小书同时又读一本大书》,《沈从文全集》第13卷,北岳文艺出版社2002年版,第261页。

想象的机会"。① 唯其如此，其想象便具有浓郁的浪漫色彩，其中有风筝的飞翔、歌呼的黄鹂，有累累的果实、钓起的鳜鱼，更有超越现实困境的小小沈从文脑中掠过这些风景时的快慰。

　　能够将自我感受凌驾于外来的干涉之上，不仅体现出沈从文性格的倔强，影响其文学创作中坚守人性观的"独断"风格，也形成其重感性的审美观。如他笔下纤夫拉纤的情景，没有生活压抑的沉重，没有埋怨现状的声音，反而具有热爱生活的激情与力量展示的美感："那些船夫背了纤绳，身体贴在河滩石头下，那点颜色，那种声音，那派神气，总使我心跳。那光景实在美丽动人，永远使人同时得到快乐和忧愁。"②生活中常见的画面，一经他描绘出来，便有了灵性、质感和淡淡的忧伤。观照画面如此，描画朋友也重感性。胡也频、丁玲是他早年接触最多的朋友，在胡也频牺牲、丁玲被绑架后，他分别撰写《记胡也频》和《记丁玲》纪念他们。其中，1931年10月起在上海《时报》连载的《记胡也频》这样描述胡也频印象："这海军学生，南方人的热情，如南方的日头，什么事使他一胡涂时，无反省，不旁顾，就能勇敢的想象到另外一个世界里的一切，且只打量走到那个新的理想中去。"③ 勿需抽象概括，寥寥几笔，就把胡也频热情有余、理性不足的特性描绘出来了。这种气质的人，寻求生活伴侣时也会追求气质相近者。我们看沈从文笔下的丁玲。1933年在《国闻周报》连载的《记丁玲》这样描绘她："支配她生活上各种行动的，据我看来还依然因为那个父亲洒脱性格的血液，在这个人身体中流动，一切出于感情推动者多，出于理智选择者少。"④ 可以看出，他认为丁玲也是个感性大于理性的人。对于胡也频、

---

① 沈从文：《从文自传·我读一本小书同时又读一本大书》，《沈从文全集》第13卷，北岳文艺出版社2002年版，第254页。
② 沈从文：《从文自传·一个大王》，《沈从文全集》第13卷，北岳文艺出版社2002年版，第345页。
③ 沈从文：《记胡也频》，《沈从文全集》第13卷，北岳文艺出版社2002年版，第8页。
④ 沈从文：《记丁玲》，《沈从文全集》第13卷，北岳文艺出版社2002年版，第57页。

丁玲之间的爱情,他的理解也是跟着感觉走,"我总就觉得从生理方面的特长,她征服了海军学生,从另一方面弱点,则海军学生处处正在征服这个女子"。"她虽然同这个海军学生住在一处,海军学生能供给她的只是一个年青人的身体,却不能在此外还给她什么好处。"① 过分强调两人结合源于生理需求而不提他们的爱情,虽然具有合理性——青年人相处,肯定有生理需求作内因,但是,爱好写作的志向、向往革命的理想与相濡以沫的生存等也使二人产生爱情。这一点没有成为沈从文论述的焦点,应该与其重感知的思维特征有关,而非丁玲1980年所认为的是有意诋毁胡也频和她的关系。②

  能够证明沈从文强调感性的思维特征的,既有他对胡也频的描述,也有对冯达的印象。纪念丁玲时,他再次强调胡也频的性格特点:"海军学生很显然的,还是个理性难于驾驭自己感情的人,对革命发展太乐观了些,对历史智识又稍少了些,勇敢处使他可以作出份事业,那是毫无可疑的,不过同时这种勇敢处,也可以成为疏忽,将他自己带入面前深阱里去。"③ 在《记丁玲 续集》中,他依然认为:"海军学生之被人重视,我以为对于他根本毫无好处。这人既无多大政治才识,有的只是较才识三倍以上的热情。凭了这点热情,他应得到一份敬爱。然而一被重视,因此他却必毁无疑了。"④ 他所强调的是胡也频若作为诗人,其气质有益;若作为革命家,则容易毁灭。事实证明他的感觉无误! 如果说胡也频是他非常熟悉的对象,他认知的正确容易理解,那么,凭印象认定丁玲的同居者冯达不会是一个坚强的革命者,就不能不承认沈从文的感性思维还是有道理的:"可是不知为什么原因,一见了他我就有点

---

  ① 沈从文:《记丁玲》,《沈从文全集》第13卷,北岳文艺出版社2002年版,第79—80页。
  ② 参阅丁玲《也频与革命》,《诗刊》1980年第3期。
  ③ 沈从文:《记丁玲》,《沈从文全集》第13卷,北岳文艺出版社2002年版,第127页。
  ④ 沈从文:《记丁玲》,《沈从文全集》第13卷,北岳文艺出版社2002年版,第143页。

疑心。仿佛这人脸就白得使人疑惑。""如今见到了这个人后,我那点疑心还依然存在。'脸那么白,如何能革命?'是的,我真这样疑心那个人,照我经验看来,这种人是不宜于革命的。"① 令人感到诡异的是,他的感觉总是那么准确!胡也频、丁玲的性格与结局,冯达的最终背叛革命等,皆证明了沈从文直觉的可靠。因此,对感官刺激印象的捕获与描述,构成沈从文散文创作的特点。

(三) 对传奇文化的关注

沈从文成长的湘西相较于绝大部分区域而言是个奇异的地方,他能够从一个小学没有毕业的青年自学成为著名作家也是个传奇。笼罩在传奇氛围之中的沈从文,在文学创作中也喜欢关注传奇文化。

沈从文散文中的人物,多为苗族。独特的历史铸就苗族人奇异的性格,他们不畏惧血腥,欣赏强悍、勇猛的原始人性。沈从文所推崇的原始生命力,是人生于天地间能够感受到的、自主支配的原始力量。它不受制于外来制度,也不屈从于他人压力,自主自然地存在。因此,湘西苗族汉子行动起来绝少犹豫:"委屈、愤怒的积压有如火山力量存储,时不时要爆发一次纯民族性的反抗。""没有战争的时候才讲道理;脑壳砍过才讲人道;讲是讲,行动跟着哲学跑;行动起来,哲学要不听话,也便一刀砍了!"② 崇尚暴力的性格使凤凰县的大人习惯用单刀在大街上决斗,这显然是危险、血腥的行为。苗族家长对待小孩看决斗的问题,却不像汉族那样回避。"事情发生时,那些有小孩子在街上玩的母亲,也不过说:'小杂种,站远一点,不要太近!'嘱咐小孩子稍稍站开点儿罢了。"③ 这样的环境,可以造就一些以训练士兵为业的人,

---

① 沈从文:《记丁玲 续集》,《沈从文全集》第13卷,北岳文艺出版社2002年版,第218页。
② 黄永玉:《无愁河的浪荡汉子》,见卓雅《黄永玉和他的湘西》,上海文艺出版社2004年版,第67页。
③ 沈从文:《我读一本小书同时读一本大书》,《沈从文全集》第13卷,北岳文艺出版社2002年版,第262页。

或以杀人为生的刽子手，甚至产生杀人如麻的山大王和乱杀无辜的军队。《一个老战兵》中，沈从文叙述了开办补充兵训练班的滕四叔，教一帮十几岁的孩子翻斤斗、打藤牌、舞长梢、耍齐眉棍、列阵式，使其自由、实用地学习作战技法。他本人呢？"这教师就是个奇人趣人，不拘向任何一方翻斤斗时，毫不用力，只需把头一偏，即刻就可以将身体在空中打一个转折。"他还会爬树，会在任何地方拿顶；他水性好，任何深处皆可泅去，且会摸鱼、钓鱼、叉鱼；他明医术，擅长用草药治伤；他善养鸭养鸡，还会种花、接果树、捏塑人像。① 在孩子们眼中，滕四叔几乎无所不能，俨然神人！对犯了错误的孩子，他也不严责，"至于他们的错误，改正错误的，却总是那师傅来一个示范的典雅动作，相伴一个微笑。犯了事，应该处罚，也总不外是罚他泅过河一次，或类似有趣味的待遇，在处罚中即包含另一种行为的奖励。我们敬畏老师，一见教官就严肃了许多，也拘束了许多。他们则爱他的师傅，一近身时就潇洒快乐了许多。"② 这样的教育，当然成绩斐然，"即到十六年后的现在，从三处出身的军官，精明，能干，勇敢，负责，也仍然是一个从他那儿受过基础教育的张姓团长，最在行出色。""但家中却料不到十来年后，在军队中好几次危险，我用来自救救人的知识，便差不多全是从那老战兵学来的！"③ 可见，这是一个让作者终生难忘的传奇人物。

如果说老战兵是固定一隅凸显自己的能力，曾芹轩则是沈从文描绘的另类奇人。他描述两人的邂逅，"这曾姓朋友读书不多，办事却十分在行，……他那时年纪不会过二十五岁，却已赏玩了四十名左右的年青黄花女。他说到这点经验时，从不显出一分自负的神气，不骄傲，不

---

① 沈从文：《一个老战兵》，《沈从文全集》第 13 卷，北岳文艺出版社 2002 年版，第 292 页。
② 沈从文：《一个老战兵》，《沈从文全集》第 13 卷，北岳文艺出版社 2002 年版，第 293 页。
③ 沈从文：《一个老战兵》，《沈从文全集》第 13 卷，北岳文艺出版社 2002 年版，第 294 页。

矜持。他说这是他的命运，是机缘的凑巧。从他口中说出的每个女子，皆仿佛各有一分不同的个性，他却只用几句最得体最风趣的言语描出。……一切粗俗的话语，在一个直爽的人口中说来，却常常是妩媚的"。① 这类领略异性风骚、擅长语言描述的奇人，让沈从文大开眼界。然而，更具代表性的是湘西无处不在的土匪中的人物，那些个性特异的山大王，对沈从文的创作影响更大。如他描绘的刘云亭，"这人自己用两只手毙过两百个左右的敌人，却曾经有过十七位压寨夫人。这大王身个儿小小的，脸庞黑黑的，除了一双放光的眼睛外，外表任你怎么看也估不出他有多少精力同勇气"。② 他在严寒的冬天，别人认为没有人敢下水时，赤身下河游一个小时；有人赌博被骗输光时，他出面把钱要过来送还。他被司令官救过一次，为感恩放弃山大王地位，来做司令的上尉亲信。当他听说川军在本市一个庙里押着一个18岁就当匪首的王夭妹时，便过去告诉女匪自己埋有六十支枪，可以设法保她出来，一起上山快活。女匪相信了他，两人便在狱中亲近了一次，次日事泄，王夭妹被杀。"女人既已死去，这弁目躺在床上约一礼拜左右，一句话不说，一点东西不吃，大家都怕他也不敢去撩他。到后忽然起了床，又和往常一样活泼豪放了。"他的理由："夭妹为我死的，我哭了七天，现在好了。"③ 似乎很讲义气，后来因为想拐走良家妇女、回山重操旧业而被杀，临刑前吐露别人曾经花六千块钱收买他刺杀司令，他拒绝了，最终还是被杀掉。性格的悲剧与命运的不可知纠结在一起，令人深思人世之谜。好像仅仅写出这些还不够传奇，在文章的最后，又叙述杀刘云亭的张司令，三年后被部下田旅长设鸿门宴杀死；田旅长一年后被湖南主席叶开鑫派另一个军官，用同样的方法刺死。至此，暴力的阴影、命

---

① 沈从文：《船上》，《沈从文全集》第13卷，北岳文艺出版社2002年版，第332—333页。
② 沈从文：《一个大王》，《沈从文全集》第13卷，北岳文艺出版社2002年版，第347页。
③ 沈从文：《一个大王》，《沈从文全集》第13卷，北岳文艺出版社2002年版，第351页。

运的轮回呼应着湘西的险山恶水与现代中国的时代风云,已具有超越传奇本身的复杂内蕴。

除了本民族文化熏陶出的奇人,还有外来的趣人。《姓文的秘书》所描述的文秘书,真名文颐真,是留学日本回来的。沈从文在行伍间见惯了粗野放荡的行为,见文秘书对谁都客客气气的样子觉得有趣。当他说话随口带出"老子"时,文秘书告诉他不要跟士兵学这些,世界上有许多好事情可学。二人熟悉后,沈从文为他学狼、虎的叫声,告诉他如何分辨野猪和山羊的足迹;他则告诉沈从文火车、轮船的声音,电灯、电话的样子,鱼雷、氢气球是什么等,并搬出《辞源》查到"老子",详细解释"老子"是谁。通过他,沈从文不仅认识了一个趣人,更知道外面的世界多有趣,于是,与人合订《申报》,开始阅读《西游记》等名著。当其他士兵依然如故时,沈从文新的传奇已开始孕育。

奇人能够凸显人性内蕴,彰显人类社会的多重内涵。但是,奇事——超越社会常理、有悖人之常情的事情,则更能表现时代风云与社会内蕴。在《从文自传》中,沈从文记述了诸多奇事。随军到怀化镇时,"药铺表示欢迎驻军起见,……膏药锅边总还插上一个小小纸招,写着:欢迎清乡部队,新摊五毒八宝膏药,奉送不取分文"。"既然有了这种优待,兵士火夫到那里去贴膏药的自然也不乏其人。我方明白为什么戏楼墙壁上膏药特别多的理由,原来有不要钱的膏药,无怪乎大家竞贴膏药了。"① 平淡的叙述,却描绘出药店主人对军队的畏惧、士兵的无聊。当这些无聊的士兵想逃离部队时,一旦被抓住,会是怎样的处罚呢?"晚上拷打时,常常看到他们用木棒打犯人脚下的螺丝骨,这刑罚是垫在一块方铁上执行的,二十下左右就可把一只脚的骨髓敲出。又用香火熏鼻子,用香火烧胸胁。又用铁棍上'地绷',啵的一

---

① 沈从文:《怀化镇》,《沈从文全集》第13卷,北岳文艺出版社2002年版,第307页。

声把脚扳断，第二天上午就拖了这人出去砍掉。"① 若非亲历，谁也想不到会是这样的。逃兵被处罚是常理，然而经受这么多折磨再处死就超出普通人的认知了。

沈从文对人类相互残杀印象深刻，其散文创作中写到很多。《辛亥革命的一课》叙述辛亥革命爆发后，他父亲参与凤凰县的暴动失败、众多苗民被杀的场景。叔父回来说："衙门从城边已经抬回了四百一十个人头，一大串耳朵……"② 他出去围观时，看到官府每天从苗乡捉一两百人，判处时却靠掷竹筊决定："一仰一覆的顺筊，开释，双仰的阳筊，开释，双覆的阴筊，杀头。生死取决于一掷，应死的自己向左走去，该活的自己向右走去。"他"看那些乡下人，如何闭了眼睛把手中一付竹筊用力抛去，有些人到已应当开释时还不敢睁开眼睛。又看着些虽应死去还想念到家中小孩与小牛猪羊的，那分颓丧那分对神埋怨的神情，真使我永远忘不了"。③ 死生大事，竟然基于偶然一掷，这不仅构成一个传奇现象，也使沈从文开始思考生命、人生等问题。

生死固然能够酝酿传奇，情感波折也不乏超常之处。沈从文在《女难》中叙述自己在芷江县警察所当办事员时，拒绝乡绅们要他做婿的好意，认为一个白脸长身的商人女儿才是自己所爱，因此，在八百土匪围城的战火中，满怀希望为女孩写诗，借钱给女孩弟弟，然而，爱情没有结果，母亲托他保管的几千块钱却少了一千块左右对不上。这成为他离开芷江的原因，也勾连着他的未来，到了常德，他依然关注着那个女孩马泽蕙。听说她被土匪抢去做了压寨夫人，他题诗感慨："佳人已属沙吒利，义士今无古押衙。"并知道女孩再被黔军团长赎去，团长被枪毙

---

① 沈从文：《怀化镇》，《沈从文全集》第13卷，北岳文艺出版社2002年版，第313页。
② 沈从文：《辛亥革命的一课》，《沈从文全集》第13卷，北岳文艺出版社2002年版，第268页。
③ 沈从文：《辛亥革命的一课》，《沈从文全集》第13卷，北岳文艺出版社2002年版，第270—271页。

后，女孩到天主教堂做了洋尼姑。① 一段初恋，他写得波澜起伏——既有少年不知情为何物的懵懂，也有痴情不得的怅惘，更有女性命运的坎坷，还有外来宗教的渗入。这些叙事，对于一个年轻人而言，的确是具有超凡性的。

（四）对民风民俗的记录

民风民俗是一个地方最具文化气息的存在，其奇特内涵构成地域性特点，因此，通过民间风俗展示特定对象的传奇色彩，成为作家创作中常见的手法。沈从文浸染于湘西"小乡城文化"之中，各族文化的冲突整合留下了很多奇特的风俗，建构起绚丽多姿的文学画面。

沈从文开始写作就注重风俗描写。其散文《通信》，载于1926年3月6日《晨报副刊》。该文描绘麻阳风俗："每到五月五（是十五）划龙船的时候，一些划手，必有所争斗寻仇生事，用河中包子石（鹅卵石——原文后注）打死几个'命中该打死的'。""大约因每年打，每打总死两个，人多了，官也不问，结果就用钱和;了事。这种架虽说是在无论什么时候都可打的，但他们总是留到这天打，谁死了，当时不报仇，又留到下年去热闹。"② 这习俗，一方面凸显出麻阳人无聊无趣的人生，拿生命作为娱乐对象；另一方面，也是为表现野蛮的原始生命力，期冀在此展现卑微生命的价值！《湘行书简·忆麻阳船》中对船家性爱风俗也有描写："船上规矩严，忌讳多。在船上客人夫妇间若撒了野，还得买肉酬神。水手们若想上岸撒野，也得在拢岸后的。他们过得是节欲生活，真可以说是庄严得很！"③ 还是麻阳人，自己快乐却不能影响别人，夫妻性爱也要符合仪式，不能不说具有独特性了。无论凸显原始野性还是描写性爱仪式，均具鲜明地域色彩。

---

① 沈从文：《常德》，《沈从文全集》第13卷，北岳文艺出版社2002年版，第330页。
② 沈从文：《通信》，《沈从文全集》第11卷，北岳文艺出版社2002年版，第53页。
③ 沈从文：《湘行书简·忆麻阳船》，《沈从文全集》第11卷，北岳文艺出版社2002年版，第134页。

《湘行散记》中既有对端午节赛龙舟风俗的描写，也能看到湘西人教育后代的习俗。《箱子岩》写端午节到来时，"箱子岩洞窟中最美丽的三只龙船，皆被乡下人拖出浮在水面上。船只狭而长，船舷描绘有朱红线条，全船坐满了青年桡手，头腰各缠红布，鼓声起处，船便如一枝没羽箭，在平静无波的长潭中来去如飞。河身大约一里路宽，两岸皆有人看船，大声呐喊助兴"。①《滕回生堂的今昔》则表现湘西人如何教育后代："两兄弟把长绳系个钓钩，挂上一片肉，夜里垂放到水中去，第二天拉起就常常可以得一尾大鱼。但我那寄父却不许他们如此钓鱼，以为那么取巧，不是一个男子汉所当为。……他常奖励两个儿子过教场去同兵将子寻衅打架，大儿子常常被人打得头破血流回来时，作父亲的一面为他敷那秘制药粉，一面就说：'不要紧，不要紧，三天就好了。你怎么不照我教你那个方法把那苗子放倒？'说时有点生气了，就在儿子额角上一弹，加上一点惩罚，……。"②不准取巧，推崇勇敢，鼓动孩子寻衅锻炼自己等，显然具有湘西文化内蕴。《湘西》中他向读者介绍了湘西赶尸的传说，并分析了放蛊、巫、落洞女这些独有传说之间的关系："但蛊在湘西却又另外一种意义，与巫，与此外少女的落洞致死，三者同源而异流，都源于人神错综，一种情绪被压抑后变态的发展。因年龄、社会地位和其他分别，穷而年老的易成为蛊婆，三十岁左右的，易成为巫，十六岁到二十二三岁，美丽爱好而婚姻不遂的，易落洞致死。三者都以神为对象，产生一种变质女性神经病。"③并详细叙述了蛊的构成、放蛊的方法，行巫术者如何表演以及落洞女的实质，让没有到过湘西或对湘西一知半解者对这些奇特的民俗有初步的了解。

《从文自传》中也有对湘西奇特风俗的描写。《辛亥革命的一课》

---

① 沈从文：《箱子岩》，《沈从文全集》第11卷，北岳文艺出版社2002年版，第277页。
② 沈从文：《滕回生堂的今昔》，《沈从文全集》第11卷，北岳文艺出版社2002年版，第319—320页。
③ 沈从文：《凤凰》，《沈从文全集》第11卷，北岳文艺出版社2002年版，第395页。

中对被抓苗民掷竹筊决生死的场景描写,不仅写出了军阀权威下苗民的无奈与悲惨命运,也是对特定时代湘西执政者判决规则的描绘。这样的判决导致诸多无辜者死亡,那些围观者、刽子手又将表现出怎样的习俗呢?《怀化镇》先写掌握生杀大权的军法长"马马虎虎"宣布罪状、朱笔勾勒被执行者,然后便跑到较高的土墩上等着看砍头。如果被杀者有特异之处——"死前死后又有出众之处,或招供时十分快爽,或临刑时颜色不变,或痴痴呆呆不知事故,或死后还不倒地",副官处、卫队营、军需处、参谋军法秘书处的人们便有了谈资。刽子手呢?"杀人那天如正值场期,场中有人卖猪肉牛肉,刽子手照例便提了那把血淋淋的大刀,后面跟着两个火夫,抬一只竹箩,每到一个屠桌前可割两三斤肉,到后把这一箩筐猪肉牛肉各处平分,大家便把肉放到火炉上去炖好,烧酒无限制的喝着。"① 于是,他人的忌日变成了围观者和刽子手的节日,杀人带出的习俗便凸显出作者对民族性格的思考和对麻木不仁者的揭露。

  杀人的风俗固然具有独特性,更能表现湘西特色的是码头边、吊脚楼上或集市上看到的风俗。在常德,你可以看到各种面馆、杂货店、理发店,也可以见到几家专供水手消遣的妓院,"三五个大脚女人,身穿蓝色印花洋布衣服,红花洋布裤子,粉脸油头,鼻梁根扯得通红,坐在门前长凳上剥朝阳花子,见有人过路时就迷笑迷笑,且轻轻的用麻阳人腔调唱歌"。② 有大船靠岸时,能看到水手们提了干鱼或南瓜去送礼,看到小孩子捧了公鸡,带了狗,去斗鸡。街道上传来小贩们敲梆子、打铜锣的声音,夹杂着丢鸡人家的妇女的骂人声和唱傀儡戏的曲调,共同酝酿出浓郁的小乡城情调。而《船上》描写被商人放的爆竹所惊吓的

---

  ① 沈从文:《怀化镇》,《沈从文全集》第 13 卷,北岳文艺出版社 2002 年版,第 308—309 页。
  ② 沈从文:《常德》,《沈从文全集》第 13 卷,北岳文艺出版社 2002 年版,第 328 页。

曾芹轩,假装拜年敲开商家的大门,待商人开门时冷不丁一拳打去,对方应声倒地。曾芹轩大声说明:"老子打了你,有什么话说,到中南门河边送军服船上来找我,我名曾祖宗。"① 顺手丢下自己的名片,哈哈大笑而去。恩怨分明,睚眦必报,颇有武侠人物风貌。

这些经历本身成为沈从文描写的对象,已经具有独特的价值。实际上,还有逸出自传之外的文学价值,即对沈从文的小说创作也具有积极效应。如结识的那些奇人趣人,他们讲述的故事,会成为沈从文创作小说的原型;他们对异性的描绘,为未经历异性的作者提供方便。"我到后来写过许多小说,描写到某种不为人所齿及的年轻女子的轮廓,不至于失去她当然的点线,说得对,说得美,就多数得力于这个朋友的叙述。"② 甚至,有些事情促使他思考生命存在的意义,如叙述过刘云亭的经历后,"从他口上知道烧房子,杀人,强奸妇女,种种犯罪的纪录;且从他那种爽直说明中了解那些行为背后所隐伏的生命意识。我从他那儿明白所谓罪恶,且知道这些罪恶如何为社会所不容,却也如何培养着这个坚实强悍的灵魂"。③ 正是这些对自我经历和湘西传奇人物、风俗的描绘,使得沈从文的散文创作具有浪漫恣肆、俊逸脱俗的色彩。

四 《湘行散记》

《湘行散记》1936年由上海商务印书馆初版,是沈从文与张兆和的通信选集。1934年1月,沈从文返乡探望病重的母亲,路上行程十几天,走的是他十多年前走过的辰河,一路上感慨良多。他每天如约给张兆和写一封信,谈所见所闻。回到北京后,根据这些信整理成这本散文

---

① 沈从文:《船上》,《沈从文全集》第13卷,北岳文艺出版社2002年版,第334—335页。
② 沈从文:《船上》,《沈从文全集》第13卷,北岳文艺出版社2002年版,第333页。
③ 沈从文:《一个大王》,《沈从文全集》第13卷,北岳文艺出版社2002年版,第348页。

集。我们看《湘行散记》蕴含着怎样的内涵，呈现出哪些叙事特征。

(一) 时间维度下的反思

身为从湘西走出来的作家，沈从文有着与众不同的思维和选择。当别人从阶级或社会角度思考问题时，他却超越了这一层面，在苍茫的时间背景下反思人生和自然。他感慨时间使人生多变："时间使一些英雄美人成尘成土，把一些傻瓜坏蛋变得又富又阔；……我这个朋友，在一堆倏然而来悠然而逝的日之中，也就做了武陵县一家最清洁安静的旅馆主人，且同时成为爱好古玩字画的风雅人了。"① 这个朋友是曾芹轩，"当他二十五岁左右时，大约就有过一百个女人净白的胸膛被他亲近过"。怎么刚到中年，便充满人生的沧桑感呢？"但照他自己说，使他迷路的那点年龄业已过去了，如今一切已满不在乎，白脸长眉毛的女孩子再不使他心跳，水獭皮帽子，也并不需要娘儿们眼睛放光了。他今年还只三十五岁。……童心业已失去，就再也不胡闹了。"② 人世间的一切，似乎皆可委于时间，在其转瞬即逝的轨道上，各人演绎着各人的悲喜剧。曾芹轩如此，那个当年一起行军一起浪漫过的同伴如何呢？十七年过去了，沈从文故地重游，居然一丝不错地走到绒线铺门前，那个"伶俐勇敢，希有少见"的少年傩右不见了，他追到的"翠翠"已死去，他们的女儿小翠已长成母亲当年的模样。当傩右出现时，"真没有再使我惊讶的事了，在黄晕晕的灯光下，我原来又见到了那成衣人的独生子！这人简直可说是一个老人，很显然的，时间同鸦片烟已毁了他。但不管时间同鸦片烟在这男子脸上刻下了什么记号，我还是一眼就认定这人便是那一再来到这铺子里购买带子的傩右"。默默对望中，"我憬然觉悟他与这一家人的关系，且明白那个似乎永远年青的女孩子是谁

---

① 沈从文：《一个戴水獭皮帽子的朋友》，《沈从文全集》第11卷，北岳文艺出版社2002年版，第229页。
② 沈从文：《一个戴水獭皮帽子的朋友》，《沈从文全集》第11卷，北岳文艺出版社2002年版，第223页。

的儿女了。我被'时间'意识猛烈的捆了一巴掌,摩摩我的脸颊,一句话不说,静静的站在那儿看两父女度量带子,验看点数我给他的钱。……他们那安于现状的神气,使我觉得若用我身分惊动了他,就真是我的罪过"。① 时间既然已经带走了青春,也载去了留不住的故事,保持原生态的安静便是对老伙伴的尊重。沈从文懂得这一点,所以他只感悟时间改变世事人心的能力,而没有点破彼此的关系。

尊重老朋友的现状,并不意味着沈从文不反思其生存状态,事实上,沈从文一边追忆沿河风景,温习十几年前辰河两岸的风貌,一边思考着故乡人的存在状态。在箱子岩,想起往昔端午节赛龙舟的热闹,想起两千多年前屈原就看到同样的情景,沈从文感慨:"从他们应付生存的方法与排泄感情的娱乐上看来,竟好像古今相同,不分彼此。这时节我所眼见的光景,或许就与两千年前屈原所见的完全一样。"② 作者觉得故乡人的生存状态几千年不变不合理,但是故乡人却沉醉不醒,或者习惯如此了。"然而从整个说来,这些人生活却仿佛同'自然'已相融合,很从容的各在那里尽其性命之理,与其他无生命物质一样,惟在日月升降寒暑交替中放射,分解。而且在这种过程中,人是如何渺小的东西,这些人比起世界上任何哲人,也似乎还更知道的多一些。"③ 值得注意的是,作家拓展视野思考时,似乎认同了他们这种顺应自然、安静平和的存在状态。但沈从文毕竟是走出湘西、接受了现代文化的作家,短暂的认同之后,还是提出了自己的希冀:"我们用什么方法,就可以使这些人心中感觉一种'惶恐',且放弃过去对自然和平的态度,重新来一股劲儿,用划龙船的精神活下去?这些人在娱乐上的狂热,就证明这种狂热使他们还配在世界上占据一片土地,活得更愉快

---

① 沈从文:《老伴》,《沈从文全集》第 11 卷,北岳文艺出版社 2002 年版,第 296—297 页。
② 沈从文:《箱子岩》,《沈从文全集》第 11 卷,北岳文艺出版社 2002 年版,第 278 页。
③ 沈从文:《箱子岩》,《沈从文全集》第 11 卷,北岳文艺出版社 2002 年版,第 280 页。

更长久一些。不过有什么方法,可以改造这些人狂热到一件新的竞争方面去?"①依然是时间维度上的思考,却是指向未来的,这才是沈从文思考的最终目标。往昔不可留,未来尚可期。显然,在时间的维度上,沈从文对故乡人还保有充分的信心,不然,他不会在此文结尾写道:"二十年前澧州地方一个部队的马夫,姓贺名龙,一菜刀切下一个兵士的头颅,二十年后就得惊动三省集中十万军队来解决这马夫。谁个人会注意这小小节目,谁个人想象得到人类历史是用什么写成的!"②虽然他没有明确号召故乡人走贺龙的革命道路,但充满暗示的文字预示着这才是创造未来的生存方式,凸显出沈从文囿于环境欲说还休的表达姿态。

为何如此?个人记忆的背后隐藏着时代信息,时间流逝的轨迹承载着社会思潮。1934年的中国社会充满动荡和变数,尤其是沈从文的故乡湖南。一方面,国共两党在这块土地上的争夺日趋白热化,政治高压笼罩着整个沅水流域,沅州南门城边,"城门上有一片触目黑色……只是一片新的血迹",原来是北京农科大学唐姓青年返乡带领四乡两万百姓到沅州请愿,结果和四十多个学生、农民一起被机关枪打死了。因为他是党务特派员,故他的身体,被兵士用刺刀钉在城门木板上,示众三天;三天后,抛入江中。③另一方面,苛捐杂税繁多,鸦片、土匪祸害乡里,百姓无以为生,很多女性沦为妓女,桃源后江,"住下无数公私不分的妓女……使用她们的下体,安慰军政各界,且征服了往还沅水流域的烟贩,木商,船主,以及种种过路人,挖空了每个顾客的钱包,维持许多人生活,促进地方的繁荣"。④她们也要缴税,叫"花税"!畸形

---

① 沈从文:《箱子岩》,《沈从文全集》第11卷,北岳文艺出版社2002年版,第281页。
② 沈从文:《箱子岩》,《沈从文全集》第11卷,北岳文艺出版社2002年版,第283页。
③ 沈从文:《桃源与沅州》,《沈从文全集》第11卷,北岳文艺出版社2002年版,第238—239页。
④ 沈从文:《桃源与沅州》,《沈从文全集》第11卷,北岳文艺出版社2002年版,第234页。

的繁荣,无常的人生,会引发人们对命运的思考。屡屡遭遇命运的无常,人的生理年龄退居次位,像曾芹轩、傩右那样的心理早衰,成为时代的特殊标志。

(二) 人性内涵的展现

在时间维度下的思考,赋予沈从文散文与众不同的特色,但是,如果仅仅写出这些,文本内蕴未免单薄。钟情于"小乡城文化"的沈从文,更侧重以时间为背景,来表现湘西人执着的人生态度。1934 年 1月 18 日,船行在辰河上,一位长眉白须的拉纤老人,77 岁了,每天挣九百钱的拉纤费,看到老人"得了钱坐在水边大石上一五一十数着",作者感慨:"看他那数钱神气,人快到八十了,对于生存还那么努力执着,这人给我的印象真太深了。"① 拉纤的如此,撑船人呢? 看着这些伴随多日的水手,"我在心中打了一下算盘,掌舵的八分钱一天,拦头的一角三分一天,小伙计一分二厘一天。在这个数目下,不问天气如何,这些人莫不皆得从天明起始到天黑为止,做他应分做的事情。遇应当下水时,便即刻跳下水去。遇应当到滩石上爬行时,也毫不推辞即刻前去。在能用气力时,这些人就毫不吝惜气力打发了每个日子,人老了,或大六月发痧下痢,躺在空船里或太阳下死掉了,一生也就算完事了。这条河中至少有十万个这样过日子的人。想起了这件事情,我轻轻的呼了一口气"。② 那个掌舵的已行船 37 年,仍孑然一身,却认真地活着。这促使作者反思自我为生存走过的历程,于反思中"忽然彻悟了一点人生",认识到人与自然的融洽才是人生中最大的收获,名利的得失、外在的变化都扭转不了心灵的契合! 作为跳出湘西的觉醒者,"看到日夜不断千古长流的河水里石头和砂子,以及水面腐烂的草木,破碎的船

---

① 沈从文:《一九三四年一月十八日》,《沈从文全集》第 11 卷,北岳文艺出版社 2002年版,第 251 页。
② 沈从文:《辰河小船上的水手》,《沈从文全集》第 11 卷,北岳文艺出版社 2002 年版,第 271—272 页。

板，使我触着了一个使人感觉惆怅的名词，我想起'历史'。……他们那么忠实庄严的生活，担负了自己那分命运，为自己，为儿女，继续在这世界中活下去。不问所过的是如何贫贱艰难的日子，却从不逃避为了求生而应有的一切努力。在他们生活爱憎得失里，也依然摊派了哭，笑，吃，喝。对于寒暑的来临，他们便更比其他世界上人感到四时交替的严肃。历史对于他们俨然毫无意义，然而提到他们这点千年不变无可记载的历史，却使人引起无言的哀戚"。① 时光流逝，人世代谢，但人的生活内容和命运却从无改变。生活于悲哀之中却不自觉，难怪作家有诸多感慨。作家有历史感，自我反思，他们则无怨无悔，做自己应做的事情，在对自然的顺从和对命运的达观中忽视自然年龄的存在。相对于敏感文人感慨时光易逝、生命不永，他们似乎是麻木愚昧的，也是现代启蒙者忙着要启发的对象。但是，能够安贫若素，不计较得失，执着于生活，这种态度不也是一种积极的人生观吗？沈从文并没有得出明确的结论，只是用笔描述了其存在，读者却能够从中品悟到人生的真谛。

这种执着，还表现为湘西人对自我选择的坚守。他们不愿意因为社会不认可就改变自己，无论是行为，还是性格，均透出近乎顽固的可爱。显然，我们无法按照习惯的社会规则来衡量他们，像曾芹轩，"从三岁起就喜欢同人打架，为一点小事，不管对面的一个大过他多少，也一面辱骂一面挥拳打去。但人长大到二十岁后，虽在男子面前还常常挥拳比武，在女人面前，却变得异常温柔起来，样子显得很懂事怕事。……有人称他为豪杰，也有人称他为坏蛋。但不妨事，把两种性格两个人格拼合起来，这人才真是一个活鲜鲜的人！"② 看似矛盾的性格，恰恰彰显出其生命力的澎湃。唯其如此，即便是人到中年，遇到商人扔爆

---

① 沈从文：《一九三四年一月十八日》，《沈从文全集》第 11 卷，北岳文艺出版社 2002 年版，第 253 页。
② 沈从文：《一个戴水獭皮帽子的朋友》，《沈从文全集》第 11 卷，北岳文艺出版社 2002 年版，第 227—228 页。

竹吓他时,还是找上门去,出拳便打。虎雏呢?沈从文曾经把他带到上海,希望将这个14岁的莽小子改造成一个"文明人",可是,不到一个月,他便打坏别人,逃跑了。这是一个都市空间圈不住的小伙,一个小豹子一样的男孩,其祖父是在台湾抗日殉国的游击;虎雏的理想就是像祖父那样做团长。"他年纪到如今只十八岁,就亲手放翻了六个敌人,而且照他说来,敌人全超过了他一大把年龄。"① 虎雏恩怨分明,不畏强敌,所以沈从文回乡时,弟弟派虎雏护送。当他们遇到一个蛮横军人要强行搭船,被拒绝后辱骂不堪时,虎雏心里认为"开口就骂人,不停船就用刀吓人,真丢我们军人的丑"。② 待船靠岸后,水手们怕事躲走了,他却借口买菜,上岸后找到那个军人,将其嘴巴打歪,差一点把军人膀子弄断。

沈从文欣赏曾芹轩、虎雏式的执着,所以用赞许的笔调记录他们的事迹。但是,对于不管时间如何流逝,仍然顺着自己的性格发展,投机自私的人,他也以讽刺的笔调记录下来。印瞎子是其年轻时的好伙伴,因为高度近视,有了这个绰号。这是个自命不凡的角色,"不要小看我印瞎子,我不像你们那样无出息。我要做个伟人!"③ 在时代的风云变幻中,他观察时局变动,时时投机取巧,终于成功了!姓杨、姓韩的朋友被清党运动所杀。"那个近视眼朋友,北伐军刚到湖南,就入党务学校受训练,到北伐军奠定武汉,长江下游军事也渐渐得手时,他已成为毛泽东的小助手,身上穿了一件破烂军装,每日跟随毛泽东各处乱跑,日子过得充满了疯狂的兴奋。他当真有意识在做'伟人'了。"④ 他很

---

① 沈从文:《虎雏再遇记》,《沈从文全集》第11卷,北岳文艺出版社2002年版,第300页。

② 沈从文:《虎雏再遇记》,《沈从文全集》第11卷,北岳文艺出版社2002年版,第304页。

③ 沈从文:《一个爱惜鼻子的朋友》,《沈从文全集》第11卷,北岳文艺出版社2002年版,第309页。

④ 沈从文:《一个爱惜鼻子的朋友》,《沈从文全集》第11卷,北岳文艺出版社2002年版,第311页。

得意一时的成功,曾写信劝沈从文到武汉参加革命。宁汉分裂后回到地方,两人便失去联系,再见时,印瞎子做了乌宿地方的百货捐局长,生活用具考究——"那两支烟枪是贵州省主席李晓炎的,烟灯是川军将领汤子模的,烟匣是黔省军长王文华的,打火石是云南鸡足山……"当我邀他一起去看看杨、韩的坟墓时,"他仿佛吃了一惊,赶忙退后一步,'大爷,你以为我戒了烟了吗?家中老婆不许我戒烟。你真是……从京里来的人,简直是个京派。什么都不明白。入境问俗,你真是……'"①显然,他已经很通世故,懂得明哲保身,才不会为了什么友情而冒风险呢!沈从文感叹:"不过我很明白'时间'这个东西十分古怪。一切人一切事皆会在时间下被改变,当前的安排也许不大对,有了小小错处,我愿意尽一分时间来把世界同世界上的人改造一下看看。"②面对印瞎子的自私自利,沈从文没有绝望,否则他也不会将其展览出来了。他依然希望花费时间改造之,希望时间能够改变这些。如果将其与曾芹轩、虎雏对比阅读,则发现沈从文对湘西人人性的思考是辩证的,并非如有些人认为的是一味推崇的。

(三) 世事"常""变"的考量

立足于时间维度观察时代、社会与人类的命运,很容易发现存在着永恒的时间背景与变化的现实存在。唐代张若虚《春江花月夜》云:"江畔何人初见月?江月何年初照人?人生代代无穷已,江月年年望相似。不知江月待何人,但见长江送流水。"诗人在望月之人屡变、天上明月永恒、长江之水不竭之间思考人在宇宙、历史长河中的定位。苏轼《前赤壁赋》也假托客人之"哀吾生之须臾,羡长江之无穷",提出了思辨性命题:"自其变者而观之,则天地曾不能以一瞬;自其不变者而

---

① 沈从文:《一个爱惜鼻子的朋友》,《沈从文全集》第 11 卷,北岳文艺出版社 2002 年版,第 314—315 页。
② 沈从文:《一个爱惜鼻子的朋友》,《沈从文全集》第 11 卷,北岳文艺出版社 2002 年版,第 309—310 页。

观之，则物与我皆无尽也。"可见，作家观察外在世界时，往往将永恒之物与变化主体互为参照，进而思考人类存在的价值。

沈从文对于湘西人执着人生的存在状态几千年不变是充满忧虑的，对于印瞎子那样的随机取巧的人生观是鄙夷的。该变的不变，不该变的却为了自私的欲望改变了，人世间事事物物的存在就是这样矛盾。这引起沈从文的思考，并由对现实人事的观察转向对民族命运和人生中"常"与"变"问题的整体考量。坐在小船上，行在绿水间，他思索："十五年来竹林里的鸟雀，那分从容处，犹如往日一个样子，水面划船人愚蠢朴质勇敢耐劳处，也还相去不远。但这个民族，在这一堆日子里，为内战，毒物，饥馑，水灾，如何向堕落与灭亡大路走去，一切人生活习惯，又如何在巨大压力下失去了它原来的型范！"① 他满怀忧患意识，感受着故乡的变化，内心充满焦虑。连他最熟悉的药店所在的桥上，风景也迥异于前："我问他这桥上铺子为什么皆改成了住家户。他就告我这桥上一共有十家烟馆，十家烟馆里还有三家可以买黄吗啡。此外又还有五家卖烟具的杂货铺。"② 应付生存的方式和宣泄感情的娱乐今古相同，但是，鸦片来了，黄吗啡成为公开卖品，人心也变了。"浦市地方屠户也那么瘦了，是谁的责任？希望到这个地面上，还有一群精悍结实的青年，来驾驭钢铁征服自然，这责任应当归谁？"③ 从民族处境到市面现状，从物质层面到世道人心，一切都变了！这引发沈从文对变化责任的追究，急切的追问中蕴含着不敢明言的愤懑。

沈从文的追问，没有具象的答案，他的目的也不在于此。他在向更深处追索——先民们如此生活，于当初情形下是积极进取的；但是，作

---

① 沈从文：《辰河小船上的水手》，《沈从文全集》第 11 卷，北岳文艺出版社 2002 年版，第 275 页。
② 沈从文：《滕回生堂的今昔》，《沈从文全集》第 11 卷，北岳文艺出版社 2002 年版，第 323 页。
③ 沈从文：《辰河小船上的水手》，《沈从文全集》第 11 卷，北岳文艺出版社 2002 年版，第 276 页。

家立足 20 世纪 30 年代观察之，则发现其与时代不协调处甚多。责任在谁？显然不是作者的思维终极点，他要思考"常"与"变"的关系。景如旧，岁月流逝，这是变化的常态；人依然，无为自在，也是不变的固态。应该变化的没有变化，作家偏从变化不止的时间维度考察，结果怎不令他感到酸涩！唯其如此，在《箱子岩》里，沈从文才希望人们将娱乐上的狂热转个方向，以便他们在世界上占据一片土地，活得更愉快更长久一些。这样，我们便可透析其文本内蕴乃是由现实反思人生与历史，进而发现民族性格中的惰性并希望改造之。他由此展开的对命运"常"与"变"的考量，其价值则超越了单一民族的生活，具有了普遍性意义，从而使其文本具备了现代性内蕴。

（四）小说技法的引入

沈从文写《湘行散记》时，已经是一个成熟的小说家。那时，他的小说代表作《边城》已经开始连载，因此，写作此书时自然将小说的技法引进来了。于是，《湘行散记》相对于其他现代散文而言，叙事特征更为鲜明。

首先是倒叙视角的采用。由于作者是别离故乡十几年后的重游，扑入眼帘的花草山水、人事喧嚣，传进耳膜的桨声涛声、调情谩骂，引发思考的场景变迁、世道民俗等，均唤起往昔的记忆，不由自主地产生追忆。加上成书过程中的事后整理，今昔对比的思维定式影响等使《湘行散记》的叙述视角多为倒叙。事后的冷静追叙，往往避开了事情进行时的忙乱纷扰，行为主体容易以理性的眼光审视所经历的人事，在比较中得出成熟的结论。观其文本，或以当事人的回忆，构成今昔对比，如《一个戴水獭皮帽子的朋友》叙述回乡时坐车由武陵过桃源，与老友曾芹轩同行，介绍他价值四十八元的水獭皮帽子，叙说他年轻时的风流和改邪归正后开旅馆、搞收藏。然后，追忆十三年前的相识以及曾芹轩为小娟妇一夜花费三百元的荒唐往事。或以作者的追述为线索，展示主人公的经历,如《一个爱惜鼻子的朋友》从民国13年与印瞎子相识到16年国共两党合作后他在武汉的投机,宁汉分裂后失联,直到这次重逢,以时间为背景凸显其变化。或通过风俗场面展示再过此处的感觉差异,如《箱子岩》开头回忆十四年前最美丽的三只龙舟下水,青年人兴高采烈地划龙舟,两岸鼓声、鞭炮声不断;而今再来,但见红木柜零落,新的龙舟尚未完工,年轻人不见踪影,只有几个老渔婆在寒风中补渔网。或以人物多年后的再遇为契机,回顾历史,如《老伴》叙述十七年后绒线铺里再见傩右时勾起的往事——为了追求翠翠而反复来买带子;辞去军职来做上门女婿等。《虎雏再遇记》则是与虎雏上海一别四年,回乡时弟弟派一护兵相送,却是虎雏;而虎雏这次上岸寻找霸道军人并痛揍一顿的行为,与当初在上海上学不到一个月就打坏人的性格一致。有的散文,题目便透露了作者的叙事视角,如《滕回生堂的今昔》。面对巨大的变化,作者忍不住感喟:"我知道'我不应当翻阅历史,温习历史。'在历史面前,谁人能够不感惆怅?"① 这种惆怅,不好直接说出来,借此视角则利于抒发对现实不满的愤激之情。因为这种不能直言的激愤,若议论而出,易被当局查封;但于行文中勾描今昔,让读者跟随自己回忆十多年前的湘西,于比较中得出自己的结论,则达到了一箭双雕的效果——既规避了风险,亦增加了风格的蕴藉。

其次是将小说技法融进散文。《湘行散记》共 12 篇散文,除了《桃源与沅州》《鸭窠围的夜》之外,全有精彩的对话,有些散文像对话体小说,如《一个多情水手和一个多情妇人》《辰河小船上的水手》《虎雏再遇记》等。《一个多情水手和一个多情妇人》中,通过对话、对骂,将水手牛保与情人夭夭的故事展现出来。牛保的多情、缠绵,该出发了还不下楼,得了大苹果又回到相好那里,送她苹果;情人不仅不愿放他走,临走还给他准备好路上吃的核桃。最后,点明夭夭只有十九

---

① 沈从文:《老伴》,《沈从文全集》第 11 卷,北岳文艺出版社 2002 年版,第 297 页。

岁,却被一个五十岁的老兵占有;这个鸦片鬼,"只要谁有土有财就让床让位"!① 于是,夭夭的凄惨命运,夭夭与牛保的情感,甚至夭夭对"我"的顾盼,均有了言之不尽的韵味。对话体的运用,具有多重效应:其一,可以增加散文的真实感。"我"与当事人对话,原汁原味的口语传达出湘西人真实的感情,从而让读者信服文中所写内容。其二,可使行文简洁。沈从文的作品,不善铺排,行文如对白,简约流畅,跳跃而行,能在不长的篇幅中容纳较多内涵。其三,可避思想迫害。当时出版检查极严,文中肯定共产党人,暗示湘西人走贺龙的造反路,追问造成湘西现状的责任等,这类不满当局者的情绪从对话者口中流出,不易惹祸。其四,再现行船时且行且言的氛围。他的回乡之路,沿途都是作者极为熟悉的景物,小船上一坐十多天非常寂寞。此时,撑船人与坐船者为排遣寂寞聊天叙旧,甚至讲些粗话野趣,实为真实情形。沈从文信中就告诉张兆和,自己学会了多少骂人的野话。散文追叙出来,便使读者亦如船上乘客,听其言,观岸景,随船行,娱其情!

再次是其风俗描写和景物描写。一个民族特定区域皆有自己的风俗,不同风俗中含有不同的文化内蕴。沿辰河行船,我们可以看到各种满载山货、煤炭或鸦片的船,也会碰上各式顺水漂流的木筏,一张木筏即是一个小世界;而船筏停泊的码头旁,供水手们抽"辇烟"的吊脚楼、别情依依的水手和妓女,以及两岸青山竹篁、飞鸟走兽构成的美景,无不给读者带来惊喜。如《箱子岩》中对赛龙舟场景的集中描写,风俗变迁中透出历史的悲凉感;辰河水手与拉纤人对骂的经典勾勒,使得对骂亦如歌。散文对沅州城内风俗的描写,突出军与妓,"军"之霸道蛮横,"妓"之贱杂悲戚,无不凸现时代特有的内蕴。所有这些,在在凸现作者小说家的素养及独特韵味。

---

① 沈从文:《一个多情水手与一个多情妇人》,《沈从文全集》第11卷,北岳文艺出版社2002年版,第267页。

作为其散文代表作，《湘行散记》没有被文学主潮裹挟，跟随时代书写启蒙或救亡主题，而是立足于时光流逝背景下创作主体对自然、人生、生命等问题的凝思，在跨越十几年的对比中，凸显作家对问题的独特理解。其执着的人生追索及达到的哲理境界，能给深思者以启迪；其小说技法的引入，使其散文具有多种情趣，没有说教意味。他对湘西风俗的描摹，能让人品出湘西文化的独特韵致；对辰河风景的描画，则在充满硝烟与血腥的文坛上，建构一道亮丽的山水画卷。表现这些内容时，得力于作家未受太多学校教育的束缚和以书信向妻子描述所见所闻的方式，能够以其小说家的思维惯性与创作手法，简洁表述，且行且言，成为别具一格的散文作品。散文呈现的风景、场面、风俗、对话，字里行间充盈的温情、粗野、恣肆、放达等，均使文本具有诱人的浪漫色彩，也凸显出其散文创作与其独特经历的关系。

第二章　沈从文的文化选择

文学创作不同于普通的物质生产，无论是作家主体意识的生成、文本内蕴的建构，还是叙事氛围的营造、人物形象的塑造，均离不开具体的文化背景。文化背景并非由单一元素构成，往往是多种文化冲突、整合的文化场。在相似或相同的文化背景中，创作主体选择哪种文化作为自己的精神主导，则会制约其表现对象的选择、对待人物的情感以及叙事进程的走向，因此，文化选择不同，所带来的文学效应也不同。

20世纪的中国是多种文化冲突整合的场所，置身其中的文学家们，通过各自的理性观照，作出了适合自身的文化选择，形成了各具特色的文化意识。亨廷顿认为："新世界的冲突根源，将不再侧重于意识形态或经济，而文化将是截然分割人类和引起冲突的主要根源。全球政治的主要冲突将发生在不同文化的族群之间。"① 湘西也无法置身其外，在外来的政治、经济、军事和文化冲击下，一切都在悄然发生变化。沈从文意识到变化的存在，却挡不住民族文化变化的趋势；在纷扰繁乱的文化冲突中，他必然作出自己的文化选择。而贯穿其作品中的文化意识，取决于其文化选择。因此，我认为：研究沈从文的文化选择，是进入其

---

① 香港《二十一世纪》第19期；转引自汤一介《在非有非无之间——汤一介自述》，河南文艺出版社2017年版，第65页。

艺术殿堂的理想途径。

一　"小乡城"文化的内涵

20世纪是世界各民族之间文化交往更为频繁密切的时代。伴随着文化的双向交流，"本世纪中的任何年代的科学与文化的总体特征都表现出创造性"。① 休斯在《欧洲现代史》一书中说："但不论在哪一方面，二十世纪风格都共同具有对上一世纪不屑一顾的态度，文化创新者抛弃了他们祖辈的教训，有意识地选择了新的词汇表现自己。"② 正是这种除旧布新的文化扬弃，酝酿了新旧文化的冲突整合。

新文化运动就是世界文化潮流激荡下出现在中国的一场文化变革运动。它掀起的狂飙，扫荡了阴云残雾，吹来了清新气息，也将刚到北京的沈从文卷进了文化冲突的旋涡之中。受中西文化熏陶的先行者，多将感情的天平与理智的选择倾向于西方文化，他却回眸故土，选择了生成于湘西文化土壤里的"小乡城"文化。我1993年提出此观点并发表后得到学界认可；进入21世纪后，仍有学者从不同角度继续研究沈从文的文化选择，如陈国恩从想象方式、自然观、命运观等方面论述其创作与道家文化的关系；杨义以"凤凰情结"概括其文化选择，认为"凤凰情结"，"包含着两重意义：一是地理上的凤凰的放大，放大到湘西的民风民俗、山川风物；二是精神文化上的凤凰的放大，放大到楚文化的图腾崇拜、精神信仰。这种既是地理的，又是精神的'凤凰情结'，构成了沈从文文学世界非常内在的文化特质和文化基因"。罗维以更为具体的"筸军文化"为切入视角，认为其存在使沈从文获得了社会身

---

① 胡经之、张首映：《西方二十世纪文论史·绪论》，中国社会科学出版社1988年版，第3页。
② ［美］H.S.休斯：《欧洲现代史》（1914—1980），陈少衡等译，商务印书馆1984年版，第221页。

份和审美观照人生的独特视角,促成了对社会、人生的个人化思考;其军人题材的创作与民国"筸军文化"关系密切。① 陈国恩的观点过于笼统,也不符合沈从文没有系统接受过传统文化教育的事实;杨义、罗维依然是从区域文化切入,但其命名无法涵盖沈从文文化选择的全部空间与内涵。为了不使文化概念宽泛的外延影响研究的精确性,或因为内涵过于狭窄制约研究对象的覆盖面,我认为只有"小乡城"文化才能清晰准确地概括出沈从文独特的文化意识。

"小乡城"文化虽是湘西文化滋润出的一朵特异的文化之花,却有着与湘西文化不尽相同的内涵。文化的构成是多重复合体,母体文化能够遗传给子文化以某种基因,却不能代替后者。为了剖析"小乡城"文化,我的阐释从沈从文多次自称为"乡下人"开始。这个概念对于理解"小乡城"文化至关重要,因此有必要先辨析一下"乡下人"的内涵。他说过:"我是个乡下人,走到任何一处照例都带了一把尺,一把秤,和普通社会权量不合。一切临近我命运中的事事物物,我有我自己的尺寸和分量,来证明生命的价值与意义。我用不着你们名叫'社会'为制定的那个东西。我讨厌一般标准,尤其是伪'思想家'为扭曲压扁人性而定下的庸俗乡愿标准。"② 夏志清认为:"他既自称'乡下人',自有一番深意。一方面,这固然是要非难那班在思想上贪时髦,一下子就为新兴的主义理想冲昏了头脑,把自己的传统忘记得一干二净的作家。第二方面,他自称为'乡下人',无非是要我们注意一下他心智活动中一个永不枯竭的泉源。这就是他从小在内地就与之为伍的农夫、士兵、船夫和小生意人。"③ 日本学者今泉秀人则以自己的研究证

---

① 参阅陈国恩《沈从文的湘西小说与道家艺术精神》,《学习与探索》2002 年第 4 期;杨义《沈从文的"凤凰情结"及其小说的文化特质》,《吉首大学学报》2002 年第 4 期;罗维《论沈从文边地军人想象与民国筸军文化的关系》,《吉首大学学报》2012 年第 6 期。

② 沈从文:《水云》,《沈从文全集》第 12 卷,北岳文艺出版社 2002 年版,第 94 页。

③ [美]夏志清:《中国现代小说史》,刘绍铭译,香港中文大学出版社 2001 年版,第 163 页。

实:"所谓'乡下人'是在'城市'和'乡村'所代表的对立的二者之间的有成为媒介体希望的存在。他对这些身价卑微的人,一直忠心不二。"① 能够成为这个客观媒介体的,既不可能是以农村为主体的整个湘西,更不会是湘西所不存在的现代都市,它只能是存在于湘西的"小乡城",其中居住着成为他心智活动之泉源的"农夫、士兵、船夫和小生意人"。

1979年10月20日,他致信金介甫:"我作品中经常说自己是乡下人,……一般说的含义,是老实淳朴,待人热忱而少机心,比大都市中人可信赖。可是不懂城市规矩,粗野不文雅,少礼貌。我在作品中还说过,即或是妓女,也比城市读书人还更可信托。有褒而无贬。但正因此,不免因为戆直而容易上当。我就属于这一型的人。"② 可见,沈从文对"乡下人"诚实、直爽、值得信赖品质的认定,即使过去五六十年了,依然不改。同时,在给美国学者阐释"乡下人"时,他有意树立了一个参照系,即"城市规矩",是为了让金介甫明白,若是按照所谓的现代文明标准,"乡下人"可能是个贬义的称呼,但是,自己自称"乡下人"恰恰是"有褒而无贬"的!显然,"乡下人"及其生存的"小乡城",是沈从文文学创作的主要表现对象。

"小乡城"多凭山临水而筑,特殊的地理位置使其成为湘西文化包围中的文化孤岛。它包括茶峒、王村、凤凰、保靖、怀化、浦市等沈从文生活和描写过的乡城。它们既处于乡村与都市的过渡状态,又是多种文化冲突整合的场所。它们不像都市那样紧紧拥抱政治,也不像乡村那样远离政治。一旦民族冲突爆发,它便处于冲突的前沿地带,冲突平息后又往往成为统治者屯兵设衙的治所。历史因素的积淀、湘西文化的熏

---

① [日]今泉秀人:《"乡下人"究竟指什么》,陈薇译,《中国现代文学研究丛刊》1992年第3期。
② 沈从文:《致金介甫》,《沈从文全集》第25卷,北岳文艺出版社2002年版,第412页。

陶，使"小乡城"人不自觉地选择了远离血腥味的文化观——认同自然观、人格平等观、重义轻利观和浓郁的忧患意识。生活在乡城中的人们大多是苗、瑶、土家等少数民族的后裔。在漫长的历史过程中，其祖先被当作"蛮族"对待，汉族统治者往往采取高压政策使之降服。东汉刘尚、马援的南征，唐朝"以夷制夷"政策的实施，清代的"改土归流"以及乾隆年间对苗族起义的残酷镇压，皆是民族压迫的典型史例。由于经常遭受血腥镇压，形成了"小乡城"人福祸难料的心态和浓郁的忧患意识。而民族冲突带来的特殊历史机遇，也确实使一些出身寒门的人靠军功跻身于上层社会。成功的光环掩盖了众多牺牲的惨象，使"小乡城"人形成了"有贫富无贵贱，有强弱无贵贱"和"将相无种"的人格平等观。

特殊的处境和经历，使"小乡城"成为独特的社会存在。当我们通过这个社会存在的主体去研究它时，便会发现其深邃的文化意蕴。美国人类学家 M. 兰德曼在《哲学人类学》中写道："社会从文化形式具有特殊性这一点上看却是文化的组成部分。社会在每一种文化中被不同的构成，因此，如果人被看作是一种社会的存在，那么，他也是一种文化的存在。"① "小乡城"人作为一种文化的存在，显然有着丰富的文化意蕴。他们的祖先从坦荡开阔的长江、洞庭湖流域，一步步走向狭隘闭塞的湘西山地，空间的变化约束了他们的视野，与外界的相对隔绝造成了他们心理的闭塞，使其意识染上一种古朴色彩。"行山依水""开山开土"的惊险转移过程，使其在经历统治阶级的暴虐之余，还要受猛兽厉禽、风霜雷电的恐吓。这种意识的积淀，使他们关注自我，着眼现世，对渺茫的来世和不及身心的利害缺乏热情。因此，当他们通过沈从文的描摹呈现在我们面前时，我们多少有一种陌生感。同时，民族迁徙

---

① ［德］米夏埃尔·兰德曼：《哲学人类学》，张乐天译，上海译文出版社1988年版，第219页。

的过程又是他们贴近自然、回归自然的过程。古老的大树、危险的山崖、惊惧的霹雳、湍急的河流，因其形象的狰狞和时间的古老给他们以崇高感和神秘感。由于人自身的理性力量，"使我们显示出另一种抵抗力，有勇气和自然的这种表面的万能进行较量"。① 实际上，这是人类面对自然时获得的自我尊严。它一旦与苗族代代相似的民族命运联系起来，人世的演变与自然的进化于直觉中便共有了宿命的色彩。一方面是现实逼迫他们贴近自然，另一方面是自我尊严促使他们抵抗自然。矛盾构成的过程中，人与自然接近了许多，潜意识里便有了对大自然的认同感。

对自然的认同趋势往往诱引他们走向反现代社会形态的方面来，其中包括竭力避开现代经济形态。对民族命运的担忧，则往往加强了其军功意识，使"小乡城"的经济色彩极为淡薄，像素布上几下轻抹，不成画面，渲染不出气氛。这些被乡村围住的水码头，既非现代意义上的都市，也非实实在在的乡村。一般来说，"中国城乡之间普遍有一种社会界限。而在湘西，这种城乡之分一开始就具有种族界限。当大多数苗民被汉人同化以后，这种区别更具有文化界限"。② 在这里，民族既已杂居，文化也相互交融，所谓城里人、乡下人的生活也无大的区别。本地人除在约定俗成的集市上交换山货、购买所需外，是在上行下行的船上捞生活。军人吃饷粮，水手靠船生，坐地经商的外地客则被人瞧不起。简单的商品交换酝酿不出现代人所具有的商业意识，表现在"小乡城"人的心态上，便不是"商人重利轻别离"型的，而是"重义轻利""守信自约"型的。这些品质中积淀有人类最原始的精神因素，与人类所处的自然环境是协调融洽的。沈从文由此展开对人的思考，强调人与自然的契合，即人不受外在于人的异己力量的左右，保住人之为人的本

---

① ［德］康德：《判断力批判》，宗白华译，商务印书馆1987年版，第379页。
② ［美］金介甫：《沈从文传》，符家钦译，国际文化出版公司2005年版，第7页。

来面目。这是沈从文生命观的哲学基础。

当然,文化的构成从来就不只是文化冲突,还有文化整合。战争本身就是一种特殊的文化交流。"小乡城"内苗汉两族长期杂居,既有丰厚的少数民族文化积淀,亦使"小乡城"文化中渗透有封建文化的意识;20世纪30年代,资本主义经济的沿河侵入,又给其注入了资产阶级的文化意识。这样,就使"小乡城"文化成为以本族文化为主的文化复合体,成为沈从文认识世界、创作艺术品的文化源泉。

二 文化选择制约其人生道路

沈从文"把小说看成是'用文字很恰当记录下来的人事'。……既然是人事,就容许包含了两个部分:一是社会现象,即是说人与人相互之间的种种关系;二是梦的现象,即是说人的心或意识的单独种种活动。……必需把'现实'和'梦'两种成分相混合"。[①] 世间万象酝酿出他的文学梦,现实与梦的理性结合组成他所反映的人事——浸染着其文化意识的人事。要理解其文化意识,就必须研究他的文化选择来自怎样的现实。

文学家沈从文是由多种文化冲突整合的现实土壤滋养而成的。20世纪20年代的北京,早已成为各种外来文化涌入华夏的窗口,又是中国传统文化蕴积最为丰厚的古都。沈从文来到北京,一方面是不自觉地置身于文化冲突场中,另一方面又给文化界带来一种新的文化——"小乡城"文化。文化学研究者认为文化的构成是多层次的复杂体系,它一旦形成,便具有明显的封闭性。当两种文化发生冲突时,封闭性往往表现为排他性;由于不同的文化产生于同一个大世界中,相同的背景又决定了它们内涵的开放性。所以文化冲突的过程,往往是既互相排斥又互

---

① 沈从文:《小说作者和读者》,《沈从文全集》第12卷,北岳文艺出版社2002年版,第65页。

相融合的过程。至于哪一种文化成为冲突后的主体,既取决于文化选择者所面对的世界情势,也取决于文化自身的素质是否吻合选择者的需求和感情趋向。当沈从文面临选择时,汉族文化不能解释他心所向往的世界,外来文化更难与表现对象吻合,因此他只有选择"小乡城"文化。

　　文化自身的机制决定了他选择的排他性,故土文化的熏陶和进京从文的磨难,则进一步加强了其文化选择的单向性。他生长于湘西沅水流域,身上奔涌着楚人的血液。"惊采绝艳"的楚文化,"无论工艺、绘画、文学以及对世界的总体意识……想象总是那样的丰富多彩、浪漫不羁;官能感触是那样的强烈鲜明、缤纷五色;而情感又是那样的炽烈顽强、高昂执著……"① 它的长期熏陶,无疑使沈从文养成一种天真烂漫、随性自然的思维习惯,与汉族传统文化中的说教成分和外来文化中的纯然思辨色彩格格不入;同时,楚文化的大胆想象又为他提供了立足本土、超越外来文化的勇气。所以说,楚文化的渊源,成为其文化选择的内在动力。当然,内在潜能有时需借外力才能发挥出来,假如他到北京后依时人所走路线上大学(他曾极力往这条路上奔),毕业之后找个教员或科员的位置,那么他身上原有的文化素养,或许只能充当饭后茶余的谈资,而不会变成作品闪耀于文学史中。正因为现实堵死了这条路,才逼迫他走上一条艰辛的从文之路。这是一条怎样的路啊!经济的困窘使他经常成为熟人家开饭时的不速之客,有时甚至几天挨不上一顿饱饭;势利者的白眼也让他品尝到人世的艰难;耸立的高楼、凛冽的寒风似乎也明白他的弱小,四面八方挤压着他。但他撑过来了!赤手空拳打出一片天地后,回视自己走过的路,他不再觉得贫穷——不仅物质上,精神上也很富有。文化选择的单一使他不像有的人那样随时而变,前后相悖,反而增添了他生活的从容,甚至带来一种文化上的优越感,使其文化选择更加稳定。

---

① 李泽厚:《华夏美学》,天津社会科学院出版社2001年版,第188页。

他从事文学、评论时政的20世纪20—30年代,特殊的文化氛围成为其文化选择的现实基础,由此产生了自己的"梦"。此时,由鲁迅开启的现代文学之源,已各自分流,自成风格。前进的队伍中,有一面共同的旗帜昭示着行进的方向,那就是从不同角度去探讨"国民性"问题。沈从文开始创作时,受鲁迅先生的影响已是人所共知的事实。他所营造的两个文学世界,诱发基因也是鲁迅要揭示下层人的不幸与上层社会的腐败的思想。沈从文在《边城·题记》中说:"我将把这个民族为历史所带走向一个不可知的命运中前进时,一些小人物在变动中的忧患,与由于营养不足所产生的'活下去'以及'怎样活下去'的观念和欲望,来作朴素的叙述。"① 要实现这个"梦",他既没有接受过先进的社会思想,又不像其他作家一样兼备中西文化修养,便只能从出身其中的"这个民族"出发,希望借弘扬民族优秀品质达到改造国民性的目的。

应该说明的是,沈从文并非一开始就做出了明智的选择。渴望从文化的视角去透视人生,使他不知不觉产生一种朦胧的情思,一些飘忽的幻想。一方面因往昔人生的太实在太丰富,另一方面却因前景的太空幻太虚无,处于一种迷乱的境界。因此,其"早期作品可说是创作的大杂烩,他把当时流行的各种文学体裁,全部兼容并收。……他在一篇漫不经心匆匆写成的作品里,往往要倾注自己心灵,把古今中外各种观点、体裁、文学传统,通通融会在一起"。② 直到1928年《柏子》《雨后》等作品发表后,他才澄清文化之河的流向,沉淀了糟粕,撷取了精华,并渐渐形成以"小乡城"文化为中心的艺术世界。在这个世界里,他以自己的文化选择为基准,依其自然生命观,在表现都市异化人性和乡城自然人性的过程中做出生命重造的努力。"在恢复'观念的单纯'与

---

① 沈从文:《〈边城〉题记》,《沈从文全集》第8卷,北岳文艺出版社2002年版,第59页。

② [美]金介甫:《沈从文传》,符家钦译,国际文化出版公司2005年版,第86页。

'情感的素朴'——即重返现代文明异化的价值标准的同时,摆脱主体精神的蒙昧状态——通过'知识'与'理性'获取适应现代生存的能力,并进而将原始生命所拥有的热情与雄强,应用到现代竞争中去,是沈从文生命重造的两个基本侧面。"① 但是,如何完成这一重造?他无法找到理想的途径。他所面临的,恰恰是现代人类普遍感到的精神困惑。形象地描写与抒发这种困惑,使其创作一度出现过跃跃欲飞的势头,写出了《边城》等精美的作品。然而,他毕竟没有一跃而为世界级的文学大师,一冲而上的高度很快因没有后劲而跌落下来,并且停止了创作方面的飞翔,转向了另一个领域(考古)。对此现象,海内外不少学者都以为是政治压力的结果。中华人民共和国成立初期,他确曾收到过宣布其作品过时的通知,因此认定自己也过时了,为找不到出路自杀过。但这不能解释20世纪30—40年代他的创作水平为何下降以及为何终于封笔。其中,必有更内在的原因。面对加拿大留学生邝心美的提问,他自己也承认这一点。

"假如你处的社会一直没有转变,对文学的要求也没有变化,你会继续写下去吗?"我问。

……

他顿了顿,慢慢地说:

"也许可能,也许可能。……也许可能,因为当时我的年龄正是写小说的时候,《长河》那样的就没有写完。

"现在不是因为上面喊我去,有限制我的框框,而是我自己的框框。我自己形成的,自己有种限制,自己想这样想那样,考虑的方法不同。"②

---

① 凌宇:《沈从文的叙事模式及其文化意蕴》,《中国现代文学研究丛刊》1992年第4期。
② 邝心美:《与沈从文谈"这个东西"》,《收获》1983年第3期。

正是写小说的年龄，却因自己的框框限制了自己，逼得自己撇下未完成的作品而改弦易辙。这种力量绝不是外力所能达到的，虽说他自己没言明。或许晚年的他不愿重提伤感的往昔，但理智地分析其创作过程，我认为仍然是文化选择约束了他。肯定了"小乡城"文化，就相对排除了其他文化的成分，可他所表现的并不仅仅是"小乡城"，而是包括了都市文化形态的世界。作为表现型的作家，据弗洛伊德的研究，他应当"创造自己的材料"，而不是"接收现成的材料"。所谓创造材料，就是作家将自己的主观意象投射到客观对象上去，使表现对象成为摆脱了原始状态的新材料。材料的丰富性要求作家的主观世界也必须是丰富的；材料内涵的深刻性则要求作家具有思想的深度。沈从文相对单一的文化选择和直觉顿悟式的思维特点，恰恰从这两个角度束缚了他，使他对表现对象缺乏整体的独特把握，没有建立起属于自己的"哲学"。当他试图穿过矛盾的间隙前行时，就难有表现这种矛盾时的从容。所以，"十城"中他只写了一个"边城"，"长河"也没有流到大海便中途枯竭，他的文学创作活动也不得不提前结束。

当然，沈从文并非现代文学史上唯一具有这种缺陷的作家。赵园曾论述："三、四十年代（尤其是三十年代）的中国，有一大批坚实的小说家。他们的个别作品，可能笔力绝不弱于一位世界性的小说家，他们中的不少人，却缺少仅仅属于自己的对世界的把握与解释，缺少以世界为整体的哲学思考。较为单纯的文化背景和教养，也限制了把握生活的能力。……因而一时有那么多成熟的作者，却难有拔地而起的巨人。一代作家抬高了新文学的'平均数'，却没有推举出自己伟大的文学代表。"① 在这样的背景下理解我们对沈从文文化选择的缺陷的论述，也就能明白我们不是苛求他，而是替他惋惜。

---

① 赵园：《论小说十家》，浙江文艺出版社1987年版，第103页。

三 文化选择影响其文学创作

文化选择是多元的综合思维判断,其效应也是多元的。一旦选择了某种文化,它往往成为人们认识世界的参照系,并以心理渗透的方式预先界定了审美阈。受其影响创作的艺术品,自觉不自觉地都会带上它正面或负面的印记。

文化学家庞朴先生认为文化结构有三个层面:第一个层面属于物质层面,它是文化赖以产生的基础;第二个层面是物质化了的意识、理论、制度、行为等;第三个层面是心理层面或意识层面。其中,第二个层面最具权威性,是文化中最有力的一面,也是最易变化的一面;第三个层面则是最稳定、最保守的一面,也是最能体现出人性、最不易变化的一面。[①] 当人们研究或利用文化时,不同的需要促使人们将关注的目光投射到文化的不同层面上。政治家们多关心第二层面的内容,艺术家们则关心第三层面的变化,将焦点凝聚在人的心理或意识上。沈从文选择"小乡城"文化作为自己的文化意识时,他所侧重的也正是此文化影响下的民族性格和民族心理问题。

"小乡城"文化是有着独特内涵的,其认同自然观、人格平等观、重义轻利观和浓郁的忧患意识等皆属于文化的深层结构。它又是在极为特殊的政策、制度下形成的。外力强加其上的政策、制度形成一种畸形的氛围,民族心理及文化意识的被动性,造成文化的深层结构之间缺乏应有的和谐,呈现出明显的失衡与隔离状态。说其失衡,是因为它更侧重于本文化原有的意识特点;说其隔离,是因为它不像其他文化那样受政体的强烈干扰,文化的第二、三层面之间呈胶着状态,顽强地守其本质,与政治呈游离状态。沈从文生长于这个特殊的文化环境,

---

① 参阅庞朴《文化的民族性与时代性》,中国和平出版社 1988 年版,第 37—38、104 页。

文化特质的渗透影响着他的思维，并固执地干预其文学创作和评人论事的态度。

这种文化效应明显表现在沈从文文学创作视角的选择上。赵园认为："避免由社会政治的方面而力图由文化方面评价历史，是沈从文区别于同时代作家的自己的选择。"① 之所以如此选择，很大程度上得之于"小乡城"独特的文化。这一选择将他和其他新文学作家区别开来，而与鲁迅、老舍等人取得了一致性。新文学兴起之初，出于对旧政体的不满和对新政体的渴望，许多作家不约而同地将目光集中在对政策的剖析、制度的批判上，锋芒所指多为残酷的封建统治、官僚政体、帝国主义的侵略行径等。究其原因，一方面固然是"文以载道"的余波影响，潜意识里沉淀有太多的因子，另一方面则因为潮流裹挟着年青的作者前行，相对单纯的人生阅历使他们还不能自如地调节澎湃的激情，难以透过这一层看到更深的原因。他们的作品，其效应也往往局限于政治层面上，虽说于当时的中国有极强的现实意义，但站在文学角度检视之，则缺乏超越时空的永恒性。他们还很难超越所写对象，至多是平行观察之。鲁迅则不同，对"国民性"的长期研究，使其审视表现对象时，往往超越政治层面，挖掘出民族心理、民族性格的深刻内涵，从而超出了具体的时空而具有审美上的永恒性。这样的思维需要极丰富的知识积累和极强的理性。沈从文没有这种优势，但"小乡城"文化的熏陶赋予他认知方面的奇才，使他创作时绕开政治纠葛，直奔文化的深层结构，即把握住民族文化心理、传统意识去反映这个民族的一切，从而确定了一个独特的切入视角。

独特的切入视角和恰当的表现对象结合起来，才能凸现出一个作家的艺术个性。沈从文之所以卓然成为小说名家，很大程度上取决于其表现对象的无可取代性和深刻性。他向人们展示了"小乡城"里令人惊

---

① 赵园：《论小说十家》，浙江文艺出版社1987年版，第157页。

艳的画面：蜿蜒的山道，青翠的山峦，一流碧水漂浮着别致的小船。云淡雾消，鹊跃鸟鸣，四面八方的歌声酝酿出集市的风景——有货货相易，无奸诈相欺；眼前浮动的是人生，耳际萦绕的是欢情……。画面的背后，是令人恍如隔世的淳朴风情与牧歌情调。且不说画面中的象征意象，就是作为基本素材的一溪一楼满街风情，连同山间的晨雾、行船的号子都仿佛在文化的汁液里浸泡过，到处弥漫着"小乡城"特有的文化气息。

对文化深层结构的把握，产生了他独特的"尺"和"秤"，就是以"小乡城"文化意识和价值观念评判认识对象。在这既定的尺度下，我们才能理解他所说的"生命的价值和意义"。带有原始野性的生命，以其勃发的生机、单纯的行为显示出毫无机心的天性，嬉笑怒骂自有一份纯真，在大自然的怀抱里无怨无悔地生活下去。"小乡城"内生活场上所具备的鲜活形态是他所认定有价值的生命。他对这种生命充满爱慕，不厌其烦地一遍遍描摹它们存在的方式，将自己对人生的酷爱溶于其中，使这些人生众相充满浪漫色彩。任何背离了他的文化观念的世界，都是他深恶痛绝的。比较他笔下的另一个世界——都市世界，我们便能发现，他对现代文明的发展所带来的负面影响是多么敏感。他认为"都市中人是全为一个都市教育与都市趣味所同化，一切女子的灵魂，皆从一个模子里印就，一切男子的灵魂，又皆从另一个模子里印出，个性特性是不易存在，领袖标准是在共通所理解的榜样中产生的"。即便是恋爱，也"转成为商品形式"，因而"千篇一律，毫不出奇"。[①] 生活的单调、生命的呆板和他喜欢的鲜活生命截然相反，连最能表现人类精神之风采的恋爱都模式化了，这是沈从文难以忍受的。更何况都市人中还有荒淫糜烂的生活、百无聊赖的精神以及具有"阉寺性"的萎缩的人格。相比之下，他当然更肯定"小乡城"原有的健康美丽的人性。

[①] 沈从文：《如蕤》，《沈从文全集》第7卷，北岳文艺出版社2002年版，第337页。

对民族心理、健康人性的偏爱导致了他对政治和文学的独特理解。他曾反思："过去二十年来，个人即不曾透彻文字的本质，因此涉及文学艺术和政治关系时，就始终用的是一个旧知识分子的自由主义观点立场，认为文学从属于政治为不可能，不必要，不应该。""政治和统治在我意识中即二为一，不过是少数人又少数人，凭着种种关系的权力独占。专制霸道，残忍自私是它的特征。"① 因此，在创作中他淡化政治，即便是写到政治内容，他也往往用清冽的河水洗去表面的血腥味。《菜园》中对儿子、媳妇归来后欢乐的渲染，对他们牺牲情节的淡化，都令人感到他的创作重心在于表现玉夫人的"有教养"和"林下风度"，甚至怀疑她那份从容是否是一位失去爱子的母亲所应该有的。他也歌颂过为主义为理想而奋斗的人，如以丁玲为原型的梦珂，可这颂扬依然是把握住人格的伟大、意志的坚强进行的。它止于信仰，因为信仰与政治的关系太密切了！同时，对政治的理解也影响了他在文学论争中的态度。1928年"革命文学"论争发生，文坛向政治倾斜，作品成为政治图解，沈从文对此持否定态度。受"小乡城"文化中重义轻利观和人格平等观的影响，30年代他几乎是左右开弓，指点文坛是非：先是不满海派作家浓重的商业气息，挑起海派、京派之争；又反对文学论争中因意识形态分歧而相互攻击谩骂的现象。他不无讽刺地说："一个时代的代表作，结起账来若只是这些精巧的对骂，这文坛，未免太可怜了。"② 将这些论争统称为"绅士与不绅士"的论争。不分青红皂白，各打五十大板，一方面反映了文化选择一旦确定对其思想干预的顽固性，另一方面也显示了它的落后性与保守性。直到1935年，他依然认为"事实上国民毛病在旧观念不能应付新世界，因此一团糟。目前最需要的，还是

---

① 沈从文：《我的学习》，《沈从文全集》第12卷，北岳文艺出版社2002年版，第361—362页。

② 沈从文：《谈谈上海的刊物》，《沈从文全集》第17卷，北岳文艺出版社2002年版，第92页。

应当从政治，经济，教育，文学，各方面共同努力，用一种新方法造成一种新国民所必需的新观念"。① 将国家衰弱民族堕落的原因归结为一种观念的存在，要结束这种状态也只靠一种新观念，可见"小乡城"文化情结对他的约束。抗战期间，使他受到猛烈批判的"反对作家从政论"，实际上是"抱负一种雄心与大愿，向历史与科学中追究分析这个民族的过去当前种种因果。……目的只一个，对于中华民族的优劣，作更深的探讨，更亲切的体认，便于另一时用文字来说明它，保存它"。② 依然钟情于文化的深层结构，希望在反思历史中求解出民族命运的因果。他后半生之所以"人弃我取"，以考古为大业并取得巨大成就，仍然可以从这里找到答案。

受政治观的影响，他始终"以为文学和文化，宜属于思想领域而非政治领域"。③ 在文学作品里，应极力淡化政治气氛，将自己的独特思维熔铸到合适的对象之中，从而进入一种庖丁解牛般的自由状态。他追求这样的自由："文学方向的自由，正如职业的选择自由一样，在任何拘束里在我都觉得无从忍受。"④ "我主要是在任何困难下，需要充分自由，来使用我手中这支笔。"⑤ 当一个成熟的意象升腾于他的脑际，主观的与客观的和谐会使他产生澄澈如水的心态："二十三年写《边城》，也是在一小小院落中老槐树下，日影同样由树干枝叶间漏下，心若有所悟，若有所契，无渣滓，少凝滞。"⑥ 文化基因酝酿出淡泊的心理，自

---

① 沈从文：《中国人的病》，《沈从文全集》第14卷，北岳文艺出版社2002年版，第88页。
② 沈从文：《一般或特殊》，《沈从文全集》第17卷，北岳文艺出版社2002年版，第263页。
③ 沈从文：《我的学习》，《沈从文全集》第12卷，北岳文艺出版社2002年版，第362页。
④ 沈从文：《记胡也频》，《沈从文全集》第13卷，北岳文艺出版社2002年版，第43页。
⑤ 沈从文：《记胡也频》，《沈从文文集》第9卷，花城出版社1984年版，第93页。因《沈从文全集》使用的是1932年的初版本，没有这一段，1984年出版《沈从文文集》时沈从文增加了这一段，故依此注释。
⑥ 沈从文：《烛虚》，《沈从文全集》第12卷，北岳文艺出版社2002年版，第14页。

由追求营造出透明的心态，以此观照世界，则对钟爱的对象充满温爱，觉得一切都是美丽的，有时甚至美丽得让人伤感。"我心中似乎毫无渣滓，透明烛照，对万汇百物，对拉船人与小小船只，皆那么爱着，十分温暖的爱着！"① 在这种心态的支配下，抽象的思辨化入了具体的物象，思想沉入了形象世界的深处，使作品结构缜密，浑若天成，提升了其艺术境界。

沈从文曾对胡也频说："但我却承认每一个作家，都可以走他自己以为是正当的途径，假若这方面不缺少冲突，那解决它，证明它的东西，还是他的作品。"② 一个作家的文化选择究竟具有怎样的效应，最有说服力的是其文本。从作品出发考察之，"小乡城"文化的效应首先是促成了沈从文笔下的两个世界：小乡城世界和大都市世界。前者是其文化选择在文学上的正面映象，后者从反面肯定了其文化选择。对二者的优劣判断则是建立在对人物行为的心理动因及精神实质的剖析之上的。因此，我认为他苦心经营的艺术中心是小乡城世界。他描绘出"小乡城"人生活的变迁，凸现出他文化意识中蕴含的忧患。"小乡城"的特殊布局，给居民带来了生活的从容。山里产的田里出的一旦能保证无衣食之忧，他们便不肯轻易移动，甚至祖祖辈辈生于斯长于斯。从历史角度看，积淀成生活方式的"常"态，进而同其本质融为一体，形成一种超现实的稳定状态；一旦陆上所产不能果腹，河流的存在便指出了另外一条生路，许多人便涌向河面，吃水上饭，以变求生，生存方式呈现出现实中的"变"态。吃水面饭发迹的，便返回故土，买地购宅，祭祖耀宗，稳定下来；一旦战乱兴起，或土匪来抢，万贯家财一夜毁，便背井离乡，一叶小舟水上漂，带着往昔的繁华梦，去求更远的将来的

---

① 沈从文：《一九三四年一月十八日》，《沈从文全集》第11卷，北岳文艺出版社2002年版，第252页。

② 沈从文：《记胡也频》，《沈从文全集》第13卷，北岳文艺出版社2002年版，第43页。

返乡。"常""变"交替中,个人的命运、民族的兴衰往往系于一些偶然事件上,使"小乡城"人的生活充满历史沧桑感。

伴随着政治、军事而来的汉文化意识和沿河而入的资产阶级文化意识与本地固有的文化意识发生激烈冲突,使"小乡城"人具有了与现代人相似的文化困境——生活在多种文化的夹缝中,带一份坦然几丝幻想驾驭着生活之舟,行驶在命运的海洋上。生活中虽有沉浮,也有忧患,人们却能平静待之,既没有锣鼓喧天的庆贺,也听不到撕心裂肺的哭喊。即使洪水冲走了吊脚楼,全部家产毁去,他们也没有对大自然的怨恨。面对生活,虽也有无奈,更多的是超然。这是他们长期舒展于群山怀抱、沐浴在江河恩泽中的结果。从祖先那里得到的文化遗传加上同自然的长期共处,使他们取得了对大自然的认同。受此观点的熏陶,大自然不再只是个恐怖的与人对立的形象,而是深深地打上了人类心理烙印的具体意象。人与自然的距离缩短了,彼此的感应与认识便转化为顿悟。"小乡城"人由此获得了一种超越理性的创造性直观能力。面对生活中突如其来的事件,心中便涌起对原始意象的回忆,两者交融使人产生向宇宙本原的回归,因而获得的情感体验便不是恐惧,而是曾经沧桑后的看透感和知悟人生后的超脱感。人生的经验与传统文化心理的暗合,成为潜意识领域内的文化活动。"人只有在创造文化的活动中才成为真正意义上的人,也只有在文化活动中,获得真正的自由。"① 正是在这潜移默化的过程中,"小乡城"人有了自然的认同和超现实的自由感。

主体文化意识的熏陶,形成他独特的自然人生观。将人视为自然的组成部分,人的生存资源取自自然,其散去便是回归自然,于是,人与自然形成融洽密切的关系,而非对抗架构。因此,其作品多表现人性中顺乎自然的一面,善良的天性、古朴的风俗配以如画的山水,给人以世外桃源般的错觉;而地域的闭塞、环境的险恶以及生存的艰难则少有正

---

① [德]恩斯特·卡西尔:《人论·序》,甘阳译,上海译文出版社1985年版,第5页。

面的描摹。最典型的体现其自然人生观的,就是《边城》里生活的人们。山暖水柔人和景秀的氛围里,老船夫五十年如一日守在溪边,"本来应当休息了,但天不许他休息,他仿佛便不能够同这一份生活离开。他从不思索自己职务对于本人的意义,只是静静的很忠实的在那活下去"。① 一切都顺乎天意、顺乎自然,没有对粗茶淡饭的厌恶,也没有对功名利禄的追求,有的只是乐天安命的心态以及由此而生的自由状态。老人的这种意识并未因他变老而退化,反而在他孙女身上重新滋长起来。青山绿水和风丽日哺育成的翠翠,为人天真活泼,心地善良,像大自然哺育出的精灵,从容优裕,天然无瑕,让人肃然起敬,难生机心。当青春来临、春潮涌上眉头心间时,便看着远去的新嫁娘、听着迎娶的唢呐声,若有所思又仿佛孤独地坐在岩石上,向天空一片云一颗星凝眸;当命运招来傩送、因误会不能马上得到他、相依为命的爷爷又去世后,她依然撑着渡船继续那份天职,也延续着爷爷的生活意识,于默默等待中,将自己的一切交给命运,托付自然。他笔下的"小乡城",一切都那么明朗,温情脉脉。青石板铺就的小巷深处,一两声吆喝,三五摊买卖,满山竹篁摇出情人的歌,透出青春的气息,令人陶醉。

正如醉酒之后初醒时,发现自己置身荒原、四顾茫然一样,小乡城的生活太美丽了,美得令人伤感,让人觉得孤独。红楼撒欢的柏子,再次行船时想些什么?纵情尽欢的阿黑,无所了了的结局暗示什么?恪尽职守的船夫,像白塔一样轰然倒下,谁了解他呢?神情默然的翠翠,只有孤独和等待!当他们顺乎天意生活时,天已注定了他们的孤独。这使我们想起萨特的名言:"人类的孤独就是上帝。"② 或许正是因为难耐的孤独寂寞,他们才那样生活?或者说是民族的深沉悲哀造就了他们灵魂

---

① 沈从文:《边城》,《沈从文全集》第 8 卷,北岳文艺出版社 2002 年版,第 63 页。
② [法]萨特:《魔鬼与上帝》,《萨特文集》第 6 卷,罗嘉美译,人民文学出版社 2000 年版,第 549 页。

的孤独和寂寞？正是在精神孤独这个音符上，沈从文达到了艺术上惊人的真实。虽说与西方现代派所表现的孤独的成因不同，但就展示人类精神实质来说是一致的。他们所表现、象征或体悟的真实，不是社会阶级结构和状态的外在的真实性，而是个体实存在这个社会文化结构中的真实状态、意义、价值等内在的真实性。

侧重于人的精神状态、生存实质来体悟人生表现现实，往往容易导致文化的偏执。这种偏执会扭曲现实，使特定心态的渲染过于强烈，对牧歌情调的颂扬也缺少分寸。如果说让阿丽思游遍中国后，将赞许的目光投向湘西，只是其文化意识的幻现，那么让如蕤经历了感情波折，终于获得爱情后，离开情人，"为了让生命解释得更美丽一些"而走开①，则暴露了他创作中的矛盾——理智上明白"小乡城"文化难敌都市文化，感情上却将其文化意识强加于都市人身上，扭曲了人物性格的自然发展。让如蕤离开都市文化圈去寻求归宿，反映了他为了自己的文化选择，不惜牺牲艺术的真实。

把握艺术尺度的失误促使他正视文化冲突。在他的作品中，虎雏虽然被带到了都市，却忘不了已归依的"小乡城"文化，逃回到故乡；"雨后"山坡上，能背"落花人独立，微雨燕双飞"的她终于被不懂诗的四狗征服了，颇富象征性地写出了文化冲突中，主体文化对都市文化和封建文化的胜利。本族文化的积淀、充满野性的深山和外来文化的微弱，使虎雏四狗们很容易取胜。可一旦外来文化随政治、军事势力席卷而至，本族文化便难以抵挡。"七个野人"终于被七十个军人剿杀，升腾的血腥味里飘扬着封建文化的大旗②。《边城》中，翠翠与傩送自然发展的爱情中突然冒出了王团总家的碾坊——团总要以它作嫁妆，希望

---

① 参阅沈从文《阿丽思中国游记》《如蕤》，《沈从文全集》第3卷、第7卷，北岳文艺出版社2002年版。

② 参阅沈从文《七个野人与最后一个迎春节》，《沈从文全集》第4卷，北岳文艺出版社2002年版。

傩送娶他的女儿。碾坊的出现，标志着封建买卖婚姻观在茶峒的出现，它必将激起所有当事人心灵的微澜。沈从文体味到了两种文化冲突带来的阵痛，意识到了本民族文化的岌岌可危，却又不忍心她失败，所以让傩送做出了不很坚决的选择："我尚不知道应当得座碾坊，还是应当得一只渡船；因为我命里或许只许我撑个渡船！"在可能的期盼中，他只好让翠翠等下去。1934年的沈从文，感情所指与理智所向处于矛盾状态，他只好将小乡城文化的命运投射到翠翠身上，以带着伤感色彩的美丽去掩饰前途的不可知。

历史进程带来的"文明与道德的二律背反"使他陷入迷津，给其生活带来压力，却成全他在艺术境界里达到了高峰。《边城》成为他创作中难以逾越的顶峰，他内心对人生无常的隐忧也得到了最完美的表现。1935年以后的作品，虽立足于同一种文化选择，却诱发了不同于前的情感。"先前是怀着兄弟般的亲近感情写军人，现在却表现出那样明显的轻蔑和厌恶；先前是热烈地赞美小儿女的天真痴情，现在却以怜悯的悲哀取代了那些赞辞。"[①] 原有的对于民族命运的忧患已被现实挤走，代之而生的是清醒而明确的愤慨。《长河》中保安队长盘剥长顺的现实描写和老水手逢人便念的警语："新生活要来了！"对于要来的现实的恐怖笼罩着长河上空，而已经到来的统治者一边贪婪湘西财富，一边诅咒湘西文化的事实，更令他们心惊。山雨欲来风满楼，长河上下的人们已经不再有边城人的从容，外来文化已冲击到他们宁静的心灵。到此时，沈从文作品中明丽欢快的基调转成了悲愤郁闷，行文也由当初的天真烂漫转成沉滞晦涩，越来越摆脱具象的观察，陷入抽象的思维之中。"我们怎么办？是顺天体道，听其自然，还是不甘灭亡，另做打算？"[②] 反思的内涵已不再是现实存在的个体，而是对文化整体的审视。

[①] 王晓明：《潜流与漩涡》，中国社会科学出版社1991年版，第125页。
[②] 沈从文：《烛虚》，《沈从文全集》第12卷，北岳文艺出版社2002年版，第20页。

于审视中他怀疑自己文化意识的弱点，想重新进行文化组合，但这绝非是心想事成的。它是那么艰难，使他感到力不从心："我正在发疯。为抽象而发疯。我看到一些符号，一片形，一把线，一种无声的音乐，无文字的诗歌。我看到生命一种最完整的形式。这一切都在抽象中好好存在，在事实前反而消灭。"① 先前对自在存在的颂扬，对自为存在的批判已不能使他满足，他开始思考人究竟是怎样的一种存在？人性的真谛何在？……这样的玄思充斥在他后期的散文中。思考当然没有确切的答案，要求文学家的沈从文作出哲学的回答也不合理，但思考的角度和内涵仍与其文化选择有关。事实上，他只要表现这种困惑、描述思虑时的亲在经验并融入自己对于人类未来的思考，他就完成了任务。在这里，他又一次与世界文学的主题相吻合，达到了较为深邃的境界。

请"神"来的往往受制于"神"，沈从文选择了"小乡城"文化，必然受其约束。一方面，其独特的内涵使他以"人性"为突破口审视了乡城人与都市人的过去和现在，在自然人性与扭曲人性的对比中透出对民族再造的努力和对民族前途的思考，写出了人类的孤独处境与存在的困惑；另一方面，文化视角的单一又限定了他认识世界和把握对象的能力，使其审美感受力局限于一定水准上而难以提高，因而影响了其创作成就，缩短了其创作寿命。企图占领"文化"这一较高的立足点，其实眼界并不开阔。正是在这样的矛盾中，沈从文的创作凸显出其文化选择的多元效应，显示出自己的创作个性。

四　文化选择形成其文化保守倾向

湘西文化的独特性和沈从文对湘西文化的坚守使其具有文化保守倾向。该倾向的存在既使沈从文的代表文本具有象征意蕴，人物设置呈现

---

① 沈从文：《生命》，《沈从文全集》第 12 卷，北岳文艺出版社 2002 年版，第 43 页。

隔代现象，也使其创作呈现出矛盾状态，渴望用"人性"来建构其文学世界。在《〈边城〉题记》中沈从文谈道："'落伍'是什么？一个有点理性的人，也许就永远无法明白，但多数人谁不害怕'落伍'？我有句话想说：'我这本书不是为这种多数人而写的'。"①"落伍"乃落在"激进者"的后边，从其对待社会思潮的态度讲，是处于"保守"势态的。多数人害怕"落伍"，不愿被视为保守，沈从文却明言其创作"不是为这种多数人而写的"，可见他并不忌讳表明自己的保守立场。这种保守，并非要守住某种政治制度，而是要守住湘西传统文化的精髓，用作改造国民精神的火种。

美国学者史华慈（B. Schwartz）认为："现代中国保守主义主要是'文化的保守主义'，根本上并不是墨守现行之社会政治现状的'社会政治的保守主义'"，因此他觉得"可以用'传统主义者'而不用'保守主义者'来描述现代中国的所有这些人，如章炳麟、熊十力、梁漱溟，和其他宣称过去的理念和价值对他们仍是有效的人"。②依此来观察沈从文的文化选择，可见其文化保守倾向；来解读《边城》等文本，则可发现其象征性的文化内蕴。"边城"不仅是湘西一隅的客观存在物，而且成为传统文化的堡垒。这里有杀身成仁的军官和殉情就义的姑娘，有诚实无诈的商人和重情守信的妓女，也有侠义心肠的船总和手足情深的兄弟……。这些顺应自然的生命，以"边城"作为人生的依托；"边城"也以其独特的地理位置和文化氛围，给那些幸运或不幸的人提供庇护。"边城"的当局，显然也是"保守"的态度："十余年来主持地方军事的，注重在安辑保守，处置极其得法，并无变故发生。水陆商务既不至于受战争停顿，也不至于为土匪影响，一切莫不极有秩序，人

---

① 沈从文：《〈边城〉题记》，《沈从文全集》第8卷，北岳文艺出版社2002年版，第58页。
② [美]史华慈：《论文化保守主义》，傅乐诗等：《近代中国思想人物论——保守主义》，林镇国译，台北时报出版公司1980年版，第33—34页。

民也莫不安分乐生。"在 20 世纪 30 年代的中国,如此"保守"竟能使一方百姓安居,难怪沈从文肯定之。这里的人们也是自守自足的:"除了家中死了牛、翻了船,或发生别的死亡大变,为一种不幸所绊倒,觉得十分伤心外,中国其他地方正在如何不幸挣扎中的情形,似乎就永远不曾为这边城人民所感到。"① 在这独特的文化场中,"祖父"成了传统文化的载体,重义轻利、顺从自然、中和宁静、寡欲安贫等文化内蕴,皆凸现于此形象中。他守住小船,为来往两岸的人尽着义务,拒绝行客们额外的施舍,尽到了自己的职责,也传承了传统文化精神。他养育了翠翠,不仅是养大了外孙女,更重要的是培养了文化传承者。翠翠"为人天真活泼,处处俨然如一只小兽物。人又那么乖,……从不想到残忍事情,从不发愁,从不动气"。② 满足现状,沉浸于自然命运中,无论是生活方面还是情感方面,翠翠都像一个符号——保守已有的,等待未来的,却又有所疑惧,从不积极追求;一旦发现危险,即"举步逃入深山",渴望得到大自然的保护。其退守姿态恰是文化立场退守湘西的沈从文的人生象征。

　　细读文本,可见小说中年青一代对老一代的信赖和依从。翠翠不仅在渡口依靠祖父,离开渡口去看龙舟赛时,由于人多,祖孙两人被挤散,她并不着急,也不主动寻找,而是坚信"过不久祖父就会找来"。这种信赖颇有象征意味,它暗示着具有悠久历史的传统文化不会长久离去,还会在其后代需要保护时现身。尽管这次翠翠确实没有等到祖父,但仍无危险,她等来了傩送。相信命中该有的,不耗费心思争取不属于自己的,"苟非吾之所有,虽一毫而莫取",③ 边城人的生活态度,正是传统道家文化所推崇的。直到小说结束,翠翠仍处于静态的等待之中,

---

① 沈从文:《边城》,《沈从文全集》第 8 卷,北岳文艺出版社 2002 年版,第 73 页。
② 沈从文:《边城》,《沈从文全集》第 8 卷,北岳文艺出版社 2002 年版,第 64 页。
③ 苏轼:《前赤壁赋》,刘乃昌:《苏轼选集》,齐鲁书社 2005 年版,第 252 页。

既是人生态度使然，也有对新对象的警觉，正如初见傩送时她又喜又惧的态度一样。这与《长河》中老水手、滕长顺等人对待"新生活"的态度一致，凸现出沈从文作出文化选择时的复杂心态。

之所以言其复杂，是因为沈从文对外来文化不信任、对传统文化也有所怀疑，尽管总体上他肯定了湘西文化。处于 20 世纪 30 年代的时代氛围中，沈从文无法给自己筑一道玻璃墙，将自己与社会隔离；而是以作家的敏感，意识到了湘西文化虽然悠久，却面临着不得不变的处境。萦绕翠翠心头的古怪而可怕的想法——"爷爷死了呢？""假若爷爷死了……"，不仅凸现出湘西文化的神秘性，也是占据等待中的翠翠心灵的重要意识。国家的危难、民族的命运亟须拯救，传统文化有此神力吗？仅有健康、优美的人性，便可剔除社会的"腐烂"、救治颓废的人生吗？沈从文显然没有明确的答案。翠翠的担心恰恰凸现出作者的隐忧。事实上，文本写到了祖父的死亡，在天保溺水带来的误解与冷漠中，祖父随白塔一起倒掉了！时代的暴风雨吹走了传统文化的载体，却带不走文化的精魂；另一个载体（杨马兵）又负起了传承文化的重任。他显然是个过渡，是临时顶替者；可他的接替者是谁，翠翠？傩送？似乎有足够的人选，但无确定的对象。于犹豫中透出作者因文化保守倾向而生的矛盾心理，也表现出他对湘西前途的迷茫与担忧。

这种忧思焦虑的情绪长期积淀，使沈从文 30 年代的创作呈现出矛盾状态：一方面，在抨击现实的论文中，他反对政治家利用传统文化实现某种政治目的，对他们提倡传统文化的行为持批判态度。1935 年，针对当局倡导的读经问题，他提出自己的观点："人若不是傻子同疯子，皆会明白徒然提倡读经，对于中国当前或以后几个严重问题毫无补益。"[①] 认为"纵将来经书流遍天下，每人皆熟读成诵，对国家本身的上下贫穷和遍地毒物，能救济不能救济？对国外的飞机，大炮，洋货，

---

① 沈从文：《论读经》，《沈从文全集》第 14 卷，北岳文艺出版社 2002 年版，第 74 页。

牧师，能抵抗不能抵抗？"① 即使真的需要读经，也只有国民政府的大小官吏、国民党各级党员和各种军人才需要读经，以培养他们的道德意识，"因为这些人正是当前社会国家的直接负责者，政治不良这些人必需负责。希望国家转好些，也就得先把这些人弄好"。② 肯定传统文化（经书）有拯救道德沦丧、端正世风人心的功能，并非赞成文化的政治载体；抨击政治家的道德缺失而不是维持政体，沈从文所取视角显然是文化立场，而非政治立场。

另一方面，在小说创作中，沈从文则试图以超然的态度，把握住湘西人独特的生命状态及其凸现出的人性来建构其文学世界。他多次声明："我要表现的本是一种'人生的形式'，一种'优美，健康，自然而又不悖乎人性的人生形式'"。③ 他的文本善于捕捉生命的"常"与"变"来表现生活在乡镇中的人们的生命存在。尽管他最终没能形成自己的哲学体系，却已具备了独特的哲学思想：在有限的人生中，顺应自然，以坚忍对待命运的多变与无情，在沉默与平静里凸现人性的健康。茶峒人对待洪水的态度即如此——"某一年水若来得特别猛一些，沿河吊脚楼，必有一处两处为大水冲去，大家皆在城上头呆望。受损失的也同样呆望着，对于所受的损失仿佛无话可说，与在自然安排下，眼见其他无可挽救的不幸来时相似。"④《长河》中的人们陆上失了土地，便买一只小船到水上捞饭吃；水上积了财富，再回到陆上买地置产……无怨无悔中的循环，透出对自然和命运权威的默认，凸现出湘西人独特的生存意识和人性内蕴。牟宗三先生认为："若无刚健之生命、通透之智慧、深远之义理，是不足与语保守的。"⑤ 沈从文笔下的人物虽无法进行这样的思辨，但其生命

---

① 沈从文：《论读经》，《沈从文全集》第14卷，北岳文艺出版社2002年版，第76页。
② 沈从文：《论读经》，《沈从文全集》第14卷，北岳文艺出版社2002年版，第77页。
③ 沈从文：《从文小说习作选代序》，《沈从文全集》第9卷，北岳文艺出版社2002年版，第5页。
④ 沈从文：《边城》，《沈从文全集》第8卷，北岳文艺出版社2002年版，第66页。
⑤ 转引自郭齐勇《郭齐勇自选集》，广西师范大学出版社1999年版，第155页。

的刚健、生存的自然通脱不正透出作者对湘西文化"深远之义理"的体悟吗？由此透视作者的保守倾向，是有助于剖析文本内蕴和形象特征的。

"中国哲学的中心是集中在生命，任何思想的体系是生命精神的发泄。"① 作家的保守思想往往制约其文本中的人物设置。在沈从文设置的文化体系中，祖—孙对立的架构，实际上意味着父辈的缺席。立足于20世纪30年代的时间维度上思考之，父辈的缺席，恰恰象征着"五四"一代人文化立场的隐退。这是激烈反对传统文化的一代人，传统文化不仅不能由他们发扬光大，反而在这里停止了延续，已经被颠覆了。当沈从文选择湘西文化作为其肯定对象时，他只好在文本中给父辈安排了隐退的命运。诚如有的论者所言："沈从文的精神世界，是不属于，或者说，主要是不属于五四开创的现代思想文化的。""'湘西'与沈从文的联系，是作为一种独特的价值选择而存在的，……它体现出沈从文文化观念的'反现代性'。"② 因此，他不仅选择湘西文化，还必须为其安排隔代继承者；翠翠之所以缺乏同龄人的活泼热烈，而带几分成年人的沉稳与忧伤，应该说与作者将其作为文化传承者而赋予过多过重的负荷有关。作为被新文化运动吸引、积极参加新文学创作的沈从文，在这个问题上又显示出了矛盾性：一方面，情感上趋向湘西传统文化；另一方面，实践上参与新文学创作，不可避免地要接触外来文化。一方面，在作品中刻画出湘西文化的停滞不前——翠翠、傩送、萧萧、夭夭等均重复着上一代人或几代人的命运，地方政权的更迭并没有带来湘西的进步等；另一方面，对外来的政治运动（如"新生活"）和文化思潮的危害性，又看得一清二楚。可见，既然估量到外来文化的诸多负效应，他就不愿失却对传统文化的那份温情，但是，随着他对湘西文化的理性思索和多年观察，又发现其中不少过于保守之处——时光虽然流逝了几千

---

① 郭齐勇：《郭齐勇自选集》，广西师范大学出版社1999年版，第25页。
② 杨联芬：《沈从文的"反现代性"》，《中国现代文学研究丛刊》2003年第2期。

年,"这些人根本上又似乎与历史毫无关系。从他们应付生存的方法与排泄感情的娱乐上看来,竟好像古今相同,不分彼此。这时节我所眼见的光景,或许就与两千年前屈原所见的完全一样"。① 这使沈从文虽然在文本中写出了优美的形象、优美的意境,但那种美丽毕竟使人感到忧伤。隐在表象后面的,常常是无奈的叹息。也许这正是文化保守主义者在现代中国的无奈命运!

需要说明的是,沈从文与章炳麟、熊十力、梁漱溟等国学大师不同,他不是由学院培养或书本熏陶出来的,也不是出于"保存国粹"的原因而趋向保守的。其保守倾向的形成有独特的原因。其一,由于二十岁以前一直未走出湘西,生存空间的狭窄局限了其视野,所交之人的保守无疑会影响其思想的形成。"从整个说来,这些人生活却仿佛同'自然'已相融合,很从容的各在那里尽其性命之理,与其他无生命物质一样,惟在日月升降寒暑交替中放射,分解。而且在这种过程中,人是如何渺小的东西,这些人比起世界上任何哲人,也似乎还更知道的多一些。"② 这种天人合一、自信自足的人生观是沈从文文化保守意识的重要内蕴。其二,湘西文化的独特内蕴是其文化保守倾向的坚实基础。沈从文以小学学历而成为重要作家,湘西文化的滋养功不可没。湘西这块神奇的土地是沈从文"学历史的地方",对其一生都有影响,"我从这方面对于这个民族在一段长长的年分中,用一片颜色,一把线,一块青铜或一堆泥土,以及一组文字,加上自己生命作成的种种艺术,皆得了一个初步普遍的认识。由于这点初步知识,使一个以鉴赏人类生活与自然现象为生的乡下人,进而对于人类智慧光辉的领会,发生了极宽泛而深切的兴味"。③ 可见,湘西的自然使其滋生了留恋热爱之情,进而

---

① 沈从文:《箱子岩》,《沈从文全集》第 11 卷,北岳文艺出版社 2002 年版,第 278 页。
② 沈从文:《箱子岩》,《沈从文全集》第 11 卷,北岳文艺出版社 2002 年版,第 280 页。
③ 沈从文:《学历史的地方》,《沈从文全集》第 13 卷,北岳文艺出版社 2002 年版,第 356 页。

渴望维护住这份温爱以延续湘西人健康、优美的人生，这就自然而然地孕育出其文化保守倾向。其三，在20世纪30年代中期以前，沈从文与西方文化的接触有限，这使其不像其他文化保守主义者那样，有极强的压迫感和拯救传统文化的使命感，而只是留恋湘西文化，表现湘西文化的优美；另一方面，由于文化内蕴的相对单调，使他更加看重已有的文化，表现在文本中虽也有以精神分析学说剖析湘西女子放蛊、跳洞等现象，却主要是以随意的方式再现湘西自然的人生。因之而呈现出的便是文化保守倾向，而非系统的文化保守主义。

陶东风认为："保守主义倾向于维护现存秩序，或者在此基础上进行渐进的、改良式的社会变革，在保持社会文化传统与现存秩序基本稳定的前提下，在经验积累的基础上，逐渐促进文化的改进（一般而言，保守主义并不是绝对拒斥变革，也不是墨守成规、死守传统，只是比较尊重传统价值的继承与人类的文化遗产，更强调经验及进化的理性的作用而对理想、激情采取一种较为约束和抑制的态度）"。① 尽管沈从文并未自觉形成系统的保守主义理论，但观其言行、研读其典型文本，我们皆能感觉到蕴含其中的文化保守倾向。

五　文化选择使其创作个性鲜明

作家文化选择的效应如何，通过其创作及人生的考察固然可以梳理清楚，并总结出经验教训来。但是，如果能够以同时代作家作参照进行比较研究，则更能凸显其文化选择的价值和意义。现代作家中，像沈从文那样走出故乡再回眸、具有叛逆性格和独特叙事风格的作家有不少，最具参考价值的是萧红。笔者拟从文化传统、参照系统、叛逆性格和叙

---

① 陶东风：《保守自由主义：中国文化建构的第三种选择》，孟繁华主编：《九十年代文存：1990—2000》（上卷），中国社会科学出版社2001年版，第161页。

事风格四个方面比较研究两位作家的异同。

沈从文和萧红是具有叛逆性格的作家。叛逆性格既使他们走上文学殿堂，也使他们的人生道路曲折坎坷。沈从文早年的经历、萧红童年的遭遇，使其在奔向北京时，面对都市物质生活和精神方面的压迫，都产生了自卑感。庆幸的是他们战胜了自卑，并在此过程中形成了各自的叛逆性格。沈从文刚到北京就陷入困境之中，孤独一人颤抖于凛冽的寒风里。职业、家庭，他什么也没有，甚至连那点可怜的青春梦也只能在想象中浮现。知识、前途、异性，什么都不能得到，只留下了自卑和对自卑的反抗。他开始反抗一切——自我、环境乃至整个都市。他曾饿得两眼昏花而跟着招兵的人到了报名处，也曾怀念过湘西从军时悠闲自在的生活。回到过去，对他来说太容易了。但他没有走，撑过来，战胜了自我。他可以向有钱的亲戚求助，那样至少不至于挨饿，但他没有这样做。这一点曾使作《沈从文传》的凌宇先生感到困惑。想一想，寒冬腊月，一个穿单衣的人瑟缩着走向权门，会是什么结局？恐怕连大门也进不了！他自卑，也自尊，应该明白这一点。况且，若是想依靠上层社会生活的话，他完全不必跑到北京来。怎样才能战胜自卑呢？物质方面的路既已堵死，只有从精神上努力。选取故乡人性的优长加以歌颂，以此反衬都市人精神的贫乏。他获得了成功，心理上也多少获得了些平衡。尤其是他描写故乡的作品得到徐志摩、林宰平等人的赞扬后，他更是扬己所长，抓住都市的缺陷极力攻击，并由此确立了自己的文学格局——湘西世界与都市世界的对立，最终以文学的成功战胜了自卑。萧红没有可夸耀的家庭，没有青年人热烈歌颂的爱情。因不是男性，在家中处于更卑微地位，因此心理上难免自卑。怎样战胜自卑呢？她采取了激烈反抗的方式。父亲无视她的权利，不让她到哈尔滨求学，她就以出家来抗争；未婚夫家逼婚，她远走北平抗争；被骗困于水火中，她寄信报社，向命运抗争，并由此获得生活转机，在萧军的引导下走上了文学之路。当萧军以功臣自居粗暴待之并移情别恋时,她多次出走,几番抗争。她的一生,似乎总生活在与命运抗争之中。

萧红的叛逆性格无论在其人生轨迹上还是在文学创作上都有鲜明的体现。如前所述,她离家出走、逃离东北、冒险上海、孤身东游乃至诀别萧军、独老香港,一系列惊世骇俗的举动勾勒出了叛逆者的形象。读其作品,内容上对旧家的仇视,明显超出了"孝"的礼俗;对"生死场"的描写,尤其是对男女性爱的越轨展示,无不打上叛逆的烙印。从文体上看,她打破了小说和散文的界限,写出了以《呼兰河传》为代表的散文体的小说,同时又融入了诗的意象组合,获得了茅盾的赞扬:"《呼兰河传》不像是一部严格意义的小说,而它在于这'不像'之外,还有些别的东西——一些比'像'一部小说更为诱人的东西。它是一篇叙事诗,一幅多彩的风俗画,一串凄婉的歌谣。"① 不遵从既成的规则,适才而作,表现了她大胆的叛逆精神。跟萧红相似,沈从文的叛逆精神也主要反映在人生道路和文学创作两方面。他不甘心浮沉于故乡种种人际关系织成的网中而赴京寻求自己的梦,是对自我的反抗;他不走文人入仕之路,放弃故乡青年的从军之路,是对世俗观念的叛逆。及至从文时,内容上铺写男女间的健康情欲、肯定湘西人身上体现出的原始生命力,无疑是对传统文化中禁欲及礼法的冲击;风格上的活泼流丽也一改传统文学古板肃穆的青铜面孔,与学院派的文风相反。正是这些特点使文坛注意到了他的存在,也正是这些叛逆性的内容和文风,确立了他在文坛上的地位。

这种叛逆性格同被传统文化负面内蕴浸染太久所造成的逆反心理融合起来,作家的反思锋芒便往往直指传统文化的核心——集权主义。受其影响,创作时,他们往往不拘一格,明显模糊传统文体的界限,写各

---

① 茅盾:《〈呼兰河传〉序》,《茅盾全集》第23卷,人民文学出版社1996年版,第348页。

式各样的小说,从而形成了各自独特的文体风格。但是,叛逆家庭、挑战成规是要付出代价的。来自家族的压力、童年坎坷的经历和对未来的迷茫等共同促成了他们的忧患意识。沈从文的忧患意识早期主要表现在对自我环境的忧患上。他从所入伍的部队半匪半军的性质、扰民滋乱的表现和屡屡灭亡的命运上看到了军旅生涯的无望,从而产生忧患感,不愿纠缠在田、沈、熊三家织成的湘西社会关系网中。他出走北京,新文化的吸引固然重要,但忧患前途,逃避那张网,也是不可忽视的原因。他既丧失祖辈的机遇,也没有稳固的家族或上层势力可依靠,故乡已不是温馨的家园,而成了危机四伏的陷阱。萧红的自我环境更为特殊,继母的刻薄、父亲的冷漠,使她从小便陷入亲情匮乏的危机之中;稍大,唯一能给她慈爱的祖父死了,她不仅没有继续求学的自主权,而且增添了父亲包办婚姻的压迫感。过早失去母爱、未婚夫家的催逼及哈尔滨求学的艰难,无不使她忧虑重重。成年后,两人忧患的内容均有转换,但已各有途径。沈从文到北京后,首要的危机便是生的艰难,由此产生了他对都市生活的敌视。这种既想拥有又厌恶之的态度常常使他进退维谷,忧患心态溢于早期作品中。一旦此心态发展到了极端,便促使他将眼光转向刚刚突围出来的乡村世界。于是,对都市生活腐败无聊的批判和对乡村生活淳朴宁静的赞美成了他创作的文化视角。其忧患意识也表现为对文化的忧患——既忧患外来资本主义文化和汉文化的侵蚀,又忧患本民族文化的消亡。《边城》《长河》等作品中都蕴含鲜明的文化忧患意识。待到他登上文坛独领风骚时,他并没有因洋装在身并拥有教授头衔而轻松起来。在《烛虚》等富有哲理性的散文中,其忧患"并不止于产生亡国的恐惧,而更多是由于发现传统文化无法在新的世界格局中提供民族和个人生存所需要的意义,而加深了对'文化重建'('转换')或者说'意义再造'的复杂性和艰巨性的理解"。① 萧红步入社会

---

① 王晓明、陈思和:《知识分子的新文化传统与当代立场》,《文艺争鸣》1997年第2期。

后，其忧患意识则明显表现为家庭忧患和民族忧患。童年时缺爱的家、青春期为"家"所骗陷入困境、和萧军组成的家的破裂以及寄托在端木蕻良身上的虚幻的家梦，使萧红一生想家而没有家，她陷入了忧患之中。在她早期的散文中，无论是对旧家的回忆还是对新家的描摹，虽有爱的光华闪烁，更多的是笼罩着家的迷失阴影。后期作品中，她不得不靠回忆亲朋所拥有的温馨的家来冲淡自我的家庭忧愁并寄托对家的理想。一个弱女子，逃离东北、描摹东北人的"生死场"、抒写对"呼兰河"的留恋，其中尽管有文化批判的内容，究其出发点，都是为了抒其亡国之恨和对民族复兴的希望。最为遗憾的是，直到离开人世时，萧红依然处于国破家亡的窘迫之中。

传统的影响不仅促成了两人的忧患意识，还使他们的思维带有鲜明的东方色彩。由于两人都没经历过学院的熏陶，加上文化背景造成的思维定式，所以他们的思维皆非严格的逻辑思维，而是典型的顿悟式思维。这促使他们在艺术上获得成功：对生活中一片落叶、一件小事，往昔的印象、眼前的云飘等皆能有所悟，形之于文，各有异彩。两人早期的作品，皆为"印象主义的片段"，盖源于此。但所长处往往蕴含所短，正是顿悟思维限制了他们思维的拓展，两人的创作虽有精彩的短篇、中篇，却少有真正意义上的长篇小说。沈从文的《边城》、萧红的《呼兰河传》以及两人的未竟之作《长河》《马伯乐》，皆能看出这种思维所造成的创作的优、缺点。一方面，顿悟使他们有捕捉优美瞬间的能力：沈从文借此抓住湘西人淳朴无争的人性和寄命运于未知的特点，塑造出了近乎完美的边城和翠翠；萧红则写出了呼兰城内富有象征意义的泥坑、含有批判意蕴的场面和民俗。另一方面，他们创作鸿篇巨制的雄心又均遭挫折。虽然沈从文有当局制造文字狱的担忧、萧红有生命遽逝之因，然若从其思维研究之，即便没有这些因素，他们也难像茅盾、巴金、老舍那样，写出结构缜密的长篇来。从其创作整体看，只能留下类似谢灵运"有佳句而无佳篇"的遗憾！

　　独特的故乡故园参照系是认识两位作家创作价值的视角，也具有阐释现代文学的普遍意义。人们对事物的认识并不是在孤立的瞬间完成的，而是在他已有的人生经验和知识积累的基础上去认识并理解事物的。也就是说，人们对事物的认识都存在一个参照系统。作家的创作是较复杂的过程，影响其认识水平、价值判断乃至文化定位的参照系统对其更为重要。与许多乡土小说家相似，沈从文和萧红都是冲出故园、置身都市后才开始创作的。尽管都市中有发达的现代文明，灯红酒绿，热闹非凡，但热闹是别人的，他们所感受到的只是冷漠和自卑。人心是不可以长久浸于冰冷的氛围中的，它要寻求一个温暖的存在，而大脑储存的记忆里，稍带温馨的意象或为旧情，或为家园。前者为两人所空缺，后者便成为他们唯一的选择。于是，故乡故园成了他们审视和描写都市及其他事物的独特的参照系统。

　　沈从文的生活经历中本来只拥有湘西这个独特的世界，离开故乡后，他又生活在另一个世界——都市世界中。由于和都市的隔膜，导致了他对都市的敌意；这种敌意又反过来强化了他对故乡的印象，以至他不愿生活其中的湘西出现在作品中时，不再是原生态的湘西，而是具有浓郁的理想色彩。他歌颂湘西明丽的山水、纯真的人性和古朴的民风，批判都市喧闹的环境、伪诈的人性和相互欺骗的关系。单一的文化选择使他不可能同时拥有两面镜子而只以湘西为镜，他所得到的印象也往往是被观察对象的一面而非全部；过于单纯的印象叠加起来，又形成了他的固执，所以他只能以一个倔强、认真得带几分可爱的"乡下人"的身份存在于文坛，而不可能是一个从容穿梭于现代文化之林的学者。萧红早期创作带有自叙传色彩，多记载她的童年生活或经过磨难抗争冲出家园的过程，她此时的创作还说不上有什么自觉意识。她后期创作《呼兰河传》等小说时，已渗透着明显的故园之思。她不像沈从文极力歌颂故园，而以爱恨参半的目光回眸故园——童年的回忆毕竟有几丝温馨，祖父的关爱也难以忘怀；父亲的冷漠和逼婚，又使她恨意难消。因此，她心目中的故园便成为一个具有双重内涵的参照系：一方面花开蝶舞、云飞霞落，充满童趣和爱心，这是留在她内心的童年时的故园印象；另一方面则是以成熟的理性眼光所审视的故园情景，这里有照出呼兰人惰性的大泥坑，有体现男尊女卑的塑像，有体现国民性的"小团圆媳妇"的故事，也有作者痛定思痛的回顾之情。后一方面给人的印象更深，价值也更大。因此说，萧红反思故园时，基本上是采取批判视角的，尽管其中也不乏忆旧时的温爱之情。她中期创作的作品，一般被认为是体现爱国主义主旋律的，但其认识仍然是以故园印象和情景为参照系的。且不说故事展开的背景是故园才有的，仅内容的主干成分是对故乡人"生"和"死"的命运的思考，而非抗敌救国，就能看出作者的用意所在。因此，如果说沈从文是神回故乡，以淡淡的朦胧掩去故乡丑陋的面貌而聚焦于故乡之美的话，那么萧红则是神飘故园，停在空中，似恨又怜地用彩笔勾勒故园面貌，对笔下人物，指责多于关爱，批判甚于怀念！

　　这种独特的参照系长久萦绕心间笔端，终于形成两人浓郁的故园情结。故园的美丽和淳朴固然成就了沈从文的文学梦，使其题材、文风独树一帜，但故园的散漫性与缺乏约束力又使他难以适应强烈要求集权的战争气氛和中华人民共和国成立后的组织教育，最终他只能游离于时代，将历史空间当作心灵的故园，默默耕耘其间。从这个意义上讲，沈从文一生永远是个"乡下人"，他从未走出过故园！萧红虽表现出了对故园的恨意和批判，但唯其恨之深，故难以忘怀。她的文学创作未能超越故园，她的感情选择对象也没有跳出故乡人。[①] 故园情结像一个幽灵

[①] 无论是陆振舜、王恩甲、萧军，还是端木蕻良、骆宾基，都是东北同乡。可见萧红的感情指向也从未超出"故园"人物范围。

死死纠缠着她，使她即便躺在萧军怀中、坐在端木蕻良身旁，仍感到孤独和寂寞。同时，故园情结又使她太专注于一己之情，因而她虽写有与抗日有关的作品，却不愿由西安到延安，也没有留在大后方重庆，而是到了香港。她在给友人的信中描述香港环境的优美，这里的景色是多么恬静和美丽，有山，有树，漫山遍野的鲜花和婉转的鸟语，有澎湃滚涌的浪潮。面对着碧澄的海水，她常常陶醉其中。这一切，正是她所梦想的写作佳境。留意适宜个人的佳境而忘却了身后的战火，非因为她不爱国，是因为她不能超越自我而看到更阔大的天地。

总之，独特的参照系统既形成了两人创作的独特内涵，又像风筝后边拖着的绳子，限制了他们的创作领域和视野。由此看来，参照系统的凝固化是利弊交织的。而研究、阐释故乡参照系的两种存在及其价值，对于剖析乡土文学、京派小说、"东北作家群"的创作等具有启发性。由此切入解读其叙事风格，也会有不同的收获。由于沈从文要建立供奉"人性"的神庙，所以他观察题材的视角便是人性。肯定湘西人淳朴、率真的人性，否定都市人虚伪、腐朽的人性便成为其创作的主要内蕴。萧红受制于家庭意识，其切入题材的角度便是家庭；批判旧家的罪恶、肯定普通人家的睦爱、追求理想家庭的梦幻便贯穿其创作的始终。因此，沈从文作品题材的展开，多采取由外向内、由群体向个人的模式，在一个特定的背景上展示主人公的人性美或丑；萧红的作品题材的展开则正如打开一扇窗户的过程，多由内心情感向外浸染，场所的出现、故事的演绎只是为其情感提供一个载体，呈现出明显的由内向外展开的模式。由此可以看出，切入角度的差异造成了两人叙事模式的不同。

同时，切入角度的不同也带来了文学风格的差异和叙述人称的变化。沈从文的作品偏于理想描摹，为读者勾勒出超现实的"桃花源"，多传奇色彩；萧红的作品偏于自叙，以批判的眼光审视故园，为人们展示了自我成长的轨迹，有自传体色彩。沈从文是离开故乡，接受汉文化后才肯定"小乡城文化"优点的;萧红是成年后,带着理性眼光反视家庭时,才有万事不如意的失落感的。相同的回忆视角给其叙述人称带来了明显的影响。创作纪实成分多于虚构的散文时,两人显示了共性,都用第一人称,文风平实自然,真实亲切。创作虚构成分较多的小说时,两人有了明显差异:沈从文多用第三人称,冷静客观,平静如水;① 萧红则多用第一人称,抒情性强,热烈似火。前者有一个全知的作者,便于述其理想,且使"作者的读者"与"叙述的读者"分开,以达到客观效果;后者则文如其人,完全使"作者的读者"与"叙述的读者"叠合,以加强抒情的自传体色彩,增强作品的说服力和真实感。

六 文化选择结出的硕果:《边城》

1933年9月9日,沈从文实现了自己的理想,与张兆和结为夫妻。婚后住在西城达子营一个拥有三间正房和一个厢房的院落里,由于院内有一棵枣树和一棵槐树,故被沈从文称为一枣一槐庐。沉浸于新婚快乐的沈从文当然欢迎有朋友来分享自己的幸福和快乐,正好巴金秋天从南方来到北平,便借住于此。沈从文把书房让给好友,自己搬一个木方桌和小凳,在槐树下写作。巴金在这里创作了《雷》和《电》的前半部分,他在槐树下写作了《记丁玲》和《边城》。

《沈从文全集》第八卷,有一篇以前没有发表过的文章《〈边城〉新题记》,透出《边城》的创作过程和原因:"民十随部队入川,由茶峒过路,住宿二日,曾从有马粪城门口至城中二次,驻防一小庙中,至河街小船上玩数次。开拔日微雨,约四里始过渡,闻杜鹃极悲哀。是日

---

① 沈从文早期的小说,尚不懂虚构,也多采用第一人称,叙述记忆中的印象片段,具有自传色彩。此处论述,取其成熟期的小说为主,故有此论。

翻上棉花坡,约高上二十五里,半路见路劫致死者数人。山顶堡砦已焚毁多日。民二十二至青岛崂山北九水路上,见村中有死者家人'报庙'行列,一小女孩奉灵幡引路。因与兆和约,将写一故事引入所见。九月至平结婚,即在达子营住处小院中,用小方桌在树荫下写第一章。在《国闻周报》发表。入冬返湘看望母亲,来回四十天,在家乡三天,回到北平续写。二十三年母亲死去,书出版时心中充满悲伤。二十年来生者多已成尘成土,死者在生人记忆中亦淡如烟雾,惟书中人与个人生命成一希奇结合,俨若可以不死,其实作品能不死,当为其中有几个人在个人生命中影响,和几种印象在个人生命中影响。"(从文 卅七年北平)① 这段文字至少给我们提供了三方面的信息:一是作品的创作过程曾经中断过;二是翠翠的原型之一是谁;三是作品后半部分是在怎样的情绪中创作的。

沈从文返乡探母是在 1934 年 1 月 7 日启程的,前后将近一个月时间。他回到北平不久,就收到大哥来信,得知母亲于 2 月 13 日去世。续写《边城》就是在离开湘西和失去母亲的双重情感氛围中进行的。4 月 19 日,《边城》写成,4 月 24 日写成《题记》。因为有如此独特的创作背景,加上作者对人类命运、人生、存在困境等问题的思考,使其文本具有多重内蕴。

(一)《边城》的悲剧内蕴

对人类命运与前途的忧患,实际上生成于作者内心对他所描写的世界以及生活在这个世界里的人物命运的担忧。在风雨如磐、动荡不安的 20 世纪 30 年代,他显然没有办法解决自己内在的矛盾与冲突,虽然他一直倡导用湘西健康、优美、自然的人性来改造国民性,希望以此解决

---

① 沈从文:《边城·新题记》,《沈从文全集》第 8 卷,北岳文艺出版社 2002 年版,第 60 页。其页下注曰:"本文原由作者题写在上海生活书店初版的样书上,收入全集前未曾发表过。"

国民性格日益萎缩的现状。因此，他明确表示对所写人物的情感："对于农人与兵士，怀了不可言说的温爱，这点感情在我一切作品中，随处都可以看出。……因为他们是正直的，诚实的，生活有些方面极其伟大，有些方面又极其平凡，性情有些方面极其美丽，有些方面又极其琐碎，——我动手写他们时，为了使其更有人性，更近人情，自然便老老实实的写下去。"① 充满温爱之情去表现笔下的人物，对其存在状态感同身受，因此能够体悟到他们的悲剧；同时，沈从文的视域并未局限于这些人物身上，而是整体思考民族命运，正如他表达自己的创作动机所言："我将把这个民族为历史所带走向一个不可知的命运中前进时，一些小人物在变动中的忧患，与由于营养不足所产生的'活下去'以及'怎样活下去'的观念和欲望，来作朴素的叙述。我的读者应是有理性，而这点理性便基于对中国现社会变动有所关心，认识这个民族的过去伟大处与目前堕落处，各在那里很寂寞的从事于民族复兴大业的人。"② 希望理性的读者关注湘西民族的过去、现在，使其"伟大处"能够得以彰显，"堕落处"能够减少。但是，一个处于主流之外的文人能够影响的范围实在有限，于是便会处于理想与现实的逆差之境，心中有难以拂去的悲哀。行之于文，便使其文本充满淡淡的哀伤和隐隐的悲情。

　　具体讲，《边城》的悲剧可分为几个层面。首先是命运的悲剧。正如王国维认为《红楼梦》所描写的悲剧类型："由于剧中之人物之位置及关系而不得不然者"之"悲剧之悲剧"，即当事人双方都无罪（都有自己的理由），也都有罪（都给对方造成了伤害）。③ 翠翠并没有直接伤害天保，但是，天保因为失恋而出走、意外死亡之后，无论顺顺还是傩送都觉得与翠翠有关；老船夫只是按照规矩让天保、傩送二人求婚，也

---

①　沈从文：《边城·题记》，《沈从文全集》第8卷，北岳文艺出版社2002年版，第57页。
②　沈从文：《边城·题记》，《沈从文全集》第8卷，北岳文艺出版社2002年版，第59页。
③　王国维：《〈红楼梦〉评论》，《王国维文学论著三种》，商务印书馆2010年版，第12页。

没有任何强力干预，也因天保的死亡蒙受顺顺的冷遇，并因此患病、去世。傩送爱上翠翠，是自然发生的爱情，可是，成为哥哥的竞争对手使其处于尴尬的位置；哥哥死亡后，他产生愧疚，仿佛自己害死了哥哥一般。他情绪烦躁，与爸爸吵一架后下桃源了，因为"船总性情虽异常豪爽，可不愿意间接把第一个儿子弄死的女孩子，又来作第二个儿子的媳妇，这是很明白的事情"。① 翠翠母亲与父亲相爱，且已经怀孕，却因苗汉民族矛盾而不能结合，最终两人殉情而死，连老船夫都无法谴责凶手——那看不见的民族禁忌和掺入日常生活的习俗，成为集体无意识制约着热恋的男女，他到哪里寻找凶手呢?! 似乎无事的情节背后，隐含着作者对人类普遍弱点的认知和理解，包含着作者对人类无法掌握自我命运的尴尬处境的透视与无奈。这不是小说中几个人物的命运，而是全人类都会感受到的生存状态。从古希腊悲剧到托尔斯泰的小说，从精卫填海的悲壮到许三观卖血的描写以及富贵孤独的处境，② 古往今来，大凡优秀的文学作品无不展示这种普遍性的命运悲剧。

其次，小说叙述的人物故事都是带着遗憾、伴随着不完满而存在的。作者有意为小说营造悲剧氛围，小说开头写茶峒"有一小溪，溪边有座白色小塔，塔下住了一户单独的人家。这人家只一个老人，一个女孩子，一只黄狗"。③ 众多"一"，固然渲染出茶峒风景的明丽简洁与此处人家生存的古朴单纯，更凸显渡口祖孙二人生存环境的孤独。在《新题记》中写到"闻杜鹃极悲哀"，小说第十一、十二章又写到杜鹃。杜鹃意象的存在，既表现媒人的到来带给翠翠复杂的想法，她想起了各种事情，也通过翠翠听到杜鹃叫声，忽然哭了，预示着小姑娘后来的悲剧。④

---

① 沈从文：《边城》，《沈从文全集》第 8 卷，北岳文艺出版社 2002 年版，第 143 页。
② 参阅余华《许三观卖血记》《活着》，其中富贵是《活着》的主人公，家中所有人皆非正常死亡。
③ 沈从文：《边城》，《沈从文全集》第 8 卷，北岳文艺出版社 2002 年版，第 61 页。
④ 参阅张新颖《从沈从文理解〈边城〉，从〈边城〉理解沈从文》，《一江柔水流不尽——复旦师生论沈从文》，安徽教育出版社 2008 年版，第 156—157 页。笔者观点与其有别。

穿插到小说中的传统文学意象，也在刻意渲染悲剧氛围。受情绪基调影响，翠翠的家庭、爱情均是残缺的，未出生父亲自杀，刚出生母亲殉情；爱情方面，似乎很值得骄傲，有两个优秀小伙儿爱她，可是，到小说结尾她也没有得到理想的归宿。"这个人也许永远不回来了，也许'明天'回来！"① 不确定的结局，凸显出翠翠的爱情难以落到实处，她的未来同样是充满悬念和未知数的。再看那两个追求者——天保所求不多，作为一个优秀的水手和富家子弟，他只希望得到一个自己喜欢的姑娘为妻，却没有达到目的；所求越简单，其难以实现越具有悲剧性，最终的意外其实早已宿命地隐伏于其命运中。傩送似乎比哥哥命运好些，毕竟翠翠喜欢的是他，然而，无论与哥哥的竞争，还是哥哥暴死带来的内疚与怨愤，都使他无法坦然接受翠翠的爱情，终于在延宕中既拒绝了王团总女儿，也没有得到所喜欢的翠翠。

　　年青一代如此，他们的长辈呢？老船夫辛劳一生，他肯定有过妻子，但小说一字未提，这样选择是与作者要表现人生的残缺有关系的；即便是他最忧虑的翠翠，在他离开人世之前，也没能够看到满意的结局，带着满心的遗憾和几多困惑到了另一个世界。顺顺有财有势有善心，行侠仗义爱助人，是茶峒受人尊重的人物。但是，命运并没有特别照顾他，而是不得不承受中年丧子的悲痛和无处发泄的尴尬。杨马兵呢？年轻时追逐翠翠母亲而不得，一生独身，只能在老船夫死后，于帮助翠翠的过程中体现自我价值。显然，长辈人尽管顺应自然、与人为善地活着，也没有躲过悲剧命运。正如李健吾所言："作者的人物虽说全部善良，本身却含有悲剧的成分。唯其善良，我们才更易感到悲哀的分量。这种悲哀，不仅仅由于情节的演进，而是自来带在人物的气质里的。自然越是平静，'自然人'越显得悲哀：一个更大的命运影罩住他们的生存。这几乎是自然一个永久

---

　　① 沈从文：《边城》，《沈从文全集》第8卷，北岳文艺出版社2002年版，第152页。

的原则：悲哀。"① 作为沈从文的知音，李健吾显然认为《边城》中的人物具有深入潜意识层面的悲剧性内蕴。

长久生活在残缺与遗憾之中，必然导致命运的脆弱和易毁灭，因此小说里便充满死亡的描写。老船夫死了，天保死了，翠翠的父母早死了……死亡意象的重叠固然有作者题记中所言在茶峒见到的被劫杀者的影子，更多的则是作者对生活在残缺人生中的湘西民族前途的绝望情绪的投影。

（二）《边城》的现代内蕴

前面已经论述过，沈从文是带着浓郁的悲剧意识进入创作的。除了蕴含在小说文本里的悲哀，我们还必须分析其生存环境、人生遭际等对其创作心态的影响。其一是湘西在外来势力逼压下发生变异、扭曲，已经不再是其记忆中纯洁、自然、美丽的湘西。这是大环境的失落，作者长期歌颂并欲完善之对象一旦变得日益堕落而不可救药，其理想往往就会失去依托。此时，其建构的理想愈美，理想破灭带来的失落感、幻灭感愈强。作为一个成熟的思想者，其精神会产生一种漂泊感，觉得茫茫宇宙虽大，何处是自身的归宿？这跟李白《菩萨蛮》感慨的"何处是归程"一致，也跟马致远《天净沙·秋思》描绘的"夕阳西下，断肠人在天涯"意境吻合。千百年来中国文人一再吟诵的主题于此凸现出来。其二是个人遭际的激发。母亲的失去，对于一个自觉的生命个体来说，常常意味着来自内在的生命链条的断裂，以往熟悉的那些嵌入生命意识中的情感与刻入记忆深处的细节不再带来温馨，成为刺痛当事人的存在，由此带来的生理上的痛楚是难于用语言来表达的。然而，作家又必须把这种亲人去世的痛苦表现出来，经过思维糅合的情绪往往转化为意象，在文本里即可能出现具有震撼力的自然对象毁灭的场景。这些场

---

① 李健吾：《〈边城〉——沈从文先生作》，郭宏安编：《李健吾批评文集》，珠海出版社1998年版，第56页。

景往往是失去亲人者日常生活中依恋的对象,由于时光的作用导致它们成为人们某种情感的载体,与人物具有俱存俱亡的共时共命效应,进而具备象征意蕴。如暴风雨之夜,老船夫死了,白塔也倒塌了。染有天人感应色彩的情节,实际上与作者内在的悲哀有关。据此,我们可以说《边城》表现了作者对失去生命之源和精神归宿的"隐忧"。

但是,小说的深层内蕴还有可探讨之处。前引的《〈边城〉新题记》已经告诉我们,他之所以选择茶峒而不是别的小乡城,是因为1921年在茶峒听到了极悲哀的杜鹃声,见到了茶峒人所住堡砦被毁、生命被劫杀的惨景。1933年,当他在青岛崂山北九水见到那个报庙招魂的小女孩后,他对创造翠翠的形象更有了把握,也思考更多:"故事上的人物,一面从一年前在青岛崂山北九水旁所见的一个乡村女子,取得生活的必然,一面就用身边黑脸长眉新妇作范本,取得性格上的素朴良善式样。一切充满了善,充满了完美高尚的希望,然而到处是不凑巧。既然不凑巧,因之素朴的良善与单纯的希望终难免产生悲剧。"① 原来他是想取二者的特质于一体,创造一个内涵丰富的形象,以超越现实:"我要的,已经得到了。名誉和金钱、爱情,全都到了我的身边。我从社会和别人证实了存在的意义。可是不成。……我准备创造一点纯粹的诗,与生活不相粘附的诗。情感上积压下来的东西,家庭生活并不能完全中和它,消蚀它。我需要一点传奇,一种出于不巧的痛苦经验,一分从我'过去'负责所必然发生的悲剧。换言之,即爱情生活并不能调整我的生命,还要用一种温柔的笔调来写各式各样爱情,写那种和我目前生活完全相反,然而与我过去情感又十分相近的牧歌。方可望使生命得到平衡。这种平衡,正是新的家庭所不可少的!"② 现实中有"某种受压抑的梦",想"创造一点纯粹的诗,与生活不相粘附的诗"。

---

① 沈从文:《水云》,《沈从文全集》第12卷,北岳文艺出版社2002年版,第111页。
② 沈从文:《水云》,《沈从文全集》第12卷,北岳文艺出版社2002年版,第110页。

理想如斯,但创作过程中却遇到麻烦:"一切充满了善,充满了完美高尚的希望,然而到处是不凑巧。既然是不凑巧,因之素朴的良善与单纯的希望终难免产生悲剧。"①"到处是不凑巧",也就是说,无论现实层面,还是精神层面,都很难达到他想要进入的境界。生活于悲惨现实里的村姑与生活在都市里的新妇难以融合,翠翠的另一个原型——真的叫翠翠的女孩已经死亡,她的女儿小翠又长成母亲的模样,似乎继承了母亲的命运,很快将被生活之潮淹没。如此悬殊的内蕴集于一个形象之上,难免使其难以承载,她不可能轻松快乐地走完人生的历程;"在她的年龄和生活上,实都无从处理这个难题,更毫无准备应付这种问题技术的"。②事实上,小说仅写了14—16岁的翠翠,却已经陷入人生的悲剧之中。

显然,这里有作者对整个现代社会里人类命运的思索,亦即只要生活于现代社会,即便你对生活所求不多,即便你性格淳朴善良,也难逃悲剧命运。于此,沈从文写出了对现代人类命运和前途的"隐忧"。无论是对于人类生命之源和精神归宿的"隐忧",还是对人类命运与前途的"隐忧",皆具有超越描写对象的普泛性,具备了现代人的精神内蕴。

(三)《边城》的人性内蕴

沈从文说过:"我要表现的本是一种'人生的形式',一种'优美,健康,自然,而又不悖乎人性的人生形式'。"③ 从其自述中可以看出,表现"优美、健康、自然的人性"是其创作主旨;作为其代表作,《边城》显然具有丰富的人性内涵。切入文学表现对象的视角很多,如社会剖析派的茅盾等人,取阶级视角;描写都市的老舍,取文化视角;展示人物心理内涵的施蛰存,取精神分析视角;描绘呼兰小城的萧红,取女性视角等。沈从文则选择自己熟悉的人性视角,通过描写"边城"人

---

① 沈从文:《水云》,《沈从文全集》第12卷,北岳文艺出版社2002年版,第111页。
② 沈从文:《水云》,《沈从文全集》第12卷,北岳文艺出版社2002年版,第115页。
③ 沈从文:《习作选集代序》,《沈从文全集》第9卷,北岳文艺出版社2002年版,第5页。

健康、优美、自然的人性来扭转中国人人性萎缩的问题。他描绘边城人的总体状态:"两省接壤处,十余年来主持地方军事的,注重在安辑保守,处置极其得法,并无变故发生。水陆商务既不至于受战争停顿,也不至于为土匪影响,一切莫不极有秩序,人民也莫不安分乐生。……中国其他地方正在如何不幸挣扎中的情形,似乎就永远不曾为这边城人民所感到。"① 以绝对的"莫不"修饰边城的秩序井然,并对比其他地方来反衬此处百姓的安分乐生。在这样的环境中展开对湘西人人性的刻画,使其小说具有迥异于同时代的现代作品的特异品质。

虽然因赋予文学超重的负荷而未能实现其目标,但是,作为文学家,沈从文是成功的——人性视角是具有普泛性的视角,其所凸显的内蕴也具有世界性。

首先是"有贫富无贵贱、有强弱无贵贱"的平等人格内蕴。小说展示的边城里,阶级划分虽然不明显,还是能够看出有阶级之分的。船总顺顺、王团总等属于上层社会,有权有势却不仗势欺人。顺顺经常帮助那些翻了船的水手,每逢老船夫到茶峒来都帮他灌满酒或带些别的东西,"这个大方洒脱的人,事业虽十分顺手,却因欢喜交朋结友,慷慨而又能济人之急,便不能同贩油商人一样大大发作起来"。"为人既明事明理,正直和平,又不爱财。"② 王团总属于军人,那个时代是最适合其发威的,但是,他也只能是替女儿求婚,面对傩送的拒绝也没有武力相逼。老船夫和坐船人并不完全属于一个阶层,那些人过渡口后总喜欢另外给些钱,显然是对船夫的尊重。

其次是淳朴自然的人性内蕴。细读文本,我们可以看到茶峒人不近功利、重义轻利,不仅坐船人要另外加钱,卖肉的也是少收钱给好肉;老船夫买了酒,见人就让,毫不吝啬。人与人相交,最不看重的就是钱

---

① 沈从文:《边城》,《沈从文全集》第8卷,北岳文艺出版社2002年版,第73页。
② 沈从文:《边城》,《沈从文全集》第8卷,北岳文艺出版社2002年版,第71页。

财。"渡头为公家所有，故过渡人不必出钱。有人心中不安，抓了一把钱掷到船板上时，管渡船的必为一一拾起，依然塞到那人手心里去，俨然吵过嘴时的认真神气：'我有了口粮，三斗米，七百钱，够了。谁要这个！'""但不成，凡事求个心安理得，出气力不受酬谁好意思，不管如何还是有人要把钱的。管船人却情不过，为了心安起见，便把这些钱托人到茶峒去买茶叶和草烟，将茶峒出产的上等草烟，一扎一扎挂在自己腰带边，过渡的谁需要这东西必慷慨奉赠。"① 尽管"祖孙二人所过的日子，十分拮据"，② 却不贪钱！那个卖纸皮的小伙子给钱时，老船夫让翠翠和黄狗一起拦住还钱，还愤愤不平："他送我好些钱，我绝不要这些钱！"③ 不爱慕钱财，却不仅仅止于不爱财；其中蕴含着知足、安分的民族性格，恰如苏轼所云："苟非吾之所有，虽一毫而莫取。"④ 道家顺应自然的深奥哲理，竟然与边城人朴素的行事准则相吻合，凸显出天然的人性。唯其如此，他们对那些在汉文化圈中长期被歧视的妓女，也取宽容、自然的态度。"由于边地的风俗淳朴，便是作妓女，也永远那么浑厚，遇不相熟的主顾，做生意时得先交钱，数目弄清楚后，再关门撒野。人既相熟后，钱便在可有可无之间了。"妓女如此作为，自然导致当地人对其看法也与外地不同："短期的包定，长期的嫁娶，一时间的关门，这些关于一个女人身体上的交易，由于民情的淳朴，身当其事的不觉得如何下流可耻，旁观者也就从不用读书人的观念，加以指摘与轻视。"⑤ 人们评判行为的标准不是功利取舍和道德与否，而是看其行为是否顺从人的自然天性、是否具有善意和美的特质。所有这些，显然与汉文化传统内涵异质。

---

① 沈从文：《边城》，《沈从文全集》第8卷，北岳文艺出版社2002年版，第63页。
② 沈从文：《边城》，《沈从文全集》第8卷，北岳文艺出版社2002年版，第84页。
③ 沈从文：《边城》，《沈从文全集》第8卷，北岳文艺出版社2002年版，第86页。
④ 苏轼：《前赤壁赋》，《苏轼选集》，齐鲁书社2005年版，第252页。
⑤ 沈从文：《边城》，《沈从文全集》第8卷，北岳文艺出版社2002年版，第70—71页。

（四）《边城》的情爱内蕴

《边城》有独特的情爱内蕴，小说有沈从文对爱情、亲情的多重思考。一般读者看《边城》，都会关注其爱情内涵。的确如此，小说至少描写了两代人的爱情悲剧。就翠翠父母的爱情而言，他们并没有如汉文化语境内小说描写的那样受封建势力阻挠等，而是在是否逃走时受困于"军人的责任"与不愿"离开独孤的父亲"的困扰，因此，军人"心想：一同去生既无法聚首，一同去死应当无人可以阻拦，首先服了毒"。女的因为顾及孩子，没有马上自杀，其实，老船夫知道事情后，"却不加上一个有分量的字眼儿，只作为并不听到过这事情一样，仍然把日子很平静的过下去"。① 实际上，翠翠父母亲的爱情悲剧主因是民族问题——女方是苗族，军官为"绿营军勇"，显然是汉族；长期的苗汉冲突导致苗汉不通婚，因此，尽管他们的爱情已经成熟，且女方有了身孕，还是无法获得老船夫的认可；老船夫的无言对于女儿来说构成巨大的压力，因为她看不到问题解决的希望。他们不愿放弃彼此的爱，故只能选择以死亡成全爱情。沈从文的爱情观认为："爱与死为邻。"② 其小说表现爱情时，认为最美最脱俗的爱使情人们视死如归，笑对死亡。《巧秀与冬生》《媚金·豹子·与那羊》《三个男人和一个女人》等小说中均有为了成全彼此的爱情而情愿死亡的描写。这种以生命为代价的爱情故事，最打动人之处并非生命毁灭的惨烈，而是伴随着生命结束所凸显出的爱情的辉煌——能够让人超越生死，期冀在另一个世界里实现自己自由、美满的爱情。

除了表现爱情可以导致死亡，沈从文的《边城》还表现了爱情的延宕。翠翠到了青春期，对爱情有了朦胧的追求，"她欢喜看扑粉满脸的新嫁娘，欢喜述说关于新嫁娘的故事，欢喜把野花戴到头上去，

---

① 沈从文：《边城》，《沈从文全集》第8卷，北岳文艺出版社2002年版，第64页。
② 沈从文：《生命》，《沈从文全集》第12卷，北岳文艺出版社2002年版，第43页。

还喜欢听人唱歌。茶峒人的歌声,缠绵处她已领略得出"。① 但是,无论环境所限,还是缺乏父母关爱,她都没有主动觅爱。傩送唱歌那天晚上,翠翠做梦了。次日告诉爷爷:"我昨天就听到一阵顶好听的歌声,又软又缠绵,我像跟了这声音各处飞,飞到对溪悬崖半腰,摘了一大把虎耳草,得到了虎耳草,我可不知道把这个东西交给谁去了。"② 通过梦境表现其爱的困惑,实际上也有情感的波涛冲来时的迷惘。在爱的迷茫中,她从不主动,一切顺其自然;恰恰是在过于服从自然里,丧失了爱的主动性和丰富性,也使得她只能在等待中期盼爱情,而无法将爱情置于自我控制之中。傩送也是在延宕中错过表白爱情的人,他有五次可能表达爱情的机会。第一次相逢,他请翠翠到家里,却没有表达清楚;翠翠以为他请自己到妓院,不但拒绝,还骂了他。第二次到老船夫家送酒葫芦时见到翠翠,派人顶替爷爷,邀请祖孙俩去看划船,却没有表白。第三次对歌时,唱了一晚上,翠翠也没有回应。第四次是下川东过渡时,他遇到老船夫探问自己是要碾坊,还是要渡船?傩送认为他"为人弯弯曲曲,不索利,大老是他弄死的"。③ 因此,傩送对他的问询反应消极。老船夫喊翠翠来,想让两人见面,可是翠翠去尖山挖笋了,最后还是老船夫下来帮他摆渡。第五次是傩送从川东回来时,翠翠看到是他便躲到山上竹林里去了,只好由老船夫撑船。陈思和最先注意到傩送延宕的价值,并认为:"翠翠其实一直活在沉默和压抑当中,她的奔放、豪迈和野性一直被压抑着,这种压抑使她连爱的语言都不会表达。也就是说,这个人的生命能量根本就没有打开,而本来打开她生命能量的责任在二老,但是二老的各种信息传递没有点燃翠翠的生命,所以这里就出现

---

① 沈从文:《边城》,《沈从文全集》第 8 卷,北岳文艺出版社 2002 年版,第 90 页。
② 沈从文:《边城》,《沈从文全集》第 8 卷,北岳文艺出版社 2002 年版,第 122 页。
③ 沈从文:《边城》,《沈从文全集》第 8 卷,北岳文艺出版社 2002 年版,第 134 页。

了悲剧。"① 翠翠爱情悲剧的酿成,并不能完全归因于傩送,但是,一次次错过爱情的表白,似乎是命定。重复的小说情节我们应该抓住,其中必定有作者的考虑。他要告诉读者:世间很多美好的爱情,可能就是在类似的延宕和误会中错失的。

杨马兵和天保,则是爱情的错失者。他们属于单相思,爱情没有得到回应是很容易使人产生失落感的,由此引发的仇恨乃至报复,在文学作品中屡见不鲜。他们却不是那样,或像杨马兵那样以德报怨,默默照顾翠翠,延续着老船夫生前的责任;或像天保悄悄退出,欲远走他乡独自疗伤,却死于非命。爱情是需要双方有情感的呼应才能够成立的,仅仅是一方的挚爱是无法建构起理想的爱情的;此时,当事人需要理性对待,以平静的态度呵护爱情对象,而非以狭隘心肠视之,甚至极端者抱着"我得不到的谁也别想得到"去报复、毁灭爱情对象等,均是沈从文所排斥的。平静对待爱情的失落,无疑也是沈从文要昭示的内蕴。

研读《边城》,我们不能仅仅停留于青年男女之间的爱情,还应该注意到小说里所描写的长辈对下一代的关爱之情。无论是翠翠母亲生下翠翠、留下爱的结晶后才自杀,老船夫耿耿于怀的是翠翠能否找到一个理想的归宿,还是顺顺对儿子的严格要求以及在婚事上不强把自己的意志加给孩子等,均体现出另一种形式的爱情。如果只考虑自己对爱情的忠贞,翠翠母亲完全可以与所爱的人一起自杀;她没有,等到翠翠出生后才去追随爱人。这里,不仅有对两人爱情结晶的呵护,更有对下一代无奈却热烈的爱情!老船夫将襁褓中的翠翠养大,却总担心这个孩子会走上和她妈妈一样的路,"其实他有点忧愁,因为他忽然觉得翠翠一切全像那个母亲,而且隐隐约约便感觉到这母女二人共通的命运"。② 因

---

① 陈思和:《由启蒙向民间的转向:〈边城〉》,《一江柔情流不尽》,安徽教育出版社2008年版,第133页。陈思和认为傩送有三次表白的机会,有误,应该是五次;而且所言第三次是翠翠害羞不出来,错过了机会,也与小说情节不同。
② 沈从文:《边城》,《沈从文全集》第8卷,北岳文艺出版社2002年版,第114页。

此希望在有生之年为她找到情感归宿。他那般怯怯地讨好傩送,他那样担忧孙女的未来:"翠翠,爷爷不在了,你将怎么样?"① 却从不考虑自己应该从生活中获得什么,对孙辈无私的爱淋漓尽致地表现出来了。顺顺一生所挣的资产,足够家人享受,但是,他却严格要求两个儿子,"两个年青人皆结实如小公牛,能驾船,能泅水,能走长路。凡从小乡城里出身的年青人所能够作的事,他们无一不作,作去无一不精"。使孩子成为能够自立且"豪放豁达""和气亲人,不骄惰,不浮华,不依势凌人",② 顺顺的教育是成功的,其中蕴含的父辈之爱也是人类情感中值得珍重的。

(五)《边城》的哲学内蕴

《边城》还富有哲学内蕴。复旦大学张新颖和刘志荣等人讨论《边城》时认为:"如果让我用一句话来说《边城》写的是什么的话,我认为写的就是'天地不仁,以万物为刍狗'。"③ 此概括是适合《边城》内蕴的。这句话出自《道德经》第五章,意思是说天地生了万物,它没有居功;天地给万物以生命,它没有自认为荣耀;天地做了好事,使万物生生不息,却看万物和那个丢掉的刍狗一样,并没有对人特别好,对其他万物特别差,更没有想从万物那里取得回报;而人类做事往往都附带了条件,希望有所回报,是因为人的自私观念使然。所以,老子建议人们要效法天地,具有开阔的胸襟。整体观察《边城》,我们会发现作品超出了仅仅描写人类生活的范围,而是将其视野扩大到整个宇宙,在天地间展开对得失、给予和索取、自私与无私等既是哲学范畴也是人性内蕴的思考。

但是,沈从文的哲学理念并非来自课堂,而是一方面自我积累,包

---

① 沈从文:《边城》,《沈从文全集》第8卷,北岳文艺出版社2002年版,第120页。
② 沈从文:《边城》,《沈从文全集》第8卷,北岳文艺出版社2002年版,第72页。
③ 张新颖、刘志荣:《沈从文与20世纪中国》,《一江柔情流不尽》,安徽教育出版社2008年版,第13页。

括早年的阅读与聂仁德的传授；另一方面得自对自然、社会、人生的观察、体悟。因此，领悟《边城》的哲学内蕴，不能硬套某种现成的哲学观念。作品强调人物对天命的尊重和顺从，边城人因此活得安宁自适，与天的和谐使他们能够心态平和、生活宁静："一切总永远那么静寂，所有人民每个日子皆在这种单纯寂寞里过去。一分安静增加了人对于'人事'的思索力，增加了梦。在这小城中生存的，各人自然也一定皆各在分定一份日子里，怀了对于人事爱憎必然的期待。"① 老船夫七十岁了，"年纪虽那么老了，骨头硬硬的，本来应当休息了，但天不许他休息，他仿佛便不能够同这一分生活离开。他从不思索自己职务对于本人的意义，只是静静的很忠实的在那里活下去"。② 谈到翠翠母亲的死亡，作者说："这些事从老船夫说来谁也无罪过，只应'天'去负责。"③ 从杨马兵口中得知天保在茨滩落水而死，杨马兵以为他预知天保命不永才不支持其求婚，他惨惨地说："我有什么卓见可说？这是天意！一切都有天意。"④ 顺顺也认为天保的死是天意："伯伯，一切是天，算了吧！"⑤ 这种认同天意的小说并非只有《边城》，其他作品里也有。如《泥涂》描绘都市贫民窟在天花流行、大水围破屋时遭遇附近工厂排水，导致室内积水、投诉无门的艰难生活。患病的四容要死了，这样安慰母亲："娘你急什么？我们的命在天上，不在自己手上。"七叔的疯瘫妻子，来到世间只是为了生孩子，"到了把第五个小孩，养到不必再吃奶时，妇人却似乎尽了那种天派给她做人的一分责任，没有什么理由再留到这个世界上，就在一场小小的热寒症上死掉了"。⑥ 张师爷忙于救火被砖头砸死，刘嬢说："天不应当——"祖贵说："天不应

---

① 沈从文：《边城》，《沈从文全集》第8卷，北岳文艺出版社2002年版，第68页。
② 沈从文：《边城》，《沈从文全集》第8卷，北岳文艺出版社2002年版，第63页。
③ 沈从文：《边城》，《沈从文全集》第8卷，北岳文艺出版社2002年版，第90页。
④ 沈从文：《边城》，《沈从文全集》第8卷，北岳文艺出版社2002年版，第129页。
⑤ 沈从文：《边城》，《沈从文全集》第8卷，北岳文艺出版社2002年版，第130页。
⑥ 沈从文：《泥涂》，《沈从文全集》第9卷，北岳文艺出版社2002年版，第115—116页。

当的多着咧。"① 赞成不赞成，皆认同天的意志，其中既有面对自然灾害的无奈，也有认同天命的麻木，更有人力退出后的释然。既然人的生活完全寄托于天，那么，在人和自然之间就完全可能获得同步或相似的命运。因此，老船夫死亡之夜，不仅暴雨从天而降，而且陪伴老人一生的白塔也轰然倒塌了。天人合一的意境中，作者对人、自然、生命、宇宙关系的思考结果也具象化地呈现在读者面前了。与自然融合，只是问题的一面。同时，当人的观念侧重与自然呼应时，其指归趋向于苍茫的宇宙，而非充盈着滚滚红尘的现世。这样，作家的视野就能够超越尘世而抵达更高境界，在那里，他能够看透尘世的悲欢离合，化解人间的喜怒哀乐，进而悟透自我与边城人一样均为时光流逝背景下的匆匆过客，只要拥有快乐的进程，结果如何并不是最重要的。因此，《边城》的结尾留下两个"也许"给翠翠的未来，使其爱情、人生等皆处于不确定状态。从宏观看，每个人的人生及其情感不都是处在不确定形态中吗？"不确定"意味着一切皆有可能，意味着人类生存的世界既有日趋堕落的弊端，亦有除旧布新的生机。正如有学者所言："我觉得沈从文的好处，便是他跳出了这个被规划、建立在人是一般主体的基础之上的'现代世界'，置身在广大的天地里面，从这个角度去看，不但现代图像化的世界的弊病他会看得很清楚，而且，这样一来，人在天地之间的悲哀和他所体现的天地的生机——那种永不止息的生气，他也会有相当的体会。"② 以此观照《边城》，则会发现其蕴含着超越具象的更具民族特色的哲思，具有更耐咀嚼的意蕴。

（六）《边城》的理想建构

沈从文多次走过桃源县，熟悉陶渊明所写《桃花源记》建构的乌

---

① 沈从文：《泥涂》，《沈从文全集》第9卷，北岳文艺出版社2002年版，第135页。
② 张新颖、刘志荣：《沈从文与20世纪中国》，《一江柔情流不尽》，安徽教育出版社2008年版，第15页。

托邦境界。他的散文三次写过桃源,《湘行书简》中有《在桃源》《重抵桃源》,皆为 1934 年 1 月返乡探母期间写给张兆和的书信,除简介见闻外无实质内容;值得关注的是收入《湘行散记》中的《桃源与沅州》一文,开篇就提到陶渊明的《桃花源记》,认为:"千余年来,读书人对于桃源的印象,既不怎么改变,所以每当国体衰弱发生变乱时,想做遗民的必多,这文章也就增加了许多人的幻想,增加了许多人的酒量。至于住在那儿的人呢,却无人自以为是遗民或神仙,也从不曾有人遇着遗民或神仙。"① 作者显然清楚桃花源的超现实性,不然他不会彻底解构陶渊明的桃花源。首先,桃花源里"桃花虽不怎么动人,竹林却很有意思";然后,告诉读者这里的特产是娼妓:"有些人年在五十以上,还不甘自弃,同孙女辈行来参加这种生活斗争,每日轮流接待水手同军营中火夫。也有年纪不过十三四岁,乳臭尚未脱尽,便在那儿服侍客人过夜的。""她们的技艺是烧烧鸦片烟,唱点流行小曲,若来客是粮子上跑四方的人物,还得唱唱军歌党歌,与电影明星的新歌,应酬应酬,增加兴趣。她们的收入有些一次可得洋钱二十三十,有些一整夜又只得三毛五毛。"② 如此卑微生活的人物,如此肮脏存在的空间,哪里还有陶渊明笔下的诗意与幻想?于是,在沈从文人生进入俗世高峰时执意要表现"一点纯粹的诗,与生活不相粘附的诗",③ 实际上就是要创造一个双重"桃花源"——一层属于自我,为自己建构一个脱离世间烦扰的理想境界;一层属于城里人,他要为那些熙熙攘攘奔波于名利场的城里人建构一个迥然不同的社会存在。

就其自我性而言,他想借此建构一个精神家园。"边城"是一个秩

---

① 沈从文:《桃源与沅州》,《沈从文全集》第 11 卷,北岳文艺出版社 2002 年版,第 233 页。
② 沈从文:《桃源与沅州》,《沈从文全集》第 11 卷,北岳文艺出版社 2002 年版,第 235 页。
③ 沈从文:《水云》,《沈从文全集》第 12 卷,北岳文艺出版社 2002 年版,第 110 页。

序井然、人与自然和谐、彼此尊重、轻松自适的社会存在,对于富有机心、尔虞我诈等人性负面内涵是反对的。我们曾经论述过,沈从文是一个孤独的漂泊者,在都市生活环境挤压下艰难从文,有着极为艰难的经历与刻骨铭心的记忆。因此,当他奋斗有果、获得了世俗的成功之时,没有得意忘形,而是产生了超越现实的更高追求。于是,《边城》里执政者注重治安,无变故发生,"一切莫不极有秩序,人民也莫不安分乐生";① 人与自然则和谐相处:"凡有桃花处必有人家,凡有人家处必可沽酒","黄泥的墙,乌黑的瓦,位置却永远那么妥贴,且与四周环境极其调和","自然的大胆处与精巧处,无一地无一时不使人神往倾心"。② 人与人相处,但求心安理得,且互相尊重。在这里,送钱给人会让人难受:"那个过渡人送钱气派,使老船夫受了点压迫,这撑船人就俨然生气似的,迫着那人把钱收回,使这人不得不把钱捏在手里。"③ 即便是交易,如买肉,卖肉的不愿意收钱,老船夫非给不可,否则宁可换一家;卖肉的明白其性情,总是选最好的肉,他却给予足够的钱。不占人便宜,既是边城人重义轻利的人性使然,也有保住自尊人格的习惯。若是婚姻大事,家长们更是尊重孩子的选择。老船夫面对提亲者,几次表示:"我得问问翠翠,看她自己主张怎么样。"④ 顺顺答复中寨王团总所派人是否同意其女儿的婚事时,也是先征求傩送的意见。对于戴着闪闪发光的银手镯的富家女,翠翠有些羡慕,却无所谓地唱着这首歌:"白鸡关出老虎咬人,不咬别人,团总的小姐派第一。……大姐戴副金簪子,二姐戴副银钏子,只有我三妹莫得什么戴,耳朵上长年戴条豆芽菜。"⑤ 民歌中蕴含着富贵易招致危险的内涵,凸显出不羡慕金银

---

① 沈从文:《边城》,《沈从文全集》第8卷,北岳文艺出版社2002年版,第73页。
② 沈从文:《边城》,《沈从文全集》第8卷,北岳文艺出版社2002年版,第67页。
③ 沈从文:《边城》,《沈从文全集》第8卷,北岳文艺出版社2002年版,第85页。
④ 沈从文:《边城》,《沈从文全集》第8卷,北岳文艺出版社2002年版,第111页。
⑤ 沈从文:《边城》,《沈从文全集》第8卷,北岳文艺出版社2002年版,第96页。

的意蕴。唯其如此,边城人才生活得相对轻松、安宁。你可以看到风和日丽的季节,镇日长闲的祖孙晒太阳、逗黄狗、吹竖笛、讲故事,也可以看到茶峒人赛龙舟、捉鸭子、饮美酒、打纸牌,慢节奏中透出对生活的享受。这些熟悉的画面,从生活在都市里的沈从文笔下绘出,不正表现出其内心深处对这种生活状态的向往吗?

对于城里人而言,《边城》勾勒了一个心向往之的世界。《边城》为谁而作?除了前述为自己建构一个"桃花源"外,其预置读者很明显:"我这本书只预备给一些'本身已离开了学校,或始终就无从接近学校,还认识些中国文字,置身于文学理论,文学批评,以及说谎造谣消息所达不到的那种职务上,在那个社会里生活,而且极关心全个民族在空间与时间下所有的好处与坏处'的人去看。他们真知道当前农村是什么,想知道过去农村有什么,他们也必愿意从这本书上同时还知道点世界一小角隅的农村和军人。"① 这段话不太惹人注意,却很重要。它表明沈从文的预置读者有三:其一是受过学校教育或基本识字的人,但不是从事文学创作或批评的专业人员;其二他们必须"极关心"民族的整体命运;其三是他们知道农村的现在、过去,且愿意知道农村的未来。如果概括起来,可以说《边城》除了自我需求,便是满足那些对民族命运关注、对农村历史和未来注目的读者。这些人在哪里呢?在湘西吗?沈从文《湘西散记》中曾为故乡人几千年不变的生存状态感慨不已,认为他们缺乏改变现实的愿望,麻木不仁,显然不认为他们可以自省。是那些世世代代生活中都市中的市民吗?《边城》创作的时代正是鸳鸯蝴蝶派在都市盛行时,理解鸳鸯蝴蝶派的关节点是:"江南文化的柔和、精致适宜于言情表达,当它于上海近代文化的商业性、消费性、现代性和市民的日常俗世意识一旦相遇时,便造

---

① 沈从文:《边城·题记》,《沈从文全集》第8卷,北岳文艺出版社2002年版,第58—59页。

就了鸳鸯蝴蝶派文学的品质。"① 这和沈从文依托的"小乡城文化"内蕴以及沈从文的文学主张显然相悖,喜欢看闲书的市民读者此时追捧的是张恨水、李涵秋、周瘦鹃、包天笑等人亦新亦旧的言情小说,《边城》并不符合其审美趣味。因此,我们可以说《边城》是写给从乡村来到都市、对乡村依然痴情并渴望留住乡村美好人性,借以寄托自我理想的读者的。

因为这样的预置读者,《边城》实际上是反都市文化的。它描写茶峒人为何能够和平、宁静的生活,是因为彼此相处顺应自然、没有机心。如13—15岁的少女是怎样养成的呢?——"翠翠在风日里长养着,故把皮肤变得黑黑的,触目为青山绿水,故眸子清明如水晶。自然既长养且教育她,为人天真活泼,处处俨然一只小兽物。人又那么乖,如山头黄麂一样,从不想到残忍事情,从不发愁,从不动气。平时在渡船上遇陌生人对她有所注意时,便把光光的眼睛瞅着那陌生人,作成随时皆可举步逃入深山的神气,但明白了面前的人无机心后,就又从从容容的在水边玩耍了。"② 在自然环境中生长,对人事平和以对,性情温和善良;她也警惕外人,随时准备逃走到自然的怀抱中;一旦发现外人无机心,便放松玩耍。而老船夫出于尊重翠翠意愿和担心其重蹈母亲覆辙的心理,对天保求婚的意见表达"弯弯曲曲"时,便被顺顺、傩送等人误以为有机心,因此被冷落。甚至一家人行事,也反对出尔反尔或过于乖巧。又到了端午节,祖孙俩三天前就约定去茶峒看热闹,但是孙女担心自己去了爷爷会孤独便反悔了,爷爷便笑着说:"翠翠,你这是为什么?说定了的又翻悔,同茶峒人平素品德不相称。我们应当说一是一,不许三心二意。"其实,祖父看到翠翠体谅自己是高兴的,"但人太乖

---

① 吴福辉:《中国现代文学发展史》(插图本),北京大学出版社2010年版,第69页。
② 沈从文:《边城》,《沈从文全集》第8卷,北岳文艺出版社2002年版,第64页。

巧，祖父有点愀然不乐了"。① 通过小乡城人性格中注重什么、反对什么的描绘，沈从文在彰显湘西人人性的优美与健康。在这部以小乡城为描写对象的小说里，他忍不住会直接将城乡对比，以表达对都市人人性的否定："这些人既重义轻利，又能守信自约，即便是娼妓，也常常较之知羞耻的城市中人还更可信任。"②

总体上比较城乡，将城里人的道德水平置于小乡城人之下，其文化选择的影响巨大。在描写到天保、傩送知道所爱的都是翠翠时，作者写道："有一点困难处，只是这两兄弟到了谁应取得这个女人作媳妇时，是不是也还得照茶峒人规矩，来一次流血的挣扎？""兄弟两人在这方面是不至于动刀的，但也不作兴有'情人奉让'，如大都市懦怯男子爱与仇对面时作出的可笑行为。"③ 在爱情抉择上，茶峒人崇尚力的展示，流血决斗，胜者娶女性；汉文化圈里的都市人，受儒家思想熏陶，讲究温良恭让，连情人也让，边城人蔑视之！同时，读者还应该看到，已经进入新文学圈内很久的沈从文，并没有推崇婚姻自由或男女平等意识，让三角关系中的女性决定嫁给谁，而是坚守边城人的文化习俗，让兄弟二人准备唱歌决胜负。可见，一旦选择了"小乡城文化"，其文化内蕴便近乎顽固地制约着作家的创作。

当然，无论哪个层面的"桃花源"，也只能成为沈从文寄托理想的诗意存在。不然，我们就无法理解一直萦绕其间的忧患意识了。《新题记》所言棉花坡的死亡意象、小说中不时写到的杜鹃哀鸣以及翠翠父母、老船夫、天保等人的相继离去，使《边城》笼罩着沉重的悲剧色彩。尤其是那个没有直接出场的翠翠母亲，一个美丽善良却命运不幸的女子，为了所爱的人而殉情，为了爱情的结晶而推迟殉情，在在打痛读

---

① 沈从文：《边城》，《沈从文全集》第8卷，北岳文艺出版社2002年版，第89页。
② 沈从文：《边城》，《沈从文全集》第8卷，北岳文艺出版社2002年版，第71页。
③ 沈从文：《边城》，《沈从文全集》第8卷，北岳文艺出版社2002年版，第115页。

者的心。除了开篇直接叙述她的恋爱悲剧,其余都是潜伏在老船夫的意识深处、作为翠翠命运的参照而存在的。当为天保提亲的人离去,爷爷问翠翠知道那人来干啥的吗,翠翠假装不知道,却脸红了。"祖父看看那种情景,明白翠翠的心事了,便把眼睛向远处望去,在空雾里望见了十六年前翠翠的母亲,……他同时想起那个可怜的母亲过去的事情,心中有了一点隐痛,却勉强笑着。"① 这是做祖父的为翠翠的婚姻前景担忧,接下来他忧虑的事情就更具体了——做媒的再来问消息,爷爷问翠翠不得结果,夜里便睡不着了,"其实他有点忧愁,因为他忽然觉得翠翠一切全像那个母亲,而且隐隐约约便感觉到这母女二人共通的命运"。② 不是老船夫先知,而是眼看着翠翠陷入了比她母亲更复杂的困境,所以老人才担忧。

此后,他有意识地给翠翠讲她母亲的事情,既说可怜母亲的乖巧,也说其刚强,让听故事的翠翠"间或吁一口气,似乎心中压了些分量沉重的东西,想挪移得远一点,才吁着这种气,可是却无从把那种东西挪开"。③ 担忧还在,分量却挪移到翠翠身上了。叙事至此,沈从文开始为悲剧高潮的到来做准备了。

以逝去的母亲作为参照系,映射翠翠命运的未来,使小说意蕴含蓄,余味悠长。可是因为这部小说蕴含有太多内蕴,而评论家和读者乐于欣赏其人情美、人性美,甚至环境的优美,反而忽略了美丽背后的隐忧。作品发表两年后,批评家李健吾对《边城》内蕴的评判才得到沈从文的认可:"不幸得很是直到二十四年,才有个刘西渭先生,能从《边城》和其他《三三》等等短篇中,看出诗的抒情与年青生活心受伤后的痛楚,交织在文字与形式里,如何见出画面并音乐效果。"唯其如

---

① 沈从文:《边城》,《沈从文全集》第 8 卷,北岳文艺出版社 2002 年版,第 111 页。
② 沈从文:《边城》,《沈从文全集》第 8 卷,北岳文艺出版社 2002 年版,第 114 页。
③ 沈从文:《边城》,《沈从文全集》第 8 卷,北岳文艺出版社 2002 年版,第 121 页。

此，才使得沈从文到1949年还难忘，并专门强调《边城》蕴含有复杂的情绪："过去的失业，生活中的压抑、痛苦，以及音乐和图画吸入生命总量，形成的素朴激情，旋律和节奏，都融汇而为一道长流，倾注入作品模式中，得到一回完全的铸造。"① 读者未能一下子品味得出的内涵，作家在小说中多次暗示。其中翠翠担心爷爷死亡直接、间接的描写就有四处——第一次是追忆两年前到茶峒看龙舟时，爷爷因为与代他看守渡口者喝酒多了而未能及时赶回来，天越来越黑，翠翠起了一个怕人的想法："假若爷爷死了？"久等不来，翠翠却听水手说，楼上妇人的爸爸是在棉花坡上被人砍了十七刀杀死的，那个古怪念头又起了："爷爷死了呢？"第三次是祖孙俩谈论选择傩送兄弟俩中的哪一个之后，想到茨滩的凶险，翠翠问爷爷的小船能到那里吗？并担心："你会不会被一个人抓到别处去？"② 紧接着就描写天保在茨滩溺水死亡，可见那个抓走人的存在既可能是拦路抢劫的土匪，也可能是凶险的河流，甚至是少年翠翠根本不理解的黑洞一般的客观事实。正是这种神秘的存在，形成了翠翠生存的巨大恐惧，所以在悲剧高潮即将到来之际，翠翠表示真害怕。随着白塔倒塌、爷爷去世，翠翠所害怕的内容具象化在读者面前，更可怕的是她不可知的未来，作家只能宽容地用两个"也许"表达，留给所有关心翠翠的读者以些许希望！

如果说年幼的翠翠恐惧未来是因为经历简单，涉世未深，那么，老船夫拂之不去的忧惧就更耐人寻味了。第七章叙述翠翠喜欢看新娘、听新嫁娘的故事、欢喜头戴野花后，老船夫想到了翠翠母亲的悲剧。虽然他以"天意"化解了沉郁，却"为翠翠担心"，一个人躺倒在岩石上

---

① 沈从文：《关于西南漆器及其他》，《沈从文全集》第27卷，北岳文艺出版社2002年版，第25、27页。

② 沈从文：《边城》，《沈从文全集》第8卷，北岳文艺出版社2002年版，第78、79、128页。

想，翠翠大了，"无论如何，得让翠翠有个着落"。① 第十三章叙述听到昨晚的歌声后，又听到杜鹃声声，翠翠哭了。老船夫回来后自言自语："翠翠，爷爷不在了，你将怎么样？"看翠翠没反应，又说道："我来慢了，你就哭，这还成吗？我死了呢？"② 联想到前面论述过的老船夫多次看到翠翠就联想到那个可怜的母亲，可以看出隐藏在老人内心深处的忧虑是何等深厚啊！正是经历过太多的世事变迁，观察过人世间男男女女的情感波折，对人生、命运有了透彻的认知，老船夫一方面能够顺从天意，对害怕的翠翠说："怕什么？一切要来的都得来，不必怕！"③ 另一方面，唯其洞彻未来，才更替翠翠担忧。从他看似豁达的话语中，读者细细体悟，不是也有许多无奈与感喟吗？

因此，沈从文写作《边城》，为自己，为冲进城里的读书人，建构了一个双重内蕴的"桃花源"，使其理想有所寄托，却无法消解自我与读者内心深处对未来的隐忧，只能以不确定的结局呈现自己对现实的认识，也给不满现实的读者以些许期待。这样，其《边城》就不仅仅是一曲歌颂湘西美好人性的牧歌，也是承载作家对人生、命运、社会、宇宙等复杂对象思想成果的文本。

历史学家这样概括史前人类："原始人对自己和社会基本上不是抱历史的、发展的态度。他们以为，将来会与现在相同，就像现在和过去一样。因而，在他们的头脑里没有变化的观念，也不存在如何批评或干预现有制度和习俗的想法。在他们看来，天地万物，包括他们自己、他们的文化和住处，都是早先创造出来的，而且肯定将一成不变地延续到将来。"④ 尽管边城人已非原始人，但是，在沈从文艺术化的"边城"

---

① 沈从文：《边城》，《沈从文全集》第8卷，北岳文艺出版社2002年版，第91页。
② 沈从文：《边城》，《沈从文全集》第8卷，北岳文艺出版社2002年版，第120页。
③ 沈从文：《边城》，《沈从文全集》第8卷，北岳文艺出版社2002年版，第145页。
④ ［美］斯塔夫里阿诺斯：《全球通史：从史前史到21世纪》（上），吴象婴等译，北京大学出版社2006年版，第11页。

中，人们的自我认知、人性内蕴、情感取向等仍保留有人类原始的特性；即便是作者，似乎也没有下决心勾画一幅新生活空间以移置边城人，反而在小说最后的两个"也许"中隐含着无法决断的困惑与无法割舍"边城"理想的痛楚。这些内涵，在在凸显出作家及其笔下的边城人在现代社会中的困境，也表现出沈从文文化选择对其文学创作的多重效应。

第三章　沈从文的小说创作

沈从文的小说创作时间主要是20世纪20—40年代，代表其创作高峰的小说多为30年代的成果。40年代在昆明，他进行了新的尝试，在艺术上有所突破，总体水平却下滑了。沈从文建构了独特的小说世界。他选择了"小乡城文化"，并以其内涵为基准确立价值立场，即无论表现什么题材，均以"小乡城文化"评判事物的性质，确定自己的好恶。只要写到湘西的小乡城如凤凰、芷江、王村、茶峒、常德、沅陵等，其作品就会出现满山竹林夹着清澈的河流，各种鸟儿鸣跳在山间树梢，三三两两的船儿顺流而下，水手们唱着自由的歌。沿河吊脚楼上，多情的妓女在相好外出期间守着那份思念，不交往其他男性，每当太阳西斜、水手将归时便打开楼上的窗子，倚窗而望，等着熟悉的歌声响起，期待着一场轰轰烈烈的情爱；船只靠岸，水手们各自带着鼓囊囊的钱包与下游买来的礼物，钻到相好妓女的房间、怀里，一酬几个月的辛苦和思念。他们走过的青石板巷道两旁，是并列的商铺，陈列各种土特产或外来物，却没有商家的吆喝竞卖。这时候最热闹的是嬉戏的娃子学着大人的模样决斗，或死缠烂打成一堆，赢了趾高气扬，输了擦干泪痕再战。偶尔有大人买酒归来，遇到街坊便让品尝，说酒不错，就再来一口，一条街走一半，壶里的酒可能就没有了；不用担心，在他回家之前总有人帮他再装满酒壶的。沈从文用散文的韵律，悠悠叙说着故乡人的故事，将小乡城的人性内蕴一一呈现出来。

当这支笔描摹都市人的生活画面时，便是另一种色调了。高楼叠压的街道旁，一个个疲惫的身影在晃荡，他们按照统一的节奏活着，只要不遇到战乱或天灾，眼前的画面永远是波澜不惊的。人们生活在"腐烂"的"泥涂"中，上班、下班有着固化的时间，应该具有个性的恋爱也是一个模式的，其生存状态的呆板，与小乡城人形成鲜明对比。进入婚姻以后呢，可以看到"绅士的太太"们，除了打牌、赌博以消磨时光，便是偷情，且为乱伦；或者像作者这样漂泊在城里的人，渴望异性与起码的生存条件，却被都市挤压得无处安身，躲在狭窄潮湿的一角喘息，溜进公园里看情侣们亲热，甚至偷听隔壁夫妻亲热来满足自己的想象。生的压抑、性的苦闷成为都市年轻人无法排遣的焦虑，欲以死解脱的念头时常纠缠着他们，使其欲生不能、欲死不得，心理的倾诉和生存状态的白描成为其小说的叙事特征。

当小乡城和大都市对应起来时，我们发现沈从文的小说世界竟然是异常丰富的文学存在。一方面，他描绘出乡村世界的美丽与安宁，情歌响处和以百鸟起舞，淳朴人性酝酿出乡野的温情，于是便有了"牧歌情调"；另一方面，他勾勒出现代都市人存在的困惑与迷茫，人欲漫溢之际透出灵魂深处的孤寂，彰显出都市生活的病态存在。二者融会，构成20世纪30年代中国社会变化的缩影，既表现出乡村世界在外来文明的冲击下一步步变异，也描绘出城市世界被现代文明诱惑、误导至人性异化、道德沦丧的境地。对如此存在的担忧形成其忧患意识，如他所言，湘西的美丽使他不安——"美丽总使人感到忧伤"；都市的堕落，同样让他担心，因此，他希望能够借湘西人人性中健康、自然、美丽的内蕴改变都市人的精神，使其重新振作起来。这使其小说创作无意间与新文学反思、改造国民性的主题相一致，一个从湘西闯进新文学殿堂的冒失小伙,蜕变成了新文学队伍中的一员。同时,其小说对宗教内蕴的表现,在现实世界之外,又建构起另一个世界——神的世界,那里蕴含着湘西原始宗教的信息、作家文化精神的渊源以及他对人神关系的认知。因此,沈从文的小说世界具有更加丰富的内涵。

一 孤苦灵魂的书写

沈从文的小说创作经历了自我摸索、多向学习到尝试建构个性特色的过程。创作初期,他主要以自身经历为主,表现传奇经历和生存状态的文本占据压倒性优势。他是带着故乡熏陶出的孤苦情绪开始小说创作的,其小说萦绕着拂不去的凄苦气息。黄永玉说:"想起从文表叔对故乡的眷恋;他的文字的组合;他安排的时空、节奏的起伏,距离;苦心的天才给读者带来的诗意……谁能怀疑他的文字不是爱抚出来的呢?"①的确如此。沈从文的小说创作,一开始就蕴含着自己的感受,凸显出孤寂无聊的"苦心"。其表现孤独灵魂的视角有二:一是通过追忆故乡生活、童年时代,在时空交织的泛黄色调中吐露孤独。《往事》《玫瑰和九妹》《占领》《怀化镇》《猎野猪的故事》《入伍后》《我的小学教育》《炉边》《记陆弢》等均如此。《往事》算不上标准的小说,描述其6岁时到贵州铜仁姨妈家的新奇经历,自动水车、散养的白鸭、四叔的辫子、浓郁的亲情等成为描写对象,凸显寄居北京时亲情的缺乏。他回忆在故乡家中和大哥、九妹栽种玫瑰的往事,兄弟合作、九妹撒娇、妈妈慈爱酝酿的温情,反衬出现实生活的凄冷(《玫瑰和九妹》);他描述自己的"小学教育",在故乡看傩偶戏,重点描绘看戏时小伙伴们的打仗游戏——"苗人们勇敢、好斗、朴质的行为,到近来乃形成了本地少年

---

① 黄永玉:《这些忧郁的碎屑》,卓雅:《黄永玉和他的湘西》,上海文艺出版社2004年版,第86页。

人一种普遍的德性。关于打架,少年人秉承了这种德性,每一天每一个晚间,除开落雨,每一条街上,都可以见到若干不上十二岁的小孩,徒手或执械,在街中心相殴相扑。"① 或者描绘好友陆弢的好水性以及两人一起坐在石嘴草坪上,看纤夫拉纤,看船来船往(《记陆弢》)。此时,距离1921年陆弢因打赌溺水已经五年多,可是小说中并没有写到他的死,可知叙事焦点为友情,而非生死。有时,看似无足轻重的事情,到了沈从文的回忆里,便有了别样的哀愁。《往昔之梦》叙述童年时与大哥偷出家中买来的雄鸡去斗鸡,偷鸡时的担心、兴奋,斗鸡场上的骄傲与回家时不愿抱鸡的窘态,活灵活现;小说结尾写到两人悄悄将鸡放入大门、返回中营衙门去看斗鸡,回家时看到妈妈已经把鸡杀掉。"心中的难受,是比为挨骂还过甚的。"② 显然,少年沈从文心中,是把那只鸡当作好伙伴的;鸡的被杀,在大人看来是应该的,却没有料到会在小孩心中激起怎样的悲哀。无论是叙述童年伙伴们的热闹嬉戏,还是保留陆弢的生动形象,以及雄鸡被杀引发的难受,皆蕴含着沈从文对故乡亲情的怀念和害怕失去友情的潜意识。

亲情、友情是沈从文追怀的对象,漂泊湘西军队的生涯也成为其小说的题材。描绘这段生活时,他不像写家庭、友情那么平静,而是融入自己的观察和思考,多了几分愤懑与理性。他记录14岁离家当兵的情景,叙述下河洗澡、捉蟋蟀游戏以及与莲姑青梅竹马的朦胧爱情,尤其是对母亲不得不送他到部队上去的无奈与悲伤之情,表现得非常细腻。③ 他笔下的战争,残酷无情:"在先前,因为地方分配的关系,相持过互用炮子轰吓追追的事,已有过许多次了。到双方的子弹消耗数,兵士的死亡数相等时,长官便自然而然又停下攻击令来。这不是故意拿

---

① 沈从文:《我的小学教育》,《沈从文全集》第1卷,北岳文艺出版社2002年版,第263页。
② 沈从文:《往昔之梦》,《沈从文全集》第2卷,北岳文艺出版社2002年版,第366页。
③ 沈从文:《卒伍》,《沈从文全集》第2卷,北岳文艺出版社2002年版。

人命来相赌吗?"没有人明白战争的意义,没有现代战争的规范,长官的随意判断成为士兵们生死的依据,难免让离开队伍多年的沈从文愤懑。这样的军队,一旦枪声停下来,官兵生活无聊:"他们在后防不当冲的地方驻扎,则每日陪到兵士下操场,晒太阳,跑圈子,是不可免的事。"① 队伍移防时,则纷乱无绪——传令兵气喘吁吁,副兵抱许多纸烟,师爷忙着向绅士们辞行,司务长忙于采购、后面跟一群扛物的伙夫,由于码头被封而挤在一起的乌篷船和懒散的士兵、来要账的小贩,还有来讨女儿风流账的若干人等。此外,他描述驻守怀化镇上的所见所闻,画出怀化镇打铁的场面和缠绵不断像爱哭女人眼泪一样的雨;(《怀化镇》) 也用自己的视角叙述了"入伍后"所看到的部队内情与湘西地方仇杀的故事。小说描写队伍利用勒索富户筹款:"这原故是这类人并不是山上的大王或喽啰。他们的罪过只是因为家中有了钱而且太多。你不好好的为他们安置到一个四围是木柱子的屋子里,要钱真不是一件容易事情呵!"② 有钱的财主被抓来,需要拿钱赎命,普通人被冤枉了,也要交钱。挥不去的无奈,厌恶的场景,因为追忆而渗入作家的情感,在在凸显叙事者现实生活中无所留恋的存在。

二是借别人的视角和客观场景表现自己的孤独。其小说《雨》以公寓接线生的视角透视生活场景——雨不停地下,"朝来不知疲倦的雨,只是落,只是落;把人人都落得有点疲劳而厌烦了"。这样的情绪中,电话铃不停地响,他就只能叫来叫去,所以会不耐烦地感慨:"又是咸先生!"③ 接电话者的快乐,他是享受不到的,隔着距离观察别人的幸福,自己收获的只有孤独。《夜渔》则通过茂林的视角表现儿童渴望与大人一起捕鱼的心理,小说重点表现的是五叔看到人家放鱼而后悔没有

---

① 沈从文:《占领》,《沈从文全集》第1卷,北岳文艺出版社2002年版,第98—99页。
② 沈从文:《入伍后》,《沈从文全集》第1卷,北岳文艺出版社2002年版,第247页。
③ 沈从文:《雨》,《沈从文全集》第1卷,北岳文艺出版社2002年版,第66页。

带鱼网，到溪里打鱼的场景是通过茂林的想象展现的。唯其如此，小说结尾写道："关于照鱼的事，五叔似乎并不以为有什么趣味，这很令不知事的茂儿觉得稀奇。"① 显然，大人的疏忽和习以为常，导致儿童的失望、迷惘与孤独。《代狗》是一篇表现苗家父子困窘生活的小说，10岁的代狗不愿意到山上偷砍树当柴，因为他的脚上次砍柴被牛茨扎伤还没有好，也怕凶神恶煞的老和尚捉住他示众，那样会被很多朝山的女性嘲笑。但是，父亲老欧逼他去，他便不得不去。尤其是父亲表示若是被捉，可以找人保他时，"代狗听到他老子的话，没有什么可藉词。他若是城里人读过书的小孩，那怕也会再想个方法同他爹来嚼，可惜没有读书的人就这样笨！"② 小说将城里人、读书人与代狗比较，凸显出沈从文进城后的主体意识，即意识到湘西人缺少知识带来的局限性。同时，"代狗"是苗人呼小孩的普通名字，并非老欧儿子的专用名，恰恰说明沈从文以他作为湘西小孩的代名词，通过其无奈的生存状态，既反映出苗人生存的艰难，也反映出苗族小孩的孤苦童年。

孤独、孤苦是沈从文早期小说的情绪基调，由人生遭遇生发的孤独悲凉感一直纠缠着他。1926年，表弟叔远死去3个月后，沈从文曾写了小说《黎明》叙述他们刚到部队的生活场景。小说写道，刚离家三天，叔远就想家了。我呢？因为一样的情感存在，两个人都不敢说话，怕一说话就忍不住要哭，故"我"只能看着叔远脸上大的眼泪缓缓流下，看着他凄然爬进船舱的背影，自己的眼泪也流下来了。没有复杂的情节，也没有直接喊出来，却把两个少年的孤寂描述得淋漓尽致。1927年，他写出《船上岸上》追忆在高村的生活，仍是怀念好友叔远。小说先描述当年同住酉西会馆时分吃烧饼作早餐、到京师图书馆看书的场景，后来，叔远熬不住走了，"我因无家可回不得不在北京耽下来"。

---

① 沈从文：《夜渔》，《沈从文全集》第1卷，北岳文艺出版社2002年版，第82页。
② 沈从文：《代狗》，《沈从文全集》第1卷，北岳文艺出版社2002年版，第85页。

"谁知无家可归者,倒并不饿死;回家的他真回到他的'老家'去了。"① 小说叙述他们上岸后买梨,卖梨的老人不但和善轻利,还特别像叔远的母亲。夜晚,两个孤独的年轻人谈起叔远家的白鹤、黑狗,草鞋打斑鸠……饭后再上岸,看到月光下老人还在卖梨。上船后,叔远拥着薄被哭了。小说通篇没有写自己哭,而且还装大人笑叔远不济。但是,"此时无声胜有声",同为少年离家者,我们分明听到了沈从文压抑在内心深处的痛哭声;何况,这哭声还糅进了怀念亡友的浓郁情感。值得注意的是,他开始对比城里人与乡下人人性的差异:"为什么乡下同城里凡事都得两样?为什么这妇人不想多得几个钱?城里所谓慈善人者,自己待遇与待人是——:城里的善人,有偷偷卖米照给外国人赚点钱,又有把救济穷民的棉衣卖钱作自己私有家业的。……这诚实,这城中人不屑要的东西。为什么独留在一个乡下穷妇人的心中盘踞?"② 似乎被乡下柔情缠住,他随后叙述乡村雪景、乡下亲情,在浓浓的亲情包围中比较了城乡差异:"到了这乡下以后,我把一个乡间的美整个的啃住,凡事都能使我在一种陌生情形下惊异,我且能够细细去体会这在我平素想不到的合我兴味的事事物物,从一种朴素的组织中我发现这朴素的美,我才觉得我是虽从乡下生长但已离开的时间太久,在我所有的乡下印象已早融化到那都市印象上面了。"③ 这一现象的出现,不仅意味着沈从文开始找到自己创作的突破口和表现重心,而且通过两个世界的对比,反衬出他为何在都市环境中感到孤独了。

当然,他并没有马上拓展城乡比较的思路,而是转移注意力到欲望压抑与存在困境方面。这是其灵魂孤苦的重要成因。有学者这样概括文学的功能:"一是见证人性的真实,二是见证人类生存处境的真实。这

---

① 沈从文:《船上岸上》,《沈从文全集》第 2 卷,北岳文艺出版社 2002 年版,第 6 页。
② 沈从文:《船上岸上》,《沈从文全集》第 2 卷,北岳文艺出版社 2002 年版,第 9—10 页。
③ 沈从文:《雪——在叔远的乡下,你同叔远同叔远母亲的一件故事。》,《沈从文全集》第 2 卷,北岳文艺出版社 2002 年版,第 18 页。

两点真实既是文学的基本内容,又是文学创作的出发点。"① 人的存在是个多重矛盾体,既有超验的灵魂和叠加的情感,亦有沉重的肉身和多向的欲望。当理性健全时,欲望像被控的野马,只能在掌控范围内冲突,虽然对外人和外部世界构不成伤害,却可能对掌控者带来内伤。如果他还有物质的重压和环境的挤迫,就将面临双重压力了。沈从文小说一个重要内蕴就是表现欲望与现实的冲突,凸显存在的困惑。他生于1902年,1925—1927年已经远远超越结婚生育的年龄,却没有正常的途径解决生理需求;主要原因是他没有固定的经济来源,连生存都成问题的人是没有资格成家的。

因此,性的压抑和生的困境成为其小说内容。小说《用 A 字记录下来的事》《乾生的爱》《看爱人去》《老实人》《一件心的罪孽》等均表现主人公对异性的向往、对情爱的追寻与对性爱的想象,凸显出沉重的欲望压抑感。《用 A 字记录下来的事》(1925)叙述在戏院里受辱的达利想象性地攻击嘘他的绅士、抚摸漂亮女性的过程,但最后他只能回到霉霉湿湿的房子里痛哭流涕。在想象与现实的巨大落差中,凸显达利欲望的压抑。《乾生的爱》《看爱人去》均发表于1927年,表现对女性的想象,前者描绘中学生对女人的幻想:"女人这东西,身上收拾得甜净,心里的灵巧比小白老鼠还有余,但生成只是让人来爱的。"② 后者叙述我(懋哥)应春甫之邀,去看小朱的情人,发现春甫也有爱人了,于是生发诸多感慨。既有对女人的认知:"并且我是一个快要三十岁的人,恋爱这类事,原只是那些二十来岁青年的权利,也不必去再生什么心,郁达夫式的悲哀,个人躲在屋内悲哀就有了,何必再来唉声叹气惊吵别的情侣?这世界女人原是于我没有分,能看看,也许已经算是幸福

---

① 刘再复:《两度人生——刘再复自述》,河南文艺出版社2016年版,第163页。
② 沈从文:《乾生的爱》,《沈从文全集》第1卷,北岳文艺出版社2002年版,第208页。

吧。""我每一次看到一个朋友的爱人,我就同时感到女人这东西又是怎样的平淡浅薄"。① 没有爱情导致自卑,进而形成酸葡萄心理,恰恰凸显出内心深处对爱情的渴望;同时,也表达出自卑与愤慨:"唉,年青的女人们! 从一些书本上,从一些电影上,你们就成熟得格外早,又学到了许多媚人的章法。……你们随意亲嘴吧。你们随意搂抱吧。你们用你们青年的权利,得嘲弄一个中年孤身人。"② 25 岁的青年沈从文,却拥有老人的口气,隐藏在自暴自弃背后的是其自卑、孤寂与愤慨。《老实人》叙述朋友自宽在北海公园遇到两个女青年,因为其手中拿着他的小说《山楂》而想与对方交谈,但是面对女性时又支支吾吾。几次反复后,被警察怀疑为骚扰者而抓进拘留所四天。文本一方面表现出文人的卑微生活,为别人提供消遣品还被称为"文丐":"呼市侩作恩人,喊假名文化运动的人作同志,不得已自己工作安置到一种职业中去,他方面便成了一类家中有着良好生活的人辱骂为文丐的凭证。"③ 另一方面,幻想能够利用小说捕获女性的心,满足对异性的渴望。"假若在这情形下,联想到他将来自己有一个妻也能如此的专心一志看他所作的小说,是算可以原谅的奢侈遐想! 假若就把这在现时低了头,诚心在读他小说的人,幻想作他将来的妻,或将来的友。也是事实所许可的!"④ 将青年人的欲望设想和作家的白日梦融合起来,既给作者这样的青年漂泊者以希望,亦透露出欲望实现的可能性更加渺茫。《一件心的罪孽》叙述"我"听说圣恩大学有美丽的校花,终于在公交车上见到一次,特别兴奋。小说一方面肯定女性的美,认为女性增加了世界的美丽,却又把女性作为审美对象,流露出对女性的歧视,恰恰说明此时的作者尚未建构成熟的女性观。"从女子身上,我们可以得一

---

① 沈从文:《看爱人去》,《沈从文全集》第 1 卷,北岳文艺出版社 2002 年版,第 218 页。
② 沈从文:《看爱人去》,《沈从文全集》第 1 卷,北岳文艺出版社 2002 年版,第 221 页。
③ 沈从文:《老实人》,《沈从文全集》第 2 卷,北岳文艺出版社 2002 年版,第 70 页。
④ 沈从文:《老实人》,《沈从文全集》第 2 卷,北岳文艺出版社 2002 年版,第 83 页。

种从月光下面得来的诗兴,这种美,毁灭多可惜!""看女人,在我是把来同看画看字看风景一般。"① 另一方面则是感慨卑微的生活,需要异性却没有异性看得起自己:"但一想到自己也是人,也并不算很年老,却连希望有个再平常一点的女子见爱也不敢,则同时又未免伤心了。"② 可以看出,欲望的压抑并非独立存在,它不仅带给作家卑微感,也一次次构筑幻象激发其想象力,在想象性满足之后再沉入严酷的现实之中。

现实如何?这是沈从文最不堪的人生经历,却被他自叙了出来。《棉鞋》《重君》《早餐》《我的邻》等即表现其存在困境。《棉鞋》叙事我有一双棉鞋,是村弟(黄村生)当掉一套秋季夹洋服为我买的。尽管我十分爱惜,还是帮底脱离,露出脚趾来。这使我走路发出奇怪的声音,图书管理员厌恶之,两个游客奇怪之,教育股长竟然用他的小打狗棒敲击之。我十分愤慨——"我就为我棉鞋伤起心来。……把你抛头露面,出非其时,让昨天女校门口那两个年青姑娘眼睛底褒贬,我心里就难受极了!昨日阆风亭上那女人,不是见到你就跑去!若不屑为伍的忙走开了?上司的打狗棒,若当作文明杖用,能代表他自己的文明就够了;若当作教鞭用,那么挨打的只是那些不安分于圈牢里的公母绵羊;若是防狗咬,也只能于啃他脚杆以后那匹狗得几下报酬……无论何种用法,你都不该受他那两三次无端敲击!"③ 小说以小见大,通过一双露脚的棉鞋如何屡受歧视,写出了主人所受的羞辱。这是其早年生活的写真,也是其存在困境的白描。如果说他小学没有毕业,陷入困境尚有原因,那么,大学毕业生如何呢?《重君》叙述重君大学毕业后找不到工作,在寓所听到隔壁情侣亲热而引发自己的幻想,最后回到现实中,只有清泪滴在棉被上。小说

---

① 沈从文:《一件心的罪孽》,《沈从文全集》第2卷,北岳文艺出版社2002年版,第101—102页。

② 沈从文:《一件心的罪孽》,《沈从文全集》第2卷,北岳文艺出版社2002年版,第106页。

③ 沈从文:《棉鞋》,《沈从文全集》第1卷,北岳文艺出版社2002年版,第397页。

写道:"毕业这两个字,在家庭看来,儿子有了升官发财的凭据了,是一个愉快的希望。他自己呢,毕业对他只是一种恐吓。他觉得毕业的后面,紧跟接着脚的就是生活。生活,谁不为生活吓得全身战栗呢?"①重君奢望有八十块钱可以救急,不能得;隔壁情人却对六十块钱一个颈上饰物表示不屑。更要命的是,同为年轻人,他们性爱的声音刺激着他,使他难以安眠,只能想象着那女子的胸脯,想象着自己在抱着她。在鲜明的对比中,写出了重君们的多重困境。

《早餐》描写一对爱好文学的年轻夫妻的困窘生活,不乏浪漫幻想,处处浸染悲哀。琪生无法挣到足够的钱养家,其太太便幻想在菜市场会有少奶奶的钱包滑落到自己眼前。言其幻想,一为起床后即如此设想,绝对痴想;二为富家少奶奶,谁用得着自己到菜市场买菜?同时,点明了其真实处境:"琪生几多事不做,却来作文章,想从文章上得到精神物质双重的利益,结果若不亏他身边有一个年青太太做伴来用爱情鼓励到琪生,两面的失败,便早将琪生压坏了。"②靠卖文为生却难以为生,既有胡也频、丁玲同居生活的影子,也是沈从文夫子自道。何况,跟他们相比,沈从文身边并没有"一个年青太太做伴",岂不更惨?!《我的邻》叙述"我"被邻居——喜欢打牌骂娘的富爷(丘八)、喜欢音乐的北京大学法科学生干扰,至凌晨4点方能入睡的困境。这是自传体小说,里面点明"这个朋友便是极会作诗的也颟君"。更说明其真实性。我的环境如何呢?"除了我逃出这公寓,每日我得给他们领导跋涉那各式各样的烦恼的山水。但我不能同一个浪子一样终日在灰尘烈日以及霍乱流行的大道上走,到图书馆去则藏书室关了门。还有我得活下来,得用我这败笔按着了纸写我所能写出的小说,写成拿到各处去,求讨少数的报酬,才不至于让我住房的东家撵我。……至少我应当每天

---

① 沈从文:《重君》,《沈从文全集》第1卷,北岳文艺出版社2002年版,第398页。
② 沈从文:《早餐》,《沈从文全集》第1卷,北岳文艺出版社2002年版,第196页。

匀出功夫来写一千字,到月底,才有人开出饭来给我吃,这种情形下,一百个字也无从写了。"① 牢骚归牢骚,还是逃不脱这种干扰,故小说结尾写道:"醒转来时第一是那法科学生的笛子使我一惊,第二是窗上太阳,第三是北房牌声。'日光下头无新事',我得重新担是我昨日所负荷的一切,到发洋财时搬家为止。"② 在这样的环境中,忍受着性的煎熬和生的挤压进行文学创作,便是作者生存状态的写真。

这种将生理欲望和存在困境融合描述的倾向,在《公寓中》《怯汉》《焕乎先生》等小说里更为集中。《公寓中》既描写时间的压迫感,看着小钢表,"我知道了,人与一切都是为这老物支使着!人与一切都是为这老厌物背起向无穷渺茫中长跑!"也表现青春期性压抑:"的确,两个眼睛都益发陷进去了,胡子是青了硬了,脸上哑白颜色正同死人一样,额角上新添了一道长而深的皱纹;但这都还不能说是病,不过人老一点罢了!"原因何在?"性的不道德——手淫!"何以消解?"马路上去看女人!"③ 或梦中把仅有的四块钱二十九个铜子,花费三块钱去吻一下"那个小小身段穿红衣的姑娘"。④ 同时,还描绘生存的压力。"衣袋中铜元已到不能再因相撞而发响的数目了",只能设想向陈先生或郁先生求救。⑤ 沈从文此时的小说多写实成分,准备向郁先生求救,实指曾经帮助过他的郁达夫。而创作风格方面,也有明显学习自叙传的作品。《怯汉》表现对异性的渴望与变态的心理。无聊之极时,到大街上追随女性。"我疑心这中间女人就未必没有这样无聊无赖的一人,我疑心有人在对我注意,我疑心我近来各方面全进步了许多;不然我怎么在这大街上像一个有精神病的人无所谓的来回尽走?""我除了装作无心

---

① 沈从文:《我的邻》,《沈从文全集》第 2 卷,北岳文艺出版社 2002 年版,第 37 页。
② 沈从文:《我的邻》,《沈从文全集》第 2 卷,北岳文艺出版社 2002 年版,第 41 页。
③ 沈从文:《公寓中》,《沈从文全集》第 1 卷,北岳文艺出版社 2002 年版,第 351—353 页。
④ 沈从文:《公寓中》,《沈从文全集》第 1 卷,北岳文艺出版社 2002 年版,第 357 页。
⑤ 沈从文:《公寓中》,《沈从文全集》第 1 卷,北岳文艺出版社 2002 年版,第 355 页。

无意的把脚步加快减慢，走在这些身上擦得极香的女人背后，来嗅嗅这汗与脂粉香水混合发挥的女人气味外，我能怎么样？"近乎变态的行为背后，是其既没有经济实力也没有吸引女性的外貌："这三十来岁没有能力没有钱财没有相貌的我呀！"①《焕乎先生》与《或人的太太》《篁君日记》等，依然叙述青春期两重苦闷——生与性的苦闷，同时描绘情感与责任的冲突。或描绘生存状态："他是在北京城所谓许多年青穷人中把作小说来抵抗生活的年青人之一，这个生活方法，那以前四年五年在中国南部一个小县分上的可怜事业，倒帮助了他的许多好处：一面供给了他人生的经验，一些希奇古怪的材料；那另一面又助成了他长呆在一张桌子面前人不吃亏的本领。"②或倾诉性的苦闷："但钱一用完，自己就看出自己可怜起来了。钱一用完则感觉到金钱与女人两者的压迫，心是当真为了一种连自己也说不明白的恋爱希望蚀空了。低头到桌边，就是把日间电影场的咖啡馆的大路上的车上的各样年青女人的印象联在一起，或者一个一个在印象上跑过，自己就为这恼着。似乎这一群女人中不拘谁一个都给他一点想望的心情，似乎一些小小的嫩白的脸，或者一只手，就都可以要这个人的多量的痛苦。"③有时，甚至达到变态程度："单单只是一双袜子，也便知道美的全体的陈列到眼前，焕乎先生是太善于联想了。"④《或人的太太》叙述一对夫妻，妻子爱上他人，丈夫知道后两个月不回家。看到妻子郁闷，遂陪同妻子逛公园；彼此吐露实情后，妻子被谅解。小说描述妻子与他人亲热时常常想起丈夫，回家后希望补偿。对两性间复杂性爱关系的描写，实为作者自我想象的画面。《篁君日记》以二表哥日记副本的形式叙述曾先生与三个女性的情

---

① 沈从文：《怯汉》，《沈从文全集》第 2 卷，北岳文艺出版社 2002 年版，第 198 页。
② 沈从文：《焕乎先生》，《沈从文全集》第 2 卷，北岳文艺出版社 2002 年版，第 162 页。
③ 沈从文：《焕乎先生》，《沈从文全集》第 2 卷，北岳文艺出版社 2002 年版，第 165—166 页。
④ 沈从文：《焕乎先生》，《沈从文全集》第 2 卷，北岳文艺出版社 2002 年版，第 185 页。

感故事——跟菊子表妹亲吻、上床,跟姨奶亲吻、上床,跟匀姑亲吻。而菊子同时与七弟恋爱,匀姑与子明恋爱,子明则在追求姨奶。小说写发薪后,他忙着请相好的女人吃饭,或准备买香水,却没有想到寄回去养家;家中要靠岳父寄钱维生。小说表现责任与情欲的冲突,"自序"云:"这短文,作为在妻面前的一点忏悔。""人民还未死尽房屋还未烧完的河南,兵的争夺与匪的骚扰自然也还不是应当止息的时期,这时的妻还正不知到何方,想起多病的妻引着三岁的儿子逃亡的情形,就恨不得跪在妻面前痛哭一场了。"① 主人公有对生命存在的自觉意识,却放弃了对自我欲望的尊重与对家庭的责任。他并非坦然面对,所以第一次同姨奶亲吻后,他反思:"我做的事算是罪过吗?我年青,她也年青,一同来亲嘴,庆祝我们生命的存在,互相来恋爱,谁能干涉?"② 他曾觉得愧对妻子,却不愿放弃眼下的风流:"这时的妻不知如何在受苦,我却来到这里同一个妇人胡闹。"③ 有时候,他自怨自艾:"我就不能做一点别的事情么?我要陷到这情形中有多长日子呢?我当真要来讨一个姨太太了么?"④ 事情过后,对妻子却有复杂的感情:"一面在妻的相前负疚内愧,一面我却把妻当成其所以使我在妻前忏悔的罪孽原由的那人。"⑤ 如此繁复委婉的心理刻画,对于尚未进入婚姻生活、对两性情爱也未涉足的沈从文而言,的确难得。既然故乡那么温情,既然欲望如此压抑,何以存在?生存环境促使沈从文以小说的形式表现对存在的思辨。

---

① 沈从文:《篁君日记》,《沈从文全集》第 2 卷,北岳文艺出版社 2002 年版,第 246 页。
② 沈从文:《篁君日记》,《沈从文全集》第 2 卷,北岳文艺出版社 2002 年版,第 263—264 页。
③ 沈从文:《篁君日记》,《沈从文全集》第 2 卷,北岳文艺出版社 2002 年版,第 270—271 页。
④ 沈从文:《篁君日记》,《沈从文全集》第 2 卷,北岳文艺出版社 2002 年版,第 282 页。
⑤ 沈从文:《篁君日记》,《沈从文全集》第 2 卷,北岳文艺出版社 2002 年版,第 285 页。

二 对存在的思辨

理论上讲，所有文学创作均可视为对人类存在的表现。小说作为叙事体裁，以其承载信息量大、表现维度多的特点，对人类存在的多向性描绘更加充分。沈从文的小说创作，一方面凸显现实存在与自我欲望，另一方面关注自然存在与同行特质，从而使其文本既刻画出自然、社会等客观对象，亦展现欲望、文坛等复杂存在，成为多层内蕴聚集的复合体。

《阿丽思中国游记》借鉴19世纪英国作家卡罗尔《阿丽思漫游奇境记》的技法和风格，让书中12岁的英国小姐阿丽思和45岁的兔子绅士傩喜，不远万里来到中国，漫游这块古老而又神秘国土的奇境。小说开篇即通过傩喜与哈卜君的对话表现其对中国茶、饭菜乃至所用筷子的不适应，凸显出外国人眼中异质文化存在。他到中国后第一次出行就遇到拦路求死的人："劳您驾杀了我吧，……我看您先生必定可以作这事，所以我在此抢您。"① 交谈起来，才知道此人多次求职不得、饿得连自杀的力气都没有了，却按照报纸上文章所教方法求死。找到那篇《给这个一切穷朋友一个方便的解决办法之商榷》，文章认为："中国全盘的文化，便是穷人在这世界上活着而维持下的。""为了文化的保留：留一些旧的穷人，造一些新的穷人，这工作是由遗老与军阀两种人分担。"② 并设计三种死法，第三种是设法让外国人杀死自己。在一个连养的狗都不需要为吃操心的外国人看来，因挨饿而求人杀死自己的现实显然是怪诞的存在。现实存在的背后，隐藏着当时中国由于战乱、灾荒、失业和外国入侵而导致饿殍遍地的惨状。

---

① 沈从文：《阿丽思中国游记》，《沈从文全集》第3卷，北岳文艺出版社2002年版，第64页。
② 沈从文：《阿丽思中国游记》，《沈从文全集》第3卷，北岳文艺出版社2002年版，第68页。

小说中那个住在善钟里写文章的人就是作者,他"是一个正式入伍当过本地常备兵四年的退伍兵士","这个人是有了二十五六岁年龄,还不曾有妻"。接下来叙述他拿 31 块钱、放弃 6 年多的行伍生涯,"朦朦瞳瞳的跑到充满了学问与势利的北京城,用着花子的精神,混过了每一个过去的日子,四年中终于从文学上找到了生活目标"。小说描述艰难的自我存在:"他决心把自己一只右手为工具,希望使三个人好好活下来。一个是去日苦短的妈妈,一个是来日方长的小妹,为了这两人的幸福,他不问能力怎样,且决心在比较不容易支持的北京住下了。""他自己,是因了一种心脏上病鼻子常常流血,常常有在某一不可知的情形下,便会忽然死去的阴影遮到心上,故更觉得把所有未尽的心力,用在幼妹未来生活上幸福储蓄为必要的一件事。他预许了这幼妹以将来读书的一切费用,且自己也就常常为幼妹能到法国去将法文学成,至于能译其二哥小说为极佳的法文—希望乐观而忘了眼前生活的可怜,与无女人爱恋的苦恼了。"① 责任与理想交织一起,笼罩着病弱的他,使其难以为生,所以便想到死——自杀。自杀虽然容易,他却不愿意随便采用,"他给一个朋友的信说,'因为我不能凭空使我书中人物有血有泪,所以结果是多与时代精神不相合,销路也就坏得很,市侩们愿意利用这个精神上拉车的马也不能够把生意谈好,真窘人呢。为了家人的幸福,是不是应勉强来适合这现代血泪主义?仍然不能够。不能迎合这一股狂风,去作所不能作的事,于是只好把金钱女人欲望放下,来努着力作举世所不注意的文章了'"。② 一方面描写他人存在之艰难,另一方面展现自我存在的窘迫,显然与此前对自我存在的单方面表现不同。外查内省的双重视角,必然带给沈从文对社会存在的多维观察与多元反思。因

---

① 沈从文:《阿丽思中国游记》,《沈从文全集》第 3 卷,北岳文艺出版社 2002 年版,第 180—181 页。
② 沈从文:《阿丽思中国游记》,《沈从文全集》第 3 卷,北岳文艺出版社 2002 年版,第 182 页。

此，其对现代中国人存在状态的描写虽拒绝血和泪，依然具有打动读者的丰厚内蕴。

沈从文对自我存在的思考表现于诸多小说里，如《善钟里的生活》《旧梦》《一个天才的通信》《落伍》《楼居》《知己朋友》《燥》《中年》《看虹录》《摘星录》等。《善钟里的生活》未发表过，通过三天生活表现其困窘的生存状态："第一件衣刚缝好，工钱不曾送，就给六弟穿去了，为了免除到了别人家中怕我扒东西起见，所以缝第二件衣。"但是，裁缝来送衣服时，却没有钱付工钱。拿出一件新衣服让裁缝当四块钱，工钱三块，"我留下一块新中国的国币，留到晚，这一块钱又把来换了一罐牛肉同一些铜子了"。"晚上也平夫妇就在此吃晚饭，菜是那一罐牛肉，若不是他们来此，大致这一块钱还可以留到明天。"① 这是作者上海生活的实录，"也平夫妇"即胡也频、丁玲夫妇，那时候常到他家蹭饭。《旧梦》叙述"我"在北京卖文为生、异常艰难，应大哥邀请到关外准备做某旅长的秘书；到达后，大哥深知其生理压抑，大哥的朋友周先生故意让其太太亲近之。"我"一方面为有女性垂怜而兴奋，一方面为大哥周围朋友的困扰而沮丧，最终决定离开那里，回到北京。小说描述在北京生存的困窘："先是在北京很穷，无办法。欠公寓账欠到五十多块。"因为生存艰难，作家常常流泪："我哭了。弱的心，不能大叫，也不能大喊，但容易流泪，我是并不隐瞒我这弱点于人前的。"②《一个天才的通信》是反映作者带着母亲、妹妹在上海的艰难生活，此时大哥也来了，所有的重压聚集到沈从文一个人身上。家中患病的人需要治疗，"家中人的疾病何尝不是应当请一个医生来看看的事？我这时向谁去说这是'应当？'没有文章寄去，谁能有这种胆量先尽我拿三十五十稿费没有？我可以凭信用或其他

---

① 沈从文：《善钟里的生活》，《沈从文全集》第3卷，北岳文艺出版社2002年版，第439、441页。

② 沈从文：《旧梦》，《沈从文全集》第6卷，北岳文艺出版社2002年版，第4、115页。

向谁告贷一个钱没有？若有三百块钱就可以把我的一家从苦楚中救出，我从什么地方可以凭空写出三十万字文章？"① 作者已经山穷水尽了，昨天的米和做饭的炭是借钱买的，今天妈妈把自己的首饰和妹妹的戒指当了十块钱，这种描写将一个未成名作家生存之卑微就凸显出来了。《落伍》叙述落魄上海的"我"跟留在故乡的士兵比，已经"落伍"——他们或为团长，或作军需官，大多花钱如流水，我却需要靠他们资助才能生存！充满自嘲的口吻，表现出那个时代作家的生存状态："已经过了一个年了，我生活仍然还是过着为那长沙籍的军需大人惊讶的生活，衣服还是一样邋遢，人还是一样萎靡不振，在上海作奉命执笔三块钱一千字的文章，人不舒服时就流一点鼻血"。②《楼居》叙述"我"在上海的楼居生活——每日为费用发愁，妈妈的肺病亟须治疗，哥哥也病倒了，妹妹还小，自己拖着病体写小说。根据文本所述，那是他写《菜园》时，其小说创作已经接近成熟，却面临着令其恐惧的处境："我怕想到日子这一类事。然而不单是日子，一切事总仍占据我心上，每天醒来我总觉得心上忽然就加上了一些重量。"看看卧病的大哥，"那么瘦，那么憔悴，看了一会这人的睡的姿式，我忽然感到一种空虚，好像是眼前人已经不会再活。我的生存是极可怕的孤单了"。③ 一个人写作，支撑着四口之家，其中两人有病，这是超越一般人承受能力的重负，难怪沈从文感到孤单、害怕。

如果说那些小说是反映经济压迫导致的生存恐惧，那么，对爱情的渴望、追求也是沈从文小说创作的重要内蕴。《知己朋友》叙述"我"在杭州一个旅馆里准备自杀，偶遇当年在北京沙滩结识的老朋友带着新婚妻子也住在该旅馆。小说描述其写作状态："大约一礼拜我可写作五天，字数一共在四万三万之间，看起来也容易得很，并不大吃力。"

---

① 沈从文：《一个天才的通信》，《沈从文全集》第 4 卷，北岳文艺出版社 2002 年版，第 333 页。
② 沈从文：《落伍》，《沈从文文集》第 6 卷，北岳文艺出版社 2002 年版，第 386 页。
③ 沈从文：《楼居》，《沈从文全集》第 6 卷，北岳文艺出版社 2002 年版，第 327、389 页。

"我的作品是为一个仇敌而写的,永远为了仇敌动笔,仇敌是什么?就是'生活'。"① 感觉尚好的生活,为何引发其仇视?此处的"生活",特指他对张兆和求之不得的尴尬生活。《燥》叙述懋力乘车30个小时去求爱,以其自身经历为原型,所表现爱而不得的沮丧更为真实:"不,我还是死了好一点。我的一切品德,一切荣誉,一切地位,都不是我注意的东西。我如今在爱情上是赌输了的一个人。我不能得到我所要的,我就一切完事了。"②《中年》叙述朋友为我安排北京西郊一处僻静地方写作,却见到很多谈情的男女,引发我诸多联想和偷窥的念头。小说先概括自己的存在状态:"这世界有一些人在'生活'里'存在',有一些人又在'想象'里'生活'。我自然应属于后面的一种人。"生活在想象中,难免对身边所见展开想象,于是约会中的情人生活便是这样:"这两人之间,一定发生了一种沉默的战争,譬如一只手想悄悄的搂着一样东西,那另外一只手便抗拒着,一个头想渐渐的并拢到那一个头,头也可以扭着偏着。或者这战争不是一只手的事,各人将使用两只手,各人皆脸儿发烧心儿急跳。"③ 对未知感情生活的想象与思考,使其关注两性情感的矛盾状态,于是有《摘星录》《看虹录》的创作。

《摘星录》集中展示两性情感生活的矛盾和独特的情爱观。小说描绘陷入情感旋涡的女性的迷惘:"好像有两种力量正在生命中发生争持,'过去'或'当前','古典'和'现代','自然'与'活人',正在她情感上互相对峙。她处身其间,做人不知如何是好。"④ 小说写女性的矛盾,实则凸显出的是作家的矛盾。此时,他陷入了与高青子的婚外情,难以自拔,因此借小说表达情感存在的恐惧与困惑:"一切'事

---

① 沈从文:《知己朋友》,《沈从文全集》第6卷,北岳文艺出版社2002年版,第403页。
② 沈从文:《燥》,《沈从文全集》第6卷,北岳文艺出版社2002年版,第432页。
③ 沈从文:《中年》,《沈从文全集》第7卷,北岳文艺出版社2002年版,第9、11—12页。
④ 沈从文:《摘星录》,《沈从文全集》第10卷,北岳文艺出版社2002年版,第345页。

实'都与'理想'有冲突,她有点恐惧。……最大弱点还是作好人的愿望,又恰与那点美丽自觉需要人赞赏崇拜情绪相混合,因此在这方面特别增加了情感上的被动性。"当这种情感长久纠缠当事人时,她会感到人生的艰难,发出厌世的感慨:"我为什么不自杀?""我能忘了一切多好!"① 作者反思造成这种困境的原因,认识到战争对于个人情感与命运的影响:"战争改变一切,世界秩序在顽固的心与坚硬的钢铁摧毁变动中,个人当然也要受它的影响。……许多事她事先都料想不到,要来的还是会来,这些事凑合到她生活上时,便成为她新的命运。"② 战争改变了人与人的关系,使原本不相交的人生线路交织到一起,命运中偶然性因素凑成了情感的机缘,使当事人想逃都逃不开,"一切都是不凑巧!"基于人生中所遇情感复杂性的思考,沈从文建构独特的情爱观:"'爱',同样一个字眼儿,男女各有诠释,且感觉男子对于这个名词,都不免包含了一些可怕的自私观念。""什么是'爱'?事情想来不免重新又觉得令人迷糊。"③ 爱情,两性各有理解,且男性较自私;似乎人人明白的爱情,实际上常常使人陷入糊涂状态。因此,难免在糊里糊涂中干些傻事,《看虹录》就叙述了作家的一次情感经历,以对话体追忆访问一位女士时,与主人的情感纠葛。小说侧重表现的是异性的身体美:"葡萄园的果子成熟时,饱满而壮实,正象征生命待赠与,待扩张。不采摘它也会慢慢枯萎。我喜欢精美的瓷器,温润而莹洁。我昨天所见到的,实强过我二十年来所见名瓷万千。我喜欢那幅元人素景,小阜平冈间有秀草丛生,作三角形,整齐而细柔,萦回迂徐,如云如丝,为我一生所仅见风景幽秀地方。我乐意终此一生,在这个处所隐居。"④ 唯美的文字描绘女性身体的

---

① 沈从文:《摘星录》,《沈从文全集》第10卷,北岳文艺出版社2002年版,第350—351页。
② 沈从文:《摘星录》,《沈从文全集》第10卷,北岳文艺出版社2002年版,第349页。
③ 沈从文:《摘星录》,《沈从文全集》第10卷,北岳文艺出版社2002年版,第348、359页。
④ 沈从文:《看虹录》,《沈从文全集》第10卷,北岳文艺出版社2002年版,第338页。

妙处，隐约间透出以身体的美遮蔽情感不合道德处的愿望。

对自我存在状态的反思，显然不是局限于生死层面的，而是最终超越生死、透析欲望的，这使其创作深化；对他人存在状态的描摹，则建构起参照系，有利于对人的存在的考察。如《第一次作男人的那个人》《旅店》《采蕨》《夜》《自杀的故事》《绅士的太太》《虎雏》《医生》《都市一妇人》《三个女性》《新与旧》《生存》《会明》《泥涂》《腐烂》等，均通过描写不同职业人士的存在，凸显作家对人生、生命等问题的思考。《第一次作男人的那个人》叙述男性第一次招妓女的经历，表现出清晰的否定两性的特点。对妓女是既肯定又否定："无论如何一个这样女人是比之于卖身于唯一男子的女人是伟大的。""用贞节，或智慧，保护了自己地位，女人仍不免是为男人所有的东西。"① 对男性则贬抑为主："他来细想。想到自己，是很可怜的无用的人，还时时担心到饿死，这岂能是得一个女人作伴的生活。"②《采蕨》叙述五明与阿黑在山坡上做爱的故事，尤其是小情人之间的对话，直接表露出对欲望的渴求："你们女子都是好的！我见到过巴古大姐同肖金做的事。我也要……""你嘴要放干净点。""他们做得我们也做得。"③《旅店》叙述27岁的旅店老板黑猫欲望压抑与满足的故事。她被大鼻子客人吸引，趁担水之际到山上发生关系，次日告别，一个月后得知大鼻子得急症死亡；十个月后生了小黑猫，并嫁给驼子。小说重点表现欲望存在的合理性："一种突起的不端方的欲望，在心上长大，黑猫开始来在这四个客人上面思索那可以光身的人了。她要得是一种力，一种圆满健全的、而带有顽固的攻击，一种蠢的变动，一种暴风暴雨后的休息。"④ 并对承

---

① 沈从文：《第一次作男人的那个人》，《沈从文全集》第3卷，北岳文艺出版社2002年版，第283—284页。
② 沈从文：《第一次作男人的那个人》，《沈从文全集》第3卷，北岳文艺出版社2002年版，第291页。
③ 沈从文：《采蕨》，《沈从文全集》第4卷，北岳文艺出版社2002年版，第257页。
④ 沈从文：《旅店》，《沈从文全集》第4卷，北岳文艺出版社2002年版，第177页。

载欲望的器官——大鼻子进行多次描写:"她估量这客人的那一对强健臂膊,她估他的肩、腰以及大腿,最后又望到这客人的那个鼻子,这鼻子又长又大。""黑猫望到这大鼻子客人,真有一口咬下这大鼻头的潜意识在,所以自己用手揣到自己的奶,把身子摇摆,想同客人说两句话。"客人出门了,"黑猫本应在这时来整理棉被,但她只伏在床上去嗅,像一个装醉的人作的事"。大鼻子客人,"他在一种方便中,为众人所忽略时,摸了一下黑猫的腰,黑猫不作声,只用目瞅着这人的鼻子,好像这鼻子是能作怪的一种东西"。① 与人的欲望有关的故事使沈从文着迷,他不厌其烦地对其进行细腻描写。但是,沈从文并非肯定所有人的欲望。他赞美正当的欲望,让其有灿烂的光彩、自然的节奏,却批判邪恶的乱伦。如《绅士的太太》借绅士太太的视角,描写另一个绅士家的丑闻——美国留学归来的大公子与姨太太 C 勾搭成奸;这位太太借机获得物质上的收获,并与公子偷情,一年后生下了第五个儿子。违反伦理的欲望发泄,是人类欲望的另类存在。当沈从文以城市家庭表现它时,文本反映的现象为特殊的社会存在,具备了彰显社会规制与人性特质的多重内蕴。

但是,毕竟欲望只是人的存在状态的一部分,再美好的情感也越不过死亡的坎儿,因此,《医生》叙述 R 市医生被人绑架,要为其死去的情人治疗 7 天,最后被一个乡下人送回的故事。这个青年将情人从坟墓里挖出来,背到偏僻山洞里;再绑架医生 7 天,苦等她醒来。痴迷的情感驱逐了理性,他不再按照常人的思维行事;他认为爱情可以超越生死,只要自己顽强施救就可以挽回。另一部小说《三个男人和一个女人》,叙述我、号兵和豆腐店老板同时爱上商会会长的女儿,女孩吞金而死;豆腐店老板扒出她,到山洞里陪睡三天。为何如此?"因为听到人说吞金死去了的人,如是不过七天,只要得到男子的偎抱,便可以重

---

① 沈从文:《旅店》,《沈从文全集》第 4 卷,北岳文艺出版社 2002 年版,第 179—180 页。

新复活。"① 无论动机如何，他们皆相信爱的力量是可以起死回生的！实际上，人生世间须面对生死、信仰等更重要的问题；这是沈从文从军期间一直思考、困惑的焦点。同伴的突然被枪杀、山民的无辜被砍头、好友陆弢的溺水而亡等，均使其思考生死转换等人本命题，其创作自然也关注这些内涵。《夜》和《自杀的故事》均未发表过，前者在表现军队"看杀人"和"杀人"等无聊生活的同时，侧重表现所遇老人对生死的豁达。妻子死了，老人却陪同客人一晚，天亮后，老人才说："我要到后面去挖一个坑，既然是不高兴再到这世界上多吃一粒饭做一件事，我还得挖一个长坑，使她安安静静的睡到地下等我。"面对生死的淡定，让过路者十分意外："我惊讶得说话不得，想到老年人昨天的神气，以及把门倒锁的种种类乎悭吝的行为，这时才明白这一家发生了这样大事，老年人却一点不声张的陪我们谈了一夜闲话，为了老年人的冷静我有点害怕了。"② 后者通过达芝先生追叙1928年追求美女不得，写信亦得不到回复，遂发出誓言："若不好好答复我，我将自杀了。"但是，到江边看到一个男子自杀，并征询美女看法时，她说："达芝先生，这人真很奇怪，就是这样子也会死！"听到这话，我明白了——"为女人死真好笑，我此后只有好好的活下权利可得，女人这东西，因为全是那么稳重又全是那么懂事，只应当安置到心上一小角落了。我且怕到一个人死后在水中捞起搁到岸旁，给五百年青人在那种天朗气清的清早欣赏的事，虽常常觉得为虚荣的原因，一死就使人感到伟大，但我宁愿平凡一点活到世界上了。"③ 与老人历经劫难看淡生死不同，"我"是通过观察为情而死者成为他人眼中的怪物、被人围观等现象，而悟到不能这样死的。

看透生死不容易，明白不能被人视为娱乐对象而死，就应该活得丰

---

① 沈从文：《三个男人和一个女人》，《沈从文全集》第8卷，北岳文艺出版社2002年版，第33页。
② 沈从文：《夜》，《沈从文全集》第5卷，北岳文艺出版社2002年版，第172页。
③ 沈从文：《自杀的故事》，《沈从文全集》第5卷，北岳文艺出版社2002年版，第182页。

富,活得有信仰才行。《都市一妇人》叙述一位少妇的情感故事。少妇本为小家碧玉,后来被外交家收为养女。她先与一位外交部年轻的科长结婚,后来科长负债累累,遂撇下妻子出走;20岁的她与养父联系,回到北京,不久成为养父朋友的情人,此人为了往上爬,与军阀姨妹订婚,成为总长,她成为姨太太。曹锟贿选案发,丈夫逃到上海,续娶妓女为姨太太;她与其交好,两人各得一笔款,独立成为妓女。年老色衰,到武汉发展,因为一位大傻子和一位军人在她住处发生血案,被主持审判的老将军别室藏娇;将军死去,她与年轻军官郑先生同居。不久,军官的眼睛被人毒瞎;并在坐船回长沙时,客轮失事,二人皆死。对女子、军官人生的描绘,凸显出作者对生命无常的认知,恰如结尾所云:"那个妇人如一个光华炫目的流星,本体已向不可知的一个方向流去毁灭多日了,在我眼前只那一瞥,保留到我的印象上,就似乎比许多女人活到世界上还更真实一点。"① 这是沈从文难得的一部情节复杂的小说,少妇的五段情感经历不仅无损其形象,反而让作者感到她比一般女人更真实。为什么?既然生死是谁也躲不过去的坎儿,不如拥有释放情感的人生,能够使生命的厚度增加。都市女人通过交往不同的男性满足自己的物质、情感、社会需求,已经使其生命被作者肯定。有没有确立更崇高目标、并为这目标献身的人呢?《三个女性》叙述蒲静、仪青、黑凤到海边游玩,却惦记着黑凤的未婚夫璇若到处奔波救梦珂(丁玲)的事情,希望他能够把她保出来。谁知归来看到璇若发来的电报"梦珂已死",她们痛苦、哀悼她。这是丁玲被绑架、传说已被杀害,为纪念她而作的小说。对于她为信仰而死,黑凤想:"有些人为每个目前的日子而生活,又有些人为一种理想日子而生活。为一个远远的理想,去在各种折磨里打发他的日子的,为理想而死,这不是很自然么?倒下的,死了,僵了,腐烂了,便在那条路上,填补一些新来的更年青

---

① 沈从文:《都市一妇人》,《沈从文全集》第7卷,北岳文艺出版社2002年版,第193页。

更结实的家伙，便这样下去，世界上的地图不是便变换了颜色么？"①相信为了信仰奋然前行者能够改变世界，肯定其存在价值，实则赞许超越世俗生死的理想生活，描绘人类社会中更具进步色彩的存在。

黑凤所坚信的只要人们为信仰前赴后继去奋斗，就能够改变世界的理念，是人类存在的高层次；也有更多卑微生存者没有高远的理想，却必须超越生死带来的压迫，他们会以自己的方式消释压力。《生》叙述北京什刹海杂戏场南头，60多岁的老王演傀儡戏为生，每次总是王九打败赵四。"他不让人知道他死去了的儿子就是王九，儿子的死乃是由于同赵四相拼也不说明。"虽然赵四开始占上风，最后胜利的总是王九。"王九死了十年，老头子在北京城圈子里外表演王九打倒赵四也有了十年，那个真的赵四，则五年前在保定府早就害黄疸病死掉了。"② 他以"精神胜利法"式的行为，缓解自己对儿子死亡的悲愤，以独特的样式超越了死。而《新与旧》叙述战兵杨金标以刽子手成名，到民国时代枪毙人兴起，他很失落，成为看守城门的老兵。偶尔有机会杀共产党，执行后他照样跑到神庙里，希望重复旧时规矩，却差点被当作疯子打死。"最后一个刽子手"的经历，凸显作者对现实和历史的思考：自然死亡是人人逃不过的，人为的杀戮往往加重人生的悲剧色彩。刽子手的存在，使得杀人成为一种职业，甚至能够使人形成思维惯性，因为不再能亲手杀人而失落。显然，其存在价值是以毁灭他人的生命为前提的。那么，这些人眼中，还有一丝人性在吗？！

三　对人性的透视

厌恶刽子手缺乏人性，实际上是对人性中温暖内涵的看重。沈从文

---

① 沈从文：《三个女性》，《沈从文全集》第7卷，北岳文艺出版社2002年版，第376页。
② 沈从文：《生》，《沈从文全集》第7卷，北岳文艺出版社2002年版，第386、387页。

的小说侧重反映乡下人人性中健康、自然、优美的一面，如《连长》《画师家兄》《更夫阿韩》《赌道》《堂兄》等文本即如此。《连长》叙述驻军连长与情妇的故事，却先描述军队生活的松散："而驻扎到此乡间这砦那砦喝酒吃肉是免不了常有的事情，在便利中找熟人谈天学古或者打一点小牌，也是军中许可的娱乐，还有不定要明白公开的各以其方法找个把情人，这纵为长官知道也都成了通融的例子"。① 普通官兵如此，连长更消闲，"连长是为女人已经迷到愿意放弃全部职务于中尉连附（副）身上，不必充当管领百人的长官，自己单想侍候妇人终生让那妇人管领自己就有了"。② 妇人像是上级，指挥着连长夜静时悄悄来此住宿，"连长在这事上头，是一个诗人又是个英雄。当其轻轻敲着那门妇人已经听出连长声音拥着薄薄白的单衣开门时，妇人松散着发髻，以及惺忪的情态，在连长眼中，全成了神圣的诗质"。③ 这并不为世情赞颂的非婚之恋，却把两个人的外在定位和内在气质都改变了，如火似梦的爱情驱走了附着其上的不道德，升华为人世间渴望永恒拥有的至情，因此，当连长要离开时，两人才借酒浇愁，妇人才恐惧"未来的必不可免的寂寞"。在忘我的痴情迷恋中，连长的世俗身份不重要了，他将妇人的家当成了办公地点，"从此司务长得一天一趟来到连长家中清算一次伙食账。点名号仍然是每日吹三次，但从此以后，不再使连长太太听到这声音心跳了"。④ 沈从文侧重表现两人感情的真挚，遮蔽了两人关系导致的连长违法和非婚性爱的道德禁忌，由此凸显其人性的质朴、自然，故不仅司务长没有怨言，作者本人也下意识地直接将妇人的家称为"连长家"，把妇人称为"连长太太"了。唯其如此，更表现出作家对这种人性、情感的认同和赞许。

---

① 沈从文：《连长》，《沈从文全集》第 2 卷，北岳文艺出版社 2002 年版，第 24 页。
② 沈从文：《连长》，《沈从文全集》第 2 卷，北岳文艺出版社 2002 年版，第 27 页。
③ 沈从文：《连长》，《沈从文全集》第 2 卷，北岳文艺出版社 2002 年版，第 27—28 页。
④ 沈从文：《连长》，《沈从文全集》第 2 卷，北岳文艺出版社 2002 年版，第 34 页。

1925年发表在《晨报副刊》的《画师家兄》《更夫阿韩》，则是以其故乡人为描述对象，将湘西人人性的温厚、良善凸显出来。前者有自传色彩，以作者及其大哥为表现对象，无论是讨厌大哥在家管理自己而诅咒他，还是在他离家后的短暂轻松，均具有童真美；然而，几年后兄弟俩在北京相逢，发现时光流逝太快了，因而彼此关爱。大哥信中说："竟有几回是梦到你被那些不良女人欺负了，在我面前大哭"，鼓励弟弟"你已是个二十岁以上的人了，不比孩子时代，也应当竖起脊梁骨来生活！"并表示愿意做弟弟的"杰克母亲"，照顾弟弟，一旦有钱了把弟弟写的东西全印出来。① 后者描写故乡人都喜欢的更夫阿韩，长年义务敲更，不领官饷，随乡邻表示；遇到谁家邀请，也不客气，坐下就吃；逢年过节，则各家赠送就够食用了。他不以赠送钱财多少而区别对待，通通是两个"道谢"，"单是这桩事，本来就很值得街坊上老老小小尊敬满意了"。因为他的值守，这里从来没有发生过盗窃案件。② 不仅对乡邻友好，对待外来者也热心帮助，每遇到外地人死亡，他总是"立即把这责任放到自己背上来，认真一把眼泪洒着走到几家大户来化棺木钱；而结实老靠，又从不想于这事上叨一点光，真亏他！"③ 无论是前者表现长兄如父、兄弟情真，还是后者彰显热心为众、有物共享，所凸现的均是人性中良善、优美的内蕴。1926年，他分别在《晨报副刊》发表《赌道》《堂兄》，继续其优美人性的展现。前者叙述被辛亥革命耽误了前程的绿营兵二哥与罗罗之间的友谊，后者追忆堂兄沈万林的不幸人生，既表现堂兄对其无微不至的关怀，也叙述堂兄教导他做文书时要谦恭、靠本领征服人等，成为其人生的导师。这样一个好人，却因为执行任务的同行者有仇、怕他泄密斩草除根而被杀。该文本内蕴颇复杂，一方面表现兄弟间亲情，刻画人性的温暖

---

① 沈从文：《画师家兄》，《沈从文全集》第2卷，北岳文艺出版社2002年版，第319页。
② 沈从文：《更夫阿韩》，《沈从文全集》第2卷，北岳文艺出版社2002年版，第323页。
③ 沈从文：《更夫阿韩》，《沈从文全集》第2卷，北岳文艺出版社2002年版，第325页。

与美好；另一方面通过郑士英兄弟与瘌子副官的仇杀彰显人性的恶。同时，仇人被救活、沈万林被杀的现实，则让沈从文思考生命的无常，思考偶然性因素对人生的制约。当这种思考抵达一定深度时，沈从文的小说创作将表现人生中欲望的折磨与生存的困惑。

  应该看到，随着沈从文小说创作的成熟，其人性内涵也在发生变化。对于早年给予"温爱"的农民、士兵和水手，其情感发生了怎样的变化？需要通过典型文本的解读进行阐释。《雨后》《道师与道场》《阿黑小史》《绅士的太太》《如蕤》《边城》《八骏图》《大小阮》《柏子》《主妇》等小说，皆具有丰富的人性内蕴。沈从文肯定欲望的合理性，故顺应自然欲望者总能够获得他的同情。《雨后》叙述四狗与识字姑娘的情爱故事。在人物设置上，沈从文将其设计为一个湘西人对一个接受汉文化教育者的爱情，"四狗不认字，所以当前一切却无诗意"。"她从书上知道的事，全不是四狗从实际上所能了解的事。为是要枯了，女人只是一朵花。真要枯，知道枯比其他快，便应当更深的爱。"① 当四狗唱着湘西民歌——"大姐走路笑笑底，一对奶子翘翘底，心想用手摩一摩，心子只是跳跳底"，大胆行动时，会背"落花人独立微雨燕双飞"的识字女孩接受了他的爱情。这意味着不懂汉文化"诗意"的湘西人，是可以"征服"外来者的。《道师与道场》叙述师兄弟为人家做道场后，师弟王贵贪恋情人翠翠，并把巧巧介绍给师兄，最终师兄不再仓促到另一家做道场，甚至取消了道场，沉浸于温柔乡了。凸显欲望的合理性，是其内蕴。《阿黑小史》肯定五明与阿黑情感生成的自然："两个人在一块，打打闹闹并不算大不了的事体。人既在一块长大，懂了事，互相欢喜中意，非变成一个不行，作父亲的似乎也无取缔理由。"② 但是，沈从文对于违反社会伦理、有悖道德的欲望满足，是持贬抑态度的。如《绅士的太太》借绅士太太的视角，描

---

  ① 沈从文：《雨后》，《沈从文全集》第 3 卷，北岳文艺出版社 2002 年版，第 276 页。
  ② 沈从文：《阿黑小史》，《沈从文全集》第 7 卷，北岳文艺出版社 2002 年版，第 245 页。

写另一个绅士家的丑闻——美国留学归来的大公子与姨太太 C 勾搭成奸；这位太太借机获得物质上的赠与，并与公子偷情，一年后生下了第 5 个儿子。小说描写瘫痪绅士夸和尚，"自己的一个姨太太就笑了，因为她就同一个和尚有点熟"。姨太太 A 说："我不知道你们男人为什么都恨和尚。"① 暗示这位姨太太与和尚有染，而妓女出身姨太太 C 则直接乱伦，因此被作者讽刺；那位串门的姨太太呢，也偷情生下了私生子。作者通过此类故事，为高高在上的都市上层画像，凸显其丑态，"我不是写一个可以用你们石头打他的妇人，我是为你们高等人造一面镜子"。② 借这面镜子，既暴露出上层人人性的鄙陋，也反衬湘西人人性的优美。

　　湘西人的人性之所以健康、优美，不仅仅在于其顺乎自然，还在于能够彰显个性，释放鲜活的生命能量。在都市生活多年后，沈从文描述都市人生活凸显出的人性弊端，对都市人的存在予以否定。《如蕤》描述都市人在现代社会规约下生存状态的模式化，对其抑制个性、意志萎靡进行揭露；《八骏图》以青岛大学的任教生活为基础，表现大学教授们的丑陋人性。这些人，没有一个处于情感、欲望的常态。民国时期的大学教授真的如此吗？查看史料可能得出异样的结论。之所以如此描写，与沈从文的认知有关。在《题记》中，他说："活在中国作一个人并不容易，尤其是活在读书人圈儿里。大多数人都十分懒惰，拘谨，小气，又全都是营养不足，睡眠不足，生殖力不足……憎恶这种近于被阉割过的寺宦观念，应当是每个有血性的青年人的感觉。"③ 因为厌恶，因为心中有湘西人性的幻影，才使其在描写都市人时产生了贬抑态度。

　　其实，沈从文并非总是界限分明地描述人性。湘西人那些很难进行价值判断的行为，恰恰蕴含着丰富的人性内涵。《柏子》叙述水手柏子

---

① 沈从文：《绅士的太太》，《沈从文全集》第 6 卷，北岳文艺出版社 2002 年版，第 220 页。
② 沈从文：《绅士的太太》，《沈从文全集》第 6 卷，北岳文艺出版社 2002 年版，第 213 页。
③ 沈从文：《题记》，《沈从文全集》第 8 卷，北岳文艺出版社 2002 年版，第 195 页。

和妓女情人的故事。小说描述柏子"皇帝"一样的生活,"妇人一旁烧烟一旁唱《孟姜女》给柏子听,在这样情形下的柏子,喝一口茶且吸一泡烟,像是作皇帝"。都市文人向往的生存境界,湘西人正在享受着:"酒与烟与女人,一个浪漫文人非此不能夸耀于世人的三样事,这些喽啰们却很平常的享受着。"① 这里,有一个潜在参照系——城里人的生活状态。以湘西人的知足常乐,来反衬城里人的贪婪卑劣。"他的所得抵得过一个月的一切劳苦,抵得过船只来去路上的风雨太阳,抵得过打牌输钱的损失,抵得过……他还把以后下行日子的快乐预支了。这一去又是半月或一月,他很明白的。以后也将高高兴兴的作工,高高兴兴的吃饭睡觉,因为今夜已得了前前后后的希望,今夜所'吃'的足够两个月咀嚼,不到两月他可又回来了。""花了钱,得到些什么,他是不去追究的。钱是什么情形下得来,又在什么情形下失去,柏子不能拿这个来比较。总之比较有时像也比较过了,但结果不消说还是'合算'。"② 听任本性支配,不按照社会规则考量得失,在保住自我天性的同时,也有对他人的尊重。具有自传色彩的《主妇》描绘其寄居昆明的生活,也有相似内涵。主妇从学校回来,看到菜洗好、米淘好,便说:"沈二哥,你又来搅事,借故停工,不做你的文章,你菜洗不好,米不把石子仔细捡去,帮忙反而忙我。以后这些事让我来省点事!"③ 妻子揽下家务,让丈夫专心做自己的事情,甚至对于丈夫情感出轨也能包容:"情感,我不太清楚。或想象,或行为,我都并不束缚你,拘管你,倘若有什么年青的透明的心,动人的眉目笑謦,能启发你灵感,教育你情感,是很好的事。"这话坦荡透彻,让丈夫感到惭愧,开始反思:"话说得多诚实,多谦虚,多委婉!我几乎完全败北了。嚅嚅嗫嗫想有

---

① 沈从文:《柏子》,《沈从文全集》第9卷,北岳文艺出版社2002年版,第44、41—42页。
② 沈从文:《柏子》,《沈从文全集》第9卷,北岳文艺出版社2002年版,第45—46页。
③ 沈从文:《主妇》,《沈从文全集》第10卷,北岳文艺出版社2002年版,第313页。

所分疏，感觉一切词藻在面对主妇素朴时都失去了意义。我借故逃开了。"① 若熟悉沈从文在昆明时期与高青子、张充和的情感纠葛，读此小说更能领悟作者寄寓其中的感情思辨与人性思考。

四 对国民性的反思

如果说对人性的思考是从人格层面把握湘西人的特质，那么，对民族性的考察则侧重社会层面。当沈从文以所接受的新文化思想观察湘西民族性时，当他尝试用湘西人的人性改造国人的特性时，二者交会于表现国民性上。这个写作维度的建构，不仅使其小说创作与新文学的主潮契合，也提升了其文本内蕴的涵盖面。《阿丽思中国游记》《我的教育》《夫妇》《阿金》《女人》《小砦》等小说，均具有对国民性的思考。

《阿丽思中国游记》以外国人的视角反思国人陋习。在傩喜先生造访古迹、搜罗文物以及与上层社会的交往中，对绅士崇尚孔孟、媚外畏洋、重虚礼爱面子的文化心态，给予揶揄嘲讽。沈从文似乎想在一部小说里把自己认知的国民劣根性全部展示出来。他首先讽刺国人的爱面子和以貌取人。傩喜6岁时见到两只狗争夺一个面包，约定谁打赢谁吃，请他做证。表面是狗的争斗，实际是人世的写真：一切都是在表演，是做给他人看的；不管自己多么受罪，也要保住面子。而通过一本《中国旅行指南》，写出中国人喜欢以貌取人："你顶好是先告那招扶你的茶房，说回头送几块小费。他便按你的小费多少来帮你做一切事。不先告他，他们都非常聪明，知道从衣服脸貌上看出你是什么样的人，假如你穿得不好，他便可以不大理会你。那以后你纵出小费也无用了。"② 其次，小说凸显国人的时

---

① 沈从文：《主妇》，《沈从文全集》第10卷，北岳文艺出版社2002年版，第316页。
② 沈从文：《阿丽思中国游记》，《沈从文全集》第3卷，北岳文艺出版社2002年版，第31页。

间观念弱和没有原则性。傩喜被告知:"别人请客,帖子上写五点钟,你最好是八点再去。"而八哥博士欢迎会上那些专门拍手的捧场者,根本没有自己的立场:"关于拍手我们是很明白,有些地方是专雇得有人来捧场的,又有些人是一赴会场就以拍手为表现义务的,这个地方当然两种鸟都有。"① 即便是宗教信仰,国人也将其功利化了。"这里要发财,就去求财神。要治病,就又可以到药王庙去。坐船可以请天后同伏波将军派人照料。失落了东西,就问当坊土地要。""多神的民族,有这种好处,使人人都对于命运有一种信心,且又相信各样的神如各样的官一样足以支配人的一切,并且又知道神是只要磕一个头作一个揖便能帮忙作事"。② 再次,揭露国人的顽固自守与崇洋媚外。这两种看似矛盾的性格汇聚于一体,恰恰说明国民性格的不稳定性。看到蜣螂推粪,阿丽思说她们国也有,中国人说:"你们那儿有,是我们那里传过去的。"明明知道处于落后地步,却仍保有天下第一的心态,正如那些"深明国故"的人一样,认为西方无论如何也不如中国。最后是凸显国人随地吐痰、轻视生命的特点。"只到处听到咳嗽,到处见人吐痰,进一家商店去,见到痰盂多是很精致的中国磁(瓷)器,然而为方便起见,吐痰人多数是自由不拘的把喉中东西唾到地板上,这个似乎是中国独有的一件事了。"③ 有卫生设施,却无卫生习惯,对生存环境的忽视,很容易导致对生命的轻视。旅馆侍候茶水的二牛也告诉傩喜:"中国女人为了预备作太太她就嫁一个有钱的人,中国男人为了预备让作官的杀头所以脖子就长长的,且天生的比身体其他一部分脆。"④

---

① 沈从文:《阿丽思中国游记》,《沈从文全集》第 3 卷,北岳文艺出版社 2002 年版,第 32、79 页。
② 沈从文:《阿丽思中国游记》,《沈从文全集》第 3 卷,北岳文艺出版社 2002 年版,第 130—131 页。
③ 沈从文:《阿丽思中国游记》,《沈从文全集》第 3 卷,北岳文艺出版社 2002 年版,第 52 页。
④ 沈从文:《阿丽思中国游记》,《沈从文全集》第 3 卷,北岳文艺出版社 2002 年版,第 197 页。

国人的生理结构是为被杀准备的,所以不管在哪里都可以见到杀人如麻的场景。既然轻视生命,人命就不值钱!大人被汽车撞死50元,小孩25元,据说还是仆人长一倍说的价钱!而奴隶市场内苗族小孩比欧洲洋娃娃还便宜的现实,让阿丽思迷惑不解:"把人不当人,来买卖,……奇怪的是买来有什么用处?"① 这里,既是沈从文对现实的描摹,也是其童年时期见到的无数杀人场景留下的心理阴影使然。

《我的教育》是自传体小说,通过所见所闻明确提出反思国民性:"从这些小事上别的不能明白,至少可以了然那地方的民族性,凡是用辱骂的字言加在别人身上,是都免不了有用血去洗刷的机会的。"② 他既批判士兵的浑浑噩噩:"这日子将过下去多久,我们中间是无一个人明白的。我们来到这里究竟还要做些什么事,也无一个人明白的。"③ 既然是没有目标的生活,就不会珍视生命,亦难免草菅人命:"我们是来为他们地方清乡的,不杀人自然不成事体。"同时,也表现士兵和乡民的麻木愚昧:"他们杀了人,他们似乎即刻就忘记了,被杀的家中也似乎即刻就忘记家中有一个人被杀的事实了,大家就是这个样子活下来。我这样想到时心中稍稍有点难过。"④ 杀人者、被杀者处于相同的存在状态:不明白自己行为的意义,不清楚自我的价值,沈从文通过生死大事反思了湘西人的存在。《夫妇》和《阿金》则对围观者和干预他人私生活的现象进行反思。《夫妇》写城里人璜在乡下休养时,看到村人围观一对在稻草堆旁做爱的年轻夫妇,为其解围的故事。年轻夫妇做爱本没有错,只是选错了地点,这样便招惹了众多鲁迅称为"看客"的围观者——有人借机揩油,并主张惩罚他们以发泄自己没有对象的怨愤;有人因为看到有城里人在场而更加兴奋:"但许多人正因有璜来

---

① 沈从文:《阿丽思中国游记》,《沈从文全集》第3卷,北岳文艺出版社2002年版,第269—270页。
② 沈从文:《我的教育》,《沈从文全集》第5卷,北岳文艺出版社2002年版,第224页。
③ 沈从文:《我的教育》,《沈从文全集》第5卷,北岳文艺出版社2002年版,第205页。
④ 沈从文:《我的教育》,《沈从文全集》第5卷,北岳文艺出版社2002年版,第207、212页。

看,更对于这事本身似乎多了一种趣味。人人皆用着仿佛'那城里人也见到了'的神气,互相作着会心的微笑,还有对了他近于奇怪的洋服衬衫感到新奇的乡下妇女,作着'你城中穿这样衣服的人也有这事么'的疑问。"①唯其如此,才让璜觉得这是"一群疯子"!《阿金》叙述鸦拉营的地保尽力阻止阿金与相好寡妇成亲的事情,他先逼阿金发誓一天不去找媒人,然后守在媒人家门口,使得阿金几次来了又返回。最后,阿金在赌场把准备的彩礼输完,寡妇嫁给远方一个绸商。谁也不否定地保的动机:"地保的好心肠的的确确全为的是替阿金打算。他并不想从中叨光,也不想拆散鸳鸯。……为什么缘故?因为妇人太美,相书上写明'克夫'。老朋友意思,不大愿意阿金勤苦多年积下的一注财产一分事业为一个妇人毁去。"他自己也很自足:"亲眼见到阿金抱兜里一大束钞票的地保,还以为必是阿金已觉得美妇人不能做妻,因此将亲事辞了。地保自以为自己做了一件很对得起朋友的事情,即刻就带了一大葫芦烧酒,走到黄牛寨去看阿金管事,为老朋友的有决断致贺。"② 害人后还不自觉,是现实生活中常见的现象。地保处处想帮助朋友,却不知不觉间害了朋友;国人不懂得尊重人的隐私,连人家的婚姻都干涉。同时,害了朋友还扬扬自得,以为救了朋友。由此架构起无事的悲剧,似乎每个人都没有错,却彼此伤害了对方。

《小砦》深受鲁迅影响,反思湘西人的愚昧不觉与"精神胜利法"。这是一部借小乡城整体反思湘西社会变迁的小说,对国民性也有不俗的思考。一方面,湘西人"生活中无诅咒,无幻想,只每日各在分上做人。……过日子且产生一个邻于哲人与糊涂虫之间的生死观;活着,就那么活。活不下去,要死了,尽它死,倒下去,躺在土里,让它臭,腐烂,生蛆,化水,于是完事"。③ 将人的存在降低到纯自然状态,毫无

---

① 沈从文:《夫妇》,《沈从文全集》第9卷,北岳文艺出版社2002年版,第68页。
② 沈从文:《阿金》,《沈从文全集》第9卷,北岳文艺出版社2002年版,第82—83页。
③ 沈从文:《小砦》,《沈从文全集》第10卷,北岳文艺出版社2002年版,第188—189页。

主观能动性的发挥，只能是一代不如一代的存在；另一方面，遇到外来强势者，则以"精神胜利法"自慰。黑子跟鼻涕虫打架，后者说："黑子，君子动口不动手，你怎么打人？"他的同伴也喊着："不许打架，不许打架，君子动口不动手，有话好说！""本地吃码头饭的女子，多数是有生意时应接生意，无生意时照例有个当地光棍，或退伍什长，或税关上司事一类人，由熟客成为独占者，终日在身边烧烟谈天。……（这种人）碰硬钉子吃了亏，就以为世界变了，儿子常常打老子，毫无道理，也是道理。但这种鼻涕似的人生观，却无碍于他的存在。他还是吃，喝，睡，兴致好时还会唱唱。自以为当前的不如意正如往年的薛仁贵，秦琼，一朝时来运转，会成为名闻千古的英雄。"① 在想象中满足自己，便容易得过且过，不会产生改变现状的想法。有点身份，有了靠山，便仗势欺人，哪里还是"边城"中可爱可敬的湘西人？！

五 对知识分子的刻画

汪曾祺回忆从沈从文那里受教最多的就是写小说"要贴到人物来写"。② 沈从文对人的存在有较为全面的思考，凸显出他对人的看重。从人性、国民性层面分析，湘西人已经发生了变异。这些没有现代知识的人，不再是沈从文寄托理想的载体；有文化的知识分子，可否成为沈从文小说中的理想人物？研读文本，可以看出：新文学作家，是他评点的对象；大学生，则成为他讽刺的目标。

对于读书人，沈从文有独特看法："读书人都无耻，我看不起读书人全体。因为他们认得几个字，就想得出许多方法欺侮我们，迫害我们，哄我们，骗我们。我恨他们……"③ 这是他借祖贵的口说出的话，

---

① 沈从文：《小砦》，《沈从文全集》第10卷，北岳文艺出版社2002年版，第196、203页。
② 汪曾祺：《汪曾祺论沈从文》，广陵书社2016年版，第21页。
③ 沈从文：《泥涂》，《沈从文全集》第9卷，北岳文艺出版社2002年版，第113页。

可视为自己的态度。实际上,他对知识阶级的认识负面为主:"据说知识阶级,若为政府蔑视过久时节,性之所近,喜发牢骚,诅咒政府,常有话说,只须政府当局,稍稍懂事,应酬有方,就可无事。"① 他创作了明确否定书本知识的《知识》,小说叙述哲学硕士张六吉以研究"人生的哲学"自负,留学归国后无法找到工作,决定返乡。途中遇到老刘除草,其子冬福被蛇咬死,托其告诉家人。老人一家人相似的话,让他认识到自己海外所学"知识",远不如乡下人对人生看得透彻。他认为"这才是我要学的",写信给导师:"老骗子,你应当死了,你教我十来年书,还不如我那地方一个大字不识的乡下人聪明。""第二件事是把所有书籍全烧掉了。"② 夸张的描写,凸显其对知识的敌视;敌视书本知识,既可以弥补自我的缺陷,获得类似阿Q般的精神胜利,也为其小说创作聚焦自身经历、炫耀乡野知识找到了依据。

以这种微妙的心态观察新文学,其小说就有了耐人寻味的内蕴。新文学作家如鲁迅、郁达夫、冰心等人,其小说均有表现。《旧梦》《不死日记》《呆官日记》《燥》《元宵》《一个天才的通信》《一日的故事》《血》等,即表现其对作家、作品以及文坛怪现象的认知。《旧梦》曾对鲁迅致敬:"戏是一处不知名的戏,情形却如鲁迅先生作《社戏》中情形,唱的只尽唱,唱了半天还不止,且不像北京戏唱三句又喝一口茶。"③ 描写唱戏的场景时,自觉拿鲁迅的作品作比较,实际上是"前理解"发挥作用。《不死日记》以日记体记述作者1928年7月的生活,在表现自我人生困境的同时,也描绘了他对鲁迅、郁达夫的认识。"金钱,名誉,女人,三者中我所要的只是能使我们这一家三个人勉强活下来的少许金钱,这一点点很可怜的欲望还不能容易得到。""我实在是

---

① 沈从文:《扇陀》,《沈从文全集》第9卷,北岳文艺出版社2002年版,第263页。
② 沈从文:《知识》,《沈从文全集》第8卷,北岳文艺出版社2002年版,第324页。
③ 沈从文:《旧梦》,《沈从文全集》第6卷,北岳文艺出版社2002年版,第118页。

无用的人。"所求如此卑微，尚不能满足，怎不让作者生发无用之感?!即便如此，他却瞧不起鲁迅："即如鲁迅，也只是一个无用东西，可怜之至!"然后他谈对鲁迅的感想：既不能像官僚那样讨小老婆，也不如学者大胆恋爱，"他似乎赶不上这一帮，又与那一帮合不来，……然而这个人又决不会像郁达夫，那么干喊'要'，仿佛居然也喊到手了。……一些人，本来也无聊，读了他文章，便说'这老头子深刻'。说深刻，有什么用？最好是自己是那么年青，那么美丽的一个女人，像一个世俗所称赞的观音菩萨，固执的爱了他，大胆的趋就他，这于老头子或者是有用的。……把他的东西，翻英文，翻法文，翻成世界所有的文字，也抵不了一个女人来大胆爱他为实际给老头子帮助"①。被生存挤压到无法从容思考的沈从文，对于文学立场相对独立的鲁迅难以理解，认为鲁迅是孤独的；对于似乎很容易获得异性的鲁迅和郁达夫，也充满醋意；更使他不平的是鲁迅无论写什么东西，都有人觉得深刻，有人翻译，有人买！"只要上面写得是字，说是鲁迅这老汉子作的，在上海方面，就有人竞争出钱印，出钱买，这事情，不是就说明读书人与著书人，近来全是天真烂漫的做着所谓文化事业吗？"② 表面看来是攻击，其实是底层作家生存艰难的曲折反映和对文坛只认名气现象的不满。

《呆官日记》叙述一个狗进入公务员序列后的冷眼旁观和恋爱经历——爱上凤和医院看护。当然都没有结果，凤与科长偷情，被所长开除，嫁人不久，被厅长召回；女看护也嫁给他人了。小说一方面描摹人狗不分的现实："一个狗当然不好说谎忠实于某人或某党，骗钱骗饭，但我还有我自己。有些人似乎是因为不要自己，所以本来好好的一个人，却作成某某'走狗'的。"保住自己与丧失自我，动物是前者，

---

① 沈从文：《不死日记》，《沈从文全集》第 3 卷，北岳文艺出版社 2002 年版，第 406—407 页。

② 沈从文：《一日的故事》，《沈从文全集》第 5 卷，北岳文艺出版社 2002 年版，第 299 页。

人属于后者；前者本性不失，后者人性变异，透出沈从文对时人的否定。同时，对鲁迅的讽刺不认可："讽刺虽只是姓鲁的思想权威所专利，但老兄并不讽刺了谁，一切行为与思想，是自己的事，说别的时则连自己也写在内，所以妙绝。"① 他对自己瞄准人性做文章的讽刺手法很自得，认为鲁迅以讽刺社会现象为主的做法不可取。《元宵》通过书铺小伙计关注鲁迅等作家："我还见到过鲁迅先生！是一个胡子，像官，他不穿洋服！"② 这种炫耀的口气，凸显出鲁迅的影响力。但是，在沈从文看来，鲁迅只是具有书本上的间接知识，所以发些不切实际的感慨，如果接触实际多了，就不会无病呻吟了。《血》叙述"我"到医院看望朋友，遇到军人打人，出现流血事件。于是想到读过"从血管里喷出的才是血"这句话，讽刺道："医院白天所见到的血俨然还在眼前，我觉得鲁迅这个人，也不过是呆子之一，若见到事情较多，这样呆话也不说了。"③《一个天才的通信》写到梦见鲁迅做寿的场景："我又梦到鲁迅做寿，有许多人都不远千里而来，穿一色拜寿衣服，成天磕头，膝上全绑有护膝。"④ 后来，还梦到四个创造社作家喊着到四川路吃咖啡等。家中无米下锅，病人无钱治疗，他人却吃寿席、喝咖啡，现实的巨大反差，让沈从文难以忍受，故以讽刺笔法写出。《燥》叙述懋力乘车30个小时去求爱的故事，他想象见面后的谈话内容："北京的教授功课认真呀，谢冰心得了儿子呀，许地山剃了胡子呀，胡适之还作诗呀，就说这样话。这算什么见面？"⑤ 这哪里像热恋情人的晤谈，简直像文坛信息简报，却凸显出作者对文坛情况的熟悉与对热门作家的关注。

沈从文对同代作家，多有臧否；对于大学教授，也鲜有肯定。如

---

① 沈从文：《呆官日记》，《沈从文全集》第4卷，北岳文艺出版社2002年版，第3、65页。
② 沈从文：《元宵》，《沈从文全集》第4卷，北岳文艺出版社2002年版，第222页。
③ 沈从文：《血》，《沈从文全集》第5卷，北岳文艺出版社2002年版，第437页。
④ 沈从文：《一个天才的通信》，《沈从文全集》第4卷，北岳文艺出版社2002年版，第368页。
⑤ 沈从文：《燥》，《沈从文全集》第6卷，北岳文艺出版社2002年版，第429页。

《八骏图》即讽刺大学教授性格的变态与猥琐。《题记》写道："活在中国作一个人并不容易，尤其是活在读书人圈儿里。大多数人都十分懒惰，拘谨，小气，又全都是营养不足，睡眠不足，生殖力不足……憎恶这种近于被阉割过的寺宦观念，应当是每个有血性的青年人的感觉。"① 提示性的文字，蕴含着他对读书人的整体性负面判断。达士给未婚妻信曰："这些人虽富于学识，却不曾享受过什么人生。便是一种心灵上的欲望，也被抑制着，堵塞着。"② 假期到了，本来准备去看未婚妻，但他看到海滩上的文字，且看到沙地上画一对眼睛，写着："瞧我，你认识我！"从工人口中知道是一个女先生画的，便给未婚妻发电报谎称有病，需要多在海边养三天。讥笑别人抑制欲望，似乎暗示自己不是那样，才对那位沙滩写字的女士抱有幻想，对未婚妻撒谎。教授甲蚊帐里放着《疑雨集》《五百家香艳诗》，"挂一幅半裸体的香烟广告美女画"，"窗台上放了个红色保肾丸小瓶子，一个鱼肝油瓶子，一点头疼膏"。教授乙"低下头去，从女人一个脚印上拾起一枚闪放珍珠光泽的小小蚌螺壳，用手指轻轻的很情欲的拂拭着壳上粘附的砂子"。③ 教授丙奉行精神恋爱害死了情人，却很快变心，与上海交际花结婚。教授丁空谈爱情、欲望，却不愿意真心爱人。……所有人均属于欲望异常者，在情爱方面往往有病态表现，意味着拥有知识并不能使其健康，甚至在意识深处和欲望满足方面，他们远不如柏子、傩送等湘西水手。这些人教育出来的大学生，能够有健康、优美、自然的人性吗？

因为曾经在北京大学生活旁听，也长期在大学任教，沈从文对大学生是熟悉的。其大学生题材的小说主要有《记一大学生》《一个女剧员的生活》《知己朋友》《虎雏》《贤贤》《平凡故事》《萧萧》《菜园》

---

① 沈从文：《八骏图》，《沈从文全集》第 8 卷，北岳文艺出版社 2002 年版，第 195 页。
② 沈从文：《八骏图》，《沈从文全集》第 8 卷，北岳文艺出版社 2002 年版，第 206 页。
③ 沈从文：《八骏图》，《沈从文全集》第 8 卷，北岳文艺出版社 2002 年版，第 207、208 页。

《大小阮》《长河》《如蕤》等。《知己朋友》叙述"我"在大学教书一年,对大学生的印象:"第一,男女同学,他们因为同学,就常常有恋爱事情发生。第二,……第二年级以上的学生,属于男性,一定懂得在白衬衫上配置花纹雅致的领结,还有讲究的,是裤带边有一个表牌,上衣小口袋里有一块花绸小手巾,帽子戴在头上,总自然而然,略略偏左。……至于女性,脸上扑白粉搽红胭脂,头发荡大的有些像鸡窠,留长的便披到脑后,让风吹动如杨柳,身上总是有一种说不分明的香味。就是这些美观的风度,精致的身材,以及用知识与香料作成的人格,使我厌恶发怒,使我认为到大学校去,简直是一种于人我两皆无益的冒险事情了。"① 既不以学业为重,又只知道随时髦打扮自己,结果只能使人"厌恶发怒"。对这些一任荷尔蒙支配、追逐异性者,沈从文持全面否定态度。《平凡故事》叙述教会大学三年级的匀波同时与两个女性谈恋爱,尚能处理好与二人的关系,竟得到学校表彰。小说对其行为是贬抑的,"谈到不拘什么事情,欢喜引用一点故事上不甚恰当的比喻,来作自己所持的主张辩护"。"他很巧妙的在两者之间,取到那青年女子在热情中的发狂的拥抱,肆无忌惮的调谑,以及因小小过失而成的流泪与赔礼的机会。他把自己所作的诗分抄给两个人,得到两份感谢。"② 男大学生浮华、用情不专,女大学生如何呢?"女生们,……嫉妒,好事,虚伪,浅薄,凡是属于某种女子的长德,在这个学校也如其他学校一样,是比知识还容易得到许多的。各种知识装饰了这些女人的灵魂,香料同柔软衣服又装饰了这些女人的身体。"③ 从性别角度,完全否定了大学生。《记一大学生》叙述极度自私、刚愎自用的大学生吉先生无聊、无知的人生,"他常常觉得社会对不起他,而又常常原谅了社

---

① 沈从文:《知己朋友》,《沈从文全集》第6卷,北岳文艺出版社2002年版,第402页。
② 沈从文:《平凡故事》,《沈从文全集》第8卷,北岳文艺出版社2002年版,第37—39页。
③ 沈从文:《平凡故事》,《沈从文全集》第8卷,北岳文艺出版社2002年版,第45页。

会。……无端伟大的自觉,是他所以产生本来不必要他原谅而来的原谅"。沉浸于不必要的琐碎之中,耗费时光;对中西文化并无深刻了解,却盲目追随时髦思潮,全盘否定传统文化,崇洋媚外。"他痛恨一切谈中国文化的人,以为该死。他自己,则中国文化是什么,他没有求得结论,西洋文化是什么,同样也没有求得结论。正因为两者不大明白,倒一无粘恋,勇于将异国情调加深。""他爱喝一点酒,威士忌,白兰地,红酒,可不论,中国花雕与汾酒那是不行的。他觉得烟是外国烟好一点,纯一点,如酒一样。"① 无知无畏,逐新弃旧,不究内蕴——对于所抛弃的和所热衷的对象均不知内涵,只是追逐时髦,崇洋媚外。小说抓住典型特征,讽刺大学生的浮躁。《一个女剧员的生活》叙述女演员萝周旋于大学教授陈白、导演士平、大学生周和从日本回来的宗泽之间,游戏情感。周同学一见所爱即紧张,萝看到这样无用的人,心上有一种蛮性的满足。既不能像花狗那样引诱所爱,也不能像五明那样征服所爱,小周只能在纸上倾诉:"这个为爱情所融化的人,每一次把自己所写的信拿来读及时,总是全身发抖,兴奋到难于支持。他不知道这事情怎么样就可以办得好一点。他不知道他这信究竟应当如何措词。他在那一切用不着留心的文法上,修改了一次又一次,总是好像还是不大完全,搁下来缺少发去的勇气。"② 这里,既是作者恋爱经验的再现,也有对读书人畏怯懦弱性格的讽刺,还看出他对大学教育的认识:除了熏陶出这些矫饰虚伪、崇洋媚外的青年人,再就是使其人格萎缩、性格懦弱。

自我视角中大学生如此不堪,别人眼中如何呢?大学生或是为信仰献身的烈士,或为充满生机、骄傲自得的青年。《菜园》描述玉夫人的

---

① 沈从文:《记一大学生》,《沈从文全集》第 4 卷,北岳文艺出版社 2002 年版,第 196、201、202 页。

② 沈从文:《一个女剧员的生活》,《沈从文全集》第 6 卷,北岳文艺出版社 2002 年版,第 357 页。

儿子、儿媳为理想而被枪杀的故事,塑造了有信仰的大学生形象。《虎雏》借六弟之口羡慕大学生"走路昂昂作态,仿佛家养的公鸡,穿的衣服又有各种样子"。① 有的文本里,大学生是迥异于传统认知的怪异形象,或者在时代洪流中分别选择自己的人生道路。《萧萧》中的女大学生:"没有辫子,像个尼姑,穿的衣服又像洋人,吃的,用的,……总而言之一想起来就觉得怪可笑!""从乡下人眼中看来,这些人皆近于另一世界中活下的人,装扮如怪如神,行为也不可思议。"② 形象怪异,不伦不类,已经令湘西人奇怪,还有更不符合传统理念的呢!祖父告诉萧萧"她们穿衣服不管天气冷暖,吃东西不问饥饱,晚上要到子时才睡觉,白天正经事全不作,只知唱歌打球,读洋书。她们一年用的钱可以买十六只水牛。……她们在学校,男女一处上课,人熟了,就随意同那男子睡觉,也不要媒人,也不要财礼,名叫'自由'。……她们年纪有老到二十四岁还不肯嫁人的,有老到三十四五还好意思嫁人的。她们不怕男子,男子不能使她们受委屈,一受委屈就上衙门打官司,要官罚男子的款,这笔钱她可以同官平分"。③《大小阮》则叙述叔侄二人不同的人生道路。小阮参加南昌暴动和广州起义、到唐山运动军队失败被捕,判刑八年,为改善监狱待遇绝食而死;大阮考上北京大学,"大阮毕了业,凭地主,作家,小要人的乘龙快婿三种资格,受欢迎回到母校去作训育主任"。④ 大阮的人生道路,是那个时代一部分大学生的人生选择,以追求个人幸福为终极目标,缺乏拯危济世的远大抱负。沈从文没有斥责他,却在看似平淡的语气中蕴含着轻蔑。

有的小说里,沈从文借大学生思考爱情、凸显都市人的生存状态与人性内蕴。大学生对恋爱的态度是差别很大的,如《贤贤》描写贤贤

---

① 沈从文:《虎雏》,《沈从文全集》第7卷,北岳文艺出版社2002年版,第17页。
② 沈从文:《萧萧》,《沈从文全集》第8卷,北岳文艺出版社2002年版,第253—254页。
③ 沈从文:《萧萧》,《沈从文全集》第8卷,北岳文艺出版社2002年版,第254—255页。
④ 沈从文:《大小阮》,《沈从文全集》第8卷,北岳文艺出版社2002年版,第404页。

早读时遇到红帽子,后者神秘兮兮地告诉一个小说家追求张姓女生。其情节是对沈从文追求张兆和的摹写,既表现出女大学生对恋爱事件的敏感,也通过贤贤的回答凸显出女生对恋爱的不同态度。针对红帽子讥笑哥哥傻,贤贤明确表示:"这是我哥哥的故事,我不欲人家把哥哥当傻子,因为他的行为不应当为人看作傻子的!爱人难道是罪过吗?"①强调爱情的正当性与恋爱的合理性,是沈从文借小说对自我爱情的辩护。《如蕤》表现教会大学学生如蕤很可爱,"爱她的人可太多了,她却不爱他们。她觉得一切爱皆平凡得很,许多人皆在她面前见得又可怜又好笑。许多人皆因为爱了她把他自己灵魂,感情,言语,行为,某种定型弄走了样子"。关键是这些男性的爱皆无法在她面前建构起平等的关系,反而因为急于表现而变形,让她更看不上。为什么如此?沈从文认为是都市生活的模式化导致个性泯灭、市民生活的功利性导致爱情也商业化的结果。"都市中人是全为一个都市教育与都市趣味所同化,一切女子的灵魂,皆从一个模子里印就,一切男子的灵魂,又皆从另一个模子里印出,个性特性是不易存在,领袖标准是在共通所理解的榜样中产生的,一切皆显得又庸俗又平凡,一切皆转成为商品形式。"②生存在这样的环境中久了,女性易形成对男性的警惕,即便是遇到世人看来不错的爱情,也会使其疑虑重重,难以决断。当犹豫成为其情绪主流时,会酝酿出冲出犹豫的冲动,她会否定眼前的一切,到远方追寻诗意。如蕤留给男友的信即如此:"现在你既然已明白我,而且爱了我,为了把我们生命解释得更美一些,我走了,当然比我同你住下去较好的。"③尽管她未必清晰知晓未来如何,仅仅是解构现状就足够促使她行动了。看似有悖常理的故事蕴含着沈从文对大学生群体的一丝希望,期待有如蕤

---

① 沈从文:《贤贤》,《沈从文全集》第7卷,北岳文艺出版社2002年版,第200页。
② 沈从文:《如蕤》,《沈从文全集》第7卷,北岳文艺出版社2002年版,第337页。
③ 沈从文:《如蕤》,《沈从文全集》第7卷,北岳文艺出版社2002年版,第357页。

这样的人不满现状、冲出世俗情欲建构的网络，为把生命解释得更美一些去探寻未来的路。

六 对未来命运的展望

沈从文对人性、国民性、知识分子的刻画，充满反思与批判，凸显出他对现状的不满。由此产生了建构人物和民族未来命运的冲动，尤其是女性命运的复杂性和民族命运的危机感，成为其叙事的焦点。女性作为人类自然性别构成的一半，其生存、婚恋、生育、死亡等建构一个自然循环，能够充分凸显社会、家庭、性别内蕴；同时，作家对其婚恋取向、理想趋指、命运归宿等方面的描绘，则彰显出沈从文对女性命运的认识水平与情感投射。沈从文早期小说中也有涉及女性的描写，大多是欲望压抑时作为幻想的对象存在，因此，有时渴望不已，有时因求之不得而厌恶之。如《月下小景·女人》这样表达女性观："因此看来，则女子不是上帝，就是魔鬼，若不是有一分特别长处，就定是有一种特别魔力。"[①]《月下小景·扇陀》借贩卖骡马的商人之口说："应当好好记着，不要放下你的鞭子，不要害怕她们，女人不是值得男子害怕的东西。不要尊敬她们，把她们看得下贱一点，不要过分纵容她们。"[②] 除了追忆家庭、描写妹妹等小说较为温馨外，对女性命运缺乏总体考量。

20世纪30年代以后，沈从文对女性命运的关注上升到新的高度。从《一个女人》开始，到《三三》《萧萧》《边城》《长河》等，构成一个独特的系列。《一个女人》叙述童养媳三翠13—30岁的人生经历，对小说《萧萧》《三三》均有影响。她15岁成亲，16岁生子，丈夫苗

---

① 沈从文：《月下小景·女人》，《沈从文全集》第9卷，北岳文艺出版社2002年版，第251页。
② 沈从文：《月下小景·扇陀》，《沈从文全集》第9卷，北岳文艺出版社2002年版，第253页。

子外出当兵一去不回；她抚养大儿子，照顾瘫痪的干妈，30岁即怀抱周岁的孙儿坚韧地活着。小说开头写13岁的三翠爱做梦，梦到捉鱼、拾菌子、捡柴、放风筝等。在梦幻中长大的三翠该结婚了，"过了十四天，距过年还有七天，那在牛栏上睡觉打呼的人，已经分派与三翠同床，从此在三翠身边打呼了。三翠作了人的妻，尽着妻的义务，初初像是多了一些事情，稍稍不习惯，到过年以后，一切也就完全习惯了"。结婚这样的人生大事，沈从文却极其平淡地写出来了，恰恰证明这些人过的是毫不做作的自然生活。但是，宁静的生活很快结束了。父亲死亡，丈夫当兵一去两年，再无消息；儿子四岁时，干爹死了，剩下瘫痪的干娘。她尽心照顾着干娘，带着儿子生活。"她没有所谓不忍之心始不能与这一家唯一的人远离，她也没有要人鼓励才仍然来同这老弱癃疲妇人住在一起。她是一个在习惯下生存的人，在习惯下她已将一切人类美德与良心同化，只以为是这样才能生活了。她处处服从命运，凡是命运所加于她的一切不幸，她不想逃避也不知道应如何逃避。她知道她这种生活以外还有别种生活存在，但她却不知道人可以选择那机会不许可的事来做。"① 三翠的美德，湘西人的品性，均蕴含在看似平常的生活流里。三翠的生活里，有干娘，有儿子，想丈夫，自己隐在背后。在默默的自我牺牲中，一个平凡而伟大的女性形象凸显出来了。然而，这不是三翠的全部，她依然有梦，靠梦支撑着生存，充实着生活。她梦到儿子成家，丈夫归来，却没有想象自己的未来。令人心酸的梦啊——梦寄托着一个小妇人对未来的全部希望，儿子，丈夫，家庭，唯独没有自己！

从少女到少妇，三翠的命运凸显出女性生存状态的残酷。这是沈从文不忍心的，所以此后他描写湘西女性命运时，多截取其少女至青春

---

① 沈从文：《一个女人》，《沈从文全集》第4卷，北岳文艺出版社2002年版，第300、304—305页。

期,而少涉及婚后生活。只有描述都市女性时,才聚焦于成年内容,如《一个母亲》《三个女性》《绅士的太太》等。《萧萧》叙述萧萧从少女到青春期的生活,却涉及婚恋,且为非正常恋爱。她是命苦的女孩,"这女人没有母亲,从小寄养到伯父种田的庄子上,出嫁只是从这家转到那家"。"萧萧做媳妇时年纪十二岁,有一个小丈夫,年纪三岁。"① 到了青春期,遇到来自城市的花狗,被引诱发生关系。可以看出:萧萧没有真正的家,没有归宿,当然也没有长辈指导其人生。发现怀孕后,萧萧曾想出走,想跟花狗一起离开湘西,可是花狗根本不愿承担责任:"那怎么行?到城里去做什么?"第二天,花狗不辞而别。"萧萧步花狗后尘,也想逃走,收拾一点东西预备跟了女学生走的那条路上城。但没有动身,就被家里人发觉了。"② 等待她的是要么沉潭、要么被卖的命运,幸亏在被卖之前产下一个胖儿子,才被家族接受。此后,等到丈夫长大,圆房生下第二个儿子,她的命运才稳定下来。"这儿子名叫牛儿。牛儿十二岁时也接了亲,媳妇年长六岁。""这一天,萧萧抱了自己新生的月毛毛,却在屋前榆蜡树篱笆看热闹,同十年前抱丈夫一个样子。"③ 萧萧的命运固化了,她的儿媳妇又开始了她当初的命运。女性命运的轮回、女性性权利的被忽视,成为特定时代女性躲不开的宿命。

《三三》描写湘西女孩三三的生活经历,她五岁时父亲就死了,与母亲相依为命。因为家里有一座碾坊,所以日子还过得去。三三保有童心,经常为受欺负的鸡打抱不平,顺应自然地成长;到了青春期,则对爱情产生朦胧的向往——"有时听到堡子里的锣鼓声音,或是什么人接亲,或是什么人做斋事,'娘,带我去看,'又像是命令又像是请求的说着,若无什么别的理由推辞时,娘总得答应同去。"④ 半是撒娇,半是命令,

---

① 沈从文:《萧萧》,《沈从文全集》第8卷,北岳文艺出版社2002年版,第251页。
② 沈从文:《萧萧》,《沈从文全集》第8卷,北岳文艺出版社2002年版,第261—263页。
③ 沈从文:《萧萧》,《沈从文全集》第8卷,北岳文艺出版社2002年版,第264页。
④ 沈从文:《三三》,《沈从文全集》第9卷,北岳文艺出版社2002年版,第14页。

小儿女情态凸显出来。村里来了养病的城里人,引起她内心的矛盾——她看不惯他的脸那么白,认为城里人喜欢害病,所以病的名字才多;对于母亲赞扬护士的体面,她反驳:"体面什么?人高得像一条菜瓜,也算体面!"① 同时,城里人的出现,引发了母女俩对城市生活的憧憬。唯其如此,去看城里人的路上,母亲看着苗条的三三,想着刚参加过的人家嫁女儿的嫁妆,忽然意识到:"三三是不是城里人?"因为走神,差点摔了鸡蛋。三三问她想什么,她说:"我想我老了,不能进城去看世界了。"并告诉三三:"你将来一定是要到城里去的!"对城市的幻想还在,希望女儿换个生存环境。当三三表示"我偏不上城里去"时,她觉得:"那自然好极了。"② 希望女儿留在身边,既是母亲的想法,何尝不是沈从文的决定?因此,那个城里人非死不可啊!如果说三三的梦还没有建构起来就破灭的话,那么《边城》里翠翠的梦已经成形,却仍然没有明晰的结果,则是沈从文对湘西女性命运的担忧所致。《边城》聚焦翠翠13—15岁的人生经历,一方面表现翠翠的自然、可爱,另一方面描绘其命运的悲剧前景和恋爱的不确定性,模糊的未来寄寓着沈从文对湘西女性前途的隐忧,美丽女性命运模糊的结局则意味着悲剧性。

尽管沈从文不忍心直接描述湘西女性的悲剧结局,却不能改变现实中的女性处境,尤其是那些敢于冲出家庭樊篱、追求自主爱情的女性,很难逃脱沉潭的命运。《萧萧》中,开明的爷爷、找不到合适的买主以及萧萧生下了儿子等因素综合作用,使萧萧摆脱了被沉潭的结局。《巧秀和冬生》里,沈从文第一次详细描述沉潭场景。这是系列小说《雪晴》中的第三篇,追叙巧秀妈妈23岁守寡,因为与黄罗寨打虎匠相好而被沉潭的情节。整个事件中,族长起着关键性推动作用。当初,他替儿子求婚,巧秀妈妈因为嫌其"一只脚"拒绝了;后来他多次调戏她,

---

① 沈从文:《三三》,《沈从文全集》第9卷,北岳文艺出版社2002年版,第26页。
② 沈从文:《三三》,《沈从文全集》第9卷,北岳文艺出版社2002年版,第36页。

"反被那有性子的小寡妇大骂一顿,以为老没规矩老无耻。把柄拿在手上,还随时可以宣布。如今既然出了这种笑话,因此回复旧事,极力主张把黄罗寨那风流打虎匠两只脚捶断,且当小寡妇面前捶断"。当小寡妇表示要跟去照顾打虎匠时,"这一来族中人真是面子失尽。尤其是那个一族之长,心怀狠毒,情绪复杂,怕将来还有事情,倒不如一不做二不休连根割断。竟提议把这个不知羞耻的贱妇照老规矩沉潭,免得黄罗寨人说话"。① 可见,族长是利用公权泄私愤。但是,因为站在道德高地上,他和围观者似乎都有了优越感,即便是女性,也没有人替她说一句话,年轻男性更是把沉潭过程当作一场娱乐了。作者显然对族长将小寡妇沉潭不满,所以写四年后,族祖便在祠堂里发狂自杀了。这种处理,不仅仅是对其罪恶的回报,也有作家对被害者深深的同情。

跟此前小说中单独表现某个女性命运不同,《长河》则既概括湘西女性的集体命运,也刻画夭夭等女孩的个体形象。"乡村中无呼奴使婢习惯,家中要个帮手时,家长即为未成年的儿子讨个童养媳,于是每家都有童养媳。换言之,也就是交换儿女来教育,来学习参加生活工作。"② 对童养媳的认识,视为日常生活的正常。这里的女孩,如果被军官拐走,最后可能是被卖为土娼;若怀孕打不下来,则孩子落地后,喝一阵生冷水自杀;若族人读过书,为了维持道德风化,则受私刑后远嫁,讨回一笔彩礼,作为"脸面钱";或剥光衣服,脖子里悬挂一个小磨石,沉潭而死。夭夭呢?"她不能把工作当工作,只因为生命中储蓄了能力太多,太需要活动,单只一件固定工作羁绊不住她。"③ 她爱惜生命,珍惜自由,得知很多人捕捉鹌鹑时,她说:"既舍不得离开,我们捉它做什么?……不捉它,让它玩玩,从这一篷草里飞到那一篷草

---

① 沈从文:《巧秀和冬生》,《沈从文全集》第10卷,北岳文艺出版社2002年版,第419页。
② 沈从文:《长河》,《沈从文全集》第10卷,北岳文艺出版社2002年版,第16页。
③ 沈从文:《长河》,《沈从文全集》第10卷,北岳文艺出版社2002年版,第80页。

里，倒有意思。"① 当老水手逗夭夭说住城里租界大洋楼时，她说："那有什么意思？我要在乡下住。"② 这么一个热爱故土、心地纯洁的女孩，竟然被保安队长调戏了。仿佛一块碧玉被苍蝇拉上屎，让人难以忍受这外来者对夭夭的侮辱。难怪有学者认为沈从文让两人碰头，是"使美善与丑恶碰头，纯洁与肮脏接触，这是《长河》的魄力和焦点。在《巧而不巧》那一章，当保安队长在枫树坳调戏夭夭的情景，简直是无边的恐怖"。③ 当读者都能感受到恐怖时，作为当事人的夭夭该是何等的悲哀！

前述女性命运的悲剧性、不可知性，是沈从文对生活常态下女性命运的描述，那么，处于特殊环境、变异心态下的女性，其命运如何呢？《一个母亲》叙述素结婚8年没有孩子，公园偶遇童年伙伴，与其发生关系生下了儿子；丈夫不知内情，特别喜欢儿子，做母亲的反而时时陷入矛盾之中。"父亲每一提到孩子，母亲就如中恶，心身微微发抖。"丈夫约她到公园游玩，她也心神不宁。素始终有一种犯罪感，自己陷入怪圈中——不能生孩子，是自己的错；跟人偷情，生了儿子，则对不起丈夫。因此，丈夫对她和儿子越好，她的负罪感越强。现代医学告诉我们：不能生育的责任，并非一定归于女性。但是，传统观念认为不能生育是女性的错误，属于"七出"之一。④ 因此，素才有那么强烈的自责意识。《丈夫》叙述了一个农村女性被生活所逼做船妓，丈夫去探望时人性觉醒的故事。船妓的身份，不仅使丈夫很没尊严，也使其处于任人支配、被动受辱的处境。譬如水保，这个从来不付钱的地头蛇，命令丈夫："你告她有这么一个大个儿到过船上，穿这样的大靴子，告她晚上不要接客，我要来。"⑤ 正因为对自己处境并非一无所感，在丈夫激愤

---

① 沈从文：《长河》，《沈从文全集》第10卷，北岳文艺出版社2002年版，第144页。
② 沈从文：《长河》，《沈从文全集》第10卷，北岳文艺出版社2002年版，第142页。
③ 司马长风：《中国新文学史》（下），昭明出版有限公司（香港）1978年版，第79页。
④ "七出"一词，唐代以后才正式出现，其内容源自汉代记载于《大戴礼记》的"七去"，又称作"七弃"。七去：不顺父母，无子，淫，妒，有恶疾，口多言，窃盗。
⑤ 沈从文：《丈夫》，《沈从文全集》第9卷，北岳文艺出版社2002年版，第56页。

地扔掉她所挣的屈辱钱、拉她返乡时，她才立刻同意了。生活的重任、人生的屈辱，为何都要由女性承担？沈从文显然在思考这个问题。女性可否冲出家庭、婚姻圈，到更广阔的世界里闯荡呢？其行为具有怎样的价值呢？《三个女性》给出了答案。小说叙述以丁玲为原型的梦珂牺牲后，黑凤想："有些人为每个目前的日子而生活，又有些人为一种理想日子而生活。为一个远远的理想，去在各种折磨里打发他的日子的，为理想而死，这不是很自然么？倒下的，死了，僵了，腐烂了，便在那条路上，填补一些新来的更年青更结实的家伙，便这样下去，世界上的地图不是便变换了颜色么？"① 肯定为理想而奋斗的人，赞许其为未来而生活的状态，并相信她所从事的事业后继有人等，凸显出沈从文对女性命运选择的新思考。

聚焦于个体或群体存在思考其特点、价值，是沈从文小说创作的基本内蕴。随着作家思考的深入、学养的积累与视野的扩大，湘西少数民族的前途、如何应对外来势力的挤压、"小乡城文化"与外来文化的冲突等内蕴也成为其小说创作表现的内涵。《七个野人与最后一个迎春节》《凤子》《黄昏》《边城》《知识》《三三》《小砦》《长河》等小说均有这方面的描写。这批小说并非"为赋新词强说愁"，而是基于他对苗族为主的湘西民族现状的认知。早在1928年出版的《阿丽思中国游记》（第二卷）中，他就专门描述了民族不平等问题。"到苗地去是不必怯的，苗人的狗也懂到怕汉人三分。这地方，从不曾闻有苗人欺侮汉人的新闻，也不曾有这故事。"被卖的苗族小孩不敢哭，"因为在汉人面前，哭也不是随便可以放纵的，这是在作奴隶以前的苗子，一出娘胎也就懂得的事了"。② 有些夸张的笔法，写出了数百年民族冲突积淀成

---

① 沈从文：《三个女性》，《沈从文全集》第7卷，北岳文艺出版社2002年版，第376页。
② 沈从文：《阿丽思中国游记》，《沈从文全集》第3卷，北岳文艺出版社2002年版，第261、263页。

的民族矛盾与隔阂;为何会有这样的印象呢?因为现实生活中,"所有的苗人,不让他有读书机会,不让他有作事机会,至于栖身于大市镇的机会也不许,只把他们赶到深山中去住,……捐赋太重,年又不丰收,他们就把自己生育的儿女,用极小的价钱卖给汉人作奴隶,终身为主人所有,算是借此救了自己也活了儿女,这又是汉人对于苗人的恩惠"。①无法生存的苗人,只能靠卖儿卖女延续生命;争相卖儿女,使得苗族小孩的价钱比不上欧洲一个玩偶。一个伶俐的苗族三岁女孩,"会唱歌,会走路,会数苗文的一二三四五,且明白左转右转,但我们应当记清楚,是十块少一点儿的一个数目呀!""在欧洲,出十镑钱买一洋娃娃,也是平常事。然而若把洋娃娃比奴隶,那已类乎把欧洲人的狗比苗子,一个狗应比苗子尊贵值钱,是谁也都明白了。"通过阿丽思的视角,对比中西儿童的处境,更加激发出读者的愤慨。问题是,阿丽思觉得奇怪的奴隶买卖,竟然是当事人渴望延续下去的活动,因为没有了这种买卖,他们的命运将更悲惨。"因了战争的延长,交通的断绝,把奴隶的输出量便减少下来,靠养育儿女卖一点钱来维持生活的苗子,也就更多悲惨的命运了。"② 一方面是买卖奴隶的残酷现状,靠卖儿女才能勉强延续生命的苗族人如此苟活着;另一方面是他们渴望这种买卖能够不受战争的影响,以便他们把儿女卖出去。看似悖论的现实,凸显出沈从文对湘西民族命运的关注与无奈,隐含着作家无法排遣的悲愤和焦虑。

在这样的背景下,我们看到苗族人极力排斥外来文化的干扰,竭力保存自己生存状态的努力,当然,也能够看到外来势力的强大。《七个野人与最后一个迎春节》叙述当地居民拒绝归化、逃居山洞、最终被当局派兵猎杀的故事。小说开头就渲染紧张的氛围:"有官的地方,是渐

---

① 沈从文:《阿丽思中国游记》,《沈从文全集》第3卷,北岳文艺出版社2002年版,第264—265页。

② 沈从文:《阿丽思中国游记》,《沈从文全集》第3卷,北岳文艺出版社2002年版,第269、264页。

渐会兴盛起来。道义与习俗传染了汉人的一切，种族中直率慷慨全会消灭，……将来的北溪，也许有设官的一天吧？到那时，人人成天纳税，成天缴公债，成天办站，小孩子懂到见了兵就害怕，家犬懂到不敢向穿灰衣人乱吠，地方上每个人皆知道了一些禁律，为了逃避法律全学会了欺诈，这一天终究会要来吧。"① 对官府统治力量即将到达的恐惧，实际上是对人类生活累积的种种社会禁忌的惧怕，因为北溪的苗人习惯了自由自在的生存状态，反对拘束霸道的生活约束。这样，一方要维持原始自由的生活，一方要将其纳入社会规范，两种文明的冲突便不可避免。其中有师徒七个人逃到了山洞里，以这种方式躲避规制。"照例住山洞的可以作为野人论，不纳粮税，不派公债，不为地保管辖，他们这样做了。"② 在自然环境中，他们过得自由、自足，"他们做工吃饭，在世界上自由的生活，全无一切苦楚。他们用枪弹把鸟兽猎来，复用歌声把女人引到山中"。"他们愿意自己自由平等的生活下来，宁可使主宰的为无识无知的神，也不要官。因为神永远是公正的，官则总不大可靠。"③ 北溪归化后，"不久就有种不必做工也可以吃饭的人了。又有靠说谎话骗人的大绅士了。又有靠狡诈杀人得名得利的伟人了。又有人口的卖买行市，与大规模官立鸦片烟馆了。地方的确兴隆得极快，第二年就几几乎完全不像第一年的北溪了"。④ 他们感受到的是剥削、压迫和不做工吃闲饭的人增加了，更可怕的是北溪的社会风气被彻底败坏。于是，他们感到困惑："我们这里要一个官同一队兵有什么用处？我们要

---

① 沈从文：《七个野人与最后一个迎春节》，《沈从文全集》第4卷，北岳文艺出版社2002年版，第182页。

② 沈从文：《七个野人与最后一个迎春节》，《沈从文全集》第4卷，北岳文艺出版社2002年版，第188页。

③ 沈从文：《七个野人与最后一个迎春节》，《沈从文全集》第4卷，北岳文艺出版社2002年版，第185—186页。

④ 沈从文：《七个野人与最后一个迎春节》，《沈从文全集》第4卷，北岳文艺出版社2002年版，第191页。

他们保护什么？老虎来时，蝗虫来时，官是管不了的。地方起了火，或涨了水，官是也不能负责的。"① 意识到官府的无用和官兵的威胁，他们更向往那七个人的生活，所以迎春节时两百人聚到山洞饮酒、唱歌，招来官府忌讳。七十个带枪携刀的士兵围攻山洞，七个人全部被杀，头挂到税关门前大树上，说是谋反，其余人则号令自首。对本土文化的坚守，在带着枪炮的外来文化围攻下崩溃了。《知识》通过留学归来的哲学硕士张六吉的视角，透视湘西混乱现状的原因——老刘儿子被蛇咬死，夫妻二人顾不上哭儿子，因为地里的活儿还等着他们干呢！问他们为何不哭？二人的答话相似。老刘说："世界上那有不死的人。天地旱涝我们就得饿死，军队下乡土匪过境我们又得磨死。……人死了，我坐下来哭他，让草在田里长，好主意！"老伴说："我伤什么心？天地旱涝我们就得饿死，军队下乡土匪过境我们又得磨死。好容易活下来！死了不是完了？人死了，我就坐下来哭，对他有何好处？对我有何益处？"② 这篇小说，清晰道出了湘西困窘现实的成因——天灾、军队骚扰、土匪抢劫等。在在困扰着湘西人的生存，成为湘西颓败的外在原因。

历来以强悍著名的湘西人，为何陷入困境呢？除了《七个野人与最后一个迎春节》所表现的外来文化的入侵，还应该有苗族自身的原因。《黄昏》就凸显出沈从文对内因的追索。小说叙述某县城一座监狱的情景。"驻扎城中的军队，除了征烟苗税的十月较忙，其余日子本来就无事可做，常常由营长连长带了队伍出去，同打猎一样，走到附近乡下去，碰碰运气随随便便用草绳麻绳，把这些乡下庄稼人捆上一批押解入城，牵到团部去胡乱拷问一阵，再寄顿到这狱中来。或于某种简单的糊涂的问讯中，告了结束，就在一张黄色桂花纸上，由书记照行式写成甘

---

① 沈从文：《七个野人与最后一个迎春节》，《沈从文全集》第 4 卷，北岳文艺出版社 2002 年版，第 186 页。
② 沈从文：《知识》，《沈从文全集》第 8 卷，北岳文艺出版社 2002 年版，第 321—322 页。

结,把这乡下庄稼汉子两只手涂满了墨汁,强迫按捺到空白处,留下一双手模,算是承认了结上所说的一切,于是当时派队就把人牵出城外空地上砍了。或者这人说话在行一点,还有几个钱,又愿意认罚,后来把罚锾缴足,随便找寻一个保人,便又放了。"驻军抓人、杀人的随意性,是苗族人被害的外因,固然引发读者对苗族命运的同情;那些被冤枉的当事人麻木愚昧、认命随运的性格,更是让人吃惊。"另外一个乡下人样子,老老实实的,却告给狱吏:'大爷,我砦上人来时,请你告诉他们,我去了,只请他们帮我还村中漆匠五百钱,我应当还他这笔钱。……'"① 没有抗议,不想抗争,甚至都没有意识到自己是冤屈的,而是冷静、淡然地交代家中债务,安排好后事。麻木应对现实,不思变革,是湘西陷入困境的内因。

因为内外交织的文化冲突和势力挤压,沈从文对湘西人的命运一直担忧,进而在小说中表现出鲜明的忧患意识。《三三》就表现出少女的忧患,妈妈去总爷家送鸡蛋时,三三"等候母亲还不回来,心想莫非管事先生同妈妈吵了架,或者天热到路上发了痧?……心里老不自在回到碾坊里去"。②《边城》中翠翠也时常充满忧患——人们都走了,爷爷还不来,翠翠"忽然起了一个怕人的想头,她想:'假若爷爷死了?'"听楼上人说起那个妓女的爸爸就是在棉花坡被杀的,杀了十七刀,"翠翠心中那个古怪的想头,'爷爷死了呢?'便仍然占据到心里有一忽儿"。③没有社会经历的小女孩,依赖家长是常情;但是,没有脱离其生长环境,却陡然一次次浮出恐惧的念头,不能不说当时的社会环境使她们产生了强烈的不安全感。浸染于那样的处境中,连久经风霜的老船夫也有浓郁的忧患意识:"其实他有点忧愁,因为他忽然觉得翠翠一切全像那个母亲,而

---

① 沈从文:《黄昏》,《沈从文全集》第7卷,北岳文艺出版社2002年版,第422、426页。
② 沈从文:《三三》,《沈从文全集》第9卷,北岳文艺出版社2002年版,第21页。
③ 沈从文:《边城》,《沈从文全集》第8卷,北岳文艺出版社2002年版,第78、79页。

且隐隐约约便感觉到这母女二人共通的命运。"听到翠翠喊爷爷的声音，老船夫一边答应，一边自言自语："翠翠，爷爷不在了，你将怎么样？"①可见，忧患意识已经成为现代湘西人普遍的深层意识。长期笼罩在这种负面心理下的湘西人，对未来难有光明的期待，对现实也更加不满。

《长河》是沈从文立志表现湘西人现代命运的长篇小说，他有意"把最近二十年来当地农民性格灵魂被时代大力压扁扭曲失去了原有的素朴所表现的式样，加以解剖与描绘"。② 因此，该小说一方面表现外来势力对湘西的冲击，一方面表现湘西人对外来事物的排拒。他首先揭露地方政府和官员们的丑行：县长让人拿大萝卜申报金牌，申报者不仅没有拿到金牌，反而被要走四块赏钱；下乡的委员，据说是学种菜的，吃了一十四吊钱的酒席，带走七八只母鸡——"预备带回去研究的"。③ 其次，小说描写夹在国共两党斗争中的湘西人生活场景——共产党来了，王四癫子捐两万块钱；中央军来了，捐两万块钱，积蓄完了，人气死了！死后妻妾各抱过继儿子与族人争财产，三个孝子冒出，被烛台砸死一个。知县带一帮人来破案，吃住好久，"把村子里母鸡吃个干净后"，交给家族处理；家族处理不了，党部委员来了，"认为命案无从找寻凶手，油坊田地产业应全部充公办学校"。类似的搜刮，搞得民不聊生，长顺说："今年省里委员来了七次，什么都被弄光了，只剩了个空架子，……"④ 因此，湘西人对统治者没有好印象。再次，小说描绘了捐税的繁重。既然当地被搜刮殆尽，难以生存，到外地如何？把当地盛产的橘子贩卖出去如何？当夭夭说让长顺到上海卖橘子时，他说："一路上要有三百二十道税关，每道关上都有个稽查，伸手要钱，……"夭夭要老水手带她去武昌卖橘子，水手说："这东西带到武昌去，会赔本的。关卡太多了，一路上税，一路打

---

① 沈从文：《边城》，《沈从文全集》第 8 卷，北岳文艺出版社 2002 年版，第 114、120 页。
② 沈从文：《长河·题记》，《沈从文全集》第 10 卷，北岳文艺出版社 2002 年版，第 5 页。
③ 沈从文：《长河》，《沈从文全集》第 10 卷，北岳文艺出版社 2002 年版，第 24—25 页。
④ 沈从文：《长河》，《沈从文全集》第 10 卷，北岳文艺出版社 2002 年版，第 28、134 页。

麻烦，你爹发不了财的。"① 也就是说，不管你往哪里去，仅关税一项就使你望而却步；那么，湘西人只能困在原地经受折磨了。

《长河》因为当局的检查、删改等原因，未能写完。实际上，沈从文不仅写出湘西人的困境和前途渺茫，还要追问造成困境者的责任。比《长河》早一年发表的《小砦》已经传达出这些内蕴。跟"边城"迥异，这里的民风变坏，有势力的无赖开始欺压乡里，唯利是图；这里的百姓缺乏生气，生存在死气沉沉的氛围中，像桂枝，"对生活实际上似乎并无什么希望，尤其是对于憨子。她只要活下去，怎么样子活下去就更有意思一点，她不明白"。② 整个小砦，呈现出一片颓败、堕落的景象。沈从文忍不住发问："这地方商业和人民体力与道德，都似乎在崩溃，向不可救药的一方滑去。关于这个问题，应当由谁来负责？是必然的还是人为的？若说是人为的，是人民本身还是统治人民的地方长官？很少人考虑过。至于他们自己呢？只觉得世界在变，不断的变。变来变去究竟成个什么样子，不易明白，但知道越下去买东西越贵，混日子越艰难。"③ 他的追问当然得不到执政当局的答复，但是，读者分明看到了是什么人造成湘西的颓败。从连续的追问中，我们能够感受到沈从文的愤懑、关切，也能够体悟到他上下求索的韧性精神。

七 对宗教存在的思索

宗教是人类社会生活中独特、持久的存在，沈从文的小说创作对此有充分的表现。因为其所生长的湘西遗存有原始宗教传说、习俗，他似乎对其有天然的兴趣，所以早期小说中就有不少文本描绘之。后来，随着对

---

① 沈从文：《长河》，《沈从文全集》第 10 卷，北岳文艺出版社 2002 年版，第 83、85 页。
② 沈从文：《小砦》，《沈从文全集》第 10 卷，北岳文艺出版社 2002 年版，第 206 页。
③ 沈从文：《小砦》，《沈从文全集》第 10 卷，北岳文艺出版社 2002 年版，第 187 页。

基督教、佛教的了解加深,对宗教的反映与思索便构成其关注的内蕴。21世纪以来,已有学者关注其宗教意识,或认为"沈从文《月下小景》小说集以及其他小说作品,处处流露出他对佛的虔诚以及浓郁的泛神主义、博爱主义和人本主义等宗教意识"。苏永前等将湘西世界与禅学结合,认为"无论是渗透在作品中的悲悯的情怀、生命无常的感悟、回归自然的愿望,还是在创作心理的把握中,都体现出一种禅学风范"。王海燕通过研究和实地调查,认为沈从文笔下的湘西少女形象的原型是观音。观音信仰不仅影响到作者的美学趣味、思想情怀、人文理想等,而且制约着少女形象的塑造、情节发展以及意境氛围的营造等。① 总体看来,笼统地以现存宗教特征硬套研究对象,不如通过文本细读或实地调查选择符合其文本特征的视角进行的研究更有价值;而且,沈从文的宗教意识是接近原始宗教形态的精神构成,它对于沈从文的创作风格、文本内蕴、意境建构等具有怎样的价值,依然是待阐释的问题。

《呆官日记》以狗的视角看人类,这只狗想逃离情感的旋涡,向主祈祷:"今天是星期,我学一个基督教人,作祷告。我的祷告是在一本革命须知书前做的,我轻轻的说,神,老爷,主子,给我力,给我生气,给我便捷,好让我从恋爱中逃遁如野羊在猎人手中逃遁吧。"事实上,神帮不了忙,凤躲避他,他表白,以待神的态度对待凤:"我的王,我的主,我这希望原无害于你,信我的诚实,怜悯我,让我同你接吻,同你睡觉吧!"② 当他急着出院找凤时,医生不允许,他很生气,女看护说:"这样人也应看上帝面上原谅他,因为许多人是好心肠不得到好报酬的。"③ 有所求,祈祷以得之;宽恕一切,既是遵循上帝的旨意,亦蕴含着博爱待人

---

① 参阅张志成《论沈从文小说的宗教意识》,《西南民族大学学报》2005年第10期;苏永前、汪红娟《论沈从文"湘西世界"中的禅学意趣》,《甘肃社会科学》2005年第3期;王海燕《湘西观音信仰与沈从文乡土小说》,《郑州大学学报》2004年第1期。

② 沈从文:《呆官日记》,《沈从文全集》第4卷,北岳文艺出版社2002年版,第16、17—18页。

③ 沈从文:《呆官日记》,《沈从文全集》第4卷,北岳文艺出版社2002年版,第39页。

的理念。显然，基督教的精神成为人物行为的潜在意识。《冬的空间》写到大学教授 A 与大学生玉的一段对话："玉……取出了一本皮面金花的小小圣经，'A 先生，你是教徒？'" A 说："天国的门不是为我这种人开的，要有德行同有钱的人，才应当受洗。我是把圣经当成文法书看的，这东西不坏。"并告诉玉自己早年在北京住院期间，看大本圣经，读雅歌，被一位女教会负责人看到，特送这本书。① 此处描写至少透出三层内涵：其一，能够接受洗礼成为基督徒的人，必须"有德行有钱"；其二，《圣经》是可以当作文法书用的；其三，A 早就接触过基督教，并被它的博爱精神感染。《第四》叙述一位朋友讲述其与女性交往的故事——勾引穿浅紫色绸衣的女人，此人女校毕业，曾嫁给大她 15 岁的牧师；在朋友家半个月与其交合 12 次，并使其在约会返回途中遭遇车祸；然后与朋友相好。小说一方面凸显浮浪子弟的虚伪："听到这女人生活得不合理，我就找出一个机会来，把我这鲜明年青的身体，慷慨赠给这女人，使她从我身体上得到一种神秘的启示，用我的温柔，作一种钥匙，启开了这女人蔽锢的心上的门，要她有一种年青的欲望的火，要她觉悟到过去一切的不合理，从新的获得上，发现那老公牛占有她是一种耻辱，一种切齿的冤仇。"②

另一方面通过女人的叙述刻画牧师心灵的宽宏："他知道我们要逃走，他是并没有说什么重话的。他并不向我说过一句使我伤心的话。他只说人太年青了，总免不了常常要做一点任性的事情。他说年青人永远不会懂老年人。他说我的自由并不因为嫁了他而失掉，但应当明白的做一切负责的事情。他说你是一个好情人，他毫无干涉我们接近的意思，他只愿意我们不要以为他是一个顽固的老年人，对于他抱一种误解的责难，就够了。"③ 两相对比中，表现出基督教的宽容和人与人之间修养差异之巨大。

---

① 沈从文：《冬的空间》，《沈从文全集》第 5 卷，北岳文艺出版社 2002 年版，第 29 页。
② 沈从文：《第四》，《沈从文全集》第 5 卷，北岳文艺出版社 2002 年版，第 140—141 页。
③ 沈从文：《第四》，《沈从文全集》第 5 卷，北岳文艺出版社 2002 年版，第 149 页。

《平凡故事》叙述教会大学文科学生的故事，男生同时和两个女生谈恋爱，竟然游刃有余；女生呢？"嫉妒，好事，虚伪，浅薄，凡是属于某种女子的长德，在这个学校也如其他学校一样，是比知识还容易得到许多的。"① 沈从文对这些教会大学的学生是否定的，认为他们没有养成诚实、博爱的情怀，反而在虚伪、浮夸中虚耗人生。校园内的基督教变异了，校园外的传教士生存状态如何呢？《建设》描述某市区一个教堂在建工地的情形，一个苗族民工企图敲诈贩卖工地东西者，没有得逞，却杀了醉酒的美国牧师；此事被当局移祸于共产党，民工依然活着，被称为好工人。这部小说凸显出沈从文对现实的敏感和对牧师们人身安全的关注。小说最后写道："按照了一个时代的风气，按照了一种最通常的执政者无耻的习惯，就是由中国官厅借口说是'共产党有意破坏中美邦交'所行的一种手段"，然后赔一点款了事。② 一个刑事案件转化为政治事件，不但减轻了当局的责任，也诬陷了共产党。在看似客观的描述中，作家既反思了中国社会现实，也表现了传教牧师处境的危险。

　　相对于基督教而言，沈从文以本民族神话传说或佛经故事改写的小说，蕴含着他对人、神关系的思考，也凸显出他以风俗作为叙事内动力的特点。《媚金·豹子·与那羊》叙述媚金和豹子唱歌相爱，约定在黄村宝石洞结合。媚金先到，豹子却因为寻找合适的羊羔耽误了时间；媚金以为豹子违约，自杀了；豹子亦自杀殉情。豹子寻找小羊时告诉地保："我来此是为伯伯匀一只小羊，拿去献给那给我血的神。""地保是老年人，是预言家，是相面家，听豹子在喜事上说到血，就一惊。"③ 这种类似咒语的话一出口就让人预感到悲剧的存在，实为人类社会早期依赖直觉认识世界的思维特征的遗存，表现出人类对超自然现象的恐

---

　　① 沈从文：《平凡故事》，《沈从文全集》第8卷，北岳文艺出版社2002年版，第45页。
　　② 沈从文：《建设》，《沈从文全集》第6卷，北岳文艺出版社2002年版，第186页。
　　③ 沈从文：《媚金·豹子·与那羊》，《沈从文全集》第5卷，北岳文艺出版社2002年版，第358页。

惧。《三个男人和一个女人》中作为叙事内动力的是当地风俗："因为听到人说吞金死去了的人，如是不过七天，只要得到男子的偎抱，便可以重新复活。"①《医生》中青年人之所以绑架 R 市医生，也是要为其死去的情人治疗 7 天。这种带有原始宗教意味的习俗，成为驱动叙事发展的驱动力，导致人物命运的变化。《月下小景》则叙述傩佑和所爱女子受习俗制约的爱情悲剧。部落习俗是："××族人的习气，女人同第一个男子恋爱，却只许同第二个男子结婚。若违反了这种规矩，常常把女子用石磨捆到背上，或者沉入潭里，或者抛到地窟窿里。"② 这里的人们服膺神的意志，亦遵守人的规矩，便构成意识深处的矛盾——一方面，相信神的存在和超然："因为神是正直的，不阿其所私的，人在世界上并不是唯一的主人，日月不单为人类而有。""神是不说话的。"③另一方面，强调神与人的冲突："但这些魔鬼习俗不是神所同意的。年青男女所做的事，常与自然的神意合一，容易违反风俗习惯。""神同意的人常常不同意。"④ 人的情感和神的原则冲突，因为神是没有人类的丰富感情的；神，还意味着部落规矩，于无形中制约着人的行为，酝酿出近乎宗教意味的潜意识。正因为是浸入精神深处的原始宗教意识，经过长期熏陶已经成为无意识，所以两个人没有怨恨，反而能够笑对死神："砦主的独生子，把身上所佩的小刀取出，在镶了宝石的空心刀靶上，从那小穴里取出如梧桐子大小的毒药，含放到口里去，让药融化了，就度送了一半到女孩子嘴里去，两人快乐的咽下了那点同命的药，微笑着，睡在业已枯萎了的野花铺就的石床上，等候药力

---

　　① 沈从文：《三个男人和一个女人》，《沈从文全集》第 8 卷，北岳文艺出版社 2002 年版，第 33 页。
　　② 沈从文：《月下小景》，《沈从文全集》第 9 卷，北岳文艺出版社 2002 年版，第 226 页。
　　③ 沈从文：《月下小景》，《沈从文全集》第 9 卷，北岳文艺出版社 2002 年版，第 218、224 页。
　　④ 沈从文：《月下小景》，《沈从文全集》第 9 卷，北岳文艺出版社 2002 年版，第 227、225 页。

发作。"① 细读文本，可以感受到小说内涵：二人的殉情，不是对外部势力的以死抗争，而是对部落习俗的自觉服膺。升腾其间的是献身宗教的喜悦与幸福，甚至超越了爱情的神圣。

当然，民俗也并非总酝酿悲剧。有时候，民俗会给小说中的人物带来幻想，使其忘却原本承担的任务。如《龙朱》叙述白耳族王子龙朱"美丽强壮像狮子，温和谦驯如小羊"，却一直没有找到满意的女性。在仆人矮子帮助下，终于结识黄牛寨寨主的三女儿。他对天发誓，祈求大神保佑："你大神，你老祖宗，神明在左在右：我龙朱不能得到这女人作妻，我永远不同女人同睡，承宗接祖的事我不负责！若是爱要用血来换时，我愿在神面前立约，砍下一只手也不悔！"② 关键时候，祈祷神的护佑，凸显出原始的人神互通观念。《神巫之爱》叙述神巫与花帕族女孩的恋爱故事时，则侧重表现爱情对象的寻觅过程与人们对爱情的神圣认知。神巫以其英俊吸引着众多女性，却不乱性，苦等着心上人："在一切女人心中，这男子应属于天上的人。纵代表了神，往各处降神的福佑，与自己的爱情，却从不闻这男子恋上了谁个女人。"当终于找到那个女孩时，发现她是个盲人，神巫一点不嫌弃："那应当是真事！我见到她时她真只用眼睛说话的。一个人用眼睛示意，用口接吻，是顶相宜的事了！要言语做什么？"③ 这样，神巫的爱情观就表现出来了：爱一个人，并非爱其外表，而是爱其内涵。小说《渔》更清晰地表现出通过特定风俗消弭世仇的主旨。小说叙述甘、吴两姓部族延续两百多年的仇杀历史，甘姓幸存者出家了，吴姓兄弟夜渔时遇到了甘姓女孩，弟弟还爱上了她。药鱼的时间还不到，弟兄俩来到

---

① 沈从文：《月下小景》，《沈从文全集》第9卷，北岳文艺出版社2002年版，第230—231页。
② 沈从文：《龙朱》，《沈从文全集》第5卷，北岳文艺出版社2002年版，第338页。
③ 沈从文：《神巫之爱》，《沈从文全集》第9卷，北岳文艺出版社2002年版，第368、422页。

庙前；为了不打扰庙里的人，双胞胎兄弟坐到石凳子上，哥哥粗心，弟弟却注意到凳子旁有人丢下的花。"他把那已经半憔悴了掷到石桌上的山桂野菊拾起，藏到麂皮抱肚中，……照乌鸡河华山寨风俗，则女人遗花被陌生男子拾起，这男子即可进一步与女人要好唱歌，把女人的心得到。"① 因为被野花引发了爱情，弟弟再无心捕鱼，当哥哥鱼篓已满时，弟弟的篓中仍空空如也。显然，爱情已诱惑他超越了现实，沉浸于想象中实现两姓间的联姻——消弭彼此的仇恨了。

沈从文小说中的佛教内蕴更为丰富，有些文本就取材于佛经。此处不分析那些泛泛隐含佛教理念的文本，而是重点剖析沈从文根据佛经或佛教故事改编的小说，其中《月下小景》有独特内蕴。这组小说是为了报答当年到苏州求婚时张家小五拿出零花钱招待自己而创作的，突出的是教谕、趣味。《月下小景》共9篇小说，除了《月下小景》表现人神关系、风俗制约外，其余皆辑自佛经。《寻觅》叙述青年人不满足于富足家庭和美丽妻子，被古书上所言朱笛国诱惑，"这三样东西（白色毯子、九色金蕊大花、古书——引者注），引起了年青人无数幻想。那年青人自从明白地面上还有一个这样国家后，一切日常生活便不大能引起他的兴味，日子再也过得不是幸福日子了"。他去寻觅朱笛国，朱笛国国王却寻觅白玉丹渊国去了。三年后相逢，国王说："知足安分是一个使我们活到这世界上取得快乐的方法，我已经认识明白，为了快乐，我就回到本国来了。"② 小说告诉读者：最好的就是眼前的。《女人》叙述国王因为鹦鹉说有个男子比自己还漂亮，就派人召见之。青年人半途返家取书，发现妻子与恋人出游，郁闷不已；到宫廷后，大臣安排他休养三天，其间听到王后同马夫头子偷情，遂释然，面貌焕然一新。小说表现出对世间情感的超越，凸显出佛教对欲望的否定。《扇陀》叙述隐

---

① 沈从文：《渔》，《沈从文全集》第5卷，北岳文艺出版社2002年版，第276页。
② 沈从文：《寻觅》，《沈从文全集》第9卷，北岳文艺出版社2002年版，第235、243页。

士的尿被母鹿喝去后生下一个儿子,长大后饱读诗书却不懂女人。一次外出时,因为下雨摔了一跤,他用咒语让上天不许再下雨,使波罗蒂长国三年不雨。国王告示天下,谁能够解除咒语,情愿割让国土或将公主许之。富商女儿扇陀主动请缨,率500美女而去,使男子动情,离不开自己;仙人神通既然失去,国内连下三天大雨。然后,扇陀装病不起,透出非公鹿稳步不能救治,男子驮其下山,扇陀成功。《爱欲》集中谈论爱情问题,三个故事各有所指——第一个故事表现爱情与权势无关,第二个故事凸显爱情的神秘与不可理喻,第三个故事则表现爱情蕴含的因果报应,以及美丽无法永恒等命题。在剖析女性爱情中近乎怪异的行为后,沈从文表达了对中国社会现状的认知:"他们都在习惯观念中见得极其懒惰,极其懦怯。用为遮掩他们中年人的思索与行为懒惰懦怯的,就是一本流传在那个种族中极久远极普遍的古书,那本书同中国的圣经贤传文字不同,意思相近。""那种族中中年人虽然记到这十六个深得老庄精义的格言,把日子从从容容对付下去,年轻人却常常觉得这一两千年前拘迂老家伙所表示的自然主义人生观,到如今已经全不适用。""因此那地方便也产生了各种思想与行动的革命,也同样是统治阶级愚蠢的杀戮!"① 怎么解决这种问题呢?沈从文开出的药方也是到"西方××国"取经,构成对中国近代以来社会思潮的反讽。《猎人故事》叙述猎鸟专家讲的故事,实际上是他转述"穿青衣人"所述两个雁鹅与乌龟相处成友、相互辩论的事情。池塘水干涸,雁鹅抬乌龟飞往北海途中,被小孩讥笑两次,第三次又被讥笑时,乌龟准备辩驳,一张口,从棍上掉下来。"我"急切想知道后事如何,插言一句,青衣人就不讲了。小说讽刺那些为留名而写日记或作新诗的人:"他们既然能谈得来,所谈到的,大概也不外乎艺术,哲学,社会问题,恋爱问题,以及其他种种日常琐事佚闻。不过他们从不拿笔,不写日

---

① 沈从文:《爱欲》,《沈从文全集》第9卷,北岳文艺出版社2002年版,第278页。

记,不做新诗,中外文学家辞典上自然没有姓名,大概也不加入什么'笔会'。"① 佛教向往来世的幸福,不在意现世的享乐,故对于现世追逐功名的行为持讽刺态度。同时,通过雁鹅、乌龟两种生存状态表现了不同的人生观——或因自己视野开阔而蔑视他人,或宁可曳尾泥涂而拒绝权势诱惑,这是作者观察文坛现实而归纳、思考的结果。《一个农夫的故事》叙述甥舅二人为京城衙役,因照顾饥寒交迫的贫民而偷皇家仓库里的东西;后舅舅被擒,让外甥砍掉其头逃走。为了找到这个青年人,皇帝以无头尸做诱饵,青年却以车携柴覆盖之,雇佣10个红衣小孩纵火焚烧,并以美酒诱惑守护士兵,偷走其舅舅骨骸。皇帝让最美丽的公主居河边诱惑之,他巧计占有并使之怀孕,生子后则得其子而逃邻国,成为王子。他促使国王向原来那个国家求婚,专门讨要小公主,被国王识破后,顺利说服公主,终成为两个国家的国王。小说一方面凸显智慧的效能,不但可以使人摆脱困境,还能够成为两个国家的国王;另一方面则讽刺小说和历史写作。小说结尾催促历史学家记下来故事:"你得好好记下来,同时莫忘记写上最后一行:'说这个故事的是一个青年农人,他说这个故事并无其他原因,只为的他正死去了一个极其顽固的舅父,预备去接受舅父的那一笔遗产:四顷田,三只母牛,一栋房子,一个仓库,遗产中还有一个漂亮乖巧的女子,他的表妹。他心中正十分快乐,因此也就很慷慨的分了众人一点快乐。'这是说谎,是的。可是这谎话算罪过吗?你记下来呀,记下来就可以成为历史!"② 个人现实经历的放大就成为小说。历史是怎么写出来的?记录谎话也能成为历史!《医生》叙述医生以身代鹅受过,结果鹅被主人杀死,宣讲舍生取义的佛理;《慷慨的王子》叙述王子慷慨行事,珠宝、宝象,甚至一

---

① 沈从文:《猎人故事》,《沈从文全集》第9卷,北岳文艺出版社2002年版,第300页。
② 沈从文:《一个农夫的故事》,《沈从文全集》第9卷,北岳文艺出版社2002年版,第327页。

对儿女皆施舍与人,最终得到好报,宣传因果相报的佛理。可见,沈从文虽然是为张家小五写作,却是借此传达自己的人生观、情爱观、女性观,将其写成了带有寓言性质的小说。

对各类宗教的描写,使其小说创作具有超越现世的奇异浪漫色彩,因为"宗教除了基本仪式之外,至少得承认一点,即承认人世间的一切都来自非人间,来自人间之外另一个伟大的存在"。① 尽管沈从文笔下的宗教带有强烈的地方色彩和情感纠葛,但是,毕竟在其建构的小乡城与大都市的二元对立建构之外,又构成现世与神界的结构。这样,不仅使其小说结构方面具有复合特点,而且使其内蕴方面形成人与神、此岸与彼岸的对构,更有利于表现其对人性的多维思考和对现实的多元描绘。

---

① 刘再复:《两度人生——刘再复自述》,河南文艺出版社2016年版,第43页。

第四章 沈从文小说的艺术探索

沈从文这样总结其早期小说："我的文章越写越坏是不能辩解的事实。无意义的空谈，无聊的悲愤，琐碎到为他人看不懂的格调，无一篇不是如此，这是我自己看到我的名字在杂志上时所有的感想。"① 这段文字可以作为其早期小说的总评，一方面说明其有自知之明，且认定准确；一方面凸显出其生存的艰难，为生存不得不应付的窘迫。但是，读者不应因此认为这些小说艺术方面一无是处。在不断拓展叙事内蕴的同时，他也借鉴中外小说技法，在叙事技巧方面进行多方面的探索。随着其小说创作的成熟，无论是小说文体的试验、叙事特征的建构，还是人物心理的刻画、女性观的凸显，均呈现出独特的风貌。

一 沈从文小说的文体试验

沈从文早期小说创作并没有鲜明的文体意识，那是他谋生的手段，也是其小说创作进入成熟期的铺垫。研读其成熟期小说，可以看到无论是陪学生一起练习，还是自我尝试不同的叙述方法，均有较强的文体意识。没有既定规则的拘束，根据表达内容、抒发情感的需要

---

① 沈从文：《楼居》，《沈从文全集》第6卷，北岳文艺出版社2002年版，第395页。

选择文体，使其文体呈现出多姿多彩的特点——或继承民间传说的传统，创作民间故事体；或吸收外来小说技法，写游记体；或出于抒情的需要，采用书信体；或借鉴西方理论，表现意识流等。汪曾祺认为："沈先生曾有意识地试验过各种文体。《月下小景》叙事重复铺张，有意模仿六朝翻译的佛经，语言也多四字为句，近似偈语。《神巫之爱》的对话让人想起《圣经》的《雅歌》和萨孚的情诗。"① 此论涉及沈从文的文体尝试和语言追求，出自其学生之口，可信。其文体创新的成就，已得到学界认可："沈从文被人称为'文体作家'，首先是因为他创造性地运用和发展了一种特殊的小说体式：可叫做文化小说、诗小说或抒情小说。""沈从文的文学语言较为奇特，有真意，去伪饰，具个性，追求纯和真的美文效果。"② 可见，其文体方面的多维尝试已结出了累累硕果。

沈从文没有接受过完整的教育，因此，其创作也就没有预设的文学规范，而是凭自己的"小乡城文化"积淀和天然禀赋而为。他担心读者误会，特意在《阿丽思中国游记·序》（第二卷）申明："文学应该怎样算对，怎样就不对，文学的定则又是怎样，这个我全不能明白的。不读过什么书与学问事业无缘的我，只知道想写的就写，全无所谓主义，也不是为我感觉以外的某种灵机来帮谁说话，这非自谦也不是自饰，希望有人相信。"既然不是顺应群体规则的创作，就能够较为充分地彰显自我："我为了把文学当成一种个人抒写，不拘于主义，时代，与事物论理的东西，故在通常标准与规则外，写成了几本书。"③ 在《一日的故事·后记》中，他再次强调："我愿意在章法外接受失败，

---

① 汪曾祺：《汪曾祺论沈从文》，广陵书社2016年版，第12页。
② 钱理群、温儒敏、吴福辉：《中国现代文学三十年》（修订本），北京大学出版社1998年版，第283—284页。
③ 沈从文：《阿丽思中国游记·序》，《沈从文全集》第3卷，北岳文艺出版社2002年版，第145页。

不想到在章法内得到成功。"① 不囿于规则和章法,宁愿经历"章法外"的失败,也要大胆探索叙事之道。这,既是沈从文的态度和立场,也是其小说叙事特征奇异的成因。

沈从文小说创作中最典型的文体特点是文本复合。它是指沈从文进行小说创作时,在小说文体内融入民歌、书信等其他文体,建构成复合文本的现象。这种现象本是小说史上存在的,如《红楼梦》就几乎融进了古典文学的所有文体,使其具有极为丰富的内蕴;但是,与曹雪芹那些大师具有丰厚的文体知识积淀不同,沈从文开始创作小说时,并没有鲜明的文体意识和相关积累,只是根据表达对象的特点,将自己熟悉的民歌引入,或出于抒情的方便,引入书信。无力过多引入与无意偶尔导入的结果,使其小说内蕴丰富的同时,亦显得自然。

民歌入文本,沈从文用得很谨慎。他的小说往往是在表现青年男女恋爱生活时,才使用民歌。笔者认为:一方面,湘西少数民族确有对歌恋爱的传统,一如《边城》里天保、傩送都爱上翠翠时,要对歌决胜负那样;小说中如实写出,增强真实感。另一方面,民歌的引入也有助于营造抒情气氛,强化对所写情感的赞许。《雨后》叙述四狗与情人约会时,听到对山七妹子唱歌弄人,"他的手,那只拈吃过特意为他摘来的三月莓的手,已大胆无畏从她胁下伸过去,抓定一只奶了"。这时,不常唱歌的四狗唱道:"大姐走路笑笑底,一对奶子翘翘底,心想用手摩一摩,心子只是跳跳底。"正是为了营造情浓意深的氛围,四狗请她念诗,她念了一句:"落花人独立,微雨燕双飞。"沈从文强调:"景不洽,但情绪是这样情绪。"② 一首民歌一句诗,不仅凸显两人的文化差异——小乡城文化的俗野与汉文化的典雅,也表现出小乡城文化对汉文化拥有者的征服;其共

---

① 沈从文:《一日的故事·后记》,《沈从文全集》第5卷,北岳文艺出版社2002年版,第318页。

② 沈从文:《雨后》,《沈从文全集》第3卷,北岳文艺出版社2002年版,第275—276页。

同效应则是渲染情绪，解构对立。《神巫之爱》叙述神巫寻求真爱的故事，对于一个喜欢用歌声表达情感的民族而言，没有什么不可以用歌声传达的。全篇共有 19 首民歌，具有叙事和表情两种功能。五羊的歌，既歌颂神巫之美，也告诉其他女性神巫已经情有独钟；同时，他还替神巫唱歌表白。神巫的歌，主要是表情："瞅人的星我与你并不相识，我只记得一个女人的眼睛；这眼睛曾为泪水所湿，那光明将永远闪耀我心。""天堂门在一个蠢人面前开时，徘徊在门外那蠢人心实不甘；若歌声是启开这爱情的钥匙，他愿意立定在星光下唱歌一年。"花帕族女性的歌则表白爱的勇敢与忠诚："一个心地洁白的花帕族女人，因为爱情她不知道什么叫作羞耻。她的心只有天上的星能为证明，她爱那人中之神将到死为止。"① 把歌声当作开启爱情的钥匙，是沈从文引民歌入小说的重要目的。《媚金·豹子·与那羊》叙述媚金和豹子站在山南山北，通过对歌确定爱情。"唱到后来的媚金，承认是输了，是应当把自己交与豹子，尽豹子如何处置了，就唱道：'红叶过冈是任那九秋八月的风，把我成为妇人的只有你。'"豹子一听，马上约会——

    白脸族一切全属第一的女人，
    请你到黄村的宝石洞里去。
    天上大星子能互相望到时，
    那时我看到你你也能看到我。

媚金听到歌声既兴奋，又担心，所以以歌声嘱咐——

    我的风，我就照到你的意见行事。

---

① 沈从文：《神巫之爱》，《沈从文全集》第 9 卷，北岳文艺出版社 2002 年版，第 411、404 页。

> 我但愿你的心如太阳光明不欺，
> 我但愿你的热如太阳把我融化。
> 莫让人笑凤凰族美男子无信，
> 你要我做的事自己也莫忘记。

媚金的担心并非多虑，叙事的结局正是悲剧。也许是女性的直觉，也许是命运的不可抗逆，处于爱情浪漫之中的女孩子总是顾虑重重。为了打消她的顾虑，豹子唱道——

> 放心，我心中的最大的神。
> 豹子的美丽你眼睛曾为证明。
> 豹子的信实有一切人作证。
> 纵天空中到时落的雨是刀，
> 我也将不避一切来到你身边与你亲嘴。[①]

这样，从定情到约会，从表现忧虑到信誓旦旦，皆以民歌表达。歌声酝酿爱情，爱情催发歌声，优美的旋律融进火辣辣的歌词中，凸显出对青年人爱情的肯定。

到了20世纪30年代，沈从文小说引入民歌的效应更加多元化。在继续表现青年男女爱情生活的同时，也以民歌表现风俗、凸显爱情的渴望与迷惘以及作者对社会规制与情感关系的思考。《萧萧》引入的民歌是通过她的小丈夫唱出来的，原来，为了勾引她，花狗先教小丈夫唱情歌，再转给情窦已开的萧萧。两首歌，一首是后文《阿黑小史·雨》中所引"天上起云云起花……"，一首是："天上起云云重云，地下埋坟坟重坟，娇

---

① 沈从文：《媚金·豹子·与那羊》，《沈从文全集》第5卷，北岳文艺出版社2002年版，第354—355页。

妹洗碗碗重碗，娇妹床上人重人。"① 均为暗示两性性爱生活的民歌，虽然小丈夫不懂，萧萧却明白内涵，才有后来与花狗的偷情。可见，民歌不仅是青年男女正常爱情交往中的传情工具，也是婚外情感交流的载体；一旦运用到这种功能，民歌作为叙事驱动力的价值就彰显出来了。《渔》叙述兄弟俩夜渔时弟弟拾到一个女子所遗的花朵，按照乌鸡河华山寨风俗，女人遗花一旦被陌生男子拾到，这男子就可以与女人要好唱歌。于是，弟弟唱："你脸白心好的女人，在梦中也莫忘记带一把花，因为这世界，也有做梦的男子。无端梦在一处时你可以把花给他。""柔软的风摩我的脸，我像是站在天堂的门边——这时，我等候你来开门，不拘那一天我不嫌迟。"② 短短两首歌，将弟弟渴望与遗花女子梦中相见的心理以及愿意永远等候她到来的态度尽情表达出来。《阿黑小史》是五个短篇小说组成的小说集，表现五明与阿黑从青梅竹马到敲定婚事的故事。第三篇《秋》叙述干爹出面说媒，双方老人同意。婚事已定，五明唱情歌："娇妹生得白又白，情哥生得黑又黑。黑墨写在白纸上，你看合色不合色!?"③ 这首民歌既是对阿黑脸黑进行调侃，也充满婚事将成的快乐，更有对未来命运的探究和疑问。如此内蕴，适合青梅竹马的青年男女即将进入婚姻时的心态。第五篇《雨》有两首民歌，五明在父亲面前唱："娇家门前一重坡，别人走少郎走多。铁打草鞋穿烂了，不是为你为那个?"唱完追问父亲"爹，你说我为那个? 说呀! 我为那一个?"④ 歌唱内容的追问与反诘，透出五明婚前的急迫与焦虑，符合进入洞房前男青年的心理特点。但是，沈从文并没有让他们入洞房，反而追忆去年在后坡洞里约会的甜蜜。正是在两情相悦时，五明唱情歌："天上起云云起花，苞谷林里种豆荚；豆荚缠

---

① 沈从文：《萧萧》，《沈从文全集》第 8 卷，北岳文艺出版社 2002 年版，第 257 页。
② 沈从文：《渔》，《沈从文全集》第 5 卷，北岳文艺出版社 2002 年版，第 277 页。
③ 沈从文：《阿黑小史·秋》，《沈从文全集》第 7 卷，北岳文艺出版社 2002 年版，第 253 页。
④ 沈从文：《阿黑小史·雨》，《沈从文全集》第 7 卷，北岳文艺出版社 2002 年版，第 275 页。

坏苞谷树，娇妹缠坏后生家。"① 如此的安排透出耐人寻味的意蕴——两性间真正的甜美情感，未必是接受社会规制后的洞房生活，而是顺应自然状态下的山野欢娱。显然，三首民歌，不仅契合青年男女情感发展的不同阶段，对于彰显创作主旨也起着画龙点睛作用。

《凤子》则以城里人的视角倾听、观察湘西民歌，在堡上总爷那里，他们先听到了黄昏时分男女分手时唱的情歌——

> 我不问乌巢河有多少长。
> 我不问萤火虫能放多少光：
> 你要去你莫骑流星去，
> 你有热你永远是太阳。
> 你莫问我将向那儿飞，
> 天上的岩鹰鸦雀都各有窠归。
> 既是太阳时候也应回山后，
> 你只问月亮"明夜里你来不来？"②

一连串否定性用语，凸显出欲说还休的缠绵和不愿遽然分离的心情，尽情铺垫后才道出真实想法——明天晚上的约会，你来不来？次日出行，总爷派了个15岁的小伙子陪同。他兴奋地告诉客人自己的未婚妻是那个扮尉迟恭黑脸农户的女儿，并道出自己的理想是开油坊。激情状态下，听到小牧童的歌声，便应和道："你歌没有我歌多，我歌共有三只牛毛多，唱了三年六个月，（唱多少？）刚刚唱完我那白水牛一只牛耳朵！"③ 看似

---

① 沈从文：《阿黑小史·雨》，《沈从文全集》第7卷，北岳文艺出版社2002年版，第285页。
② 沈从文：《凤子》，《沈从文全集》第7卷，北岳文艺出版社2002年版，第149页。
③ 沈从文：《凤子》，《沈从文全集》第7卷，北岳文艺出版社2002年版，第153—154页。

闲笔,却表现出小伙憧憬未来时的亢奋,也告诉读者这里的人们所懂民歌之多。于是,遇到井边女子唱情歌时,他情不自禁地对上,有了一段情歌比赛。女孩唱——

> 笼中畜养的鸟它飞不远,
> 家中生长的人可不容易寻见。
> 我若是有爱情交把女子的人,
> 纵半夜三更也得敲她的门。

小伙唱——

> 水源头豆芽菜又白又多,
> 全靠挤着让井水来浇灌,
> 受了热就会瘦瘪瘪,
> 看外表倒比一切菜好看。

听到小伙讥讽,女孩回击——

> 跟随凤凰飞的小乌鸦,你上来,你上来,
> 让我问问你这件事情的黑白。
> 别人的事情你不能忘,不能忘,
> 你自己的女人究竟在什么地方?

最后,小伙认输,并向城里人介绍"这里有三种常用的歌,一种是七字四句头或五句一转头的,看牛,砍柴,割猪草小孩子随意乱唱。一种骈偶体有双关意思或引古语古事的,给成年男女表示爱慕时唱。一种

字少音长的，在颂神致哀情形下唱。第一种要敏捷，第二种要热情，第三种要好喉咙"。① 这篇小说中的情歌对唱，并非发生在真正的情人之间，而是展示给"城里人"看的，带有表演、炫耀性质。对歌后小伙的介绍，显然是沈从文借他的口向所有读者的阐释——既全面介绍湘西民歌的种类、特点，也凸显出作家的文化自豪感。

如果说引民歌入小说是沈从文调动自己的民族文化素养、增强文本的文化意蕴，那么，将书信引入小说则凸显出沈从文小说创作的多重特点：其一，以第一人称叙事为主的书信，有助于建构真实可信的叙事氛围；其二，书信体文本的嵌入，利于表达作家与作品中人物的情感，强化其小说的抒情色彩；其三，书信作为叙事手法存在时，可以表现外人不知的隐秘心理；其四，过多书信嵌入，甚至以书信为主体创作小说，亦凸显出沈从文叙事技法的单调和叙事技巧的不成熟。《男子须知》全文共10部分，却穿插9封信构成复合叙事——第一层面：叙述道义从山大王到受招安、成为地方治安管理者的过程；第二层面：叙述道义求婚、被拒、再次谈妥条件，最终成功，并通过女儿的口叙说婚后幸福生活。9封信构成的亚文本，很好地描述了婚姻过程和当事人的心理变化，更加真切地表现了湘西人对土匪的认知。《冬的空间》没有发表过，是对其上海生活的描写。小说写下午3点，贫病交加的男子A念着，女孩玖写成一封信——

××先生：

我的病又发了，毫无办法，如你所知道的一样。现在住到××院里，自然是不会即刻就到危笃。但人一病倒，书是教不成了。请你告给我一个消息，是我那一本书究竟要不要？若是要，你就即刻为我送点钱来。我的情形你明明白白，学校方面是一个薪水也没有

---

① 沈从文：《凤子》，《沈从文全集》第7卷，北岳文艺出版社2002年版，第156—157页。

剩余，所以希望只在你书铺一方面。①

综合信中透露的信息，当是他在上海教书期间病倒的真事，"玖"即九妹岳萌，Ａ为沈从文。这部较长的小说里，突然插入这封信，无疑是为了强调自我生存状态的窘迫而实录的。《虎雏》叙述自己欲重塑虎雏却失败的故事，用两封信嵌入。第一封是六弟从长沙寄来的长信，忠告二哥："你以为由于你的照料，由于你的教育，可以使他成一个好人。……可是我比你懂那个小兵，他跟了我两年，我知道他是什么材料。"并预料"将来出了什么事，一定更有给你烦恼处"。② 果然，虎雏不久就失踪了。当"我"各处寻找，绝望返家时，发现了虎雏留下的一封短信：

二先生，我让这个信给你回来睡觉时见到。我同三多惹了祸，打死了一个人，三多被人打死在自来水管上。我走了，你莫管我，你莫同参谋说。你保佑我吧。③

虎雏的信，追叙了他为何失踪，也呼应了六弟那封信所言——他不是个读书的料，也不是教室能够束缚住的人。这样，正文所叙"我"立志要使他成为一个文明人的宏愿，与六弟的忠告、虎雏的实话实说构成互补，共同建构起文本的叙事框架。

进入创作成熟期，沈从文对书信的运用更熟练，赋予书信的功能也就更多。或让书信成为阐释叙事结局的工具，或直接借助书信叙述所见所闻，从而使书信成为推动叙事进程的内动力。前者像《如蕤》，历经波折，终于找到了满意的对象，如蕤却留下一封信："为了我的快乐，

---

① 沈从文：《冬的空间》，《沈从文全集》第5卷，北岳文艺出版社2002年版，第76页。
② 沈从文：《虎雏》，《沈从文全集》第7卷，北岳文艺出版社2002年版，第29页。
③ 沈从文：《虎雏》，《沈从文全集》第7卷，北岳文艺出版社2002年版，第40页。

为了不委屈我自己的感情，我就走了。……现在你既然已明白我，而且爱了我，为了把我们生命解释得更美一些，我走了，当然比我同你住下去较好的。"另一方面嘱咐男子照医生说的方法好好吃药："学做个男子"，"希望你能照往常一样，不必担心我的事情。……我只觉得我们事情业已有了一个着落，我应当走，我就走了"。① 显然，男子对她过分依赖，不像个男人；两人相处不能使自己快乐，对生命存在有了新的认知，想顺应自我生命的需求而活等，是如蕤选择离开的理由。这些理由，由当事人徐徐道来，更能揭示人的内在需求可能会导致叙事进程的突然转变，同时使那些看来几乎成为叙事间隙的情节变得自然顺畅了。后者如《看虹录》以对话体追忆访问一位女士时发生的情感故事。第二天，主人收到一封信，信中回忆了面对女性美妙胴体时的诗意感觉——

  葡萄园的果子成熟时，饱满而壮实，正象征生命待赠与，待扩张。不采摘它也会慢慢枯萎。
  我喜欢精美的瓷器，温润而莹洁。我昨天所见到的，实强过我二十年来所见名瓷万千。
  我喜欢那幅元人素景，小阜平冈间有秀草丛生，作三角形，整齐而细柔，萦回迂徐，如云如丝，为我一生所仅见风景幽秀地方。我乐意终此一生，在这个处所隐居。②

《摘星录》也是作家情感波澜的留痕，其中的四封信占据不少篇幅。第一封信倾诉女性爱而不得的怨愤："我搬来已十五天，快有三个月不见你了，你应当明白这种实验对于我的意义。……我不明白你为什么心那么硬，知道我的寂寞，却不肯来看看我，也从不写个信给我。我

---

① 沈从文：《如蕤》，《沈从文全集》第7卷，北岳文艺出版社2002年版，第356—357页。
② 沈从文：《看虹录》，《沈从文全集》第10卷，北岳文艺出版社2002年版，第338页。

总那么傻想,应当有个人,来到我这里,陪陪我,……那怕一分一秒钟也成,一生都可以温习这种黄昏光景,不会感到无聊的!"① 在她不得所爱的困苦中,却有大学生写信追她,第二封信中大学生失望的倾诉恰恰构成对其情感的反讽。第三封信是三年前一个朋友写给她的,他用富有诗意的文笔叙述她带来的美感,经历了自然的美,关注了草木的神奇,却因为得到她而感到恐惧:"我摘了一朵带露百合花,正不知用何种形式称颂这自然之神奇,方为得体,忽然感到一种恐惧,恰与故事中修道士对于肉体幻影诱惑感到恐惧相似,便觉醒了。我事实上生在完全孤独中。你已离开我很久了。事实上你也许就从不曾傍近过我。"他意识到这也是"人生",灵魂与肉体都会随时间流逝失去光泽与弹性,唯一实存的是"记忆"。② 第四封信则回到了五年前,写信的大二男生发现她另有所爱时写的长达6页的信,信中表明追求了五个月,终于明白对方不爱自己,于是在春野里逛了半夜,反思"我近年来的狂热,用到些什么地方,产生了什么结果?"经过"许多天都整夜不曾合眼,思索人我之间情分的得失","我把为你自杀当成一件愚蠢而又懦怯的行为,战胜了自己"。他告诉她,读了几本大书,"明白轻浮原是每个女子的本性",似乎已释然,却还为女子担忧。③ 这些长信的嵌入,无疑彰显了情感的复杂性——爱情从来不是理性能够完全制约的,情感往往是无法进行解析的,人生就是在跌跌撞撞中熟悉情感的;很多人,很多时候,终其一生也没有搞明白爱情是什么,或者自己需要的爱情到底是什么。如此丰富的内蕴,若非借助于嵌入书信形成的复合文本,仅靠沈从文白描式的叙述,是难以充分表达的。

　　沈从文将含有丰富民族文化信息的民歌嵌入小说,使其具有超越自

---

① 沈从文:《摘星录》,《沈从文全集》第10卷,北岳文艺出版社2002年版,第362页。
② 沈从文:《摘星录》,《沈从文全集》第10卷,北岳文艺出版社2002年版,第369页。
③ 沈从文:《摘星录》,《沈从文全集》第10卷,北岳文艺出版社2002年版,第370—371、375页。

身的叙事功能与营造抒情氛围的价值；而书信等"拟私人文本"的导入，则"展示出梦幻般的抒情、典喻的空间"，引发读者对爱情、生命等问题的多维思考。① 民歌、书信等亚文本与小说主文本建构起来的复合架构，则不仅仅是增加了叙事层次与叙事魅力，更增加了小说内蕴的多向性，使其创作进一步朝着精致、唯美的方向发展。

二 沈从文小说的结构艺术

沈从文的小说注重叙事结构的设置。湘西民间文学的熏陶和传统小说、西方小说结构艺术的积淀，使其认识到叙事结构不仅仅是小说的外在形式，对于叙事效应、人物形象等均具有独特价值。尤其是倒叙结构的运用和结尾艺术的精致，对于提升其小说品位具有重要意义。

因为进入都市后没能上大学，也不愿重回湘西行伍间，才开始其文学创作；因为没有充分的学院知识积累，不可能依赖西方小说获取资源，因此，沈从文的小说创作多以其早年生活经历为素材。题材的局限成为制约因素，使其小说结构多采取追忆式的倒叙结构。他开始创作不久就有成功的倒叙运用。《夫妇》叙述一对青年夫妇回娘家途中，在村头做爱被发现的故事。小说先叙述璜准备吃晚饭，听到喧闹声。他去山坳看到被捆绑的夫妇，听到村人议论处置方式；练长准备揩油，已经问清男子家底。再叙述夫妇做爱事，璜同情两人，陪其找团总；夫妇解脱，离去；璜望着其背影，若有所思。这样，以璜的视角先爆出焦点事件，再叙述其发生、发展，最后璜思考这件事，就构成一个完整的叙事链。《医生》叙述 R 市医生被青年绑架 7 天，要为其死去的情人治疗，最后被打晕弃在一个草囤上，由一个乡下人送回。小说先描述医生失踪

---

① 裴春芳：《虹影星光或可证——沈从文四十年代小说的爱欲内涵发微》，《十月》2009年第 2 期。

引发的惊慌,绅士和教会准备为其开追悼会时,他回来了;然后,他叙述自己失踪十多天的故事。"医生便说今天实在难得,当到大家正好把这十几天所经过的一段离奇故事,报告一下。"① 便以第一人称的口吻讲述往事,虽然有些啰唆,但符合口语特点。《都市一妇人》叙述"我"在武汉与一位喜欢庄子的少将交往,通过他得知一位少妇的爱情故事。少妇被外交家收为养女,先与外交部科长结婚,出走上海后负债累累,科长撇下妻子离去。20岁的她与养父联系,回到北京,不久被养父一个40岁的朋友引诱,成为情人;男人为了往上爬,与军阀姨妹订婚,成为总长,她成为姨太太。曹锟贿选案发,丈夫逃到上海,续娶妓女为姨太太;她与其交好,两人各得一笔款,独立成为妓女。年老色衰,到武汉发展,因为一位大傻子和一位军人在她住处发生血案,被军法审判,主持审判的老将军爱上她,别室藏娇;事变发生,将军死去,临死前托少将(时为上校)照顾她。于是,上校介绍她来主持老兵俱乐部,并介绍年轻军官郑先生与其相识。很快,二人相爱;不久,军官的眼睛被人毒瞎;少将猜知是她所为,并未点破。在准备坐船回长沙时,所乘"仙桃"号客轮失事,二人皆死。这样,悬念制造得很自然,故事乃事后由少将讲述,倒叙结构的运用很成功。

有时,沈从文运用倒叙不太圆熟,使叙事出现间隙。为了弥补,他会跳进小说里,直接告诉读者"我这里是倒叙哈",凸显出其诚实、可爱之处。《凤子》叙述青年男子离开京城到某省某岛的离世生活。他租住在一位曾经到过其故乡的绅士家,当小说叙述青年看到凤子与中年男子同行的往事时,作家插入一句话:"下面一件事,还应当把时间溯回去一点,发生到去年九月末十月初边。"② 如果沈从文能够熟练运用视角转换,此处换成凤子或中年男子的视角叙事,就不需要如

---

① 沈从文:《医生》,《沈从文全集》第7卷,北岳文艺出版社2002年版,第44页。
② 沈从文:《凤子》,《沈从文全集》第7卷,北岳文艺出版社2002年版,第87页。

此直白的表述了。但是，也无须一概否定之，因为有些题材如怀人、忆旧的，还是倒叙更能够做到形式与内容的有机融合的。如《若墨医生》小说结尾有"（为纪念采真而作）"，当是纪念其好友张采真的小说。文本开头写抽斗里很多照片，此时正看到好友三口的合影，追忆16个月以前的事情。通过我与若墨医生在海边的对话，凸显出对情感、女性的认知差异；也表现出医生理论与实践的相悖——不喜欢女人，却与牧师女儿一见钟情，结婚后生下女儿小青。但是，十六个月后，夫妻"为同一案件于最近在汉口地方死去了"。如此叙事，既利于表达对亡友的追思，也更真实地写出了生存于动荡时代知识分子的矛盾心理。

创作《边城》时，沈从文的倒叙手法就运用娴熟了。小说有两条线索——一条是翠翠、傩送、天保、王团总女儿等年青一代的情感纠葛；一条是翠翠父母的爱情悲剧。这两条线索中，都有倒叙手法的运用。叙述年轻人的爱情故事时，先叙两年前的端午节，因为爷爷爽约、翠翠等到很晚还没有见到爷爷，却遇到了傩送；然后叙述去年端午节，翠翠与天保相识。两次相遇，三人建构的关系中各缺一人，于是，造成弟兄俩都爱上翠翠。如此布局，凸显出沈从文的良苦用心：人世间的情感建构，与很多遭际相似，来到你面前的未必是你喜欢的，你喜欢的未必在你需要的时候来临。既然如此，无须抱怨，静听"天命"安排吧！可见，其中蕴含着"小乡城文化"顺应自然的内蕴；当此内蕴进一步扩散时，往往迟滞爱情的发展，造成翠翠的被动等待，因此，一方面酝酿出小说的悲剧氛围，另一方面形成人物命运的延宕。对翠翠父母爱情的倒叙，亦多次出现——小说先介绍茶峒的环境、民俗，展开人物故事时就叙述了翠翠父母15年前的自杀殉情。没有过多强调理由，只是爱情不能有自然的归宿，军人约逃、女孩怕父亲孤独，军人也不想毁去名誉，于是有了以死亡成全爱情的决定："一同去生既无法聚首，一同去死应当无人可以阻拦。"他先服毒死亡,女孩生下翠翠后,"到溪边故意吃了许多冷水死去了"。① 此后,小说又多次提到翠翠父母的悲剧,每当老船夫想起翠翠该有个归宿或担心翠翠将重复其母亲的命运时,他就会想起女儿的悲剧;或者给翠翠讲起父母的故事。直到老船夫死后,来帮忙照顾翠翠的杨马兵最后一次讲述这起悲剧,依然蕴含着湘西人对情感归宿、对未来命运的悲剧性认知以及对这种宿命难以摆脱的迷惘、担忧。应该承认,倒叙结构的成功运用,对于传达小说内蕴是起到了积极作用的。

倒叙结构将故事结局或最具有悬念的情节置于文本开头,固然利于增强叙事魅力,但是,作为叙事文本,如何收束是考验作家叙事技巧的重要维度,也是凸显其主体意识、艺术匠心的关键所在。在不断进行文体试验的过程中,沈从文对小说的结尾艺术颇有心得。因此,其小说中多有精彩的结尾。《七个野人与最后一个迎春节》叙述当地居民拒绝归化、逃居山洞、最终被当局派兵猎杀的故事。小说开始就渲染紧张的氛围,汉文化传进来了,过去没有的税收等事项开始普及;稍有反抗,便会招来镇压,因此,连孩子们都怕官员和军人。对官府统治力量的恐惧,实际是对人类生活叠压的种种社会禁忌的惧怕,因为北溪苗人习惯了自由自在的生存状态,反对拘束霸道的生活约束。这样,一方要维持原始自由的生活,一方要将其纳入社会规范,两种文明的冲突便不可避免。其中师徒七个人逃到了山洞里,以这种方式躲避规制。在自然环境中,"他们作工吃饭,在世界上自由的生活,全无一切苦楚"。"他们愿意自己自由平等的生活下来,宁可使主宰的为无识无知的神,也不要官。因为神永远是公正的,官则总不大可靠。"② 那些没有进入山洞的人呢?他们感受到的是剥削、压迫和不做工吃闲饭的人增加了,更可怕的是北溪的社会风气给彻底败坏。于

---

① 沈从文:《边城》,《沈从文全集》第 8 卷,北岳文艺出版社 2002 年版,第 64 页。
② 沈从文:《七个野人与最后一个迎春节》,《沈从文全集》第 4 卷,北岳文艺出版社 2002 年版,第 185—186 页。

是，他们向往那七个人的生活，迎春节时两百人聚到山洞饮酒、唱歌，招来官府忌讳。七十个带枪携刀的士兵围攻山洞，七个人全部被杀，其余人则号令自首。对本土文化的坚守，在带着枪炮的外来文化围攻下崩溃了。这些人将来如何？沈从文没有明确答案，结尾写道："这故事北溪人不久就忘了，因为地方进步了。"① 嘲讽的口气，透出了沈从文对"进步"的态度，且对北溪人这么快就忘记了悲剧感到遗憾、不满。

《夫妇》和《边城》的结尾同样充满失望与迷惘，内涵却有了新的拓展。《夫妇》的结尾，璜后悔来到乡下："他记起这一天来的一切事，觉得自己的世界真窄。倘若自己有这样的一个太太，他这时也将有一些看不见的危险伏在身边了。因此开始觉得住在这里是厌烦的地方了。地方风景虽美，乡下人与城市中人一样无味，他预备明后天进城。"② 本希望到乡下养病的璜，显然失望了，所以准备离开。在城乡文化比较中，透出沈从文对湘西文化糟粕的反思，也有对湘西人生存状态的些许失望。《边城》的结尾："这个人也许永远不回来了，也许'明天'回来！"③ 傩送回不回来，是个悬案。这凸显出沈从文对翠翠未来的迷茫，让人领悟到翠翠未来的不可知性。因为翠翠是下一代的代表，其前途的不可知便有了寓言性，代表着湘西民族的未来在作家的考量中仍然没有清晰的蓝图，所以，《边城》中青年人要么死亡如天保，要么外出如傩送，要么在默默等待中静候命运的安排如翠翠。虽然，细思量能够从中领略湘西人顺应自然的天性，但是，将命运完全寄托于"天意"，缺乏自主意识背后，也有几多无奈。两部小说，一个语气肯定，表现出对乡下的失望；一个语态犹豫，凸现出对未来的迷惘。显然，通过叙事结局，沈从文很好地传达出自己的所思所想。

---

① 沈从文：《七个野人与最后一个迎春节》，《沈从文全集》第4卷，北岳文艺出版社2002年版，第192页。
② 沈从文：《夫妇》，《沈从文全集》第9卷，北岳文艺出版社2002年版，第76—77页。
③ 沈从文：《边城》，《沈从文全集》第8卷，北岳文艺出版社2002年版，第152页。

小说《凤子》描述故乡人们与其他地方的不同——这里的女子：
"爱你时有娼妓的放荡，不爱你时具命妇的庄严。"男子也不以追逐功名利禄为荣，"一个男子生下来就似乎只有两件事情可作，一是去深山中打猎，二是来场集上打架"。① 活泼大胆地爱，自然随性地活，其生活更符合本性。"人的生活和观念，一切和大城市不同，又恰恰如此更接近自然。一切是诗，一切如画，一切鲜明凸出，然而看来又如何绝顶荒谬！"明丽鲜明，凸显人性；难以存于现代社会，则显得"绝顶荒谬"。所以，小说结尾时城里人找不到栗林中的女子，感慨："人和人相处太近，虽不移动也多间阻；一堵墙或一个山就隔开了，所以一切碰头都近于偶然，不可把握的偶然。"② 这个结尾，虽然不像《边城》的最后那么引人关注，却具有丰富的内涵：一方面，它表达出湘西的过去，已随时光流逝，再也回不去了——那个美丽诱人的美女找不到了！另一方面，我们所要面对的现代人际关系是怪异的——彼此的空间距离很近，心理距离遥远；相互隔阂的存在，使现代人生活在"不可把握的偶然"之中，未来命运的不可知性凸现出来。

《三三》的结尾也意蕴丰厚。城里人死后，三三和母亲回到碾坊，母亲离开后，"三三站立溪边，眼望一泓碧流，心里好像掉了什么东西，极力去记忆这失去的东西的名称，却数不出"。不点明怅然若失的是什么，却给读者更多想象的空间。读者可以融入自我的"前理解"去想象，在爱情的迷失、城市文明的诱惑、刚刚萌生的希望等内涵中找出自己的答案，但是，沈从文不说出来。当母亲喊她时，她说："娘，我在看虾米呢。"③ 母亲只是喊她，并没有问她在干啥，她随口表白，反而显出其要掩饰内心的真实内涵。这样结尾，既符合刚进入青春期的三三

---

① 沈从文：《凤子》，《沈从文全集》第7卷，北岳文艺出版社2002年版，第113、142页。
② 沈从文：《凤子》，《沈从文全集》第7卷，北岳文艺出版社2002年版，第151、166页。
③ 沈从文：《三三》，《沈从文全集》第9卷，北岳文艺出版社2002年版，第38页。

的心理,也表现出了三三还不会掩饰自己的情感,依然契合小说所要表现的湘西人人性的纯朴、洁净。

三 沈从文小说的叙事特征

沈从文小说叙事特征的研究已有不少成果,但是,还有一些没有被重视或阐释不够充分之处。这里,择其要者如复调叙事、意象叙事等进行剖析,以便对其叙事艺术有进一步理解。复调,是巴赫金提出的术语。他认为陀思妥耶夫斯基的小说是复调小说,"有着众多的各自独立而不相融合的声音和意识,由具有不同声音组成的真正的复调——这确实是陀思妥耶夫斯基长篇小说的基本特点"。"复调的实质恰恰在于:不同声音在这里仍然保持各自的独立,作为独立的声音结合在一个统一体中,这已是比单声结构高出一层的统一体。"[①] 受其理论的影响,人们把具有不同视角展开叙事又聚合在统一主旨下的小说叙事方法称为复调叙事。沈从文的小说,不少具有复调叙事的特征。

《第四》叙述"我"前年在北京结识的一位朋友,在上海又见面了。他邀请"我"同去杭州,答应给"我"提供小说素材,于是,讲述其与女性交往的故事——如何勾引穿浅紫色绸衣的女人。她女校毕业,嫁给大她15岁的牧师;在朋友家半个月与其交合12次,并使其在约会返回途中遭遇车祸。后来,朋友与协和医学院女士订婚,改变其独身计划。"我"的叙述与铺垫成为一层叙事,建构起叙述人与朋友间的对应叙事;"朋友"的第一人称叙事构成第二层叙事,且为限知叙事。由于视角转换技巧不熟练,沈从文采取直接插入文字加以说明的传统技法——"下面这个故事就是玉泉鱼池旁所说的,因为到后把故事编号,

---

[①] [俄]巴赫金:《陀思妥耶夫斯基诗学问题》,刘虎译,转引自王先霈、王又平《文学批评术语词典》,上海文艺出版社1999年版,第248页。

所以就列到第四。有些话不是一个人口语所常用的话，那只是我的记录的失败；有些话稍稍粗野了一点，那是我保留那朋友一点原形。这故事我应当担负那不良的批评，而让好的奖誉归给那个一切体面的朋友。"后来，还穿插有——"他说——""这里我催促了他一次，我要他把故事说及，少来一点议论。""到这里我又催过他的。""到这里我曾问道他的理论。""我说，那你就输给那牧师了么？"①尽管这样做使其叙事进程屡被阻滞，毕竟两个层面的叙事旨归一致，即表达作者的女性观："倘若我们还相信每一个人都有一颗心，女人的心是在好机会下永远有向善倾向的。女人的坏处全是男子的责任。男子的自私，以及不称职，才使女子成为社会上诅咒的东西。"②可以看出，通过朋友讲述的故事，"我"认为女性的情感变迁是男性促使的，而非女人天性如此。

《媚金·豹子·与那羊》也凸显出复调叙事特点。小说先概述故事，说明是豹子忘记约会而导致媚金自杀，豹子殉情；或豹子虽然听到媚金的歌，却找不到人，所以自杀。这是作者的全知叙事，构成全能系统。然后否定这些说法，抓住那只羊说事，并假托"我的故事的来源得自大盗吴柔。吴柔是当年承受豹子与媚金遗下那只羊的后人，他的祖先又是豹子的拳棍师傅，所以传下来的事实，可靠的自然较多。后面是那故事"。③告诉读者，故事来源于大盗吴柔。那么，吴柔讲的故事构成另一种叙事。虽然还是全知叙事，却强调了亲历性，增强了真实性。《懦夫》的叙事一波三折，小说从浦口开往北平的列车上写起，透过两个主人公的视角，观察人们对待战争的态度，用十三页描述战争带给人们的震惊和国人的爱国热情。这是限知叙事，通过爱国青年的视角表现

---

① 沈从文：《第四》，《沈从文全集》第5卷，北岳文艺出版社2002年版，第133—149页。
② 沈从文：《第四》，《沈从文全集》第5卷，北岳文艺出版社2002年版，第134页。
③ 沈从文：《媚金·豹子·与那羊》，《沈从文全集》第5卷，北岳文艺出版社2002年版，第353页。

国人的爱国行为。然后，再叙述回到校园后看到的场景：忙于演讲和组织决死队的男生，学习看护的女生等。他们俩置身事外，招来声讨，被视为"懦夫"；凌介尊还被女友荆淑明抛弃。直到那位副旅长认出两位，情节才急转直下，原来二位正是在前线与军队一起战斗过的勇士。从全知视角叙述校园场景，到副旅长讲述所知，与开始的限知叙事相呼应，构成多重叙事，且集中在宣传抗日这一主题下。结尾出人意料，凸显出沈从文此时已经注意经营情节，注重叙事技能的提升。

沈从文的复调叙事并非刻意借鉴某些外来小说，而是广采博取的。从民间故事中学习叙事的多重性，也是常见的手法。《猎人故事》叙述猎鸟专家讲的故事，实际上是他转述"穿青衣人"所述故事。叙述两个雁鹅与乌龟相处成友、相互辩论的事情。当池塘水干涸，雁鹅抬乌龟飞往北海途中，被小孩讥笑两次，第三次又被讥笑时，乌龟准备辩驳，一张口，从棍上掉下来。"我"急切想知道后事如何，插言一句，青衣人就不讲了。这样，叙述人和"穿青衣人"所述就构成复调叙事。该文本采用叙事套叙事的方式——既是学习《一千零一夜》，也是沈从文的自我尝试。而叙事过程中，强调"不许谁来半途打岔""不许中途打岔，妨碍他的叙述，听不懂也不许打岔"的规则，① 则凸显出作者对叙事艺术规律的认知：叙事是一个完整的链条，任何外力的强力干预都是对叙事进程的干扰，会造成叙事进程的停顿；因此，听懂听不懂都应该尊重叙事者的叙述，待叙事结束后再提问。若是打岔，不管有意无意，均拒绝继续叙事。同时，该小说还具有寓言性质。那个会说故事的"青衣人"，实际上是只雁鹅。自从分手后，猎鸟专家寻找了16年，却再也不能见到。其寓意应是一旦不尊重叙事者，打断叙事进程，再想听动人的故事，将不可能了！《一个农夫的故事》结尾催促历史学家记下来："你得好好记下来，同时

---

① 沈从文：《猎人故事》，《沈从文全集》第9卷，北岳文艺出版社2002年版，第298—299页。

莫忘记写上最后一行：'说这个故事的是一个青年农人，他说这个故事并无其他原因，只为的他正死去了一个极其顽固的舅父，预备去接受舅父的那一笔遗产：四顷田，三只母牛，一栋房子，一个仓库，遗产中还有一个漂亮乖巧的女子，他的表妹。他心中正十分快乐，因此也就很慷慨的分给了众人一点快乐。'这是说谎，是的。可是这谎话算罪过吗？你记下来呀，记下来就可以成为历史！"[1] 农人讲述的故事和历史学家讲述的文本，显然是两个不同的叙事结果，实际上读者并不知道哪个更真实。这个小说蕴含着沈从文的独特认知：个人现实经历的放大，就成为小说。历史是怎么写出来的？记录特定人的叙述，而非自己研判的成果，讽刺历史学家。虽然，从叙事学角度看，这类小说的叙事技法尚显幼稚，但是，应该看到沈从文进行复调叙事多维尝试的努力。

有时，沈从文通过叙事时间的转换和特定视角的设置，实现复调叙事。《猎野猪的故事》叙述我被小四缠着讲故事，否则就不能去休息。无奈之际，女仆宋妈讲述其早年猎野猪的故事，助我解脱。小说叙事视角的转换最突出。第一人称"我"与小四的对话、无法脱身的尴尬，构成叙事第一单元；宋妈说"我"只有一个杀野猪的故事，引发小四的注意力，叙事视角发生变化——"于是宋妈说这故事给大家听。（下面的话是她的，我记下，因这一记把宋妈神气却失了。）"[2] 此处加括号说明，凸显出作家尚未掌握叙事视角自然转换的技巧，因此，跳入文本直接扭转叙事视角。宋妈第一人称讲述杀野猪的故事后，转为全知叙事，以对话引入的方式结束全文。这样，"我"的叙述与宋妈的故事便构成复调叙事。叙事时间的转换，也能构成复调叙事。《自杀的故事》假设 1940 年达芝先生与朋友聚会时，应朋友邀请讲述自杀的故事，而叙述时间为 1928 年，结尾

---

[1] 沈从文：《一个农夫的故事》，《沈从文全集》第 9 卷，北岳文艺出版社 2002 年版，第 327 页。

[2] 沈从文：《猎野猪的故事》，《沈从文全集》第 1 卷，北岳文艺出版社 2002 年版，第 233 页。

再回到1940年。创作时间为"十八年十二月",即1929年。《一个母亲》(1929)共三章,第一章叙述孩子一岁时,姥姥寄来一箱子礼物,引发素的联想。第二章回忆童年时(8岁)故乡祈雨时扮演观音的场景,长大后与舞蹈草龙头的孩子成家,此后男子奋斗成为一家信托公司职员,他们没有孩子,却在公园遇到那个人——从哈尔滨派往某处做办事处代表的。当年舞过龙尾,曾经赌咒要讨素做媳妇的人。第三章叙述素在现实和幻想之间度日,预测孩子将来知道内情后,丈夫会替自己辩护。这样,无论是前者在三个年度的跳跃,还是后者在现在、过去、现在之间跳跃,叙事角度多变带来叙事内涵的多重,不仅叙事技法渐趋成熟,也建构起复调叙事。《如蕤》则通过自然界四季变化与人类感情变迁的逆差构成复调叙事。小说由秋天、夏天、冬天、春天四个隐含的部分组成——秋天,二十七八岁的如蕤到医院看望梅;夏天,他们在海边相爱;冬天只有两页,最短,叙述两人的分手、决裂,因为他听说了一些传闻而误解她。春天,没有鲜花似锦,正是分离时刻。在收获的季节相识,在热烈的夏天相爱,在残酷的冬天误会,却在最适宜发展爱情的春天分离!自然有自然的节奏,人间有人间的悲欢,时间的残酷与情感的复杂,在作家建构的叙事中得以完整展现,带给读者的却是对自然、人生、爱情等等的综合思考。

有时,沈从文通过对叙事的解构,形成反讽;同时,建构起复调叙事。有时候通过特定视角的尝试进行叙事,却给人一种不尽兴的感觉,似乎还有故事要说。《静》叙述岳珉与全家因为战争滞留小城的故事。"她只希望上海先有信来,因此才好读书。若过宜昌同爸爸住,爸爸是一个军部的军事代表。哥哥也是个军官,不如过上海同教书的第二哥哥同住。"心中所想构成一层叙事,当她登楼远眺,眼前所见与跟姊姊的对话则是对现实的描摹,构成第二层叙事;听到隔壁有人拍门,她想到:"谁在问谁?莫非爸爸同哥哥来了,在门前问门牌号数吧?"显然,心中期待爸爸早日回来。但是,小说结尾——"女孩岳珉便不知所谓的微微的笑着。日影斜斜的,把屋角同晒楼柱头的影子,映到天井角上,恰恰如另外一个地方,竖立在她们所等候的那个爸爸坟上一面纸制的旗帜。"此时,作品中的人物的期待与读者的明了构成反讽。最后,一行"萌妹述,为纪念姊姊亡儿北生而作",①告诉读者这是实录,且是九妹岳萌叙述的。在构成第三层叙事的同时,也解构了前面的叙事。视角转换的尝试很多,如《上城里来的人》通篇直接引语,构成限知叙事。或通过女叙事人讲述被侮辱后"像害了一场病","我家中原是有两头母牛,四头羊,二十匹白麻布,二十匹棉家机布,全副银首饰",全部被抢后一无所有了,丈夫因此而当兵。"他临动身时说,他将来总会作他们作过的事",②暗示仇恨的种子已经种下,将有复仇的故事发生。再如《厨子》频繁变换叙事视角,第一部分"我"的视角,限知叙事;第二部分第三人称全知叙事;第三部分回复限知叙事。这些小说的叙事技巧当然不算圆熟,但是,对研究沈从文叙事特征的形成,还是具有一定价值的。

　　复调叙事的内蕴可以分层次解析,但通过意象传达意蕴则需要整体把握,沈从文还擅长意象叙事。通过特定的意象将现实生活中的事实或人物的主观情绪映现出来,使之成为叙事进程的有机组成部分的方法即为意象叙事。沈从文的意象运用有独特的文化渊源,也有其变化轨迹。其描写爱情的小说,早期多采用民间意象,以风、云、雨、水等主体意象,以植物、动物等外围意象,星象、节气等边缘意象,表现"情爱阻隔"的现代性内涵。③或使用动物意象表现人物性格,如《龙朱》叙述白耳族王子龙朱"美丽强壮像狮子,温和谦驯如小羊",以"狮子""小羊"这两个性情相反的意象来形容龙朱,用以表现其做事勇猛、为情温柔的特性,非常恰切。唯其如此,他成为孤独的存在:"龙朱在本

---

　　① 沈从文:《静》,《沈从文全集》第7卷,北岳文艺出版社2002年版,第221、228页。
　　② 沈从文:《上城里来的人》,《沈从文全集》第7卷,北岳文艺出版社2002年版,第378—379页。
　　③ 张勇:《论沈从文情爱小说的民间意象》,《文学评论》2003年第1期。

地方远远近近，得到的尊敬爱重，是如此。然而他是寂寞的。这人是兽中之狮，永远当独行无伴！"① 到40年代，其小说中的典型意象选择更具有抽象性和哲思内蕴，往往是远离人间的意象。如1942年、1943年发表的小说《摘星录》《看虹录》，1946年的《虹桥》等，无论是"虹"，还是"星"，均非早期小说中那些嵌入尘世生活的意象，而成为高高在上、可望而不可及的存在。从小说表现的女性对情感的困惑、男性对女性的审美以及所叙述几个画家在云南面对自然的思索中，不难看出沈从文在进行着超越形而下的艰难思索。尝试建构自己的哲学思想，是一个美丽的宏愿。这愿望恰如空中星、天上虹，仰望之，心动；欲亲近，不能。这类意象是中国传统诗词中经常使用的，如秦观《鹊桥仙》中的"纤云""飞星"，陆游《钗头凤》中所云"宫墙柳"，一直到徐志摩《再别康桥》的"天上虹"等，沉淀于意象中的意蕴层层叠加，无疑既使文本内涵蕴藉，亦增添小说几多内蕴。

梳理过沈从文意象叙事的文化渊源和变化轨迹，再探究其意象类型。沈从文既采用动物、植物等与人关系密切的意象，或风雨雷电、星象节气、野花竹林、绿水竹篁、山洞等相对客观的意象，更有新娘花轿、碾坊渡船、虹与星、诗与火、端午节、白塔等富有象征性的意象。同时，沈从文还充分利用湘西的民俗意象和闯荡社会积淀的社会意象，使其文本具有更加深厚的文化内涵。这些意象的描绘，不仅增添了小说内蕴的丰厚，也通过不同层面的意象，建构独特的叙事功能。分类解析其意象叙事的特点，不仅有助于深入解读沈从文小说内蕴，而且利于阐释其小说风格蕴藉柔媚、抒情色彩浓郁等诗性特质。

杨义先生将文学作品中的意象分为自然意象、社会意象、民俗意象、文化意象、神话意象等，并分别论述其叙事功能。② 沈从文的小说

---

① 沈从文：《龙朱》，《沈从文全集》第5卷，北岳文艺出版社2002年版，第326页。
② 杨义：《中国叙事学》，《杨义文存》第一卷，人民出版社1997年版，第290—300页。

中，这些意象均有运用。自然意象指未通过人为处理的自然存在，以其独特形式建构叙事氛围、烘托人物性格，或推进叙事进程、增强叙事魅力，这类意象主要包括植物意象和动物意象。如《边城》运用的自然意象，以其秀美清丽的形象与纯朴清澈的内蕴建构叙事功能。白塔、绿水、野花、竹林，在在渲染出自然韵味；不仅烘托出茶峒人淳朴自然的天性，也熏陶出翠翠、傩送等善良纯洁的人性。而新娘、花轿、虎耳草，这些环绕翠翠出现的意象，则是社会意象与自然意象的组合，意味着翠翠对爱情的向往。新娘是爱情成熟后女性身份的转换，花轿是接送新娘的器具，二者组合往往蕴含着喜庆、圆满的内涵；虎耳草却是爱情萌生阶段出现在翠翠梦中的植物，萦绕其周围的渺茫、朦胧氛围，恰如翠翠的爱情，若有若无，看不到前途。龙舟、粽子、肥鸭，是茶峒人端午节使用的物品，它们烘托出独特的风俗，将湘西水乡的环境与追怀屈原的人文内蕴糅为一体，属于民俗意象。"它属于广义的社会意象之列，但它不像一般的社会意象那么注重其间的社会历史价值，而更注重其间的民间风俗和民间信仰价值。"① 待碾坊、渡船并呈，则内蕴更加丰富：一方面，意味着爱情的竞争。来自渡口的翠翠，有了王团总女儿的竞争，她们的爱情趋指皆为傩送；另一方面，两个意象代表着不同的爱情价值观——碾坊，代表着财富；它的出现，意味着边城人的爱情中开始出现经济因素。渡船，代表着纯情，没有财富的附着，自由自然的情感。傩送选择渡船、拒绝碾坊，则表现出他对纯洁爱情的重视和对混杂着利益的情感的拒绝。"这两个风俗意象的对比，使行文减少了某些笨拙而增添了空灵，于描述财富和爱情的争夺、爱情和命运的失误中，尚保留了浓郁的田园诗的情调。"② 应该说，《边城》是沈从文意象运用很成功的小说。尤其是那座白塔，简直就是湘西传统文化的象征。高高耸

---

① 杨义：《中国叙事学》，《杨义文存》第一卷，人民出版社1997年版，第295页。
② 杨义：《中国叙事学》，《杨义文存》第一卷，人民出版社1997年版，第297页。

立的形象，洁白的塔身，在满山竹篁衬托下格外圣洁。这样一个符号性的存在，竟然在暴风雨之夜倒塌了！与其说是自然风雨吹倒了它，不如说是外来文化的风暴使其倒塌。因此，不甘认输的茶峒人集资重新修建了白塔，实际上是湘西人努力修复传统文化的尝试。

　　研究沈从文代表作的意象叙事，可以体现意象的选择与成功运用对其创作的重要性。若结合其自述文字，则更能意识到雾气蒸腾、清澈透亮的湘西水是滋润着沈从文的所有创作的。有人统计，"水"这个字眼在《边城》里共出现了 163 次之多，溪、河、雨、雾之类的词亦不胜枚举。① 可见，沈从文的小说创作是浸润着湘西众多溪流中的清冽泉水的。《从文自传》写道："我感情流动而不凝固，一派清波给予我的影响实在不小。我幼小时较美丽的生活，大部分都与水不能分离。我的学校可以说是在水边的。我认识美，学会思考，水对我有极大的关系。"② 走上文坛后，追忆自我美学观的形成，强调水的价值。1947 年，已经成为著名作家的沈从文，仍然认为水对于其具有超越任何事物的重要性："水和我的生命不可分，教育不可分，作品倾向不可分。……三十年来水永远是我的良师，是我的诤友。""水的德性为兼容并包，柔弱中有强韧，从表面看，极容易范围，其实则无坚不摧。水教给我粘合卑微人生的平凡哀乐，并作横海扬帆的美梦，刺激我对于工作永远的渴望，以及超越普通个人功利得失，追求理想的热忱洋溢。我一切作品的背景，都少不了水。"③ 显然，水意象对于沈从文具有多重意义。首先，水塑造其坚韧不拔的性格，使其能够忍受常人难以忍受的艰难困苦，而在文学上成就一番事业。即便是 1949 年后不能使用手中那支笔了，他

---

　　① 杨昌国、晏杰雄：《复返初始的神话〈边城〉水原型的整体解读》，《文艺理论与批评》2005 年第 1 期。
　　② 沈从文：《我读一本小书同时又读一本大书》，《沈从文全集》第 13 卷，北岳文艺出版社 2002 年版，第 252 页。
　　③ 沈从文：《一个传奇的本事》，《沈从文全集》第 12 卷，北岳文艺出版社 2002 年版，第 215、218 页。

依然人弃我取,在文物研究领域内找到了体现自我价值的地方,取得了辉煌成就。其次,水意象催生了他的小说意境与人物性格。以《边城》为代表的湘西题材的小说,皆有着看似平淡、潜藏波澜的结构形态,那柔和舒缓的叙事节奏、清亮明丽的风景,分明是湘西的水滋润出来的。生活在如是环境中的男男女女,不仅具有轮廓清晰的外貌、透亮简洁的语言,而且具有直爽淳朴、顺应自然的性格,恰如蜿蜒于湘西山林中的清溪,在充满血泪、硝烟的现代文学画卷中,别具艺术魅力。再次,水意象成为其刻画人物命运、展现湘西风俗的重要元素。三三、翠翠、夭夭等少女,生长于这样的水环境里,天真可爱,了无心机;萧萧、巧秀母亲等女性,因为婚外性行为而招致的惩罚,就是沉潭。在水的深幽恐怖面前,一个个鲜活的生命消失了,除了侥幸逃脱的萧萧。当沈从文描写湘西的端午节、迎春节等节日时,依然离不开水,尤其是端午节。一艘艘龙舟竞渡,一只只鸭子入水,一个个小伙踩水捉鸭子……喧闹的场景背后是人们熟练水性的展示、对水的倚赖和感恩。

与水相连的是雨、云、虹等自然意象。性爱生活,在中国传统文化中被称为"云雨",所谓"巫山云雨"就是最具代表性的性爱符号。南方的雨,缠缠绵绵,洇了草地,湿了情绪,也滋润了情人的心。因此,沈从文描绘情人约会时喜欢放在阴雨绵绵的时刻。《雨后》描写四狗与"她"约会,"四狗坐处四周是虫声,是树木枝叶上积雨下滴的声音。上是个棚,雨后太阳蒸得山头出热气,四狗头上却是阴凉。头上虽凉心却热,四狗的腰被两只手围着了"。然后,描写四狗的手在"她"身上游走,像捉鱼,最终两人完美结合。彼此陶醉之后,"她"提醒四狗不许到井边吃冷水,因为传说男女亲热后喝凉水后伤身;自己则躺着,不去采蕨,此时,"雨是不落了"。①《阿黑小

---

① 沈从文:《雨后》,《沈从文全集》第3卷,北岳文艺出版社2002年版,第273—274、278页。

史·雨》讲述五明雨后到油坊里,忽然想起去年五月也是这样的雨,他和阿黑在五家坡石洞内避雨,趁机与阿黑从斗嘴、抚摸到做爱的场景,将两个小情人任性、顽皮、无拘无束的情感再现了出来。《柏子》本来叙述的不是正常男女间的情感故事,所用意象依然是雨。柏子去会情人时,"没有月,没有星,细毛毛雨在头上落,两只脚在泥里慢慢翻……目的是河街小楼红红的灯光,灯光下有使柏子心开一朵花的东西存在"。这是两人情感开始铺垫,也是小说渲染其情感顺应自然的氛围。当两人真正交合、欢爱到极点时,"外面的雨大了"。短暂的聚会结束了,柏子不得不继续其水手生涯时,他依然冒着大雨出行,"他想起眼前的事心是热的。想起眼前的一切,则头上的雨与脚下的泥,全成为无须置意的事了"。脑中回忆着欢聚的情景,咀嚼着关于妇人身体的一切滋味,柏子觉得——"他的所得抵得过一个月的一切劳苦,抵得过船只来去路上的风雨太阳,抵得过打牌输钱的损失,抵得过……他还把以后下行日子的快乐预支了。"① 这些小说,全部是从天行云雨开始,情人们在自然环境中开始酝酿彼此的情感;待雨越下越大,情人的幽会也达到高潮。当他们激情结束或即将分手时,雨过天晴,一切清新美丽。自然的云雨和情人的做爱同步进行,象征性地写出了湘西青年男女情感的自然与性爱的纯真,近乎天人合一的境界,恰恰是湘西文化顺应自然理念的体现。

有时候,自然意象并非灵动飘忽的云水风月,而是凝固不变的山洞。《旅店》中开旅店的黑猫被山洞约会的男女引发情欲,遂与大鼻子在山洞里约会而生下小孩。《七个野人与最后一个迎春节》中拒绝现代文明的七个野人躲到山洞里,最后以山洞被攻破、七人均被杀的悲剧告终。《月下小景》中傩佑与初恋少女偷食禁果后无法相守一生,一起在

---

① 沈从文:《柏子》,《沈从文全集》第9卷,北岳文艺出版社2002年版,第41、43、45页。

山洞服毒自杀；《三个男人和一个女人》中痴爱会长女儿的豆腐店小老板从坟墓里扒出死亡的少女，在山洞中同居；《医生》中青年男子把医生劫持到山洞，那里有他深爱的死去的情人；《媚金·豹子·与那羊》中媚金、豹子约会地点是山洞，因为误会而自杀的地方也是山洞。王润华认为沈从文小说中存在"回归山洞"的叙事类型，"沈从文描写了情人前往深山峻岭中的山洞幽会，然后自杀死亡的神话悲剧，这实际上象征着自然与神意合一爱情的死亡"。① 其实，山洞是原型，也是意象。作为意象，它与湘西人的生活密不可分：或为叙事空间，它提供幽秘场所，供热恋的男男女女约会、做爱，成为演绎人间情爱的欢场；同时，一旦这种情感不能为世俗所容，则成为情人们殉情的地方。有时，它是特定文明的庇护所，如《七个野人与最后一个迎春节》那样，为七个不愿意接受外来文明约束的人提供生存空间；而它的被攻破，则象征着这种文明已经失去了最后的存在空间，只能随时代而灭亡了！甚至，到了《医生》里，它成为男青年抢救女友的救护所。显然，自然形成的山洞，原有的遮蔽风雨、防止野兽侵袭等功能弱化，人文内蕴渐渐浸入，使其成为蕴含诸多意蕴的意象。

沈从文小说中常见的自然意象还有植物意象。受楚文化的影响，尤其是屈原《离骚》所建构的以兰、芷象征高尚人格的技法熏染，沈从文小说中充满凸显自我情感好恶的植物意象。最常见的是鲜花，包括自然生长的野花和人工培育的鲜花。野花是湘西常见的美丽植物，当它进入沈从文文本中时，其外部形态的秀美、蕴含意义的纯洁等，便具有多重表意功能。首先，野花是爱情的载体。《龙朱》《渔》等文本中皆有野花意象的运用。《龙朱》叙述龙朱去年轻男女聚会的场所，渴望遇到自己心爱的女性。但是，他来晚了一步，"到女人所在处的毛竹林中时，不见人。人走去不久，只遗了无数野花"。失望之余，他"望到一个极

---

① 王润华：《沈从文小说人物回归山洞的神话悲剧》，《吉首大学学报》2002年第4期。

美的背影还望到一个大大的髻,髻上簪了一朵小黄花"。① 约会的人儿不见了,满地野花,既是此前约会者纵情欢娱的喻象,也有爱情流芳的寓意。唯其如此,龙朱才能捕捉到那个惊鸿一瞥般的背影,髻上那朵小黄花,成为爱情目标唯一的标识。《渔》叙述兄弟下药后,鱼还没有被麻醉,便上岸走走。双胞胎兄弟坐到石凳子上,哥哥粗心,弟弟却注意到凳子旁有人丢下的花。哥哥在月光下舞刀,"至于弟弟呢,他把那已经半憔悴了掷到石桌上的山桂野菊拾起,藏到麂皮抱肚中,这人有诗人气分,身体不及阿哥强,故于事情多余遐想而少成就,他这时只全不负责的想象这是一个女子所遗的花朵。照乌鸡河华山寨风俗,则女人遗花被陌生男子拾起,这男子则可进一步与女人要好唱歌,把女人的心得到"。② 拾到了女孩丢弃的野花,就获得了与其唱歌、恋爱的资格,预示了爱情发生的可能性。有意味的是,这两部小说里,野花的出现均包含着爱情指向,却并未落到实处。虚实相间的架构,意味着作家看重的不是叙事结局,而是野花等意象所承载的爱情意蕴,以及由此引申出的爱的延宕、情的期待等情感内蕴。

其次,野花是纯洁情感的象征。《月下小景》叙述一位少女恋上寨主的独生子傩佑,她被他温柔缠绵的歌声与充满雄性魅力的肢体所征服,秋天爱情成熟时,两人在石头砌成的古堡幽会。"两人共同采了无数野花铺到所坐的大青石板上,并肩的坐在那里,山坡上开满了各样草花,各处是小小蝴蝶,似乎对每一朵花皆悄悄嘱咐了一句话。"③ 然而,他们的结合不被世俗容纳,因为寨里有"女人同第一个男子恋爱,却只许同第二个男子结婚"的陋习。如果不遵守这一习俗,少女将被沉潭。于是,两个相爱的人决定在另一个世界里相守。"砦主的独生子,把身

---

① 沈从文:《龙朱》,《沈从文全集》第 5 卷,北岳文艺出版社 2002 年版,第 337、341 页。
② 沈从文:《渔》,《沈从文全集》第 5 卷,北岳文艺出版社 2002 年版,第 276 页。
③ 沈从文:《月下小景》,《沈从文全集》第 9 卷,北岳文艺出版社 2002 年版,第 227 页。

上所佩的小刀取出，在镶了宝石的空心刀靶上，从那小穴里取出如梧桐子大小的毒药，含放到口里去，让药融化了，就度送了一半到女孩子嘴里去，两人快乐的咽下了那点同命的药，微笑着，睡在也已枯萎了的野花铺就的石床上，等候药力发作。"① 两次野花意象的出现，具有不同的作用——前者是渲染两人结合的欢欣，幸福到极点的二人无语，但是，满山蝴蝶、鲜花则无声胜有声，祝福着他们；后者是此前行为的延续，鲜花枯萎意味着二人的生命即将结束，也蕴含着盛放鲜花般的爱情也将被扼杀。但是，在衬托行为者情感的纯洁、人性的高尚方面，则具有一致性。《三个男人和一个女人》叙述"我"、瘸子号兵和豆腐店小老板与商会会长女儿的情感故事。在他们眼中，穿着花裙子，戴着金首饰，领着两条白狗在街头徜徉的女孩，就是春天里的一朵花。他们只有远眺的份儿，而不像那些军官可以去求婚。少女去世三天后，听说"这少女尸骸有人在去坟墓半里的石峒里发现，赤身的安全的卧到洞中的石床上，地下身上各处撒满了蓝色野菊"。② 原来，是豆腐店小老板乘雨夜将其扒出来，背到一个山洞里，陪伴她，并因此被杀。军官们陆续进门，少女突然吞金死亡，这很容易引发冲突的情节，沈从文一掠而过，却将叙事焦点定在女孩死后的故事上，其用意耐人寻味。何况，那山洞石床上，铺满蓝色野菊。蓝色，寓意安宁、浪漫，富有深邃内涵。生前不能得到，死后也要相守，这种超越生死的情感，令人想起雨果《悲惨世界》中加西莫多对爱斯梅拉尔达的痴情，也有几分《牡丹亭》所渲染的能够起死回生的情感内蕴，因为小老板相信情人相守七天，就可以将其唤醒的。

野花意象有时是青春的符号和炽热情感的烘托。因为花多开在春

---

① 沈从文：《月下小景》，《沈从文全集》第9卷，北岳文艺出版社2002年版，第230—231页。
② 沈从文：《三个男人和一个女人》，《沈从文全集》第8卷，北岳文艺出版社2002年版，第34页。

季,而春情又是人间最自然的情感萌发形式,所以沈从文常常叙写春天的故事。《雨后》叙述春雨后四狗与情人约会,一方面以花喻人——"她从书上知道的事,全不是四狗从实际上所能了解的事。为是要枯了,女人只是一朵花。真要枯,知道枯比其他快,便应当更深的爱。"① 将青春易逝与花期有限的特点融合起来,在天人合一的自然境界中凸显女性对自性的认识,表现抓住当下情感尽情享受的意蕴。另一方面,让背诵古诗的姑娘被不识字的四狗征服,也表现出沈从文对湘西文化的自信。小说《雨》叙述五明追忆去年与阿黑在山洞里浪漫约会的场景,反衬现实的不如意。五明让长工背来稻草,"这柔软床上,还撒得有各样的野花,装饰得比许多洞房还适用,五明这小子若是诗人,不知要写几辈子诗"。用野花装饰约会地点,表现出作者对这种自然、野性的性爱方式是认同的。植物意象的巧妙运用,对于烘托两小无猜的自然情感非常恰切。《夫妇》叙述一对新婚夫妇在春暖花开时节,突然有亲热的愿望,新郎说:"走过这里,看看天气太好,两人皆太觉得这时节需要一种东西了,于是坐在那新稻草集旁看风景,看山上的花。那时风吹来都有香气,雀儿叫得人心腻,于是记起一些年青人可做的事,于是到后就被捉了。"而璜刚来时,看到的却是这样的场景:"不知是谁还把女人头上插了极可笑的一把野花,这花几几乎是用藤缚到头上的神气,女人头略动时那花冠即在空中摇摆,如在另一时看来当有非常优美的好印象。"野花,一方面显示他们是野合,村人认为其为野鸳鸯;一方面点明其做爱场合很优美,暗示璜对夫妇的肯定,因为是璜的视角。待夫妇解围离去时,璜却请求新娘把手中的花留下来,新郎送来花之后,他们走了,璜却不安宁了:"人的影子失落到小竹丛后了,得了一把半枯的不知名的花的璜,坐在石桥边,嗅着这曾经在年青妇人头上留过很希奇过去的花束,不可理解的心也

---

① 沈从文:《雨后》,《沈从文全集》第 3 卷,北岳文艺出版社 2002 年版,第 276 页。

为一种暧昧欲望轻轻摇动着。"① 至此，野花所代表的乡下人近乎自然的原始生命力与城里人对这种野性力量的羡慕之情凸显出来，新婚夫妇行为中体现的青春气息与瘵病体的萎靡不振形成鲜明对比，进而表现出沈从文对乡下人、城里人人性的认知与褒贬。

鲜花也往往是人物命运变化的象征。小说《菜园》叙述辛亥革命后玉夫人一家的故事。小说中的鲜花，不再是野生的，而是人工栽培的。唯其如此，鲜花与人的命运勾连才更加紧密。丈夫被处死后，玉夫人在种白菜养家的同时，喜欢种花，暗示着她是一位有修养有品位的女性。儿子长大后去北平上大学，假期返家时带来了儿媳妇，玉夫人对生活充满美好期冀，于是，"晚风中混有素馨兰花香，茉莉花香"。② "因为媳妇特别爱菊花，今年回家，拟定看过菊花，方过北平，所以作母亲的特别令工人留出一块地种菊花，各处寻觅佳种，督工人整理菊秧，母子们自己也动动手。"③ 满鼻的花香，满园的菊花酝酿出幸福、欢欣的氛围，让读者对这家人的命运充满期待。可是，风云突变，因为"清党"，儿子、媳妇接连被杀，"秋天来时菊花开遍了一地"。"主人对花无语，无可记述。" 所有的希望全破灭了，此时的玉夫人能怎么说？能说什么？对谁说呢？……只能是对花无语了！但是，"因为园中菊花多而且好，有地方绅士和新贵强借作宴客的地方了"。④ 物是人非事事休！玉夫人，这朵堪称坚贞、顽强的"花"也凋零了。花的意象与人物命运密切相关，共同描绘着时代、社会等压力造成的悲剧命运。

当然，沈从文小说中的植物意象并非只有花，其他如虎耳草在《边城》中所象征的少女翠翠对爱情的向往；《三个女性》中松树直接参与

---

① 沈从文：《夫妇》，《沈从文全集》第9卷，北岳文艺出版社2002年版，第74、68、76页。
② 沈从文：《菜园》，《沈从文全集》第8卷，北岳文艺出版社2002年版，第279页。
③ 沈从文：《菜园》，《沈从文全集》第8卷，北岳文艺出版社2002年版，第285—286页。
④ 沈从文：《菜园》，《沈从文全集》第8卷，北岳文艺出版社2002年版，第287页。

讨论，以拟人化的方式使其具有人性内涵，论析人生的价值；《如蕤》中，如蕤渴望有男性像大树一样伟岸正直，给她以激情和征服感等。《长河》中那棵历经风霜的枫树，分明是湘西历史的见证者，也承载着沈从文对故乡植物的怀想与留恋，进而彰显其对故乡人性、人情乃至淳朴风俗的肯定；《菜园》中的白菜，也具有质朴、实用、不浮华等内涵，分明和玉夫人的品质呼应。然而，从数量和内涵的丰富性而言，最典型的意象还是花。沈从文小说中的花意象有着鲜明的价值立场和情感取向。凡是符合其文化选择、审美观念的男女情爱，他都奉上鲜花——代表着祝福与肯定；反之，文本中则见不到鲜花。此选择凸显其独特意蕴——不欣赏曲折隐晦的情调，以单纯直率的态度表明自己的好恶，使纯朴明丽的意象与纯洁秀美的情感相协调。

如果说植物意象是静态烘托、凸显作家的情感或态度的话，那么，动物意象的巧妙运用则使叙事进程变得活泼有趣，具备推动叙事进程、刻画人物性格的效应。利用动物意象推动叙事进程是中国小说惯用的技法，古典名著《金瓶梅》《海上花列传》等小说中均有经典案例。《金瓶梅》中，李瓶儿生了官哥，备受西门庆宠爱，引发潘金莲妒忌。为了除掉官哥，潘金莲训练她的白狮子猫——用红娟裹肉，让猫闻到肉香，撕裂红娟得到肉吃。久而久之，白狮子猫见到红布就扑上去撕咬。于是，潘金莲抓住机会，让白狮子猫扑咬穿红兜肚的官哥，吓死了他。白狮子猫的出现，做了潘金莲不便和不能做到的事情，不仅使李瓶儿失去了得宠的资本，也导致她不久病死，从而除去了自己最强大的竞争对手。《海上花列传》在描述李漱芳的命运时，也巧妙运用了猫意象，不过是一只黑猫。第20回，李漱芳正在养病，黑猫突然出现，惊吓芳魂；第43回，李漱芳死后，其未婚夫陶玉甫来到她的房间里，又被此猫吓一跳，唤起物是人非的悲情。这两部名著，留下了动物意象叙事的范例，其动物选择也符合汉族日常生活中养猫的习俗。

相对而言，沈从文生活的湘西，更多接触的是山上跑的和水中游弋的动物。其小说《三三》《萧萧》《七个野人和最后一个迎春节》《媚金·豹子·与那羊》《龙朱》《虎雏》等，均有含义独特的动物意象。首先值得关注的是鱼的存在。湘西多水，他创作小说时，出于描写人物性格、勾勒湘西环境、凸显人性人情等需求，多选择与湘西人生活关系密切的鱼意象。《三三》《萧萧》《边城》《雨后》等围绕少女形象的塑造，成功描绘了鱼的意象。三三作为情窦初开的湘西少女，临溪而居的自然环境使其从小接近鱼、观察鱼，因此，小说对鱼的描写与三三具有同质性。三三家磨坊上游潭里的鱼特别多，且"一乡公约不许毒鱼下网，所以这小溪里鱼极多"。遇到不熟悉的人来钓鱼，三三总是说："不行，这鱼是我家潭里养的，你到下面去钓吧。"来人故意逗她，仍然在此钓鱼时，三三则高声喊妈妈："娘，娘，你瞧，有人不讲规矩钓我们的鱼，你来折断他的杆子，你快来！"当母亲劝说这鱼是从总爷家塘里过来的，让人钓时，她不再坚持，"只静静的看着，看着不讲规矩的人，钓了多少鱼去。她心里记着数目，回头还得告给妈妈"。当钓鱼者失败时，"三三可乐极了，仿佛娘不同自己一伙，鱼反而同自己是一伙了的神气"。当熟人来钓鱼，并分给她们家一些鱼时，"三三看着母亲用刀破鱼，掏出白色的鱼脬来，就放到地下用脚去蹋，发声如放一枚小爆仗，听来十分快乐"。她帮母亲揉盐、用麻线穿起来晒成鱼干，"等待有客时，这些干鱼与辣子炒在一个碗里待客，母亲如想到折钓竿的话，将说：'这是三三的鱼。'三三就笑，心想着：'怎么不是三三的鱼？潭里鱼若不是归我照管，早被看牛小孩捉完了'"。[①] 可见，三三护鱼是有意味的描写。一是让不让钓鱼看钓鱼者熟悉不熟悉。这是乡村社会的特点，熟人之间好沟通。二是少女自我意识初步建构的表现。她只是区分你我，并非如动物保护者那样反对虐待或杀死动物，因此，她以

[①] 沈从文：《三三》，《沈从文全集》第9卷，北岳文艺出版社2002年版，第12—14页。

踹鱼脬为乐，可以帮妈妈晒鱼干。而妈妈那句"这是三三的鱼"，则告诉读者三三和鱼一样，既是自然存在，与人为善，也不构成对人的威胁。鱼的存在状态就是三三的存在状态，鱼的自由、欢乐，就是沈从文认可的三三的生命状态。

事实上，鱼是三三童年的游戏伙伴，是带来快乐的源泉。因为妈妈忙碌生计，很少有时间陪伴她，所以溪边看鱼成了她消磨时间的主要方式。唯其如此，她才反对人们来钓鱼——一方面，钓鱼会导致鱼的死亡和减少，另一方面，钓鱼者的到来，也会打破三三周围原有的生态与安静。同时，鱼戏于水的活泼姿态，鱼水相融的自然状态，与三三的存在状态极为相似，沈从文显然有以鱼喻人的用意。如果考虑到其民俗积淀，三三亲近鱼和以鱼喻三三的存在，也可以理解为作家在用鱼暗示即将发生的城里人求婚情节，鱼的意象显然起着勾连情感、推动叙事的作用。三三到了青春期，喜欢看与结婚有关的活动，所以央求与母亲一起去堡里看接亲的事情。夜深回家时，总爷家的长工打着灯笼火把送她们，"在雨里打灯笼走夜路，三三不能常常得到这机会，却常常梦到一人那么拿着小小红纸灯笼，在溪旁走着，好像只有鱼知道这会（回）事"。"当真说来，三三的事，鱼知道的比母亲应当还多一点，也是当然的。三三在母亲身旁，说的是母亲全听得懂的话，那些凡是母亲不明白，差不多都是在溪边说的。"① 少女怀春的情愫，是无法告诉别人的。即便是面对妈妈，依然难以出口，但是，夕阳下独坐溪旁，却可以向熟悉的鱼儿诉说。显然，无兄弟姊妹的三三，家中没有倾诉的对象；独居山里的环境，也不可能找到闺蜜。无尽的孤独，只能向悠然游弋的鱼儿诉说了。不管鱼儿能否听得懂，起码三三达到了倾诉的目的；何况，鱼儿不会传播开来，也不会责怪她妄想。三三跟鱼儿的亲密，是可以理解的。同时，鱼雁传情是中国传统文化中固化的意象，鱼儿游动、

---

① 沈从文：《三三》，《沈从文全集》第9卷，北岳文艺出版社2002年版，第14—15页。

鸿雁飞行的行动轨迹，给人以勾连信息的联想。沈从文便让鱼成为三三和城里人之间建立联系的桥梁——三三初识白脸少年，是总爷管事跟他一起来钓鱼；听到管事与城里人将请总爷做媒娶自己时，她在凉床上做了一个梦。梦中，听到有人询问三三，"她奇怪这声音很熟，又想不起来是谁的声音，赶忙走出去，站在门边打望，才望到又是那个白脸的人，规规矩矩坐在那儿钓鱼，过细看了一下，却看到那个钓竿，是总爷家管事先生的烟杆"。"拿一根烟杆钓鱼，倒是极新鲜的事情，但身旁似乎又已经得到了许多鱼，所以三三非常奇怪，正想走去告母亲，忽然管事先生也从那边来了。"① 三三第一次见白脸少年时，少年手中拿着一个拐杖，三三曾以为是钓竿。梦中，拐杖置换成了管事的烟杆，所强调的是管事在两人建构关系中的价值。没有管事，两人不会认识；没有管事，彼此喜欢的情感也难以沟通。所以，用管事的烟杆钓鱼成功，意味着三三潜意识中渴望白脸少年能够成为自己的情感对象，也凸显出三三对都市生活朦胧的向往。如果考虑到三三和鱼的同质性，那么，白脸少年钓鱼成功的意蕴就更明确了。唯其是梦中成功，反衬出现实中成功的概率微乎其微。不久，在白脸少年与管事又来钓一次鱼后，就病逝了。

　　沈从文对鱼的意象有近乎执着的偏爱，因此，其文本中鱼的意蕴也很丰富。或借用鱼表达两性间身体接触的触觉，传达亲密无间的情感。如《雨后》写四狗在探索阿姐的身体时："像捉鱼，这鱼是活的，却不挣，是四狗两手的感觉。"② 以鱼隐喻女子，鱼是活的，说明了四姐的身体像鱼一样滑溜溜的，这是四狗对女性身体的一种认识；"不挣"则说明了阿姐也折服在了生命的原始本能之下，对男子欲望的渴求。或表现青春期女性潜意识中对欲望的渴求，如小说《萧萧》中萧萧白天哄

---

① 沈从文：《三三》，《沈从文全集》第9卷，北岳文艺出版社2002年版，第22页。
② 沈从文：《雨后》，《沈从文全集》第3卷，北岳文艺出版社2002年版，第276页。

着小丈夫玩，晚上梦见自己"变成鱼到水中溜扒"。① 想一想还是幼儿的丈夫，晚上不能满足自己的欲望，萧萧渴望获得两性高潮时那种鱼水之欢。其代表作《边城》十几次提到"鱼吃人""鱼咬人"，是在三次端午节的七个场景中，凸显出沈从文对鱼意象的留意和喜爱。最初是她与傩送首次相遇，傩送邀请她去自己家中，翠翠误会并骂了他；傩送逗她："你不愿意上去，要呆在这儿，回头水里大鱼来咬了你，可不要叫喊！"② 此后，"鱼咬人"成为祖孙俩言语间的一个独特符号——标志着傩送的存在，以及翠翠与傩送之间的情感。而两人的情感属于正常的男女恋爱，其指向也是包含欲望的。

《边城》中的动物意象还有黄狗。该意象在文本中出现十多次，具有独特的内蕴。黄狗不仅是翠翠的帮手，更是其安全的保护神。黄狗既可以听从号令，帮助追回那些不顾爷爷反对、扔下钱就跑的乘船人，也可以在爷爷喝醉酒、忘记接翠翠时守在她身边，替她仗胆。黄狗在小说中第一次出现，就是陪着翠翠进城去备办东西；追忆两年前端午节情景时，祖父之所以放心让很小的翠翠独自留在城里，是因为"祖父知道黄狗在翠翠身边，也许比他自己在她身边还稳当，于是便回家看船去了"。③ 当傩送逗翠翠大鱼咬她时，"那黄狗好像明白翠翠被人欺负了，又汪汪的吠起来"。④ 正因为黄狗通人性，明白善恶，所以能够成为翠翠的好帮手。譬如那些临上岸还要故意投些钱给老船夫的人，翠翠拦住不让走，黄狗也一遍汪汪叫；对于打了它一石头的秃头陈四四，它怀恨在心，却只是轻轻吠着。有时候，它还成为翠翠借题发挥的载体。当翠翠听人说王乡绅家什么都安排好了，且乡绅太太被傩送家热情款待时，失足落水的傩送问候她，她第一反应却是："黄狗跑到什么地方去了

---

① 沈从文：《萧萧》，《沈从文全集》第 8 卷，北岳文艺出版社 2002 年版，第 252 页。
② 沈从文：《边城》，《沈从文全集》第 8 卷，北岳文艺出版社 2002 年版，第 80 页。
③ 沈从文：《边城》，《沈从文全集》第 8 卷，北岳文艺出版社 2002 年版，第 77 页。
④ 沈从文：《边城》，《沈从文全集》第 8 卷，北岳文艺出版社 2002 年版，第 80 页。

呢?"心不在焉的表象背后,是对傩送与他人交往的担忧与恼怒。因此,当她看到黄狗扑入水中朝自己游来时,便一语双关地说:"得了,狗,装什么疯。你又不翻船,谁要你落水呢?"① 一句话,几个词,将翠翠内心深处的担忧很机智地表现了出来。同时,何尝不凸显出翠翠对傩送的爱情呢? 这一切,借黄狗这个媒介尽情刻画了出来。有的文本里,狗甚至成为人嫉妒的对象。如《三个男人和一个女人》中,两只白狗,天天跟在商会会长女儿身边,两个爱慕女孩的军人却只能远远望着女孩。若想接近女孩,就必须联络白狗。于是,他们买些诱惑性食物给白狗,白狗不理;食物经豆腐店老板丢过去时,白狗却吃了。这样的描写,既写出了白狗的聪明,也暗示出豆腐店老板才更痴情于女孩,并且已经为女孩身边的白狗接受。那么,后续情节中女孩死后,最先赶去扒出女孩并将其背到山洞的是那个年轻老板,而非军人,也就水到渠成了。

  沈从文小说中羊意象的运用也很成功。有的文本里,羊是人物理想的载体,是虚化的意象,却有着实在的内涵。如 1925 年发表的《莲蓬》叙述校丁老毛的卑微生活,他原打算卖掉校园里的莲蓬,成就自己的梦——卖 100 个莲蓬,买一只小羊,羊生羊,"由羊而牛,而槽房,而当铺,而住屋,而二十多处田产,这时已被几个毒恶的小学生,狼吞虎咽的塞到了肚中,没有存余"。② 因为校长让学生都可以采摘成熟的莲蓬,老毛便无法实现自己的梦了,所以他疯狂砍树,发泄心中的不满。很像民间故事中那位幻想手中的鸡蛋生鸡仔,然后鸡生蛋、蛋生鸡循环发财,最终唯一的鸡蛋落地打破一样,丁老毛看似简单的梦,因为缺乏现实基础破灭了——学校的事情,岂是一个校丁决定的?! 唯其卑微可怜,更具普遍性。相比之下,媚金和豹子的爱情悲剧中,那

---

① 沈从文:《边城》,《沈从文全集》第 8 卷,北岳文艺出版社 2002 年版,第 108—109 页。
② 沈从文:《莲蓬》,《沈从文全集》第 1 卷,北岳文艺出版社 2002 年版,第 369 页。

只羊却具有关键作用。第一次山洞约会，彼此将得到对方纯洁的爱，豹子按照习俗，要献给媚金一只洁白的羔羊。但是，寻找白羊的过程曲折，错过了约好的时间，媚金以为豹子爽约而自杀。豹子来到山洞，见到的是媚金的尸体，懊悔之际，也自杀殉情。显然，洁白羊羔所象征的女性的纯洁、豹子寻找羊羔的执着都不能算错，却在谁都不错的格局下酿成了悲剧。小说这样描写豹子的心理："当豹子出了第五家养羊人家的大门时，星子已满天，是夜静时候了。他想，第一次答应了女人做的事，就做不到，此后尚能取信于女人么？空手的走去，去与女人说羊是找遍了全个村子还无中意的羊，所以空手来，这谎话不是显然了么？他于是下了决心，非找遍全村不可。"① 可见，羊意象不仅具有特定民族文化内涵，也成为扭转叙事走向的叙事元素。

与看家陪伴的狗、抒情写意的羊意象不同，几乎代表着旧时代全家财产的牛，在沈从文小说中一旦出现，就格外厚重。小说《牛》叙述大牛伯与其所养牛的故事。由于牛与主人多年相守，人与牛感知相通、梦境相似，实为作家糅合湘西性随自然的民族天性和道家天人合一观而创设的艺术境界。"这耕牛在平时是仿佛他那儿子一样，纵是骂，也如骂亲生儿女，在骂中还不少爱抚的。""这牛迷迷胡胡时就又做梦，梦到它能拖了三具犁飞跑，犁所到处土皆翻起如波浪，主人则站在耕过的田里，膝以下皆为松土所掩，张口大笑。当到这可怜的牛做着这样的好梦时，那大牛伯是也在做着同样的梦的。"② 正是因为牛在家庭财产中的重要，所以牛的梦跟主人的梦一致，均是过上温饱生活。因此，牛腿受伤后，大牛伯到处找医生为牛治疗。出乎意外的是，治好腿的牛被衙门征用了，不再属于自家，大牛伯才后悔早知如此，还不如不治疗呢！叙事焦点

---

① 沈从文：《媚金·豹子·与那羊》，《沈从文全集》第5卷，北岳文艺出版社2002年版，第359—360页。
② 沈从文：《牛》，《沈从文全集》第5卷，北岳文艺出版社2002年版，第184、191页。

围绕牛的命运,读者却可以看到人的不幸。在动荡不安的20世纪20年代末,生活在社会底层的农民自我命运不由自主的状态便凸显出来。

沈从文的小说也多人文意象。人文意象指富有人类历史、风俗、文化等内涵的意象,其叙事功能的发挥,往往依赖读者对该意象已有内蕴的熟悉和积淀,通过相关内涵的想象、融会,达到会心一笑的阅读效应,从而增扩小说内蕴。这里,不选取过于笼统的文化意象视角,而是选择更具言说价值的风俗意象和社会意象进行阐释。沈从文小说中的风俗意象,包括民间习俗、节庆习俗和民间社戏等内涵。如1926年发表的《腊八粥》,便通过八儿的视角描述了故乡人"把小米,饭豆,枣,栗,白糖,花生仁儿,合并拢来糊糊涂涂煮成一锅"熬腊八粥的情景,借此纾解他对故乡的思念之情。① 同年创作的《我的小学教育》则围绕故乡风俗、苗家小孩天性展开——看木傀儡戏、出捐、小孩子打架等。"苗人们勇敢、好斗、朴质的行为,到近来乃形成了本地少年人一种普遍的德性。关于打架,少年人秉承了这种德性,每一天每一个晚间,除开落雨,每一条街上,都可以见到若干不上十二岁的小孩,徒手或执械,在街中心相殴相扑。这是实地练习,这是一种预备,一种为本街孩子光荣的预备!"② 依然是故乡风俗的描写,却不再是别人的,而是自我经历的写真,其中蕴含着追忆风俗时对故乡人事的温习,借此缓解困居北京的窘迫,也向读者勾勒出与中原不同的生活画面。但是,并非所有习俗都那么温馨可恋,很多时候,习俗与人性会构成冲突。当冲突无法解决时,便酝酿出悲剧来。如《月下小景》中21岁的傩佑与初恋少女偷尝禁果后,在山洞服毒而死。只是因为部落习俗——与第一个对象恋爱,与第二个结婚。当他们结合后,还想在一起便成为现世中不可能

---

① 沈从文:《腊八粥》,《沈从文全集》第1卷,北岳文艺出版社2002年版,第87页。
② 沈从文:《我的小学教育》,《沈从文全集》第1卷,北岳文艺出版社2002年版,第263—264页。

的梦想；于是，为了爱情，为了灵魂相守，他们以生命为代价圆了永远的恋爱之梦。《媚金·豹子·与那羊》中豹子就是按照习俗，要找到一只洁白的羊羔献给媚金，才导致爱情悲剧。作家感慨风俗害人："都因为那一只羊，一件喜事变成了一件悲剧，无怪乎白脸族苗人如今有不吃羊肉的理由。"① 显然，在这些文本中，沈从文对风俗意象有了新的理解，即风俗有规制行为、建构秩序的积极效应，过于执着于此，则可能走向反面，成为害人的凶手。

　　风俗是特定群体的集体无意识的物化形态，能够潜在制约着行为者，使其以有悖常情的方式行动，或使其举动具有仪式化特征。如湘西人认为年轻女子死去，只要相爱的男性相拥七天，即可起死复生。由于不少人相信它，导致沈从文笔下一再出现近乎疯狂的行为描写。《三个男人和一个女人》中，豆腐店小老板从坟墓扒出少女到山洞中与之同居，获得想象中的美满爱情；即使被枪毙，依然认为值得，因为其内心深处认定自己所为是出于对少女真挚的爱，是希望她死而复生的。与此相似，《医生》中男青年把医生掳走，强逼医生为已经死去的女孩治病，因为他相信只要相守七天，她就会复活等。显然，这两位被爱情左右的青年人，已经到了近乎疯狂的状态，是不顾忌常识的。这样的精神状态，恰恰符合民俗中蕴含有原始宗教致魅的特点。当某一行业遵从前辈留下的规矩行事时，其程式化、仪式化的内涵，也构成特异的风俗意象。如《长河》描绘戏班子来唱戏时便极具典型性："萝卜溪邀约的浦市戏班子，……到地时，便把船靠泊在码头边。唱大花脸的掌班，依照老规矩，携带了八寸大的朱红拜帖，来拜会本村首事滕长顺，接洽一切。商量看在什么地方搭台，那一天起始开锣，等待吩咐就好动手。"②

---

　　① 沈从文：《媚金·豹子·与那羊》，《沈从文全集》第5卷，北岳文艺出版社2002年版，第353页。
　　② 沈从文：《长河》，《沈从文全集》第10卷，北岳文艺出版社2002年版，第160页。

决定演出后，十多个青年人帮忙抬箱子到伏波宫。起衣箱时烧纸、放鞭炮，首事人分配几个负责人或搭台，或购物。本村出名，具全红帖子请会长、队长、排长、师爷、税局主任、督察等，特请队长派一班保安队士兵维持秩序。此后，还要请红封，请点戏。待到演出那天，"第一天开锣时，由长顺和其他三个上年纪的首事人，在伏波爷爷神像前磕头焚香，杀了一只白羊，一只雄鸡，烧了个申神黄表，把黄表焚化后，由戏子扮的王灵官，把那只活生公鸡头一口咬下，把带血鸡毛粘在台前台后，台上方放炮仗打闹台锣鼓"。① 所有程序，一步都不能少。严格到近乎呆板的现象背后，是演戏人对戏剧行业和对该行业前辈的尊重。当沈从文详写它时，湘西独特的区域文化内蕴便凸显出来了。

如果说风俗意象相对固化，作家描写起来还容易一些的话，那么，对有独特内涵的社会场景、特定画面、专有行业，甚或是带有时代色彩的群体如女学生的描绘，就构成具有丰富内涵的社会意象。对其进行科学阐释，可以作为进入沈从文文学世界的独特视角。如《夜渔》刻画打鱼的想象画面。"……假使能够同到他们一起去溪里打鱼，左手高高的举着通明的葵藁或旧缆子做的火把，右手拿一面小网；或一把镰刀，或一个大箴鸡笼，腰下悬着一个鱼篓，裤脚扎得高高到大腿上头，在浅浅齐膝令人舒服的清流中，溯着溪来回走着"。②《占领》描绘军队移防场景，突出其纷乱无绪——传令兵气喘吁吁，副兵抱许多纸烟，师爷忙着向绅士们辞行，司务长忙于采购、后面跟一群扛物的伙夫，由于码头被封而挤在一起的乌篷船和懒散的士兵、来要账的小贩，还有来讨女儿风流账的若干人等。③ 这两部早期小说，既描绘出湘西捕鱼的生活场景，也追叙了作者熟悉的军队生活，拼接起来，便是湘西社会的独特

---

① 沈从文：《长河》，《沈从文全集》第10卷，北岳文艺出版社2002年版，第163页。
② 沈从文：《夜渔》，《沈从文全集》第1卷，北岳文艺出版社2002年版，第82页。
③ 沈从文：《占领》，《沈从文全集》第1卷，北岳文艺出版社2002年版，第100页。

剪影。

湘西多军队驻扎，他们要生存，必然挤压地方，由此形成的滥杀无辜现象普遍，刽子手也成为一种充满荣光的职业。《黄昏》叙述某县城一座监狱的情景。"驻扎城中的军队，除了征烟苗税的十月较忙，其余日子本来就无事可作，常常由营长连长带了队伍出去，同打猎一样，走到附郭乡下去，碰碰运气随随便便用草绳麻绳，把这些乡下庄稼人捆上一批押解入城，牵到团部去胡乱拷问一阵，再寄顿到这狱中来。或于某种简单的糊涂的问讯中，告了结束，就在一张黄色桂花纸上，由书记照行式写成甘结，把这乡下庄稼汉子两只手涂满了墨汁，强迫按捺到空白处，留下一双手模，算是承认了结是所说的一切，于是当时派队就把人牵出城外空地上砍了。或者这人说话在行一点，还有几个钱，又愿意认罚，后来把罚锾缴足，随便找寻一个保人，便又放了。"① 抓人、杀人的随意性，草菅人命如斯。抓人者肆意妄为，被抓者麻木不仁，对双方，作者都难以有平静对待的情绪。当杀人有了强劲需求时，刽子手成为有"出息"的行业，且在社会上有独特地位。"凡是刽子手，口粮是双份：譬如普通战兵每月饷关一两八钱银子三斗米，刽子手则可加一倍多。又其次，战兵要出防，要下操，要该班，刽子手则一例免。又其次，刽子手另外有一种出息，比'把总''额委'还要来得更好的，便是杀一个人有一两银子的赏号。或者不止此，杀人的刀子，当每次杀人以后，拿到各处屠桌边去时，屠户为敬重这特殊的屠户的缘故，照例有割肉赠刽子手习惯，半斤呀，一斤呀，总拢来，只要遇到十一月处决四个人左右，这个刽子手，当年腊肉就不必出钱再买了。"② 正是对生命的漠视，才可能将刽子手抬到如此受尊敬的位置，而且其作品中有对杀人细节的描写："这战兵把鬼头刀藏在手拐子后，走过席棚公案边去向

---

① 沈从文：《黄昏》，《沈从文全集》第7卷，北岳文艺出版社2002年版，第422页。
② 沈从文：《刽子手》，《沈从文全集》第4卷，北岳文艺出版社2002年版，第139页。

监斩官打了个千,请示旨意。得到许可,走进罪犯身后,稍稍估量,手拐子向犯人后颈窝一擦,发出个木然的钝声,那汉子头便落地了。"①毁灭生命的技术如此娴熟,还能赢得围观者的喝彩声,正是湘西人缺乏明晰的价值立场和是非判断使然。由此折射出的湘西人的生命意识及存在状态,不能不引人担忧。

这种毁灭生命的行为,不仅仅存在于军队草菅人命的粗暴里,也存在于乡村风俗对女性婚外情的处罚中。最典型的意象,便是将偷情的女性沉潭。《萧萧》中,萧萧与花狗偷情怀孕后所面临的就是沉潭或变卖,只是在等待买主期间生下了胖儿子,才幸免于难。《巧秀和冬生》中的巧秀妈妈就没有这么幸运了。她23岁守寡,因为与黄罗寨打虎匠相好而被族人沉潭。小说集中描写了沉潭前众人羞辱她和沉潭瞬间的可怕场景,构成震撼心灵的社会意象。"一些年青族中人,即在祠堂外把那小寡妇上下衣服剥个净光,两手缚定,背上负了面小磨石,并用葛藤紧紧把磨石扣在颈脖上。大家围住小寡妇,一面无耻放肆的欣赏那个光鲜鲜的年青肉体,一面还狠狠的骂女人无耻。……到了快要黄昏时候,族中一群好事者,和那个族祖,把小寡妇拥上了一只小船,架起了桨,沉默向溪口上游长潭划去。女的还是低头无语,只看着河中荡荡流水,以及被双桨搅碎水中的云影星光。""美丽黄昏空气中,一切沉静,谁也不肯下手。老族祖貌作雄强,心中实混合了恐怖与庄严。走过女人身边,冷不防一下子把那小寡妇就掀下了水,轻重一失衡,自己忙向另外一边倾坐,把小船弄得摇摇晃晃。人一下水,先是不免有一番小小挣扎,因为颈背上系那面石磨相当重,随即打着漩向下直沉。一阵子水泡向上翻,接着是水天平静。"② 两个场景,将围观者的冷漠、施暴者的

---

① 沈从文:《新与旧》,《沈从文全集》第8卷,北岳文艺出版社2002年版,第289页。
② 沈从文:《巧秀和冬生》,《沈从文全集》第10卷,北岳文艺出版社2002年版,第420—421页。

冷酷、族长的虚伪、寡妇的从容均凸现出来了。而那个时代湘西女性争取欲望满足所面临的巨大风险和由此展现的人性内涵，均带有深刻的社会烙印。

透过富有社会内涵的意象表现女性的社会定位，尤其是带有时代色彩的女性群体如女学生，是沈从文小说中不可忽视的意象叙事。其小说《萧萧》和《长河》中均有对女学生的集中描写。萧萧眼中，"大家都知道女学生没有辫子，像个尼姑，穿的衣服又像洋人，吃的，用的，……总而言之一想起来就觉得怪可笑！""从乡下人眼中看来，这些人皆近于另一世界中活下的人，装扮如怪如神，行为也不可思议。""她们穿衣服不管天气冷暖，吃东西不问饥饱，晚上交到子时才睡觉，白天正经事全不作，只知唱歌打球，读洋书。她们一年用的钱可以买十六只水牛。她们在省里京里想往什么地方去时，不必走路，只要钻进一个大匣子中，那匣子就可以带她到地。她们在学校，男女一处上课，人熟了，就随意同那男子睡觉，也不要媒人，也不要财礼，名叫'自由'。……她们不怕男子，男子不能使她们受委屈，一受委屈就上衙门打官司，要官罚男子的钱，这笔钱她可以同官平分。她们不洗衣做饭，有了小孩也只化［花］五块钱或十块钱一月，雇人专管小孩，自己仍然整天看戏打牌。"① 从穿着打扮、婚恋生子，到上学花费、外出旅行等多维度地展现，女学生在时人眼中真是怪物一群。此后，创作的《长河》，对女学生的描写真实一些：她们"大多数是比较开通的船长地主的姑娘，到省里女子师范或什么私立中学读了几年书，还乡时便同时带来给乡下人无数新奇的传说，崭新的神话，比水手带来的完全不同"。"辫子不要了，……膀子膊子全露在外面，……且不穿裤子。"婚姻方面，订过婚的，主张自由，需要离婚；独身主义者，"照例吃家里，用家里，衣襟上插支自来水笔，插支活动铅笔，手上有个小小皮包，皮包中说不定还

---

① 沈从文：《萧萧》，《沈从文全集》第 8 卷，北岳文艺出版社 2002 年版，第 253—255 页。

有副白边黑眼镜,生活也就过得从容愉快"。① 可见,作为新生事物,女学生在那个时代尚未获得社会的正面认同。

有时候,沈从文对社会意象的截取是白描式的,取具有时代色彩或独特意蕴的典型器物,表达他对人、对事的认知。如《丈夫》中水保对女人的丈夫说:"你告她有这么一个大个儿到过船上,穿这样的大靴子,告她晚上不要接客,我要来。"② 基层官员的霸道,通过一双大靴子体现了出来。普通士兵对荣誉的珍视与对和平的向往,则可以通过一面旗帜显现出来。《会明》描写一个当了三十年火夫的士兵,仍然保存着当年的旗帜:"如今的三十三连,全连中只剩余会明一人同一面旗帜。……旗在会明身上谨谨慎慎的缠裹着,会明则在火夫的职分上按照规矩做着粗重肮脏的杂务,便是本连的长官也仿佛把这过去历史忘掉多久了。"③ 他的一生太平凡,能够带来些许荣誉感的只有这面军旗了,因此,别人都忘记了,他却格外珍惜之。这种特定物品寄托情感或表现人物性格的手法,沈从文小说中时常使用。《长河》中有对钢笔、榨油机、教堂等近代器物的描写,渲染出浓郁的时代色彩。《小砦》和《张大相》等也如此。《小砦》中军官的勤务兵拿的"长约两尺的大手电筒",局长"却点了一盏美孚牌桅灯""当地大人物""用老虎牌白搪瓷漱口罐漱口,用明星牌牙刷擦牙,牙粉却是美女老牌"。④ 沈从文写出一系列商品品牌,既凸显近代品牌,描绘"大人物"生活状态,也通过所谓"上等阶级"的标榜品位,借物化形态表现其与乡下人生活的差异。尤其是手电筒,简直就是近代中国最具代表性的电器了,因此,张大相为拥有最大号的手电筒而自豪。"一到了夜里,大相就拿着这个东西上街,迎面照人取乐。大相的电筒比谁的都光亮,被照的人皆知道

---

① 沈从文:《长河》,《沈从文全集》第10卷,北岳文艺出版社2002年版,第19—20页。
② 沈从文:《丈夫》,《沈从文全集》第9卷,北岳文艺出版社2002年版,第56页。
③ 沈从文:《会明》,《沈从文全集》第9卷,北岳文艺出版社2002年版,第85页。
④ 沈从文:《小砦》,《沈从文全集》第10卷,北岳文艺出版社2002年版,第190—191页。

这是大相的电筒。大相也因此把日子过得很有意思，且同时无形中成为一只虎的一位活财神。"① 尽管他被商人欺骗，25元的手电筒，他付钱100元，但是，由此获得了其他人都没有的独特物品，凸显出了自我价值，他便沾沾自喜。通过这些物品，沈从文写出了人物灵魂深处的空虚与社会浮躁的世相。

人文意象除了具有社会内涵的场景、包含时代特色的物品，还有各种各样体现人类思想的梦。梦，本就是人类深层意识的具象化，是白昼里有所欲而不能实现的愿望于睡眠状态的悄然浮现，因此，弗洛伊德治疗精神病人运用梦的分析，中国作家也喜欢通过梦境刻画人物内心世界。尤其是在20世纪30年代，沈从文小说创作成熟期的作品里，往往有成功的梦幻意象。1930年发表的《萧萧》和《一个女人》等便有典型的梦意象。萧萧白天带小丈夫玩耍，晚上便会做梦："梦到后门角落或别的什么地方捡得大把大把铜钱，吃好东西，爬树，自己变成鱼到水中溜扒，或一时仿佛很小很轻，身子飞到天上众星中，没有一个人，只是一片白，一片金光，于是大喊'妈！'人醒了。醒来心还只是跳。"② 这个梦，既有小孩子渴望金钱的内涵，也有口腹之欲和童年游戏的镜头，更有置身空中无所归属的恐惧。所有这些，均与萧萧孤儿的身世有关，缺乏母爱，贫穷无助，即便是出嫁了欲望也得不到满足，才会于潜意识中呼唤妈妈，惊醒过来。听祖父讲女学生的事情后，"萧萧从此以后心中有个'女学生'。做梦也便常常梦到女学生，且梦到同这些人并排走路。仿佛也坐过那种自己会走路的匣子，她又觉得这匣子并不比自己跑路更快。在梦中那匣子的形体同谷仓差不多，里面有小小灰色老鼠，眼珠子红红的"③ 前一个梦是童年经验和现实困

---

① 沈从文：《张大相》，《沈从文全集》第10卷，北岳文艺出版社2002年版，第274页。
② 沈从文：《萧萧》，《沈从文全集》第8卷，北岳文艺出版社2002年版，第252页。
③ 沈从文：《萧萧》，《沈从文全集》第8卷，北岳文艺出版社2002年版，第255—256页。

境的聚合,这个梦却是心中愿望和生活经验的融会。萧萧内心有对外面世界的隐隐向往,渴望像女学生那样走出去;可是,生活给予她的印象只是山村器物轮廓,于是,匣子(火车)成了谷仓模样,里面到处跑着她见过的小老鼠。女学生及其乘坐的火车形象,在传播过程中一再被扭曲,形象改变的背后是时人的隔膜与误解,因而萧萧的梦是更为虚幻的存在。《一个女人》叙述童养媳三翠13—30岁的人生经历,小说开头就写到三翠爱做梦,梦到捉鱼、拾菌子、捡柴、放风筝等。基本上是一个山村女孩童年生活的聚拢,可是她已经为人妻、为人母了。沉重的生活负担压在一个尚未成年的女孩身上,她唯一能够暂时摆脱困境的途径就是做梦。"做梦有什么用处? 可以温暖自己的童心,可以忘掉眼前,她正像他人一样,不但在过去甜蜜的好生活上做过梦,在未来,也不觉得是野心扩大,把梦境在眼前展开了。她梦到儿子成人,接了媳妇。她梦到那从前在牛栏上睡觉的人穿了新衣回家,做什长了。她还梦到家中仍然有一只母牛,一只小花黄牛,是那在牛栏上睡觉的人在外赚钱买得的。"① 丈夫一去无回,儿子一天天长大,她依然靠梦支撑着活下去。这令人心酸的梦啊——梦中寄托着一个小妇人对未来的全部希望,儿子,丈夫,家庭,唯独没有自己! 可以说,这是那个年代众多女人的梦,是苦难酿成的梦! 同样是初进入青春期的少女,翠翠的梦跟她们有所不同。傩送连续三天为她唱歌,祖父提醒她呼应,并简述了她那死去的母亲如何爱唱歌、跟她父亲白日里对歌的往事后,翠翠做梦了。"梦中灵魂为一种美妙歌声浮起来了,仿佛轻轻的各处飘着,上了白塔,下了菜园,到了船上,又复飞窜过悬崖半腰——去作什么呢? 摘虎耳草!"② 这是更成熟的梦意象描绘,不再拘泥于生活经验,而是一任想象飞行。上下飞腾的形态,超越空间的局限;渺茫歌声的烘托,凸显情感的魅力。充分铺垫

---

① 沈从文:《一个女人》,《沈从文全集》第4卷,北岳文艺出版社2002年版,第305页。
② 沈从文:《边城》,《沈从文全集》第8卷,北岳文艺出版社2002年版,第122页。

之后，归结到采摘虎耳草，暗示翠翠已经被爱情打动了。

有的小说里，沈从文借梦表现人生的卑微，又在卑微的人生里展现人性的温暖。如小说《会明》中，他与驻地村人交往，被赠一只鸡。"他同别人讨论这只鸡时，是也像一个母亲与人谈论儿女一样的。他夜间做梦，就梦到有二十只小鸡旋绕脚边吱吱的叫。"① 这个梦的描写，表现出会明不仅珍惜昔日的荣光，更有对和平生活的向往，从而把一个老兵的内心世界完整地展现出来。小说《牛》里大牛伯的梦也不复杂："他只梦到用四床大晒谷簟铺在坪里，晒簟上新荞堆高如小山，抓了一把褐色荞子向太阳下照，荞子在手上皆放乌金光泽。"于是他设想打新围墙、装腰门、栽葡萄等。他与牛共享的梦，就是一个农家温饱生活的底线。可是，这微薄的希望，随着牛被衙门征走而完全破碎了。这是底层人物的自足梦，没有实现，已经能引发读者对现实的思考。然而，如果一个仆人，仅仅是为了一点点虚荣，渴望主人早些成家，却依然没有达到目的，那分失落与梦的破灭感，就令人心碎了。发表于1930年的《灯》叙述50多岁的退伍司务长，因为在主人家两代为仆，故到了"我"这里自愿做厨师，不仅照顾我的生活，更关心我的婚姻，因为他有自己的梦。"他不单是盼望他可以有一个机会，把他从那市上买来的呢布军服穿得整整齐齐，站到亚东饭店门前去为我结婚日子的迎宾主事，还非常愿意穿了军服，把我的小孩子，打扮得像一个将军的儿子，抱到公园中去玩！他在我身上，一定还做得最夸张的梦，梦到我带了妻儿，光荣，金钱，回转乡下去，他骑了一匹马最先进城，对于那些来迎接我的同乡亲戚朋友们，如何询问他，他又如何飞马的走去，一直跑到家里，禀告老太太，让一个小小县城的人如何惊讶到这一次的荣归！他这些希望，十余年前放到我的父亲身上，失败了，后来又放到我的哥哥

---

① 沈从文：《会明》，《沈从文全集》第9卷，北岳文艺出版社2002年版，第92页。

身上，哥哥又失败了，如今是只有我可以安置他这可怜希望了。"① 一个忠诚的仆人，所有希冀中没有自我的成分，为他人的幸福和未来做着梦。这个梦，既凸显出人性中温馨温暖的内蕴，也表现出下层人愚昧虚幻的现实；同时，只能在别人的喜事中实现自我的价值，恰恰证明现实中没有凸显自我价值的机会。遗憾的是，这点儿希望，"我"也没有给他落实。最后，梦碎了，他走了，遗落在字里行间的是满篇唏嘘！

四 沈从文小说的心理描写

心理描写是近代以来中国传统小说借鉴西方小说的主要技法，但是，沈从文小说中的心理描写并非取源于西方文学，而是顺应现代文学发展趋势，利用自己接受的传统小说与民间文学素养汇聚而成的。他不喜欢大喊大叫，"一个人到真真感到寂寞时节，是没有牢骚可发的。一切看得明明白白，只自痛心于不能自拔的幻灭情形中，沉默了！"② 黄永玉认为："契诃夫说过写小说的极好的话：'好与坏都不要叫出声来。'这几乎是搞文学的基本规律和诀窍，也标志着文学的深广度和难度。""从文表叔的书里从来没有——美丽呀！雄伟呀！壮观呀！优雅呀！悲伤呀！……这些词藻的泛滥，但在他的文章里，你都能感觉到它们的恰如其分的存在。"③ 不直接喊出来，却仍然要表现其内在思想，于是心理描写便成为选择。综观其小说，既有对他人心理的多维描述，也有对自我心理的细腻刻画。

---

① 沈从文：《灯》，《沈从文全集》第9卷，北岳文艺出版社2002年版，第150页。
② 沈从文：《老实人·自序》，《沈从文全集》第2卷，北岳文艺出版社2002年版，第4页。
③ 黄永玉：《太阳下的风景》，卓雅：《黄永玉和他的湘西》，上海文艺出版社2003年版，第84页。

沈从文创作初期,就侧重描绘人物的内在心理。如《怯汉》描写三十来岁的主人公跟随女大学生进商店,模仿人家购买泥猪、松花,因此招来女性的鄙视;他索性走过女人身边时,轻轻撞了对方一下,被骂:"这是个痞子。""坐上归途的车子时,我呜咽的哭了。我为什么定要麻烦别人?难道这是所谓男子报仇所采取的一种好方法么?样子不能使人愉快,生到这世上已就得了别人不少的原谅,为什么我故意来学到一个下流人样在人前作怪模样?""我成了痞子了,这是我亲眼见到的人在我面前说过的,但是,我若当真是一个地道痞子时,或者,也不至有今日吧。以后再要一个人来喊我为痞子也怕不是容易事。我是连当痞子资格还也欠阙的。"① 从变态跟踪、模仿购物,到自谴自责、自轻自贱,均由其复杂的内心支配,从而将深受性压抑的男性心理展现出来。《或人的太太》写太太与他人亲热时常常想起丈夫,回家后希望补偿。"她将从一种肉体生活上去找那赔礼的机会?她将在他面前去认罪?在肉体方面,作太太的正因为有着那罪恶憧憬的知觉在他心上,每一次的接近作太太的越觉热爱的情形也只能使他越敢于断定是她已悖了他在第二个男子身上作了那同样的事,因为抱惭才来在丈夫面前敷衍的心也更显。"丈夫心中明白妻子的心理,因此不点破,而是采取冷暴力:"他知道了自己所号的地位,为这痛苦是痛苦过两个多月了。可是除了不得已从脸貌上给了太太以一点苦恼以外,索性对不必客气的太太十分客气起来了。在这客气中,他使她更痛苦的情形,也便如她因这心中隐情对他客气使他难过一样。"② 年轻夫妻间的暗战,表现出都市人情爱的虚伪,更凸现出人性、人情的深邃幽微。

出于对生活经验的提炼,沈从文对世间母亲的心理进行了细腻刻

---

① 沈从文:《怯汉》,《沈从文全集》第 2 卷,北岳文艺出版社 2002 年版,第 201 页。
② 沈从文:《或人的太太》,《沈从文全集》第 2 卷,北岳文艺出版社 2002 年版,第 154—155 页。

画。《山鬼》以12岁小孩毛弟的视角叙述45岁的母亲与癫子哥哥的生活。小说描写孩子出门未归时母亲的心理:"一个人,一点事不知,平白无故出门那么久,身上又不带有钱,性格又是那么疯疯癫癫像代宝(代宝是著名的疯汉),万一头脑发了迷,凭癫劲,一直走向那自己亦莫名其妙的辽远地方走去,是一件可能的事情!或者,到山上去睡,给野猫豹子拖了也说不定!或者,夜里随意走,无心掉下一个地窟窿里去,也是免不了的危险!"[1]短短一段文字,几乎预想了所有的可能性危机,从而把母亲的疑虑、担忧尽情凸显出来。同样是描述母亲的心理,《一个母亲》则更为独特。小说叙述素结婚8年没有孩子,公园偶遇童年伙伴,来往久了,与其发生关系,生下儿子;丈夫不知内情,特别喜欢儿子,做母亲的反而时时陷入矛盾之中。"父亲每一提到孩子,母亲就如中恶,心身微微发抖。"因为其喜欢母亲寄来的泥菩萨,丈夫买了十个带回来,说:"这是纪念这母亲对于孩子的周年。"平常话,却使"她脸上忽失了色"[2]。这位母亲心中惴惴不安的根源在于孩子身份的秘密,日常生活中的任何细节都可能激发她担心秘密暴露的焦虑,所以,她的心理与《山鬼》中那位母亲不同。孩子偶尔一次出门未归是突发性事件,它激发的焦虑是强烈的、多层面的;而婚外情导致的孩子身份秘密是处于恒定状态的,伴随着生活流而一直纠结在母亲心中,才使其战战兢兢如履薄冰。这两部小说典型地代表了沈从文处理小说题材时"常"与"变"的特点,即抓住常态刻画人物无法摆脱的日常焦虑,围绕变态描绘人物瞬间几乎崩溃的心理特征。

青年男女恋爱题材的小说,沈从文也直接进行心理描述。如《媚金·豹子·与那羊》描写豹子寻找洁白的羔羊时:"他想,第一次答

---

[1] 沈从文:《山鬼》,《沈从文全集》第3卷,北岳文艺出版社2002年版,第336页。
[2] 沈从文:《一个母亲》,《沈从文全集》第7卷,北岳文艺出版社2002年版,第299、301页。

应了女人做的事，就做不到，此后尚能取信于女人么？空手的走去，去与女人说羊是找遍了全个村子还无中意的羊，所以空手来，这谎话不是显然了么？他于是下了决心，非找遍全村不可。"① 这段描述，既表现了豹子执着的性格，也为后来因迟到而酿成悲剧做了铺垫；同时，小说叙事的延宕有了依据，弥补了读者按照常理推定的文本叙事间隙。当然，沈从文也擅长用传统手法进行心理描写。如《三个男人和一个女人》里那个聪明爱笑的小老板得知喜欢的女孩吞金死后，"那个年青老板，坐到长凳上用手扶了头，人家来买豆腐时，就请主顾自己用钢刀铲取板上的豆腐"。他不再对买卖热心，任人随意铲取豆腐。这一行为，凸显出他的生意已绝——既无心做生意，也不愿生存在世上了！为何如此？瘸腿号兵说明了："他告给我他实在也有过这种设想，因为听到人说吞金死去了的人，如是不过七天，只要得到男子的假抱，便可以重新复活。"② 这是典型的传统小说写人心理的方法，用字不多，借人物行为与民间风俗，对人物心理的刻画却能够抵达深处。

其小说对两性间非正常状态情爱心理的描写，也值得关注。要么如《或人的太太》描写女性周旋在情人和主妇之间的复杂心态，要么如《怯汉》表现对异性的渴望与变态的心理，要么直接描绘欲望的升腾与满足。如《旅店》描写黑猫的欲望滋生："一种突起的不端方的欲望，在心上长大，黑猫开始来在这四个客人上面思索那可以光身的人了。"在对欲望的描绘中，沈从文融入了弗洛伊德意蕴。"她估量这客人的那一对强健臂膊，她估他的肩、腰、以及大腿，最后又望到这客人的那个鼻子，这鼻子又长又大。""黑猫望到这大鼻子客人，真有一口咬下这大鼻头的潜意识在，所以自己用手揣到自己的奶，把身子摇摆，想同客

---

① 沈从文：《媚金·豹子·与那羊》，《沈从文全集》第5卷，北岳文艺出版社2002年版，第359—360页。
② 沈从文：《三个男人和一个女人》，《沈从文全集》第8卷，北岳文艺出版社2002年版，第29、33页。

人说两句话。"客人出门了,"黑猫本应在这时来整理棉被,但她只伏在床上去嗅,像一个装醉的人作的事"。① 直到与大鼻头到山洞里约会,并生下儿子。通过对各种特殊性爱心理的刻画,沈从文成功描绘了黑猫欲望的产生、煎熬及满足的过程。

沈从文小说中的心理描写往往与人物设置关系密切。他笔下多为残缺家庭,《边城》中翠翠的父母自杀,她从小缺乏父辈的关爱;《萧萧》中的萧萧也是父母早亡,她是跟着伯父生活的;《三三》中的三三没有了父亲,《长河》中的夭夭母亲不在了……。在残缺的家庭环境中长大,容易造成心理上爱的缺失,进而导致心理缺乏安全感,多了几分忧患意识。《三三》即有少女的忧患——妈妈去总爷家送鸡蛋时,"等候母亲还不回来,心想莫非管事先生同妈妈吵了架,或者天热到路上发了痧?……心理老不自在回到碾坊里去"。②《边城》中翠翠跟爷爷一起去茶峒,人们都走了,爷爷还不来,翠翠"忽然起了一个怕人的想头,她想:'假若爷爷死了?'"听楼上人说起那个妓女的爸爸就是在棉花坡被杀的,杀了十七刀,"翠翠心中那个古怪的想头,'爷爷死了呢?'便仍然占据到心里有一忽儿"。③ 这种恐惧意识会传染,尤其是在相依为命的亲人间。小说写到老船夫"其实他有点忧愁,因为他忽然觉得翠翠一切全像那个母亲,而且隐隐约约便感觉到这母女二人共通的命运"。听到翠翠喊爷爷的声音,老船夫一边答应,一边自言自语:"翠翠,爷爷不在了,你将怎么样?"④ 正是因为他们彼此是对方在世间的唯一亲人,所以短暂的离开也会让另一方不安,特别是处于儿童阶段的女孩子。

除刻画人物的情爱心理、关注残缺家庭儿童的恐惧意识之外,沈从文对围观者等社会现象也有描写,从中可以看出他对围观心理的厌恶。

---

① 沈从文:《旅店》,《沈从文全集》第4卷,北岳文艺出版社2002年版,第177、179页。
② 沈从文:《三三》,《沈从文全集》第9卷,北岳文艺出版社2002年版,第21页。
③ 沈从文:《边城》,《沈从文全集》第8卷,北岳文艺出版社2002年版,第78—79页。
④ 沈从文:《边城》,《沈从文全集》第8卷,北岳文艺出版社2002年版,第114、120页。

如《夫妇》中青年夫妇在南山坳大草集旁做爱被抓,文本追问:"为什么非一定捉来不可,被捉的与捉人的两方面皆似乎不甚清楚。然而属于流汗喘气事自己无分,却把人捉到这里来示众的汉子们,这时对女人是俨然有一种满足,超乎流汗喘气以上的。妇女们走到这一对身边来时,便各用手指刮脸,表示这是可羞的事,这些人,不消说是不觉得天气好就适宜于同男子作某种事情应当了。老年人看了则只摇头,大概他们都把自己年青时代性情中那点孩气处与憨气处忘掉,有了儿女,风俗有提倡的必需了。"① 短短一段文字,便把单身汉、年轻妇女、老年人等不同年龄段的人对于性爱的羡慕、故作姿态、嫉妒等心理展示了出来;而羞辱别人以满足自己,或彰显自己清高的行为,是沈从文所厌恶的。

从心理视角透视沈从文的小说创作,可以看出其笔下的两性关系很少导致生育。如果有,要么如《旅店》《萧萧》《绅士的太太》等小说所写的婚外生育,正常的婚恋生活往往没有进展到生育环节。笔者认为沈从文叙事的焦点在爱情的生成以及由此产生的心理嬗变,而非爱情的结果。对他人心理的刻画,为其小说增加了厚度和艺术魅力;对自我心理的展示,则构成自叙传特点。现代作家创作倾向具有自叙传特点是文学界的共识,郁达夫、黄庐隐等人的创作带来现代小说领域强劲的自叙传风格。沈从文与自叙传的关系,已有学者明确指出来了:"多年来学术界一直津津乐道郁达夫对沈从文的慷慨救助,却少见有人想想沈从文为什么单单挑选郁达夫作为求救对象,而且几乎无人注意到早年的沈从文从创作到生活其实都'郁达夫化'了。"② 其实,当年沈从文求救的对象并非只有郁达夫,而是很多人,但是,做出回应并亲自探望他的只有郁达夫。此论的最大价值是指明了沈从文早期小说接受郁达夫影响的

---

① 沈从文:《夫妇》,《沈从文全集》第9卷,北岳文艺出版社2002年版,第69页。
② 解志熙:《爱欲抒写的"诗与真"——沈从文现代时期的文学行为叙论》(上),《中国现代文学研究丛刊》2012年第10期。

事实，亦即其小说具有自叙传特点。然而，如果是照形写物，沈从文便难以成为小说大家。作为闯入文坛的新手，沈从文"还无法把自己'受压抑无可安排的乡下人对于爱情的憧憬'以象征的形式表现，而只能采取直抒胸臆的主观抒情方式来表达。也因此，年轻的沈从文从生活上到创作上都愿意模仿的资深作家，便不是以冷静客观地描写乡村社会见长的鲁迅，而是以自叙传的形式表现时代青年'生的苦闷'尤其是'性的苦闷'的郁达夫了"。① 在接受、反思之后，沈从文逐渐形成了自己的自叙传特点——其一，自叙困境，如郁达夫。其二，进入文本，凸显自我，增强真实性，且干扰叙事。其三，亲人叙事，增强真实感。尤其是作家进入文本，值得详细阐释！

以小说记叙自我经历，充满怨气的笔调吐露出"生的苦闷"与"性的苦闷"，这是沈从文的自叙传与郁达夫最为相似之处。《长夏》叙述我（文人）与有夫之妇六姐、大姐之间的恋爱关系，其中大姐喜欢我，我却只喜欢六姐。爱的错位使青春期的自我充满矛盾，意识到自己配角的人生定位，却不甘心："谁不是配角？难道配角就是单演悲剧么？我想起我此时的难处才够哭！我明知道我这懦怯人，自己在此勉强充汉子，以后说不定，我为使大家安宁起见，顾自去自杀，也是免不了的事。"在爱的迟疑中，性格懦弱的缺点彰显出来，恰如《沉沦》中主人公自称"卑怯者"："所谓银样腊枪头，是为我这样人而说的，我不辩。"② 这是因为其爱欲停留在想象阶段，是超越生活实存的浪漫架构："我要的，却是一个有着美的身体的女人。……我不要太太，所要的只是浪漫的情人。""我能在六姐嘴上，或者颊边，或者头发脚，颈部，吻一千次，——再不然，吻一次，延长到一点两点钟，也可以。……

---

① 解志熙：《爱欲抒写的"诗与真"——沈从文现代时期的文学行为叙论》（上），《中国现代文学研究丛刊》2012年第10期。

② 沈从文：《长夏》，《沈从文全集》第3卷，北岳文艺出版社2002年版，第377、379页。

唉，镇天我是只能想这些事情的！"① 当幻想左右其意志时，他便无法逃脱幻想的桎梏，于是近乎意淫般地想象他人做爱的场景，满足自我窥探欲。这跟郁达夫《沉沦》中主人公在寺院外草地上偷窥别人做爱没有本质区别，更可悲的是《沉沦》中是实际观看，这里是虚拟的画面。想象自然不能满足生理需求，于是，他写信乞求——"让我做你丈夫一夜吧。别人做了你的床畔人，已快十年了，你的弟，只愿十分钟，也够数！"② 渴望得到欲望满足的心理，十分直白地喊了出来。

《旧梦》先是表现其自伤自悼，第一次与那女人见面后，我"先是自伤，随后又恨自己那么容易为人一句话感动。在我心里起的念头真不是一种好念头。照规矩是在隐隐约约发现了别个有夫之妇对我不讨嫌时，我的心就非常痛苦起来。为什么欢喜我的全是嫁过人了的？为什么比这个坏一点的没有主儿的女人就全不理我？"③ 其实，不是女人可恨，而是自我懦弱。"爱了别人一人，无阻无碍的是眼前平列的事实，因为怯，终于不能把这女人归自己所有，这是杰克所深知他弟弟的。""我哭了。弱的心，不能大叫，也不能大喊，但容易流泪，我是并不隐瞒我这弱点于人前的。"④ 有了爱欲，不敢行动，只会哭泣、抱怨，正是沈从文的自画像。这样的心态，却强烈需要异性："我不想作王，我不愿成仙，我不要名誉和到金钱，我不要以后的生活，只要许我这个时候同她放肆一次！"⑤ 看似简单的欲望，实际上既没有钱到妓院买笑，也不能正常恋爱获得，更不能像他40年代的小说那样升华为象征性境界，因此，只能在小说中像郁达夫那样喊出来。

然而，沈从文毕竟跟郁达夫不同。郁达夫可以超越金钱、知识、名

---

① 沈从文：《长夏》，《沈从文全集》第3卷，北岳文艺出版社2002年版，第381、385页。
② 沈从文：《长夏》，《沈从文全集》第3卷，北岳文艺出版社2002年版，第389页。
③ 沈从文：《旧梦》，《沈从文全集》第6卷，北岳文艺出版社2002年版，第21页。
④ 沈从文：《旧梦》，《沈从文全集》第6卷，北岳文艺出版社2002年版，第99、115页。
⑤ 沈从文：《旧梦》，《沈从文全集》第6卷，北岳文艺出版社2002年版，第44页。

誉，只要女人："苍天呀苍天，我并不要知识，我并不要名誉，我也不要那些无用的金钱，你若能赐我一个伊甸园内的'伊扶'，使她的肉体与心灵全归我有，我就心满意足了。"① 那是因为他拥有基本的金钱、知识和名誉，只是被欲望掌控了，难以自拔，沈从文却不得不把金钱放在唯一的位置，因为其生存的基本条件尚不具备："金钱，名誉，女人，三者中我所要的只是能使我们这一家三个人勉强活下来的少许金钱，这一点点很可怜的欲望还不能容易得到。"② 可以看出，生的苦闷显然超越了性的苦闷，成为压在沈从文心头的重负，以至怀疑自己有组织家庭的资格吗。"我有什么权利可以要一个家庭？要母，要妹，也无权利。要妻，妻是为我这样的人预备的么？一个女人，是为了跟随我这样人而生长下来，那恐怕神还不至于如此昏聩。"即便是想建构家庭，谁喜欢跟这样的人在一起呢？"我咀嚼自己胡涂的用钱，便想起母亲说的应当有个妻来管理的事了。不然真不行，不过这时到什么地方去找这样一个人呢？谁愿意作这样一个萎靡男子的妻？"③ 到这样的情状时，沈从文则将生的苦闷和性的苦闷糅为一体了。实际上，对于20世纪30年代以前的他而言，一直被这两种苦闷纠缠着，因此，创作小说时便成为绕不开的潜意识了。

跟郁达夫在小说中泛泛提到自己是留学青年身份不同，沈从文明确强调自己的作家身份，因此，当作家进入小说文本中时，就具有特殊的意味了。《阿丽思中国游记》第二卷写明仪彬的二哥"是一个正式入伍当过本地常备兵四年的退伍兵士"，"这个人是有了二十五六岁年龄，还不曾有妻"。接下来叙述他拿31块钱、放弃6年多的行伍生涯，"朦朦胧胧的跑到充满了学问与势利的北京城，用着花子的精神，混过了每

---

① 郁达夫：《沉沦》，《郁达夫小说全集》，时代文艺出版社1996年版，第23页。
② 沈从文：《不死日记》，《沈从文全集》第3卷，北岳文艺出版社2002年版，第406页。
③ 沈从文：《中年》，《沈从文全集》第3卷，北岳文艺出版社2002年版，第426、435页。

一个过去的日子,四年中终于从文学上找到了生活目标"。他过着极为艰苦的生活,却把责任与理想融入生活:"他决心把自己一只右手为工具,希望使三个人好好活下来。""他自己,是因了一种心脏上病鼻子常常流血,常常有在某一不可知的情形下,便会忽然死去的阴影遮到心上,故更觉得把所有未尽的心力,用在幼妹未来生活上幸福储蓄为必要的一件事。他预许了这幼妹以将来读书的一切费用,且自己也就常常为幼妹能到法国去将法文学成,至于能译其二哥小说为极佳的法文一希望乐观而忘了眼前生活的可怜,与无女人爱恋的苦恼了。"因为没有别的技能养活全家,所以只能拼命创作以糊口。其创作状态是这样的:"在病中他曾设法掩饰他的因病而来的身体憔悴与精神疲惫处,一面勉强与母亲说欢喜话,一面且得在自己房中来用脑思索这三人生活所资的一个纸上悲剧喜剧人物的行动。把纸上的脚色,生活顶精彩处记下,同时又得记下那些无关大诣(旨)的、委委琐琐的、通俗引为多趣的情节,到后则慢慢把这脚色从实生活中引入烦恼网里去,把实生活以外的传奇的或浪漫的机会给了这人,于是终于这角色就自杀——自杀,多合时代的一个增人兴味的名词!"① 这些几乎可以用作研究其生平的材料,真实凸显出其生存状态,比起郁达夫略带夸饰的描述更为真实可信。

  有时,他还把小妹岳萌写进小说。《冬的空间》没有发表过,是叙述其生存状态的小说。A 是沈从文的化身,他"到后写信给郁达夫,这好人,他来我住处,邀我到北京西单牌楼四如春吃饭,又送我三块钱,我拿这钱到手上时虽异常伤心,也不能哭"。这是对他与郁达夫交往的实录,更真切地表现了二者之间的关系。当女大学生朱说"非常欢喜看 A 先生作的山鬼",说要到上海买 A 的《废屋》,玖不让她买,准备送她一本,并说:"二哥说他的书全是不行的,没有一本完全的著作,因

---

  ① 沈从文:《阿丽思中国游记》,《沈从文全集》第 3 卷,北岳文艺出版社 2002 年版,第 180—182 页。

为全是为自己写的,不是为别人写的。"① 这段话,不仅写出了九妹(玖)答应送同学哥哥的小说,也写出了已出版的小说《山鬼》和现在看不到的《废屋》,更说出了沈从文小说的自叙传特点——"为自己写"。《元宵》叙述作家雷士无聊无赖的生存状态。到光明戏院看君秋的戏,君秋告诉他:"你的神气处处像你小说上的人物,你不认账么!"② 这里,沈从文化身为雷士,好友点明其自叙传特点。在其他小说里,沈从文对自叙传写法有更直接的肯定——他(新人物)说:"讽刺虽只是姓鲁的思想权威所专利,但老兄并不讽刺了谁,一切行为与思想,是自己的事,说别的时则连自己也写在内,所以妙绝。"③ 认为自叙传写法"绝妙",既有作家自得自夸的成分,也符合自叙传确实适合表现自我的实情,在在表现出沈从文对自叙传的认同与赞许。

---

① 沈从文:《冬的空间》,《沈从文全集》第5卷,北岳文艺出版社2002年版,第13、39、99页。
② 沈从文:《元宵》,《沈从文全集》第4卷,北岳文艺出版社2002年版,第242页。
③ 沈从文:《呆官日记》,《沈从文全集》第4卷,北岳文艺出版社2002年版,第65页。

第五章　沈从文的主体意识与诗歌创作

沈从文不以诗名，学术圈内也很少以诗人待之。但是，无论是接受北京大学征集歌谣运动的影响，还是其文学创作中频繁引用民歌民谣，抑或其小说、散文内蕴的诗性特质，均说明沈从文是一个具有诗人气质的作家。何况，无论是民歌民谣的搜集与运用，还是白话诗、旧体诗创作方面，沈从文都留下了可观的文本。研究沈从文的主体意识与诗歌创作的关系，剖析其白话诗、旧体诗的独特内蕴及艺术得失，对于完整理解其人与其文皆具有不可替代的价值。

一　文化选择与主体意识的建构

主体意识指行为者的自我意识，是人对自身主体地位、主体能力和主体价值的自觉意识。其形成既受制于主体所接受的教育，亦受制于主体的文化选择。沈从文没有接受系统的学校教育，其知识积累主要源于湘西民间文化的熏陶与自学；开始文学创作时，他一方面接受新文化的影响，另一方面却近乎顽固地选择了"小乡城文化"作为人生、创作的底色。他不以生长于湘西为羞："假若一种近于野兽纯厚的个性就是一种原始民族精力的储蓄，我们永远不大聪明，拙于打算，永远缺少一个都市中人的兴味同观念,我们也正不必以生长到这个朴野边僻地方为羞辱。"① 这样,新文化成为其文学创作潜在的参照系,带给其主体意识中追求自由的内蕴;当这种理念与"小乡城文化"中顺应自然、向往自由的内涵融合时,则强化沈从文的自由意识。所以,其文学观本质上是推崇自由的。"文学是用生活作为根据,凭想象生着翅膀飞到另一世界里去一件事情,它不缺少最宽泛的自由,能容许感情到一切现象上去散步。什么人他愿意飞到过去的世界里休息,什么人他愿意飞到未来的世界里休息,还有什么人,又愿意安顿到目前的世界里:他不必为一个时代的趣味,拘束到他的行动。"② "文学方向的自由,正如职业的选择自由一样,在任何拘束里我都觉得无从忍受。但我却承认每一个作家,都可以走他自己以为是正当的途径,假若这方面不缺少冲突,那解决它,证明它的东西,还是他的作品。"③ 强调创作主体的自由,不能忍受来自外力的干扰与制约,有信心靠作品体现自我价值,其内心深处积淀着与新文学作家张扬个性、凸显自我一致的品质。

虽然是带着对新文学的向往来到新文化运动策源地的,沈从文对新文化运动的态度却处于矛盾状态:一方面,新文化运动打开了一扇窗子,让他看到了新的风景,明白了文学还有另外的方式。他回忆:"从长沙聘了许多思想前进年青教员,国内新出版的文学和其他书刊,如《改造》、《向导》、《新青年》、《创造》、《小说月报》、《东方杂志》,和南北大都市几种著名报纸,一起到了当地中小学教师和印刷工人手中,因此也辗转到了我的手中。正在发酵一般的青春生命,为这些刊物提出的'如何做人'和'怎么爱国'等等抽象问题燃烧起来了。让我有机

---

① 沈从文:《记胡也频》,《沈从文全集》第13卷,北岳文艺出版社2002年版,第7页。
② 沈从文:《记胡也频》,《沈从文全集》第13卷,北岳文艺出版社2002年版,第31页。
③ 沈从文:《记胡也频》,《沈从文全集》第13卷,北岳文艺出版社2002年版,第43页。

会用些新的尺寸来衡量客观环境的是非，也得到一种新的方法、新的认识，来重新考虑自己在环境中的位置。"① 正是阅读了这些新文学刊物，沈从文说："我对于新书投了降，不再看《花间集》，不再写《曹娥碑》，却欢喜看《新潮》《改造》了。""我记下了许多新人物的名字，好像这些人同我都非常熟习。我崇拜他们，觉得比任何人还值得崇拜。""我明白人活到社会里应当有许多事情可作，应当为现在的别人去设想，为未来的人类去设想，应当如何去思索生活，且应当如何去为大多数人牺牲，为自己一点点理想受苦，不能随便马虎过日子，不能委屈过日子了。"② 尤其是北京大学发起的征集民歌民谣活动，激发了他搜集故乡歌谣的热情，也让他认识到原来这些乡间歌谣具有重要价值。可以说，新文学运动营造的社会氛围、北京大学发起歌谣征集活动激发的原乡意识，既促成了冲出湘西的沈从文的自主意识，也使他更加关注已有的文化选择，并用它重塑其主体意识。

另一方面，他并没有抛弃故乡文化，哺育、熏陶他长大的"小乡城文化"及其内蕴更使他难以忘怀，"小乡城文化"中的人格平等观、重义轻利观和浓郁的忧患意识等成为建构其自主意识的重要因素，其存在使沈从文不屈服于都市压力或政治势力，与人交往重情轻利，并时时怀着一份对民族未来的担忧。因为除了这些，身在北京的他什么也没有。"我们似乎生存到这个世界上，在泥土里滚爬，在艰难里支持，都并不是为自己何种尊严而存在，只仅仅为了想作一点使自己尽力使别人快乐的工作而存在。"③ 生存的压力，使其顾不上尊严，只要能够活下去即可。我们曾经论述过，"小乡城文化"不是具有丰厚物质基础和完善的

---

① 沈从文：《我怎么就写起小说来》，《沈从文全集》第12卷，北岳文艺出版社2002年版，第414页。
② 沈从文：《从文自传·一个转机》，《沈从文全集》第13卷，北岳文艺出版社2002年版，第362页。
③ 沈从文：《记胡也频》，《沈从文全集》第13卷，北岳文艺出版社2002年版，第17页。

社会管理制度的文化体系,而是满足最基本的生存需求后侧重文化深层建构的区域文化。其对人的心理、意识层面的重视,往往塑造了湘西人超越物质需求、韧性坚持自我的特性。唯其如此,沈从文在写作谋生的过程中,强调自主意识的绝对权威:"我需要的就是绝对的皈依,从皈依中见到神。我是个乡下人,走向任何一处照例都带了一把尺,一把秤,和普通社会权量不合。一切临近我命运中的事事物物,我有我自己的尺寸和分量,来证实生命的价值与意义。我用不着你们名叫'社会'为制定的那个东西。我讨厌一般标准,尤其是伪'思想家'为扭曲压扁人性而定下的庸俗乡愿标准。"① 以"我"的标准衡量一切,按照"我"的好恶选择表现对象,其文学创作的个性便容易凸显出来。其主体意识的构建,便成为以"小乡城文化"意识为主,融会了新文化部分内涵的复合体。

这样的主体意识,具有鲜明的效应。就其积极性来说,他推动沈从文关注歌谣,搜集并运用歌谣,并创作白话诗,评论新诗得失。但是,过分留恋"小乡城文化",也迟滞了其向前的步伐。正如其一生坚持自称"乡下人"一样,其歌谣搜集、诗歌创作很少融入西方诗歌营养,无论从诗歌内蕴看,还是从诗歌艺术讲,均未能像他的小说那样,抵达时代高峰,留下了几多遗憾。

二 歌谣的搜集与运用

沈从文与诗歌有关的文学行为始于搜集湘西民歌民谣。虽然严格意义上的创作还没有开始,但是,有意识地关注并搜集、整理民歌,确实对其诗歌创作影响深远。那么,沈从文为何在离开故乡、蜗居在北京沙滩公寓期间突然对民间歌谣投入那么大的热情呢?究其原因,与北京大

---

① 沈从文:《水云》,《沈从文全集》第12卷,北岳文艺出版社2002年版,第94页。

学开展的歌谣运动有关。

新文化运动发生后,新文学倡导者们一方面否定传统文化,主张从西方输入文化资源,促进中国文学的新生;另一方面,他们也关注到民间文学资源在促成文学变革方面的独特价值,倡导民歌、民谣的搜集与研究。1918年,由沈尹默、刘半农、钱玄同、沈兼士发起征集歌谣运动,动员师生搜集家乡的歌谣;该运动得到校长蔡元培的支持,2月1日在《北大日刊》发布《北京大学征集全国近世歌谣简章》,一大批知名学者(如周作人、胡适、顾颉刚、钟敬文、李长之、朱光潜、朱自清等)积极参与。短短三个月就征集到歌谣1100余首,并从5月20日开始在《北大日刊》陆续刊登。1920年12月19日,北京大学歌谣研究会成立,并创办《歌谣》周刊。从1922年12月17日起印,至1925年6月28日,共出版97期;1936年4月4日,《歌谣》在胡适主持下复刊,至1937年6月27日,出版53期后停刊。[①] 这次歌谣运动不仅对新文学发展产生推动作用,而且在全国范围内引发了关注民间文学的热潮,对热爱新文学运动的青年学子影响巨大。

1920—1925年,正是沈从文知晓新文化运动、向往并冲进北京,上大学无望而决心从文的时段。他住在北京大学附近的沙滩公寓,时不时到北京大学听课,与北大学生交往密切,且跟诗人刘梦苇、陈翔鹤等成为好友,又得到诗人郁达夫的帮助、徐志摩的提携,对诗歌的兴趣使其关注到歌谣运动。事实上,沈从文不但发动行伍间亲戚、伙伴们帮忙搜集,而且对寄来的歌谣进行初步整理,并投寄到报刊发表。"可是我渐渐感到我所知道的山歌太少了,许多许多我能摹想得到的那类年青男女的事情,就找不到一首更朴质合乎实境的歌来唱。因此

[①] 曹成竹:《"民歌"与"民谣"之间的词语政治——对北大"歌谣运动"的细节思考》,《民族艺术》2012年第1期。

我才想起写信转故乡去找寻那些东西。""抄来的歌，计有四百多首，感谢小表弟同其他副爷的殷勤，这些歌儿竟能凭他们的笔——是怎样笨拙幼稚的笔呀——塞到我眼底来，差不多每一首都足以使人生颇大的感动，差不多每一首都能够去打动一个乡下少男少女的心，……小表弟来信还说这只是颇少的一部分，不同的且属于纯粹篁人的至少还有两千首之多，不久也会要同队伍的朋友们抄来的。"[①] 沈从文很坦率地告诉我们歌谣的来历，分析了歌谣的内容，并坦承自己写都市题材的困难："近来生活到了逼我非写一点文章不可的境地，做诗是方便极了，但'夜莺''玫瑰'这类字眼我运用时常感到万分的困窘，虽有'悲哀'，却又与'天鹅绒'异样，心儿是否当真成了'零零碎碎的片子'也不能知，也从不弹断过什么'心的琴弦'，做诗大概是与我无缘了。除了做诗是做小说，但仍然是不成。这或者是正因为听到有那种异样的呼声，正在那里大喊其否定旧文学科学，建设新东西，因为想看看别人建设的是些什么东西，所以气便馁了吧！"[②] 强调自己对过于书面化的语言、外国意象的隔膜，因此无法写那样的诗歌。至于为何搜集这些歌谣？其中有对于否定传统文学的不满，也潜藏着欲以湘西篁人谣曲对抗所谓新思潮的动机。

在刊发歌谣的后面，他还写下自己的感悟，阐述了对歌谣特征的认识与为何关注歌谣、如何评价歌谣等。《篁人谣曲·乡间的夏》发表在1925年7月12日《京报·国语周刊》第5期，具有画面美、音色美，渲染出浓郁的生活气息和地域色彩。"婕伢仔到水中去/摸鱼，筑坝，浇水，打哈哈。/看热闹的狗崽它倒'温文尔雅'/在那刺栎树下摇尾巴。/清闲无事的要算那些桑树园里的小鸡公，/怪讨嫌——怪可恶，/

[①] 沈从文：《篁人谣曲·（前文）》，《沈从文全集》第15卷，北岳文艺出版社2002年版，第18页。
[②] 沈从文：《篁人谣曲·（前文）》，《沈从文全集》第15卷，北岳文艺出版社2002年版，第19页。

它们正因其'游手好闲'在那里相骂相哄。"① 这段民歌中，顽皮的小孩、凑热闹的小狗、无聊的小鸡构成乡村画卷，其共同特性就是没有压力和必做不可的责任，可以凭天性玩耍。被都市生活重压的沈从文，用这样轻松的场景，反衬人世间生存的沉重与无意义。生活在湘西的成人呢？"那个晓得他们为的什么事？/或者是热气攻心，/或者是赶路要紧：/老庚们一个二个，/脑壳上太阳边汗水珠像黄豆子大颗大颗。"②显然，大人们不可能像小孩子那样轻松，他们要奔生活，不得不满头大汗忙碌着。有忙碌，却没有抱怨，因为这里的人们信命，相信自然命运的支配力量，不发无谓牢骚。他们有来自身边的快乐，累了，扔下农具，扯着嗓子唱一曲情歌："大姐走路笑笑底，/一对奶子翘翘底；/我想用手摸一摸，/心里总是跳跳底。"这是湘西最流行的情歌，也是作者反复引用的民歌，且发表时在注释⑧中说"这是一首极好听的山歌"。③其特点是节奏明快，风格谐趣，叠声词的运用增加了民歌的音乐美；辅助语言的运用，构成独特音乐美——如开头："嗯嗯，真是！"第2段有"活落！活落！""咿呀——咿噫呀"最后一段："打个火把就可跑到河边去照螃蟹：/'耶噤耶噤——孥孥唉！'"或长或短的语气词嵌入，生动再现了歌唱现场的气氛和韵味的悠长，并保持了民歌的独特节奏感。女孩子放松行走，第二性征的凸显，男孩子心理的萌动等内容的大胆直白，具有鲜明的地方色彩。

在这首民歌后面，沈从文写了《话后之话》，说明了自己没有都市生活的经验，更没有恋爱方面的实践，所以很难赶时髦写出流行的新诗："至于最新的什么白话诗呢，那中间似乎又必须要加上'云雀，夜

---

① 沈从文：《筸人谣曲·乡间的夏》，《沈从文全集》第15卷，北岳文艺出版社2002年版，第3页。
② 沈从文：《筸人谣曲·乡间的夏》，《沈从文全集》第15卷，北岳文艺出版社2002年版，第4页。
③ 沈从文：《筸人谣曲·乡间的夏》，《沈从文全集》第15卷，北岳文艺出版社2002年版，第5、7页。

莺，安琪儿，接吻，搂抱'才行。我耳朵没有其他少年诗人那么大福气，除了麻雀同蝈蝈儿外，委实没听过什么夜莺。眼睛又患近视，见不到什么仙人。接吻则并看也不曾看过，吻是甜还是酸的我也在怀疑。至于搂抱，那不消说梦也不曾梦过了！"① 他明白自己的短处，所以避短扬长，决定回眸故土，用故乡情歌作为冲击文坛的工具。这是个明智的决定，既呼应了歌谣运动，也将自己的积累效应最大化了。他对民间歌谣有自己的认知："我的文学解释，是：用笔写出来的比较上新鲜，俏皮，真实的话而已。若因袭而又因袭，文字的生命一天薄弱一天，又那能找出一点起色？因此，我想来做一种新尝试。"② "在赞美裸着样自然的一切时，用朴质的谣曲较之更文雅一点的诗歌是尤其适当，那可用不到再得我加以解释吧。"③ 这里，透出了其诗歌观，即保持语言本色，保住诗歌生命力；形式要与内容一致，肯定谣曲的自然，与歌唱对象协调。唯其如此，他将这些民歌称为"土话"，并做出解释："没有会做诗而又做出写出与诗约略相似（一律用中国字，一样的用了点韵）的东西来，无以名之，乃谓之为'土话'。""镇筸土话者，即苗民杂处几同化外之湘边镇筸地方土话也。为保存趣味的缘故，本想不加什么注解；但为使这趣味普遍的散到读者心中去，又不由我不下一点小注解了。"④ 如果概括沈从文整理湘西歌谣的特点，则首要是保本色，其次为求推广。此时，他还没有想到民间歌谣会对其小说创作有怎样的影响呢！

  沈从文刻意保持湘西歌谣的本色，是因为他认为无论是语言的运用，还是意象的选择以及内蕴的独特，这些歌谣均是倡导白话诗的新文学先驱者所重视不够的，即便是歌谣运动兴起后，因为搜集者多为汉文

---

① 沈从文：《话后之话》，《沈从文全集》第15卷，北岳文艺出版社2002年版，第6—7页。
② 沈从文：《话后之话》，《沈从文全集》第15卷，北岳文艺出版社2002年版，第7页。
③ 沈从文：《筸人谣曲·（前文）》，《沈从文全集》第15卷，北岳文艺出版社2002年版，第17页。
④ 沈从文：《话后之话》，《沈从文全集》第15卷，北岳文艺出版社2002年版，第7页。

化圈内人,对遗存在湘西的民间歌谣所知甚少。因此,他在刊发歌谣时往往不厌其烦地阐释其特点,希望能够引起读者关注,为白话诗发展提供借鉴。首先,他极力强调歌谣运用叠声词的妙处。1926年,在《晨报副刊》刊载《筸人谣曲·谣曲选录》时,他不仅重新刊发同一首民歌:"大姐走路笑笑底,一对奶子翘翘底,我想用手摸一摸,心里只是跳跳底。"还在谣曲后面写道:"从这歌上,我们可以想到一个背上负了满背笼的菜之类,穿起毛蓝布衣裤,头上的辫子盘成一大圈,脚是新的水草鞋,大腿胀鼓鼓的,脸庞儿红红的,走路飞快的'甲哉',是怎样的逗人!在歌谣中,连用叠字,从叠字上更其能动人,这一首实为最好。"① 跟1925年刊发时只说其好不同,这次具体分析谣曲运用叠字的功效,发现叠字的妙处,并想象湘西女性的美。这组谣曲的第二首也具有同样特点:"天上起云;——云重云,/地下埋坟;——坟重坟,/姣妹洗碗;——碗重碗,/姣妹床上;——人重人……"② 一方面叠字妙用,增强歌谣的音乐美;另一方面,借此形成妙喻,大胆传情。其实,1925年9月20日《京报·国语周刊》第15期刊载《镇筸的歌》里,就有一首叠声词运用得很出色的歌:"天上落了些毛毛雨,/地上走来滑甭甭。/孥孥嗳!/你听我讲:/三不知到街上滑倒时,/你这衣服是新底;/切莫作饿狗抢屎!——雨后——"③ 这首富有动感的民歌,描写雨绵绵的情形和人走路不稳的形态时,均运用叠声词,营造了形象生动的画面。

其次,湘西歌谣表现了丰富的人性内蕴。从"小乡城文化"内涵看,湘西人更重视人性中健康、乐观的成分,对那些激扬情爱、感叹欲

---

① 此曲曾收入《乡间的夏》,内容与此略有区别。沈从文:《筸人谣曲·谣曲选录》,《沈从文全集》第15卷,北岳文艺出版社2002年版,第21页。
② 沈从文:《筸人谣曲·谣曲选录》,《沈从文全集》第15卷,北岳文艺出版社2002年版,第22页。
③ 沈从文:《镇筸的歌》,《沈从文全集》第15卷,北岳文艺出版社2002年版,第9页。

望的主题更感兴趣。因此，沈从文搜集、刊发的歌谣，以讥讽人性弱点为辅，更多篇幅是展现两性情爱内蕴的。如果说吝啬算是人性中过于看重钱财、不懂得享受生活的负面内涵的话，那么，沈从文对这种现象是否定的。"矮子杨老五，／麻絮（作者注明为吝啬）死了天天吃豆腐；／怎么天天吃豆腐？／豆腐说是能清补。——豆腐——"① 其实，笔者觉得沈从文选录它的本意更多是作为市井画卷的组成部分的，因为同是《镇筸的歌》中，还有如"斗鸡场上"描写斗鸡场面，"老韩的辣子"描绘市场情景等，均凸显出湘西市井风俗。沈从文更注意的是那些展现人性幽微内涵的歌谣，如《镇筸的歌》中有歌谣追寻人本问题，"昨天嫂嫂说有病，／嫂嫂房里不准人进；你说是个什么八宝精？／原来嫂嫂得了一个躲孥孥呦！／妈，妈，这个孥孥你说昨夜涨水网来的，／我们那面罾不是通了个眼眼还不补好吗？——侄儿——"② 以儿童视角，思考人是从哪里来的，这些不仅仅是湘西人面临的困惑，也是现代科学知识普及前人类共同的追寻焦点。可惜，不知是搜集者的疏忽，还是原本这类歌谣就少，沈从文刊发的歌谣中，这类歌谣太少了。

更多表现人性内蕴的歌谣是情爱方面的，那些歌谣对人类情爱的不同阶段均有表现。初恋是人生的第一杯美酒，无论结局如何，那份青涩、冲动，都令人记忆永存。民歌《初恋》，载1925年9月20日《京报·国语周刊》第15期，叙述"我"到阎王殿里抽陀螺，身子却如陀螺般转动，左顾右盼的对象是谁？"因为庙里那个年青青底尼姑，／一对亮晃晃的眼睛，／同我手中这条小鞭子一样。"鞭子抽陀螺是客观存在，尼姑的眼睛像鞭子抽我，则是抒情意象。可是，我喜欢被抽："我梦里常常变成一个陀螺，／是敷有金赤美丽颜色的精致陀螺，／在年青的师父

---

① 沈从文：《镇筸的歌》，《沈从文全集》第15卷，北岳文艺出版社2002年版，第9—10页。

② 沈从文：《镇筸的歌》，《沈从文全集》第15卷，北岳文艺出版社2002年版，第8页。

鞭子下最活泼的旋转，／在年青的师父手上卧着歇憩。""一个夏天的时光都消磨到阎王殿那片三合土的坪上了，／别人说我爱抽陀螺成了癖。／这意思我不说爹妈都不知道：／我是跑去到那里让年青的师父用鞭子抽我底。"① 这样，民歌借助打陀螺的意象，将情窦初开的少年对年青尼姑的朦胧爱情表现了出来。初恋难忘，但更美的是恋爱过程，因此，歌谣中对歌言情的内涵比较丰富。《筸人谣曲》选录42首民歌，将两性交往的方方面面都展示出来了。或如第11首炫耀自己能歌，以气势压倒对方："你歌莫有我歌多，／我歌共有三只牛毛多！／唱了三年六个月，／刚刚唱完一只牛耳朵！"或如第19首描绘爱情中胆怯者，欲爱却不敢爱，有爱却不敢表达："小小麻雀才出窠，／一翅飞到田落角，／只有麻雀胆子小，／看到谷黄不敢剥。"或如第20首表现齐大非偶，双方不般配而不愿多交流："青山画眉青山叫，／不是鱼儿不上钓；劝你情哥莫胡思，／不是姻缘不上套。"或如第9首在对歌中占对方便宜，获得一种想象性胜利，有"精神胜利法"的味道："一把扇子二面黄，／你当舅子我当郎；——／你当舅子有酒饮，／我当新郎有婆娘。"② 也有民歌如《春》以男女对歌的形式表达爱情观，多用比兴手法。女方唱："你这远方人是一个骗子，我知道。／你的话上涂了蜜，话的内面包有黄连作馅。／一个会说话的人爱情原只在口上，／心中有爱情积蓄的人口却像哑子：／流水会唱歌它却一去不回头，／紫金藤搂抱着松树那里说过话？／我断你这里少年是在溪边长大，／唱完一首歌你就要走了，这是从水学的乖。""你莫学坡上高粱红了眼！／你莫学园里花椒黑了心！／你要学大山竹子朝上长！／我们是千条蜡烛一条芯！"③ 歌声中有警告，有提醒，却又未直接说出来，而是通过巧妙的自然现象喻示出来。这样，

---

① 沈从文：《初恋》，《沈从文全集》第15卷，北岳文艺出版社2002年版，第11—12页。
② 沈从文：《筸人谣曲》，《沈从文全集》第15卷，北岳文艺出版社2002年版，第25—29页。
③ 沈从文：《春》，《沈从文全集》第15卷，北岳文艺出版社2002年版，第46—47页。

既可以让对方慢慢领悟自己的意思，也符合女孩子恋爱中喜惧交加的心理，唯恐上当受骗，毁了自己一生。若认真研读，则可以发现蕴含其中的湘西人的爱情观——其一，爱情不在多言；其二，厌恶说得好却不钟情的人；其三，对忠贞爱情的肯定。这些爱情内蕴，在沈从文的小说创作中，均有所体现。

有恋爱就会有约会，每当约会结束、分手时节，都是相爱男女最痛苦的时刻。苗族青年男女分手时唱的什么歌呢？《黄昏》载于1932年4月30日《文艺月刊》第3卷第4号："你莫问我将向那儿飞，／天上的岩鹰鸦雀都各有巢归。／既是太阳到时候也应回山后，／你只问月亮'明后里你来不来？'"① 不关注此时的苦痛如何，寄希望于下次约会的确认，爽朗决断中，凸显出当事人情的热烈与自信，也有不纠结负面情绪的特点。笔者认为，这类歌谣更能表现沈从文的聚焦所在。《篁人谣曲选》刊于1927年8月20日、22—26日《晨报副刊》第2037号、2039—2043号。署名远桂。共8首，是其表弟印远桂替他抄来的情歌，故如此署名。其中《苦竹崽》共两段，以"苦竹崽，乌油伞，／桐子开花遍坡白"开头，第一段结尾是情人问："你走娘家几时回？／拿你真话告与我，／天晴落雨都来接！"第二段结尾是女方提醒："初一不来十五来！／天晴我怕哥哥送，／落雨又怕丈夫接！"沈从文注曰："初夏时节当桐子正开花，在大路边送其情人返娘家，从歌中可以见出朴质的恋歌风味来。""女人为有丈夫的人，怕情人吃亏，故答辞乃劝其不必来接意思。"② 这场爱情，显然是婚外恋，所以情人的关心引发女方的担忧，专门提醒他别让丈夫撞见了。《红旗绕绕》更具有湘西特点，因为是兵哥哥与情妹妹的恋歌，其内蕴更为复杂、幽婉，令人想起《连长》等小说。民歌由当兵的情郎身不由己切入，提出难题："红旗绕绕要开

---

① 沈从文：《黄昏》，《沈从文全集》第15卷，北岳文艺出版社2002年版，第49页。
② 沈从文：《苦竹崽》，《沈从文全集》第15卷，北岳文艺出版社2002年版，第51页。

差,/情哥情妹分手十字街。/枫子飞去身难主,/同妹相会除非开小差!"女方反应很敏捷,也很正当:"你'红旗绕绕开了差',/为妹听见舍不得。/哥,你到那里驻扎营盘稳,/打重轿子把妹接!"在重视军功文化的湘西,一个人一旦当了逃兵,终身难以获得好名誉,因此,女孩希望情哥不要当逃兵,而是明媒正娶来接自己。情郎要上前线,女孩叮嘱:"红旗绕绕上战线,/报郎打仗莫上前!/排长连长你莫想,/太太平平耍几年!"提醒情哥不要追求功名,太太平平才是福!强调平凡生活的目标,解构军功意识,凸显的是女孩子内心重视情感、蔑视功名的心理,与《西厢记》中的莺莺相似。情郎却不这样想:"红旗绕绕上战场,/妹你不要心疼郎!/三枪两枪打上去,/你也是个太太奶奶娘!"①男孩的心思不一样——他不但上战场,还要为情人博取功名。不为自己,而是为了情人的幸福与名誉而战,恰恰是湘西男子的特点。这个选集中,还有一些民歌表现女孩子一旦被爱情迷住,则表现出魂不守舍的情形。《想姣想郎》就是这样的典型情歌,凸显出湘西妹子被爱情左右时的失魂落魄、丢三落四。"想姣呆,想姣呆,/坐到地上懒走来!/头上戴了迷魂帽,/脚下穿了迷魂鞋。""想郎只有我想郎,/开饭忘了撑米汤。/猪楼门前丢稻草,/牛栏边旁送瓢糠。"② 因为心思不在眼前,所以日常事务屡屡出错;关键是,她知道错了,却无心纠正。一错再错的行为背后,是热恋者深层意识作祟。其技法,对沈从文爱情小说的创作多有影响。

湘西歌谣的搜集、刊发,对于20世纪20年代的沈从文具有不可低估的意义。首先,它是作家追怀故乡的载体,承载着一个失意者对故乡、亲人的思念。其次,借助言说情爱为主的歌谣,可以部分缓解沈从文的爱欲压力。现实中得不到的,在民间歌谣中均有描述,能够使其得

---

① 沈从文:《红旗绕绕》,《沈从文全集》第15卷,北岳文艺出版社2002年版,第52—53页。

② 沈从文:《想姣想郎》,《沈从文全集》第15卷,北岳文艺出版社2002年版,第57—58页。

到想象性满足。再次，是作家进行诗歌创作的练习方式。民间歌谣的多重内蕴、抒情技巧等，对其白话诗创作具有决定性影响。最后，民间歌谣成为多维载体：一方面利用其大胆、泼辣的内涵呼应新文学发展，尤其是白话诗创作；另一方面，歌谣凸显出的原始生命力、健康乐观的人性内涵等，成为其对抗都市文明的工具。同时，人微言轻的沈从文，没有获得合理的发声平台时，通过民间歌谣展示了湘西文化的独特性，使歌谣成为传播湘西文化的有效平台。

三 沈从文的白话诗创作

在新文化运动已经取得阶段性胜利、歌谣运动已经轰轰烈烈开展起来的背景下，沈从文的歌谣搜集与整理发表成为他冲击文坛的途径之一，也是引发其创作冲动的内动力。在内外因素的共同促动下，沈从文创作了不少白话诗。这些诗歌，以其内蕴的多重性、技法的民间色彩和艺术素养的多元化，呼应了白话诗的发展与白话文运动，也是沈从文对中国现代文学的独特贡献。

沈从文在整理民间歌谣时已经形成初步的诗歌观，即强调保持语言的生命力，注重形式与内容的一致。随着其文学创作渐趋佳境和对现代诗歌创作的评论，其诗歌观有所发展。《一周间给五个人的信摘录》载1932年9月1日《现代》杂志1卷5期，文章曰："好诗同你说的那种天才并无关系，却极与生活的体念和工夫有关系。因为要组织，文字在一种组织上才会有光有色。"[①]《谈现代诗》载于1947年12月15日《平明日报·星期艺文》第34期，他认为："照例对于'诗'先有个传统概念：'诗其所以成为诗，必出于精选的语言，作经济有效的处

[①] 沈从文：《一周间给五个人的信摘录》，《沈从文全集》第17卷，北岳文艺出版社2002年版，第184页。

理.'""诗人欲表现'思想',得真正有深刻思想,欲创造'情境',得真正有动人情境,即此还不够,尚得透彻明白文字的性能,以及综合文字的效果。"① 可见,生活体验、文字组织、语言精练、思想深刻、情境动人等成为沈从文衡量诗歌质量的标准。

  诗歌思想深刻与否,基于诗人的生活体验。如果诗人善于将生活经历转化为特定情感,并以符合诗歌要求的形式表现出来,就是好诗。《沈从文全集》第15卷共收入1925—1949年创作的白话诗51首,数量不多,内涵却比较丰富。按照所表现内容的差异,主要可分为爱欲展现、人性刻画、故乡风俗等方面。有学者曾指出:"沈从文所谓'人性',实际上仍以他先前念兹在兹的'爱欲'为根底,只是如今经由周作人等京派大佬的影响而吸取了古希腊'灵肉二元均衡统一'的人性理想,并获得了在朴野而又优美的乡土叙事里寄托自己的人性理想之道。……30年代的沈从文所谓的'人性'在很大程度上乃是'爱欲'的替代性概念。"② 能否以"爱欲"全面描述30年代沈从文的"人性"内涵,也许是有争议的话题;但是,20年代沈从文创作的主要内容是"爱欲"这一判断是准确的。1930年,沈从文发表《论汪静之的〈蕙的风〉》,谈到该诗集出版背景时说:"既然男女关系新的道德的成立,在当时的兴味,并不在普遍社会问题之下,因'生理'的或者说'物质'的原因,当前的事情,男女解放问题竟似乎比一般问题还更容易趋于严重。"③《蕙的风》出版于1921年,所谓"男女解放"的重要内涵之一就是男女自由恋爱。有恋爱就会有失恋,表现失恋者情感的波澜不仅成为《蕙的风》的内容,也成为沈从文诗歌的内蕴。《痕迹》就以唯美的

---

  ① 沈从文:《谈现代诗》,《沈从文全集》第17卷,北岳文艺出版社2002年版,第476、478页。
  ② 解志熙:《爱欲抒写的"诗与真"——沈从文现代时期的文学行为叙论》(上),《中国现代文学研究丛刊》2012年第10期。
  ③ 沈从文:《论汪静之的〈蕙的风〉》,《沈从文全集》第16卷,北岳文艺出版社2002年版,第85页。

画面表现失恋者的情感,"石上的淡淡悲哀痕迹泯灭了!/石上的淡淡悲哀痕迹泯灭了!/人还是痴痴地立着,/在斜阳金碧/依约微风里"。① 显然,曾经拥有的爱情消解了,可是,痴立不去、迎风凝视斜阳的"人"还没有走出过去的阴影。丁香花的香气里,淡淡的忧伤慢慢散开来。《长河小桥——宁河道上所见》则用美景衬托出诗人瞬间的感情波动——雨后,芦苇青青,白帆点点,嫩柳摇头的中午,喂鸡的妇人身后,"伊是坐在一株槐树下的石碌碡上的"。骡车滚滚远去,"纱帘下映着的少女底粉脸""同雨后的五月天气一样新鲜"②。一个静美的画面,一个难忘的场景,不必坐实,却含意悠远,其中有诗人的理想,更有对现实画面的裁剪。想一想时常感慨欲望压抑的诗人,对那个粉脸少女的关注,不正是爱欲中单相思的情感吗?这两首诗,恰恰表现出沈从文日后感括出的美学命题:"美丽总令人忧愁,然而还受用。"③ 唯其"美丽",才使人"忧伤";唯其能使人"忧伤",才更让诗人"受用"。无论丁香花丛独立西风的失恋者,还是长河小桥注目佳人的少年郎,所传达的均是人世间对美的追求与求之不得的将欣赏、遗憾融为一体的复杂情愫。

  人所共知,爱情是讲究缘分的,不像体力劳动,有力气即可。因此,沈从文将处于青春期的年轻人有力气无处使的意象演化为诗歌《"狒狒"的悲哀》。诗歌表层意蕴是描写青春期有力气却无处使的困惑,实际上凸显年轻的诗人欲爱没有对象的窘迫现状。"狒狒""望着那起棱的腱子肉发呆:/他叹息两膊的气力无使处"。幻想回到斯巴达时代,自己可以凭力气打败情敌,赢得女人的爱,可惜现实中没有机会,"他伤心辜负了这两膊气力",感慨"何处去搂箍着个少女腰身?/或者

---

  ① 沈从文:《痕迹》,《沈从文全集》第15卷,北岳文艺出版社2002年版,第67页。
  ② 沈从文:《长河小桥——宁河道上所见》,《沈从文全集》第15卷,北岳文艺出版社2002年版,第77页。
  ③ 沈从文:《〈看虹摘星录〉后记》,《沈从文全集》第16卷,北岳文艺出版社2002年版,第343页。

是，到人丛中去拥挤一阵！"① 带着迷惘心理去寻觅恋爱对象，真正遇到爱情如何呢？有力量、有欲望，却没有合适的情爱对象，这正是20世纪20年代中期沈从文的尴尬处境。若遭遇爱情，将是怎样的呢？《我喜欢你》描写爱情到来时的忐忑不安。想接近，又怕惊了对方；相见时，语言贫乏，不会表达爱情——"并那用言语来装饰他热情的本能亦无！""眼睛又是那样笨"，显然，连秋波都不会送！最后一段，更写出来被爱神俘虏者的灵魂："别人对我无意中念到你的名字，/我心就抖战，/身就沁汗！/并不当到别人，/只在那有星子的夜里，/我才敢低低底喊叫你底名字。"② 爱情扭曲了现实中二者的关系，情感往往使追求者低到尘埃里。不对称的关系常常导致二者情感的失衡，即一方高高在上，一方卑微窘迫，《月光下》就表现追求无果的现实与被人讥笑的窘迫。在田坎上拼命奔跑的我，磕磕绊绊，伤痕累累，却没有得到人世间常见的情感；被老鸦讥笑的窘迫正是我对情感的错觉引发的。因此，这首诗虽非上品，情绪酝酿方面却颇有特点，成功抒发了爱情进行中窘迫的情绪。沈从文曾经总结新诗创作规律曰："作者在对自然的颂歌中，也交织着青年人的爱欲幻觉与错觉，这风格，在当时诗人中是并不缺少一致兴味的。"③ 可见，其所抒发的情感具有代表性。

即便是顺利进入恋爱状态，依然会有这样那样的波折。《爱》就描述爱的困惑——为爱"跋涉过无数山河"后，依然不能适应对方："你呀，先要我向那些同类追随，/如今是又要我赶逐那些婴儿！"这样，"一切事一切事我都已疲倦了，/请退还给我当给你的那点骄傲"。所爱

---

① 沈从文：《"狒狒"的悲哀》，《沈从文全集》第15卷，北岳文艺出版社2002年版，第92—93页。
② 沈从文：《我喜欢你》，《沈从文全集》第15卷，北岳文艺出版社2002年版，第95—96页。
③ 沈从文：《论汪静之的〈蕙的风〉》，《沈从文全集》第16卷，北岳文艺出版社2002年版，第92页。

的人是一个喜欢比较的对象,给另一方带来的压力之巨大已经写明——"我"对一切都疲倦了,将退出这场游戏。既然不要这样的矫情,"我"将怎么决断呢?"我将用诅咒代替了我的谦卑,/诅咒中世界一切皆成丑老!/我将披发赤足而狂歌,/发棹乎沅湘觅纫佩之香草!"① 是啊!一切皆老丑时,就没有能够衬托我穷丑的参照系了;既然现实逼得我发狂,我只能在屈原营造的超现实意境中找到归宿。显然,这次爱情带来的是失望与愤怒。既然失望了,就忘记她吧!偏偏情感是矛盾的,"剪不断,理还乱",抛不开就带来后悔,于是,有了《悔》。诗歌描述爱情交往中闹矛盾而分手后对方再来续约的情景,乃想象性画面。"生着气样匆匆的走了,/这是我的过错吧。/……只请你原谅这风并不是有意!""……/你是我的春天。/春天能去后归来,/难道你就让我长此萎悴下去吗?"② 先推托责任,不是我愿意离你而去,是风造成的;再悲情祈祷,难得你忍心看着我萎靡不振吗?很符合恋爱人物心理。直到1936 年《时和空》发表,依然充满对逝去爱情的回忆,诗歌萦绕着惋惜——我想询问"有谁能给我引路/把我带向那个'过去'里走走?"谁能穿越时空,带诗人找回失去的"过去"? 这是一个注定没有结果的找寻,只能"思量从虚无证实自己生命存在"。③ 这种情怀,有时候很难向人倾诉,只好自我化解。如《月曲》用成熟的白话表现月的凄清幽婉,在如水的月光下,有人吹箫抒情:"于夜深还吹着竖箫的,/(那是些可怜的人;)/用咽泣样的声音对你低低诉说,/因为他无情人可贡媚悦。"④ 除了品味孤独,便是欣赏忧郁。《忧郁的欣赏》就表现这种情怀,像海鸥不离开大海,忧郁从不离开我。但是,这种忧郁是独自

---

① 沈从文:《爱》,《沈从文全集》第 15 卷,北岳文艺出版社 2002 年版,第 100 页。
② 沈从文:《悔》,《沈从文全集》第 15 卷,北岳文艺出版社 2002 年版,第 101 页。
③ 沈从文:《时和空》,《沈从文全集》第 15 卷,北岳文艺出版社 2002 年版,第 136—137 页。
④ 沈从文:《月曲》,《沈从文全集》第 15 卷,北岳文艺出版社 2002 年版,第 110—111 页。

拥有的,"沉积在我的心上",① 即便说出,别人也不懂,所以只能在心中默默消解。而《莲花》则以莲花象征"向道德低首与神倾心"的爱情之圣洁、纯净。可是,当我沉默时,谁知道我如莲花一般的道德和爱呢?! 所以,"我想呼喊,想大声呼号。/我在爱中,我需要爱"。需要爱,就能够得到吗?"火熄了,剩一堆灰。/妄念和幻想消失时,/并灰烬也无剩余。"② 从爱的渴望到意识到爱情的虚无,可见,享受爱情中的波折与品味其中的孤独,乃至吟咏爱情的虚无,成为沈从文爱欲描写的重要内蕴。

实际上,爱情从来就不是单一情调的。有孤独,就有欢欣;有窘迫的现实,就有幸福的梦境;有一瞥惊鸿的余韵,就有灵肉合一的愉悦。这些内涵,沈从文都有表现。《呈小莎》是情歌,以巧妙的比喻表达炽热的情感:"你是一切生命的源,/光明跟随在你身边:/对你的人都将哑着,/用对神样虔敬——";"我只能同葵花样,向光明永远致其感恩的恭敬"。③《X》诗后附言"五月十日一个做梦的晚上",说明是记梦诗。"我的心依恋在你身边,比羊在看羊的女人身边还要老实。""你是那有绿的枝叶的路槐,可以让我歇憩。""我如一张离了枝头日晒风吹的叶子;半死,/但是你嘴唇可以使它润泽,还要你颈脖同额。"④ 恰切的比喻,描绘热恋者殷切的感情。《觑——瞟》则抓住眼神描述情侣间的独特感觉:"莫让星儿独擅其狡猾,/汝亦有此闪忽不定之聪明。/荷面上水珠不可捉拿,/你眼睛比那事物更活更灵!"文言句式的引入,跟此前诗歌语言有别,却利于传达情侣间的庄重感情。"有音乐魔力与柠檬汁鲜味,/只是那随意的有心的觑——瞟:/如刀子锋利与牛茨尖

---

① 沈从文:《忧郁的欣赏》,《沈从文全集》第15卷,北岳文艺出版社2002年版,第139页。
② 沈从文:《莲花》,《沈从文全集》第15卷,北岳文艺出版社2002年版,第142页。
③ 沈从文:《呈小莎》,《沈从文全集》第15卷,北岳文艺出版社2002年版,第108—109页。
④ 沈从文:《X》,《沈从文全集》第15卷,北岳文艺出版社2002年版,第112页。

锐,/刚把颗茨拔出我又中了一刀。"① 通感手法的运用,对于表达受伤的心很有帮助。两个瞬间动词,刻画出堕入情网者既希望看清对方,又恐怕带来负面印象的行为,非常细腻逼真。若是眼神碰撞出火花,爱情之火焚毁了一切障碍后,便是相爱者幸福的结合。《颂》就表现对异性身体、两性之爱的玄想。"你的身体成了我极熟的地方,/那转弯抹角,那小阜平冈;/一草一木我全都知道清清楚楚,/虽在黑暗里我也不至于迷途。""你是一株柳;/有风时是动,无风时是动;/但在大风摇你撼你一阵过后,/你再也不能动了。/我思量永远是风,是你的风。"② 到《对话》发表,则标志着沈从文爱情观的成熟。该诗两段文字,强调知音间不需要过多说话,真正的爱情,一切都是"默默"的。这符合沈从文的爱情观——爱是不需要语言的!

至此,我们发现沈从文几乎历时性地表现了两性间情感发展的每一个阶段的内涵,并最终形成自己的爱情观。这一点意义重大,因为它不仅反映了沈从文诗歌创作的内蕴,也成为沈从文小说创作中描述爱情的基本观念。但是,沈从文并非囿于爱欲,将其描述对象扩展到非正常状态的爱欲生活时,实际上已经进入社会视角,侧重于人性刻画。《曙》是一首长诗,虚拟一个士妓分手的黎明,渲染妓女给予的温馨,否定世俗社会。与妓女约会一晚上,"从你眼中我取得了你的未完天真,/我信你是好人,你并不坏"。士抛开社会成规,确立彼此关系定位:"我要你来我只是爱你,/因为我要爱别人,别人却用不上/我这无价值的人的爱。/我并不是来嫖你,像你所见到的一般人。""我把你当成亲姐妹来看待,/我可怜你在生活中所受的摧残。""在你们面前,/男子们的渺小,成了微尘,/如同巨石前的秕子,/于此人世间,我找不出比你这样

---

① 沈从文:《觑——瞟》,《沈从文全集》第15卷,北岳文艺出版社2002年版,第124—125页。
② 沈从文:《颂》,《沈从文全集》第15卷,北岳文艺出版社2002年版,第128—129页。

更其伟大崇高的人格!"① 一连串的赞许并非世俗层面的应酬,而是同病相怜的真切感受,因为士认识到尘世间的人:"他们玩弄着女人,同时又/欺骗着自己"。唯其真诚相处,分别时才相约明天再来,我将为其念《茶花女》,因为"马格理脱,不正和你一样生活么?/她也是那样活到世界上的一个好女人,/又逗人爱怜,又逗人敬慕"。② 没有想到她知道这本书、这个女人,暗示出这个妓女对自我身份有更多认知。于是,多给她三块钱,让她"买一点所要的东西"。"你应当任意享乐,抓着现实。"③ 很明显,诗人不再聚焦两性间情感的持久与否,而是从人与人的理解这一更高层面否定了世俗等级,给妓女以平等礼遇,凸显出人性中人格平等意识。另一首长诗《絮絮》通过12段诗句,写出了沈从文对妓女人性更深刻的认识。面对客人,妓女交心、怨诉:"我本来就不算一个人。/我生下来因为是女的,/就有作娼的命。/使我领受一切的全都只有/天知道。/我哭,我向谁去哭?""我就是为受人玩弄才生。/如不是为我小时可以作丫头/长大又可以当娼,/谁能让我好好的活在这世界上?"④ 女性天生丧失自我价值,其存在价值在于供人取乐。这个妓女对自我作为人的身份否定,实际上是对不平等社会的控诉。因为这个世界的压榨,妓女产生了厌世(盼死)情绪,并将怨愤指向父母:"到那时我就可以安安静静睡到土里了。""我想到那时候我若能作一个鬼,/要到各处去找我那鬼爸妈。/我问他为什么把我生下来,/我问他究竟是欠了多少儿女账?"⑤ 为何如此绝望?沈从文描述了她无我无贞的生存状态,其最大愿望是做姨太太,"在我们人中作一个人的奴

---

① 沈从文:《曙》,《沈从文全集》第15卷,北岳文艺出版社2002年版,第151—153页。
② 沈从文:《曙》,《沈从文全集》第15卷,北岳文艺出版社2002年版,第154、156—157页。
③ 沈从文:《曙》,《沈从文全集》第15卷,北岳文艺出版社2002年版,第161页。
④ 沈从文:《絮絮》,《沈从文全集》第15卷,北岳文艺出版社2002年版,第175—176页。
⑤ 沈从文:《絮絮》,《沈从文全集》第15卷,北岳文艺出版社2002年版,第178—179页。

隶也就算命顶好"。① 因为生活在妓院里，忍受着无数客人的折磨，所以把只做一个人的奴隶设为人生目标；正是这卑微的希望，支持她执着地活，希望一千个男人中有一个是好的。她并非愚笨女孩，甚至能够辨析"爱""自由"——说"爱"，人不信；尽力给嫖客"自由玩"，不知道作娼妓的有权利要求男人给她一次自由否？因此，一旦遇到真情——客人告诉她娼妓也有平常女子的爱情，且不嫌其脏、丑，完事后平等交流。从未遇过的平等，让她迷惘："我不明白。/我不明白你这给我的是些什么。"② 只有22岁的她却懂得给予对方爱的回报："你不要以为我是不爱你。/我爱你，你是我第一个爱人。/我不能因为爱你毁了你。""一个在世界上顶无价值的土娟的爱，/只合在你心上好好收藏。/若是你定要拿来张扬，/那笑你的人就多了。"③ 沈从文前期的诗歌，喜欢假托妓女的口吻写作，这种心态，当与传统诗文中的弃妇视角言说一致。于此，也能看出传统文学对他的影响。尤其是诗歌结尾，妓女表示因为爱他而不愿他张扬这份爱，因为那会给他招来更多人的讥笑，只藏在心中即可。这样的情感表达，与晚清狭邪小说中相似，所表现的恰恰是人性中最善良的内涵。

　　沈从文也通过社会乱象感悟人性。《到坟墓的路》以众多意象表现对人生、生活、社会、人物的感受。该诗为自由体，有小诗风格。看透一切，蔑视一切，便有了想毁灭一切的愿望。实际上，是处于恶劣生存环境中的作者对人世绝望情绪的投射，于是，诗中充盈着否定一切的绝望——艺术像"无耻的荡妇"诱惑，"把诗人眼睛吸住了"；文人变成了"颓废的悲观诗人"。志士，本该是歌颂的对象，却成为被讥讽的对象，其血"为一些假装的呻吟便热了"，因为诗人看透了，"大家都不

---

① 沈从文：《絮絮》，《沈从文全集》第15卷，北岳文艺出版社2002年版，第183页。
② 沈从文：《絮絮》，《沈从文全集》第15卷，北岳文艺出版社2002年版，第190页。
③ 沈从文：《絮絮》，《沈从文全集》第15卷，北岳文艺出版社2002年版，第194—195页。

过是假装"。名士太过虚伪,沉浸于虚伪太久而忘记本相;女子矫饰,伪饰,"在重的鞭子抽笞下",才露出真实的喜怒哀乐,所以,"谁也用不着怜悯""谁也用不着骄矜"。显然,诗人眼中的芸芸众生,皆是否定对象,没有善良、健康的人性。秉持如此理念观察世相时,红尘诸相便充满怪异色彩——恋爱被比喻为风筝,凸显其随意性。因为自己没有,所以很羡慕别人。"到自己没有放的时,/便昂头去看那些正在天空里飘荡着的金色蝴蝶风筝。"生命如"蘸有盐巴的细绳子"被焚烧,比喻形式不存在后,内心"还是牵连着那一端"。① 面目呢?面对镜子,人们容易露出真面目,所以,有人喜欢镜面"蒙蒙昏昏"的。朋友呢?外在相似结成的"朋友",诗人以"狗"喻之。于此环境,诗人产生怎样的愿望呢?被现实中"血的呼声"激动,产生毁灭一切的冲动。"我什么也不要——/我要一切毁灭,/我要空虚,/我要死。"② 一个社会存在让人想毁灭之,生活在那里的人们也浑浑噩噩、蝇营狗苟,哪里还有诗人所推崇的健康、优美、自然的人性呢?!《余烬》同样写人生的无聊:"从西河沿杨柳下踱回时,/我只是想到把生命怎样去挂到那些像女人裙子飘动着的柳树上面。"或展示人间的虚伪:"小孩的哭能使人发笑,/于是许多头发白了的老少年也时时在那爱哭的人面前装着细声的哭。"或揭示世相的可恶:"人不摇动他的尾巴去谄媚死去的世界给我们那尊偶像,/人便如野狗般不为人打死也会饿死了。""傻子从自己思想里找一切,/聪明人从别人的思想里找一切。""大家祝福着分别开去,/各人又回过头来把诅咒抛到朋友头上。/其实大家都是路人;/祝福与诅咒都不能长带着跑!"③《失路的小羔羊》描述人与人的关系,通过怀疑妈妈达到否定权威的目的。"妈,你的话是哄我的!/在我小小的

---

① 沈从文:《到坟墓的路》,《沈从文全集》第15卷,北岳文艺出版社2002年版,第69—71页。
② 沈从文:《到坟墓的路》,《沈从文全集》第15卷,北岳文艺出版社2002年版,第73页。
③ 沈从文:《余烬》,《沈从文全集》第15卷,北岳文艺出版社2002年版,第78—81页。

时候,/梦里见到翠柳丫头做鬼脸吓我,/大哭了醒来,/你却说'这不用怕,明是翠柳那顽皮东西装的';/我信了你的话到今。/但是,妈呵!/你孩子也这样大了。/究竟人的真脸是怎么样子呢?/我还没有看见!/到处人人装鬼脸吓我,/却同当年的翠柳一样:/妈,你的话是哄我的吧?"① 该诗首尾呼应的结构,颇似《再别康桥》《死水》《雨巷》等现代名诗,却比它们都早;人与人不露出真面目,连母女也互相怀疑,凸显虚伪的人际关系。这种整体性否定判断,构成特定社会环境中沈从文人性认知的基调。

《到坟墓去》是一首表现现实生活的诗歌。诗人认为"歌咏玫瑰的爱美诗人下了场,于是血的诗人就在台上呼喊了"。在其鼓动下,人们喊着"一致对外的口号",分明是朝坟墓挤去。"几位少年诗人","为了女会员马车的马蹄蹴踏的快",在天安门前飞了一回指头——赢得众人喝彩,鼓动群众一致对外。如何定性这些人的行为呢?诗歌结尾曰:"到坟墓的道路还多着,/蛆虫的本色呢,/便只骚动。"② 沈从文对鼓动学生游行抗议的行为是否定的,对鼓动者尤其痛恨。在他看来,人类间鼓动血仇是负面人性;让那些不明真相的青年学生去冲锋陷阵,甚至付出生命的代价,便如骚动的蛆虫一样可恶。因此,他没有描写游行者满腔热血的激情,而是凸显其仇视、骚动乃至欺骗的人性内蕴。《叛兵》诗后附有"兵中回忆之三"字样,显然是少年军旅生活剪影。诗歌描述卫队连第二排42个士兵欲叛变,却事泄被捕、被处决的场景。整体看,这些人久经杀阵,并不畏惧:"各人在坟坑边游移徘徊,/各人在嚼咀着那人间悲哀。"并且,有唱有和:"老子们砍去头颅不过一块疤!"同时,通过最小的一个士兵三天前刚做了女人的情夫,今日却必须死

---

① 沈从文:《失路的小羔羊》,《沈从文全集》第15卷,北岳文艺出版社2002年版,第65页。

② 沈从文:《到坟墓去》,《沈从文全集》第15卷,北岳文艺出版社2002年版,第74—75页。

去,"三日前他始为一个女人的情夫:/木栅栏处用笑靥迎人的是前日的事;/木栅栏处用泪眼送人的是今日的死"。① 这样的细节描写,情感的灿烂与死亡的残酷并存,更凸显生命无常与生命毁灭的悲哀。《疯妇之歌》则初步通过阶级视角透视人性,穷妇人的控诉:世界是为"你们"而存在的,穷人只有被排斥!"为供你们吃,天才生了鸡鸭鱼肉。/为供你们玩,天才分出春夏秋冬。/玫瑰不是为你们,开花不会香。/没有青年女人的世界,雀儿不做声。"诗歌结尾富有哲理性:"你舍不得一个大儿我就去领我遗产。/你无论如何俭省你也会穷的。/诗人才女为世界缝的衣裳也有穿敝时,/给蛆去啮去曝是大家共负的老账!"② 意识到生死面前人人平等,也就少了几许愤慨。如此看来,"疯妇"不疯!在柔情、砍头的极度逆差中,诗人表现出人类生存于纪律约束和激情浪漫建构的冲突之中的悲剧,进而凸现出人性受制于社会性的困境;在贫富悬殊的社会差别中,诗人思考生死平等,凸显出超越具象、进行抽象思辨,进而揭示人性深处内蕴的特点。

沈从文还通过自我感悟剖析人性。《给璇若》是写给自己的劝慰语言,璇若,是他的笔名。诗歌塑造一个矛盾的自我,他自责,否定自我存在的合理性:"何苦自己这样地摧残,/在人前还做些笑靥,/特引人感到了不安?"或顽固地坚持自我,有一个冠冕堂皇的理由——保持自尊。可是,当形躯消解,尊严何存?这是1927年的诗人所面临的严重问题。"竟不理旁人底忧虑与挂念,/一任他怄气或狂癫,/——为的是保持了自己底尊严!""尊严么?这是什么东西!/斫变死自己底形躯,/试问你还有什么赢余?"③ 此时,诗人还停留在形而下层面,形与

---

① 沈从文:《叛兵》,《沈从文全集》第15卷,北岳文艺出版社2002年版,第90页。
② 沈从文:《疯妇之歌》,《沈从文全集》第15卷,北岳文艺出版社2002年版,第164、166页。
③ 沈从文:《给璇若》,《沈从文全集》第15卷,北岳文艺出版社2002年版,第167—169页。

神在冲突。当他挣扎出来，进入形而上层面时，又有新的矛盾产生。若选择孤独，就应该远离人群；那样，即便是冻死，也无怨："倘若是独往又独来，/尽可到旷野里去徘徊，/冻死了也只是活该！"① 这是一种自弃行为，当无所求时，不怕孤独时，生死也就放下了。道理明白，可就是不愿意放弃！于是，在表现诗人倔强的同时，也有了面对生存的悲壮感："我不管！我底心间，/既种上这样底田园，/它生长什么，——随便！"② 能够不问结果往前闯，倒是一种超越；超越了，便能活出另一种姿态。《一个人的自述》是自我画像，表现出自然、散淡、热情、孤独等特点。"我爱旅行，/一种希奇的旅行。/长夜对蓝天凝眸，/追逐一夥曳银光星子/向太空无穷长殒。"诗人喜欢观望太空，神游宇宙。这才是奇特的旅行！如果如全集编者所注释的，将"一夥"改为"一颗"，表面看来似乎更清晰，实际上与诗意不符———一夥曳着银光的星星，分明是流星雨啊！诗人喜欢看流星，是借此窥探宇宙，同时感悟人生、时光，不然，不会将其置于第一段。然后，诗歌写道："我常散步，/举足无一定方向"，这是一种随性随意的散步，是诗人散淡性格的体现："我有热情，/青春芳馥燃烧我这颗心。/写成诗歌/还将点燃千人心上的火把，/这嘴唇却不曾沾近一个妇人。"有热情却无寄托对象，表白自己的童真，凸显出的是对欲望的向往；正因为欲望没有着落，所以，诗人感慨："我很孤独，/提起时有点害羞。"③ 显然，诗人考量的对象不再是他人，而是自我。这个转折很重要，因为它不仅仅是其思维方向的调整，也是主体意识的强化。

随着形势变化，其自我考量将越来越深入，其人性思考也越来越接

---

① 沈从文：《给璇若》，《沈从文全集》第 15 卷，北岳文艺出版社 2002 年版，第 167 页。
② 沈从文：《给璇若》，《沈从文全集》第 15 卷，北岳文艺出版社 2002 年版，第 169—170 页。
③ 沈从文：《一个人的自述》，《沈从文全集》第 15 卷，北岳文艺出版社 2002 年版，第 206—207 页。其中，第 207 页脚注曰："一夥，原稿如此。疑为'一颗'之误。"

近人本。写于1949年的这几首新诗,便融会着诗人对时代、自我等要素的多维思辨。《第二乐章——第三乐章》表现其虚无、迷惘,渴望爱,却被疏离;由此产生的绝望感和隔绝感,萦绕在诗句间。诗歌开头就描述"在申诉。在梳理。在导引"。强调进行时状态——"申诉",是因为不满现状,尤其是被视为另类的状态;"梳理",是自我反省,想理出头绪来。这两个行为属于自我主动进行的。"导引"则是被动状态,被迫接受来自他人的教导。故3个"在",凸显出诗人存在状态是处于自我与他者夹攻之中。第2节传达悲喜交加之感:"菖蒲和慈菇刚露出嫩芽。/小马跳跃于小坡青草间。"雪后的场景,意味着春天来了。但是,春天是别人的,随着人"从田坎间消失了",只有"小小风筝在屋后竹梢上飘荡"。① 飘零无根的状态,恰恰是沈从文的现实写照。生存若斯,难免有存在的困惑。故第3节开头用"流云,流水,和流音,——随同生命/同在,还一同流向虚无"。4个"流",呼应第2节风筝的意象,无目的的流动,依旧是申诉、梳理、导引,最终导向沉默。在沉默中,诗人反思存在之谜——"你是谁?你存在——是肉体还是生命?/你沉默,热情和温柔埋葬在沉默中。""我是谁?'低能'或'白痴'这类称谓/代表的意义,比乐章难懂得多。/但是他是十分正确的!/一切都隔在一张厚幕后。"这里,意思很明显——迷失自我时,他者总是无可置疑的正确!我无从探究,不可能找到答案,因为一切都是幕后操作。于此,个人命运的不可掌控,人生如浮萍般的无奈,均凸现出来。第4节描述无我的现实,被腰斩的创作。"你说这样,那样,作这样,那样,/完全是挽歌的变调。/没有想象,没有悲哀,/没有自己,这里那里让一切占有"。忽左忽右,乱指挥,只能创造"挽歌"!而作家的创作生命也被迫打断——"正切如一个乐章在进行中,忽然全部声

---

① 沈从文:《第二乐章——第三乐章》,《沈从文全集》第15卷,北岳文艺出版社2002年版,第211页。

音解体，/散乱的堆积在身边。"不能创作，对于诗人而言，意味着存在的无意义，便陷入孤独的自我。"我现在，我是谁就不知道。/向每一个熟人鞠躬，说明不是一道。/向你们微笑，因为互相十分生疏，/而奇怪会在一起如此下去。/向你们招呼，因为可以增加生疏。/一切都不可解，却始终得这样继续下去。"① 迷失了自我，却不得不与人在一起，尽管只是增加生疏，也不得不这样维持着。此诗表现了自我人性如何被外部力量扭曲、变形，进而陷入被动、迷惘，甚至被解构的状态。

　　难能可贵的是，尽管患有精神分裂症，沈从文并没有停止对人性的思考，反而在宇宙背景下思辨，从而使其诗歌具有更为深厚的内涵。《从悲多汶乐曲所得》在我与时代、人类与宇宙等多维关系中展开反思。诗人告诫自己："只记住一个原则，/将一切情感的挫折，/肉体的痛苦，一例沉默接受，/回报它以悲悯的爱。"② 希望能够靠沉默应对来到面前的一切，无论时局怎样变化，以悲悯情怀视之。这是他意识到处境的危险了，"失去方向的风筝，被罡风/高高送入云中，已不辨来处归处，/四下求索寻觅，/只发现游离四散的破碎"。在时代的风云激荡下，自我像飘荡高空的风筝，哪里有自主的可能？线，牵在他人手中，自我被动适应着，勉强随风而动，分不清来处归宿。这是社会转型期一大批知识分子共同的迷惘，在现实中无解，只能通过超现实的玄想，找到自我安慰的理由："宇宙本涵容博大，有万万/星宿各种相关约束下旋转，/惟偶然意外，方有一点寒光，/恰恰照耀人眼里一瞬，/随即是永远旋转，旋转，/直到化成千万亿流星如雨。/面前'一刹那'和'永恒常住'，/都说明人寄身其间，/为理会荣辱爱怨，实百年常勤！"③ 自

---

　　① 沈从文：《第二乐章——第三乐章》，《沈从文全集》第 15 卷，北岳文艺出版社 2002 年版，第 213—215 页。
　　② 沈从文：《从悲多汶乐曲所得》，《沈从文全集》第 15 卷，北岳文艺出版社 2002 年版，第 218 页。
　　③ 沈从文：《从悲多汶乐曲所得》，《沈从文全集》第 15 卷，北岳文艺出版社 2002 年版，第 222、224 页。

我与宇宙，刹那与永恒，辩证统一于我的思考中。与《一个人的自述》相似，他仍然是在观察流星雨，反观自身。其中有凌越现实困境的超脱，也有被现实挤压的无奈。曾经浪漫恣肆的诗人，不得不遥望星空、寻觅精神归宿，为扭曲的人性求得一个安魂之处。

　　总感觉沈从文并非如有些人认为的那样疯狂，因为这几首诗是有意识地从不同视角展开的。跟《从悲多汶乐曲所得》从时代、宇宙与自我的关系拓展思路不同，《黄昏和午夜》从历史与现实、个体与群体、自我与历史的关系切入，将自我从家庭、社会中迷离的过程写得很逼真。诗人如何被动入群？诗歌描述历史大变动之后，"我于是在夕阳光影里随同那个'群'直流，/随同时间随同历史直流，/但觉得面前一切实在熟习又陌生"。① 唯其是被动随流，才没有行走时的从容，看到的一切都陌生；在陌生的环境中彳亍良久，便容易迷失自我："由于个体有千万异型，/欲解除隔离，常常即加深隔离，/……我面前一对事实和无数名词，/即仿佛全部冻结于离奇寒冷中，/待春冰解冻，可不知春来时的风，/应当是向什么方向吹！"徐志摩1928年曾经有诗《我不知道风是在哪一个方向吹》，作为好友，困惑、迷茫中的沈从文，显然是陷入相似的困境中了，才用相同的意象。此刻，诗人用来解脱的办法依然是眺望宇宙："自然光景的沉默，启示我，教育我，/蕴藉、温和，又深厚悲悯，/人生如此复杂与多方，/永远有追求真理的中途倒下，/默默眺望天空一方，/无望无助的喘息咽气，/自然却接受了这种/生命感到疲乏的人以休息，/使蓝空夜夜燃点万亿大小星子，/长远如向死者默默凝注，/超越文字和语言，彼此/得到深深理解与默契。"② 这样的情绪下，朋友疏远了他，家人也不理解他，茫茫宇宙虽大，何处是归

---

　　① 沈从文：《黄昏和午夜》，《沈从文全集》第15卷，北岳文艺出版社2002年版，第227页。
　　② 沈从文：《黄昏和午夜》，《沈从文全集》第15卷，北岳文艺出版社2002年版，第228—229页。

宿？他在午夜深思："并于万事绝缘中犹保留那个悲悯微笑，/测验了生命在一切苦辛中涵容和深度。……乐曲给我生命以浣濯，/并为作出一个总结：/'一个人被离群方产生思索，/饱受思索带来的人生辛苦，/延展和扩大，即造成空中楼阁一片，/寄身于其中，自然忘却外面酷暑和高寒。/风风雨雨再带来思索，/又由之将一手建立的楼阁摧毁，/但剩余一堆圮坍的泥土，/精美浮刻与透雕散乱于断砖残瓦间，/完全失去本来的意义。'/我重新发现了自己，/在风雨中消失，又重现于风雨中。/我原只是人中一个十分脆弱的小点，/却依旧在发展中继续存在，/被迫离群复漠然归队，/第一觉悟是皈依了'人'。"[1] 独处方能思考，思考才能建起自我的楼阁；可是，这楼阁不得不亲手摧毁，一片瓦砾表示着本来意义的消解。此后呢？在历经"风雨"后重新发现了自己，原来是那么渺小的存在！被迫归队，算是"觉悟"了，算是皈依了"人"——没有个性的人，融入群体的人！（一九四九年九月廿二写十月一日写成）在没有独立思考的空间里，却顽固保持着自我意识，沈从文如何能够不孤独？当茫茫大地找不到知音时，他只有神游宇宙，或梦回历史，在渺茫与虚无中寻觅一丝安慰，保住人性被冷酷摧残后余留的善良和温情。

沈从文的白话诗对故乡风俗也进行了描摹。《还愿——拟楚辞之一》记述民俗场景——还愿酬神活动，锣鼓喧天渲染着喜庆气氛，苗族姑娘唱歌跳舞，"舞若凌风一对奶子微微翘"；唢呐呜呜敬傩神，"在座百人举箸一吃两肥猪"。"师父白头红衣绿帽刺公牛"，众人大缸小缸痛饮苞谷酒。[2] 两节小诗，把湘西敬傩还愿的风俗尽情表现出来了。《无题》则描述湘西独特的风俗，悼念美丽、早夭的少女——落洞女。诗后

---

[1] 沈从文：《黄昏和午夜》，《沈从文全集》第 15 卷，北岳文艺出版社 2002 年版，第 234—235 页。

[2] 沈从文：《还愿——拟楚辞之一》，《沈从文全集》第 15 卷，北岳文艺出版社 2002 年版，第 13 页。

自注:"湘边多洞,凡少女美而早夭的多以为系洞神的女儿,被接回去了。"诗歌一开头就写:"那洞主的女儿,我诅咒你",为何如此?被诱惑的少女跳洞后:"把快意分给了妒嫉你的女伴,/把肉体喂了虫蛆;/只留下那个美艳的影子,/刻镂在你情人的心上。""他坚固的搂着你青春的灵魂,/至于永远都不放松。"① 在貌似神圣的民俗背后,有几多少女美丽青春被葬送,留下无数伤心的情人在人间。也许是见得太多,也许是被美丽毁灭刺激了神经,沈从文明确表示对这类现象的诅咒。这类诗歌不多,却完整地表现出沈从文对故乡风俗的态度:对于还愿那样的敬傩酬神活动,诗人抱着好奇、欣赏的态度描述;谋害少女性命的落洞女现象,则成为诗人诅咒的对象,并非仅仅因为其愚昧,而是因为生命的毁灭、美的消散。

在表现爱欲、刻画人性、描摹风俗的过程中,诗人形成了自己的艺术特色。无论是语言的融合古今、叠声词妙用,还是意象选择的多元化,均凸显出鲜明的个性。诗歌语言的运用,表面看是诗歌形式问题,但是,透过语言可以剖析诗人的价值取向、文化认同等。在白话诗蓬勃发展的1925年,沈从文开始诗歌创作,却没有完全受制于此前搜集歌谣积累的白话语言优势,而是撷取白话、文言之优长,恰当融入简洁、古雅的文言,使其诗歌语言别具一格。沈从文曾经这样评论李金发的象征派诗歌:"从文言文状事拟物名词中,抽出种种优美处,以幻想的美丽作诗的最高努力,不缺象征趣味,是李金发诗的特点。"② 其诗歌语言显然也具有类似特征,只是没有李金发晦涩。《春月》有古诗词意境和语言入诗,凸现出诗人的古诗词修养。如描绘春风:"有软软东风,/飘裙拂髻;/春寒似犹堪怯!"描述花香:"嗅着淡淡荼蘼,/人如在/黯

---

① 沈从文:《无题》,《沈从文全集》第15卷,北岳文艺出版社2002年版,第103—104页。
② 沈从文:《我们怎么样去读新诗》,《沈从文全集》第16卷,北岳文艺出版社2002年版,第458页。

淡烟霭里。"①《云曲》描绘彩云形态,语言古奥:"觑天上之白云,/身飘飞乎晴空:/此刹那之生存,/又倏然其无踪。得微雨以烘托,/成美丽之长虹,/或为轻烟雾蔽,/卧于山麓林末。"②《寄柏弟》描述生存窘迫之状则既有白话,也有文言。"我们同是俘虏,同是囚人。""为装饰世人慈悲,是我们活着的意义!""以拭泪之瘦手摸索!——前进,/不用春天,不用光明;/到饥疲使你僵仆,让喉咙喑哑,/不用怨诅,不用呻吟!""林间之微风会为你叹息,于你死后!/地载天覆,同情之群蛆或亦不汝弃!"③ 文言句式和语言的糅入,不仅建构了典雅、凝练的语言风格,而且契合描述对象的特征,还适合诗人所选择的古典意象,从而使诗歌形神兼备,余韵悠长。

为了增加诗歌语言的韵味,沈从文借鉴湘西歌谣中叠声词的运用技巧,成功创作出一批白话诗。《痕迹》对叠声词的运用已经达到很高水平,既可用来描绘失恋者的淡淡忧伤:"/偷偷的来此悄悄儿啜泣,/便成昨日的事!""石上的淡淡悲哀痕迹泯灭了!/石上的淡淡悲哀痕迹泯灭了!/人还是痴痴地立着,/在斜阳金碧/依约微风里。"也可以刻画风景,衬托人间情感的消弭与世态的炎凉:"默默底斜阳照着,/软软底微风吹着:/石块上点点滴滴的泪渍,/又渐渐地/渐渐地干了。""这被人遗弃的薄薄礼物;/这被人璧回的薄薄礼物。"④ 丁香花的暗香和叠声词的反复运用,营造出忘不掉旧情、走不出阴影的哀伤意境,酝酿出已成追忆、欲说还休的诗情。从手法到意境,均使人想起几年后戴望舒那首名诗《雨巷》,可见其创作实践的价值。其他如《薄暮》追忆苗乡风景时亦采用古诗词意象与叠声词营造意境:"平林漠漠""烟雾平平浮漾……不见

---

① 沈从文:《春月》,《沈从文全集》第15卷,北岳文艺出版社2002年版,第63—64页。
② 沈从文:《云曲》,《沈从文全集》第15卷,北岳文艺出版社2002年版,第106页。
③ 沈从文:《寄柏弟》,《沈从文全集》第15卷,北岳文艺出版社2002年版,第115—116页。
④ 沈从文:《痕迹》,《沈从文全集》第15卷,北岳文艺出版社2002年版,第66—67页。

一盏小灯，遥闻唤鸡声音。"① 《其人其夜》则借鉴民间歌谣词的重复运用与古诗句的化用，营造骚动的夜景，凸显不安的心灵。

闷闷闷，／困困困——／为伊憔悴为伊病；
见见见，／恋恋恋——／回眸流波魂已颤；
浅浅浅，／弯弯弯——／眉是春山是远山；
醉醉醉，／迷迷迷——／春莺语时故低低；
悄悄悄，／沉沉沉——／如此良夜如此人；
曙曙曙，／去去去——／"游丝不解留春住"；
疑疑疑，／息息息——／剩有浸窗碧月碧；
拥拥拥，／空空空——／残香余腻成梦中。②

这首诗，通过单词的三次重复，形成类似鼓点般的节奏；然后再用一句七言诗，或引用现成名句，或根据意境自创，均适合表现深夜难眠、情绪起伏的抒情状态。应该说，诗人以民间歌谣中常见的手法，为白话诗的语言实践探索出一条新路。

在探索过程中，其诗歌意象的撷取是多元化的。无论是民间歌谣中的意象，还是古典诗词的典型意象，抑或是神话传说的狰狞形象等，均被诗人采纳；通过融入诗人的主观情绪，改变意象原有的意蕴，凸显出新的内涵，进而形成象征，是其白话诗创作的突出特点。《遥夜——九》写暗夜里萤火虫的命运——有小孩爱，有大人怜，有感伤者同情，也可能被人捉住囚禁。似乎不乏关爱的环境，实际上危机丛生！这是沈从文对自我生存环境的整体感知，难怪他感慨："原来，从憎恶里，／你

---

① 沈从文：《薄暮》，《沈从文全集》第15卷，北岳文艺出版社2002年版，第117页。
② 沈从文：《其人其夜》，《沈从文全集》第15卷，北岳文艺出版社2002年版，第84—85页。

可以取到自由：/人若爱你，他就愿意你进他造就的囚笼里去！"①《残冬》诗题即为萧索意象，诗歌凸显"比梦还渺茫无凭据"的现实，心中有所希冀——"我的心，西伯利亚荒寒之一角，/长出了，一对青青的小小的嫩叶。"② 饥寒交迫之中，当然渴望春天来临，因此，酝酿出关于嫩叶的梦。然而，当梦到来时，真的充满生机吗？诗人专门写了一首诗，以骇人的意象描述了梦境。《梦》描绘了这样的意象："我梦到手足残缺是具尸骸，……人把我用粗麻绳子吊着项，/挂到株老桑树上摇摇荡荡。""仰面向天我脸是蓝灰颜色，/口鼻流白汁又流紫黑污血；/岩鹰啄我的背膊见了筋骨，/垂涎的野狗向我假装啼哭。"③ 现实生活中求助无门、处处碰壁的遭遇，导致其潜意识积淀狰狞意象，进而酿成噩梦。正是生存状态的恶化，使其诗歌意象多选择包含负面内蕴的对象。《月光下》意象独特——在田坎上拼命奔跑的我。绊我的刺猪。躲在树林里笑的不要脸的老鸨。磕伤膝盖的坨岩。汩汩流血脚杆。蚱蜢。老头儿。鹭鸶。麻雀。野菊。白杨树。磨盘……这些日常生活中常见的意象，伴随着蛙声、狗叫、鸡鸣，营造出尘世生活的氛围，暗示出这是人世间常见的情感；意象的负面内蕴，则与情感无果、被人讥笑的窘迫情状吻合。《秋》则由昆虫的尸骸联想到战场上死去的士兵，表现出悲悯情怀。《莲花》中的主要意象——莲花，本是圣洁、纯净的意象，象征"向道德低首与神倾心"的爱情。可是，当我沉默时，谁知道我如莲花一般的道德和爱呢?！所以，"我想呼喊，……我需要爱"。需要爱，就能够得到吗？"火熄了，剩一堆灰。/妄念和幻想消失时，/并灰烬也无剩余。"④ 从爱的渴望开始，认知爱情的虚无。《看虹》是诗人立足现实展开的抽象思索——天上虹，象征可望而不可及的情感对

---

① 沈从文：《遥夜——九》，《沈从文全集》第15卷，北岳文艺出版社2002年版，第83页。
② 沈从文：《残冬》，《沈从文全集》第15卷，北岳文艺出版社2002年版，第98页。
③ 沈从文：《梦》，《沈从文全集》第15卷，北岳文艺出版社2002年版，第105页。
④ 沈从文：《莲花》，《沈从文全集》第15卷，北岳文艺出版社2002年版，第142页。

象；虹像长桥，"桥上正通过诗人的梦"，但是，桥断了，梦灭了，虽然天上有星星，真能照亮我的路，让我"过那条露水和泪作成的河"吗？面对无奈的现实，"你要什么？"一个"用想象折磨自己的人"，要"一点孤单，一点静，在静中生长，一点狠"。① 可以看出，抒情主体对人间温暖、对人类温情已经不抱任何希望。《囚人》具有象征派诗歌特征，意象选择特异，以意识流串联诗情，表现一种焦虑、游移的思绪。"诗人的幻想"，"是蚂蚁缘阶排队徐行，/知时间又已深夏"。而体现时间的"报时大钟"，却"染遍了朋友之痛苦与哀愁，/使心战栗，如寒夜之荒鸡，/捉回既忘之梦"。时光，浸染了人间的痛苦哀愁；因其永恒性，诗人想走出它的笼罩，重回往日梦乡是不可能的。每想到此，诗人便内心战栗。不管诗人感受如何，时光一如东流水，不歇不停："白日在窗前嬉戏如一小儿。/怯怯弱弱将手置于窗棂，/接受日光，温暖成冰之心。/白日复不顾而他去了。"既然留不住，感慨有何用？诗人只能自我劝慰，"不必恣意从双瞳流不竭之泪，/不必忆念既已消失之幻影，/数长夜更夫柝声，嗅土窖湿霉气息，/让头发成雪心意成灰！"② 显然，沈从文在用"小乡城文化"中顺应自然的理念应对无法掌控的困境。这样面对时光流逝、无可奈何的现实，并非诗人一人的困窘，而是所有现代人都会遭遇的状态，因此，诗歌题曰："囚人"！被现代社会禁忌禁锢的，不是单个的"人"，而是整体的"人"。这首诗的象征意蕴，非常鲜明。

值得关注的是沈从文一组怀人的诗歌，诗集名曰《浮雕》，收有1931—1940年写的5首白话诗。除了写自己的《一个人的自述》和重复写徐志摩的《他》外，其余三首诗分别写了他熟悉的三位诗人。以"浮雕"名之，即欲突出表现对象的特点。《死了一个坦白的人》悼念

---

① 沈从文：《看虹》，《沈从文全集》第15卷，北岳文艺出版社2002年版，第143—146页。
② 沈从文：《囚人》，《沈从文全集》第15卷，北岳文艺出版社2002年版，第113—114页。

徐志摩,此诗写于 1931 年 11 月 19 日徐志摩空难后不久,未发表。诗歌以"火""火炬""日头""棉絮""彩虹"等一连串充满激情与活力的意象形容已经逝去的徐志摩,表现出对提携、帮助过自己的好友的怀念之情。"活下来你是一堆火,/到什么地方就在什么地方焚烧。/一个危险的火炬,/触着无生命的皆成为生命。/友谊的魔术者,/长眉小嘴女人们最适当的仆人,/一首讽刺时代古怪体裁的长诗。""在那些一切有血流动的心胸,/留下你一个印象——/光明如日头,温柔如棉絮,/美丽炫目/如挂在天上雨后新霁的彩虹。"① 充满光和热的意象,形容徐志摩的人格魅力,其热情,其温柔,其诱人,其短命等,均可透过诗歌意象体味出来。《卞之琳浮雕》刻画其性格的厌世:"我再活个十来年,/或者这时我就应当死?""说老实话生活有点儿倦,/唉,钟,唉,风,唉,一切声音!"② 厌倦生活,感觉生存就像那悠长的钟声、急促的阵风,无论长短,均充满无奈。《何其芳浮雕》紧扣何其芳诗歌求新、唯美的特点展开。"记取一句诗,便来低头吟哦,/不用贫俭文字写成,/这诗句,一个陌生女子的眼波。"像"幽谷中的百合——鲜洁芬芳,/新酿的酒——使回忆成为温暖的力量"。③ 无论是陌生女子那回眸一瞥,眼波放射的足以诱惑少年的魅力,还是幽谷百合超越群山透出的芳香,抑或是百年陈酒打开酒坛、芬芳传遍四野的瞬间,所渲染的皆是何其芳诗歌具有蕴藉含蓄的审美特征。于是,借助恰切的意象,将三位诗人各自的特点凸显出来,构成别具一格的白话诗风貌。

---

① 沈从文:《死了一个坦白的人》,《沈从文全集》第 15 卷,北岳文艺出版社 2002 年版,第 199—201 页。
② 沈从文:《卞之琳浮雕》,《沈从文全集》第 15 卷,北岳文艺出版社 2002 年版,第 203 页。
③ 沈从文:《何其芳浮雕》,《沈从文全集》第 15 卷,北岳文艺出版社 2002 年版,第 204—205 页。

四　沈从文的旧体诗创作

中国现代作家虽然多参与新文学运动或受其影响，理念认知是赞成白话文运动的。但是，在诗歌创作中，尤其是表达私密经验或亲密情感时，却多选择旧体诗，陈独秀、鲁迅、郁达夫、郭沫若、沈尹默、周作人、茅盾、朱自清、俞平伯、刘大白、闻一多、王统照、老舍、叶圣陶、康白情等人均有旧体诗写作，其中大部分作家一生写旧体诗。这种现象的存在，一方面应该归因于白话诗创作的不成熟，无论倡导者胡适，还是响应者郭沫若，以及调整者闻一多等"新月派"诗人，均没能写出可与古典诗词媲美的佳作。这是他们自己也明白的，因此，真正朋友酬和、友情抒发时，他们自觉选择了旧体诗。另一方面，旧体诗是一代代诗人智慧的结晶，无论是诗歌形式、韵律，还是意象选择、语言，均为最适合汉语特点与国人表达的体裁。这些吸吮着传统诗词乳汁长大的"五四"一代诗人，不管他后来到哪里留学、接受西方什么思想，也不管其性格如何叛逆、怎样否定传统诗词，潜意识中的文化密码决定了关键时刻其抒情方式的选择，即选择使用传统诗词形式来表达自己的情感。

沈从文与他们略有不同。沈从文没有接受过系统的传统诗词训练，所有的古诗词积淀，都是在军旅生活中帮上司如陈渠珍保管、整理图书时所得，或在芷江县当差时，参与熊捷三等人的雅集，帮忙书写雅集者吟咏时积累，以及无聊时自己背诵的。这样的经历，导致其古诗词知识成为零碎的片段，轻易不敢创作，因此，1960年之前的旧体诗写作，一首也看不到。笔者不认为他没有写过，而是认为他不自信，不愿保存下来，其全集收录的旧体诗最早是1961年接受组织安排去庐山参观时写作的。唯其如此，沈从文不像那些学贯中西的"五四"学人，内心深处有中西文化的强烈冲突,而是随身所至,触景生情,自由、散淡地吟咏所见所闻,使其旧体诗情感真实、内容鲜活,却不严格合乎古韵;同时,毕竟是接受新思潮改造后的诗人,其主体意识所接受的主流意识形态的影响鲜明,所创作旧体诗歌具有较为强烈的时代色彩。

沈从文的旧体诗以写景为主,选择含有时代特色的景观,将恰当的典故融汇其中,以表达诗人参观时的见闻、感慨。《匡庐诗草》收 1961 年冬去庐山参观创作的 3 首古体诗,及备考文本 2 篇。《庐山含鄱口望鄱亭》写于 1961 年 12 月 12 日。诗分两节,"巍巍含鄱口,列岫一线青,鸟声闻木末,炊烟起孤村。山径延幽谷,松竹各争荣。我来值严冬,天宇适澄清,五老背可蹑,白云自逐奔。远挹鄱阳湖,烟波十万顷"。这一节,基本上按照所看景物的空间布局,从上到下写出。次序井然,却未现自我意志。"朱明争原鹿,友谅此成禽。铁戟沉沙久,鼙鼓仿佛闻。惟传王母鞋,一掷在湖心。"次节引入相关典故,将当年朱元璋与陈友谅几十万水军鏖战的故事与历史变迁的感慨糅为一体,并写出湖中小山传为王母娘娘的小鞋,在朱、陈对决难分胜负的关键时刻,王母娘娘脱下一只鞋,掷向陈军,助朱元璋获胜的故事。① 民间传说虽不靠谱,却反映出民心所向,将此故事写出,能够引发读者诸多联想。但是,将景物描写与历史典故导入分割为两个部分,则凸显出诗人草吟而就、未及修订的痕迹。而 1980 年发表于美国《海内外》杂志第 28 期的《庐山含鄱口一》和 1982 年 7 月发表于《安徽文学》第 7 期的《庐山含鄱口二》,则一定程度上弥补了缺陷。

  巍巍含鄱口,列岫一线青,
  鸟声闻木末,山泉鸣玉筝。

---

① 沈从文:《庐山含鄱口望鄱亭》,《沈从文全集》第 15 卷,北岳文艺出版社 2002 年版,第 239—240 页。

五老背可蹑，长岭势若奔。
山径缘幽谷，松竹各争荣。
远挹鄱阳湖，烟波十万顷。
朱明争原鹿，友谅此成禽。
铁戟沉砂久，鼙鼓仿佛闻。
惟传王母鞋，一掷在湖心。
至今泊鱼舟，千帆跃锦鳞。①

这次修改，整体看形成一个完整的诗歌结构，结尾增加两句，也收束了全诗。诗歌中间的变化主要是语序、诗句和字词的调整——原来第5联的"五老背可蹑，白云自逐奔"调整为第3联，将次句改为"长岭势若奔"，并删去"我来值严冬，天宇适澄清"。铁戟沉沙的"沙"改为"砂"，疑为笔误或排版失误；"鱼舟"的"鱼"，也属于别字。这样的修改，不仅使诗歌的表现次序更符合庐山实际，且先写五老峰，再写长岭，山势绵延之形强势凸现；同时，呼应了下联所描绘的山径、松竹。"我"的退出，使自然景观构成一个整体。然后，超越眼前所见，远眺鄱阳湖，烟波浩渺之际，联想到这里发生过的激战以及王母娘娘的传说；最后回到现实，渔歌互答、千帆竞渡的场景，是诗人对现实社会的肯定。1982年，《安徽文学》发表的《庐山含鄱口二》，又有了变动——一是将删去的第4联"我来值严冬，天宇适澄清"恢复，并将"严冬"改为"岁末"，使诗句更合仄；二是将第2联的"山泉鸣玉筝"改为"白烟起孤村"，避免了"山"字相冲，且"白烟"比1962年稿中的"炊烟"涵盖内容更丰富，更符合从高山上俯瞰的实情。同时，将1980年稿中的两个错别字"砂""鱼"全部更正为"沙""渔"。

---

① 沈从文：《庐山含鄱口一》，《沈从文全集》第15卷，北岳文艺出版社2002年版，第241页。

这首诗的修改过程，透露出几个问题。一是诗人自我的凸显与隐退问题。初写时，诗人是凸显出自我的，说明诗意萌动之际，沈从文的自我意识很鲜明；1980年在海外发表时，诗人有意隐去自我，符合那个张扬群体、抑制自我的时代精神；1982年，经历过思想再解放运动后，诗人终于大胆放飞自我，出现在诗中。二是诗歌从初创时的景物、典故分离到1980年的融为一体，从1980年的失误连连，到1982年主客体相融、成为完璧，表现出诗人对文本的推敲功夫。平仄运用更为符合规则、意象涵盖范围扩展、诗歌表现层次与表现对象更加贴切等，均表现出诗人的精益求精。三是诗歌修改、发表过程所蕴含的时代精神。从60年代"以阶级斗争为纲"时书写的犹豫、诗意的隔离，到1980年的主体隐退、欲说还休，再到1982年的大胆出场，分明是20世纪60—80年代知识分子精神的蜕变史在一首诗歌的风貌演变上的精妙体现。

《庐山"花径"白居易作诗处》和《新栗里村》均通俗易懂、白话入诗。前者是诗人随中国作协参观团到庐山参观胜迹花径时所吟，诗歌谈"诗人喜幽独""不辞跋涉苦"，来到此处，既可以欣赏美景，亦可弹琴、斟酒，古人如此，今人也有相似的心情。"缅怀庐山会，难觅栗里人。时遇共寂寞，生涯同苦辛。两贤不并世，各保千秋名。佳诗亲人民，人民怀念深！"[①] 登临白居易写诗处，遥想陶渊明当年庐山高会，被现实扰乱心情的沈从文内心是羡慕的；但是，作为被政府安排的外出视察者，又必须选择一个时代认可的视角来表现诗情，于是，诗歌后半部分的内蕴就复杂起来。一方面，因为白居易、陶渊明"两人同以诗名，且同好酒喜琴，一则因论武元衡事，遭朝中权要排斥，贬江州作司马。一则逢时乱隐居田园，衣食亦难足"。沈从文佩服他们的刚毅秉性，追怀他们的高逸之风。另一方面，诗人必须找出两位古代诗人诗歌创作

[①] 沈从文：《庐山"花径"白居易作诗处》，《沈从文全集》第15卷，北岳文艺出版社2002年版，第244页。

切合现实的内蕴，以便呼应时代："两人诗歌多比较接近人民，因之人民亦爱之特深。"若说白居易的诗歌富有人民性，还符合实际，陶渊明的诗歌人民性并不强，只是因为其不满与统治阶层同流合污，才显得品高质清。跋中所提的另一位主要诗人陈三立，大概很难找到人民性，沈从文就不敢在诗歌里吟咏，只是在结句中提及："花径有一碑亭，则为久寓庐山数十年近代名诗人陈三立散原老人所立也。"① 表现对象是复杂的存在，诗人的取舍透出社会思潮对抒情主体的制约。《新栗里村》较长，诗后附注云："六二年庐山稿，七〇七月双溪改（拟一生产队长语气）。"因为模拟基层干部口气，所以白话入诗，类乎顺口溜，且将带有鲜明阶级意识与时代特色的词语写进诗中："常想朝廷事，阶级烙印深。""有了新社会，人民才翻身。管理国家事，我们作主人。社会时时变，农村事事新。一切为支农，化肥如山屯。……主席谆谆嘱，反复意思深。打击帝修反，时时有斗争。""社会主义好，巩固在基层。学校干劲足，主席才放心！"②"阶级""新社会""作主人""支农""化肥""帝修反""社会主义好"等类似标语口号的引入，既鲜明表现了特定时代氛围，亦减损了旧体诗蕴藉含蓄的特点。这类诗歌，彰显出沈从文被政府安排参观，不得不有所写作来回报的外部环境，也凸显其长久浸染于渲染阶级斗争的氛围里，对流行语言的自觉接受。

《井冈山诗草》收 1961 年 12 月到 1962 年春创作的古体诗 9 首。这组诗随参观团赴井冈山时所吟，前 6 首于 1962 年发表在《人民文学》《星火》杂志或《光明日报》等报刊上，后 3 首未发表。从诗集后面所附与张兆和的通信内容看，这些诗作的创作动机就是为了发表。因为活动本身就是让他们了解中国共产党领导革命的历史，对其进行教育的，

---

① 沈从文：《庐山"花径"白居易作诗处》，《沈从文全集》第 15 卷，北岳文艺出版社 2002 年版，第 245 页。

② 沈从文：《新栗里村》，《沈从文全集》第 15 卷，北岳文艺出版社 2002 年版，第 247—248 页。

所以这些诗歌多引用井冈山革命斗争的史实,或与同行者互相唱和。《参观革命博物馆》以新词语入诗,引用旧典故,或化用新典故。"红旗竖井冈,力弱气势旺。三户尚亡秦,何况千丁壮。""星星燎原火,燃起满天霞。"① 前面用传统典故"楚虽三户亡秦必楚",此典出《史记·项羽本纪》,表示楚国人灭秦的决心;以此说明井冈山时期的工农红军虽然少,却具有推翻不合理政府的决心。后者直接化用毛泽东的名句"星星之火可以燎原",歌颂井冈山作为最早的根据地对革命发展的巨大价值。《井冈山之晨》是首长诗,叙述井冈山革命历史,表现其所见所闻所感。诗歌开头,描绘井冈山的闭塞与民风的质朴:"廿户秦余民,长与世隔绝,山高地贫瘠,市远人质朴。"然后描述"中原争逐鹿"下,"革命骤挫折,窃国属大盗,逆流暂得时,杀人如刘草"。"为保有生力""红旗上井冈"。此后,歌颂毛委员如何访贫问穷、加强纪律、整顿组织、引导革命,经过几十年奋斗,"三户终亡秦"!最后一节,描绘现实社会:"国运一转移,山村面貌新,重楼遍山河,灯火通宵明。老幼各有托,山林献众珍。……旧迹一一寻,感旧还歌今,多难兴邦国,毛选实圣经!"② 诗歌结句所颂,既是诗人参观之后敬佩之情的写实,也有对20世纪60年代社会潮流的呼应。

此集诗歌,所余篇章或以史为鉴,暗怀讽喻;或庆祝酬谢,应酬同行。《资生篇》创作于1961年底,从第一节小标题"史镜"表明其创作主旨,故从周公执政之利到齐楚国势强大,再描述商鞅变法以及秦朝后期失误,得出自己的结论:"历览前史册,得民实首务。……人民作主人,国基必永固。"然后围绕井冈山"建设新山村"和"回南昌途中"所见,描绘新时代新气象。全诗新典旧典皆用,仅自注中就有12

---

① 沈从文:《参观革命博物馆》,《沈从文全集》第15卷,北岳文艺出版社2002年版,第251页。
② 沈从文:《井冈山之晨》,《沈从文全集》第15卷,北岳文艺出版社2002年版,第252—255页。

处；遗憾的是受抒发激情所制，用典未抵浑然境界。《庆佳节》则为"庆祝井冈山山区建设四周年"而作。其余《戏赠戈壁舟同志》《赠安旗同志》《赠阮章竞同志》《赠蔡天心、江帆兼及诸同志》《赠钢鸣、华山二同志》等内容、形式相似，均为应酬对和之作，有时代语言色彩，无蕴藉丰厚内涵。倒是《有关诗作的三封信》值得关注，因为这些通信里蕴含着沈从文的诗歌观，尤其是这是夫妻间的通信，其真实性更强。《致张兆和》（1961年12月23日）曰："但是不是手边没有本《诗韵集成》？走韵处恐不少，好在正如简笔字，可以自我作古，一般要求不高，可能还有称为'有老杜风味'的人！遗憾的是有些用典使事精彩、准确、有分量处，近人已不大懂了，不免有不上不下情形。"① 此处透出沈从文的自我评价——韵脚不准，读者音稀。而《张兆和复沈从文》曰："各诗感旧歌今，不落俗套，写景抒怀，浑然一体，情真意挚，……但个别字句尚需推敲，'毛选实圣经'不够含蓄，来得突兀。'惟传王母鞋，一掷在湖心'也比较少余味。"② 若将二人观点汇融，则沈从文此期旧体诗的特点为：有不落俗套、抒情真挚的优长，有顺应时代、不刻意追求高古的动机；也有押韵不够讲究、用语尚欠蕴藉等不足。

　　沈从文这次随同参观活动，持续时间较长，从1961年11月27日离京，至1962年3月7日由南京返回北京。除了吟颂庐山、井冈山的诗歌，他还写了一组《赣游诗草》，收1962年春在赣南参观创作的古体诗4首。第一首《游赣州八境台》描述登郁孤台，追怀辛弃疾，想象其训练雄师、渴望收复中原的壮志："节麾拥万骑，横江多楼船，旌旗耀云日，精甲足壮观。方期复中原，血战龙蛇翻。"同时，

---

① 沈从文：《致张兆和》，《沈从文全集》第15卷，北岳文艺出版社2002年版，第275页。
② 沈从文：《张兆和复沈从文》，《沈从文全集》第15卷，北岳文艺出版社2002年版，第276—277页。

赞许楼台已经八百年，尚巍然屹立，登高可见"双江会合出，千帆自往还"。① 无论咏史，还是写景抒怀，均与现实拉开距离，诗人能够冷静地沉入历史、观望风景，因此，诗风与参观井冈山时明显不同。更能体现其诗风转变的是《游赣州通天岩》。跋曰："通天岩在赣州市西北约二十华里，为赣南名胜之一。小冈连亘，洞窟曲折，规模不大，天巧独具。"② 诗歌先描述通天岩的风景别致——

> 重冈郁积石，千佛宋代镌，
> 雄猛示果毅，静穆启智源。
> 青玉琢林竹，明镜酿小潭，
> 曲折增佳趣，幽秀异人寰，
> 别具新格局，宜称小洞天。
> 若遇大小李，合当画图传。③

此为第一节，古韵传心境，传统在魏晋，颇有陶诗趣味。从中可以体味到诗人游览时心情的淡泊宁静，他对此处风景的喜爱之情，亦萦绕诗间。第二节开始追思隐逸在这里的古人，对其躬耕田野、娱乐琴书的生活充满向往：

> 岩居有高人，栽花还种柳，
> 旷达拟渊明，东坡乐与友。
> 娱客有琴书，农事亲田亩，

---

① 沈从文：《游赣州八境台》，《沈从文全集》第 15 卷，北岳文艺出版社 2002 年版，第 283—284 页。
② 沈从文：《游赣州通天岩》，《沈从文全集》第 15 卷，北岳文艺出版社 2002 年版，第 286 页。
③ 沈从文：《游赣州通天岩》，《沈从文全集》第 15 卷，北岳文艺出版社 2002 年版，第 285 页。

>   置身在丘壑，名传千载久。
>   ……
>   胜迹转荒凉，白日狐兔走。
>   贼臣覆邦国，深山亦劫土。①

此节所描述，显然非现实。60 年代初期，哪里觅此雅趣?! 故南游之际，诗人看到眼前景色，浮想联翩，有此描绘。从追想古人之洒脱，到描绘现代之荒芜。古今对比，为下节铺垫。

>   产业还人民，获睹面貌新，
>   旧迹深护惜，木石同见珍。
>   松杉连冈茂，崖窟显精神。
>   ……
>   山中多佳士，生产话鸡豚，
>   志欲饱天下，辛勤建山村!②

此为最后一节，也是第三节，写新貌、新人。以景区新貌收束全诗，既构成历时性完整线索，亦照应了诗人所参加的活动内容。诗后有文介绍通天岩崖窟开凿时间为南唐到两宋；北宋熙宁年间隐逸阳孝本寄居于此，苏东坡贬海南时，曾往访之；王阳明题诗后，引发后人和诗。抗日战争时，蒋介石派蒋经国住此，以洞窟储存炸药，破坏颇多；院中新建小楼，为张学良囚禁处。中华人民共和国成立后，政府多保护；60年代，下放干部 20 多人居住在此，为一生产小队，发展生产。通观全

---

①　沈从文：《游赣州通天岩》，《沈从文全集》第 15 卷，北岳文艺出版社 2002 年版，第 285 页。
②　沈从文：《游赣州通天岩》，《沈从文全集》第 15 卷，北岳文艺出版社 2002 年版，第 286 页。

诗，其内蕴通古今，意象承继有源、因时而变，具有典型性！① 而《观〈西域行〉》记录观看赣剧《西域记》的感受，重复剧中所表现的史实，内容单薄。《参观瓷都——并祝群英会召开及江西新丝绸厂进展》则以新词语入诗为最大特点："跃进随红旗，百花竞芳妍，……亚非亿兆民，犹遭烈火焚，求取真和平，反帝多斗争。"② 这些带有鲜明政治色彩的词语入诗，与所吟咏的对象并无多大关系，除了凸显出时代气息，还表现出诗人应付差事的心态。

沈从文的旧体诗，多是在作协组织参观时所写，如前述几组诗；也有外出休养时吟咏的，如《青岛诗存》。1962年6月下旬到7月初，沈从文被作协安排来青岛修养，创作的古体诗保存下来的有《残诗》《白玉兰花引——书永玉木兰卷》。《残诗》叙述诗人故地重游，时光不再，感慨人世：

> 绿荫浓四合，同沾雨露均，
> 松古枝盘蹙，山幽鸟一鸣。
> 日月更代谢，倏忽三十春。
> 白杨堪作柱，红粉成灰尘。
> 如茵草坪侧，木马转不停，
> 童稚转盛年，盛年转成尘。
> 时变感人思，深思忧转深。
> ……
> 良夜有晚会，箫鼓发妙音，
> 红白如花脸，绰约小腰身，

---

① 沈从文：《游赣州通天岩》，《沈从文全集》第15卷，北岳文艺出版社2002年版，第286—287页。

② 沈从文：《参观瓷都——并祝群英会召开及江西新丝绸厂进展》，《沈从文全集》第15卷，北岳文艺出版社2002年版，第290页。

> 青春发光泽，盛年诚可歆，
> 清歌复妙舞，旋转不暂停，①

此诗未写完，似乎追叙当年在青岛的浪漫生活。其中的"红粉转成尘"似乎是对后面所描述旋转舞者的追悼，"深思忧转深"则有欲说还休的隐痛。因未成全璧，留下诸多想象的空间。

《白玉兰花引——书永玉木兰卷》诗文与旁注相结合，描述了青岛之行引发的对故人的怀念以及对旧情的追忆。这是沈从文所有旧体诗中内蕴最丰厚、引发争议最多的一首诗。1975 年，沈从文将此诗题写在黄永玉的《木兰花长卷》上。同年 7 月，臧克家索诗，沈从文又以此诗书赠。臧克家 1930 年曾入青岛大学中文系就读，沈从文认为他"可能是唯一在三二、三三年前后也上过崂山，还同样看过上清宫的古玉兰花的当时人"。沈从文在信中还叮嘱臧克家说："这种作品，本来不是为供多数不相干的陌生人'欣赏'而写的，所以盼望不必再费钱装裱，也不必随便给人看，因为属于个人抒情或叙事，都不适合当成'客室'以至于'书房'的装点品，更不宜成为不相干人茶余饭后指指点点的玩意。"② 显然，此诗具有很强的私密性。诗歌开头写实："夜半有虫频扰我，翻覆难作伏枕卧。引思深感生命奇，还忆海月车轮大。同观奇景五七人，闻才雄杰杨稳妥，豪情举杯能三续，兴至攀登足忘跛。""引思深感生命奇"，追忆一同观景人——"同观奇景五七人，闻才雄杰杨稳妥"，旁注"闻一多、杨今甫"。③ 可以看出，时隔 30 多年，沈从文作诗抒发对故人的思念。但是，诗歌并非聚焦对故人的描绘，而是用浪漫玄美的诗句刻画白玉兰花的形象：

---

① 沈从文：《残诗》，《沈从文全集》第 15 卷，北岳文艺出版社 2002 年版，第 293—294 页。
② 吴世勇：《沈从文年谱（1902—1988）》，天津人民出版社 2006 年版，第 542—543 页。
③ 沈从文：《白玉兰花引——书永玉木兰卷》，《沈从文全集》第 15 卷，北岳文艺出版社 2002 年版，第 295 页。

> 悬岩千丈削精铁,
> 白玉兰花十万朵。
> 花落藉地铺银毡,
> 谷中青鸟鸣一个。
> 如此清寂绝尘凡,
> 触事会心证道果。
> 动静得失各有由,
> 是非两忘决不可!①

极力描绘兰花的美,却提醒自己绝不可忘记是非。此"是非"不是阶级斗争,不是人事纠纷,而是隐藏在诗人内心深处的情感纠葛。故地重游,一方面怀念帮助过自己的故人,另一方面追思带给自己情感安慰的朋友。有所怀又不能实写,便借助传统诗歌中描述神女的笔法凸显其美丽:

> 白云簇簇海上来,
> 双鹿云车瞬息过。
> 中有仙子拟天人,
> 大石磐磐幸同坐。
> 白鹄宛转延素颈,
> 绿发茸茸草梳裹。
> 秀眉明眸巧盼睐,
> 翠羽珠珰故消堕。
> 来不言兮去不辞,

---

① 沈从文:《白玉兰花引——书永玉木兰卷》,《沈从文全集》第15卷,北岳文艺出版社2002年版,第296页。

微笑低鬟心印可。
山精木魅次第逢，
身披木叶心如裸。
每逢清流濯素足，
时摘山樱邀同嚼。①

此为第 3 节，内心不能忘，现实不可得，历史不可追，怎么办？只有在想象中描摹其美妙动人。此诗有《洛神赋》惊艳华丽之美，把这位现代神女比作"蜀中文君"，比作"三湘游女"，"遥闻凤音啭碧空，只余轻风梳松过"。她的美丽堪比洛神之流风回雪，遗世而独立。"日月不停走双丸，如烟成尘永相左。海市蜃楼难重期，不如返回园中/锄土翻泥自栽人参果。"第三句旁注："当时若稍进一步，一切即将大不相同矣。"② 这个感慨值得关注——一方面，故地重游引发对人生的回顾，觉得可以有另外的人生路；一方面，经过多年思想改造，他已经否定了自己走过的路，尽管他很快以《绿玉》（旁注"《边城》"英译名）为豪，却悔意凸显矣！这是社会层面的解读。若是从情感层面看，则凸显出沈从文的追悔之意，若是再进一步，也许其情感世界、其人生道路就不同了，分明是对那段情感的回忆。这是一种怎样的情感呢？

白鸽双双出雾中，
芳草芊绵门不锁。
碧莲花开散清馥，
辛荑苞发紫纱堕。

---

① 沈从文：《白玉兰花引——书永玉木兰卷》，《沈从文全集》第 15 卷，北岳文艺出版社 2002 年版，第 296 页。
② 沈从文：《白玉兰花引——书永玉木兰卷》，《沈从文全集》第 15 卷，北岳文艺出版社 2002 年版，第 297 页。

> 春波溶溶青苔湿,
> 兰芷芬芳沁
> 棘矢贯虱如中垛。
> 屈原宋玉
> 所经所遇感印有浅深,
> 弱骨丰肌小腰白齿宜有人。
> 虹影星光或可证,
> 生命青春流转永不停。
> 曹植仿佛若有遇,
> 千载因之赋洛神。①

  前6句似为两性亲热情状之描摹；后面诗句则引人想起其40年代写作的《摘星录》《看虹录》，其中的性爱描写与对女性的赞美，恰与前6句相同。而点明曹植与洛神，则呼应了第3节的浪漫描写。沈从文在诗句旁加注说:"一件十分离奇的景物,曾在另一时与某共同欣赏,比白云洞之海云、上清宫之玉兰离奇而动人得多,似偶然亦非偶然。"②沈从文生命中出现过不少"偶然","什么人能在我生命中如一条虹,一粒星子,记忆中永远忘不了","这种人并不止一个,行将就要陆续侵入你的生命中,各自保有一点虽脆弱实顽固的势力。这些人名字都叫做'偶然'。名字虽有点俗气,但你并不讨厌它,因这它比虹和星还无固定性,还无再现性。它过身,留下一点什么在这个世界上,它消失,当真就消失了"。③那么,如何理解沈从文笔下的"偶然"？这是阐释其

---

  ① 沈从文:《白玉兰花引——书永玉木兰卷》,《沈从文全集》第15卷,北岳文艺出版社2002年版,第298页。
  ② 沈从文:《白玉兰花引——书永玉木兰卷》,《沈从文全集》第15卷,北岳文艺出版社2002年版,第298页。
  ③ 沈从文:《水云》,《沈从文全集》第12卷,北岳文艺出版社2002年版,第96—97页。

诗歌绕不开的话题,结合诗后的跋,或许可以找到较为切实的信息。

《〈白玉兰花引〉跋》共四段,其中《跋二》云:"'玉兰临风'式某某,于天涯另一角分手后,抗战胜利前后,即偶然为一高资所爱,前后十年,很过了一阵大好日子。生有二女,复如琼枝玉树,同学舞蹈于申江。父母则均于五某年故去,母且系病癌而不治。星光虹影,虽相去遥遥,海市蜃楼,世难重遇。公园路之玉兰,玉立亭亭,又堪合抱。此人间细小变故,哀乐,乘除,岁月淘洗,不仅并未失去固有色香,反而使生命时感润泽。正若爝火微光,始终并未消失。人之有情,亦复可悯!"① 此处透露那位神女般的故友,有两个学舞蹈的女儿,父母皆亡,再未重逢。《跋四》回忆1932年初到青岛大学任教,即参加杨振声校长组织的游崂山活动,其中遇到一位"新由国外某天主教大学回国外文女教师某,各在大玉兰花下一侧默默看花约一个小时之久"。后来,又两次相遇,印象深刻。② 这里表明,这位女性是从国外天主教大学归来的,在青岛大学教外文。他们此后虽然再没有相遇,沈从文却关注着她。1975年,沈从文重写此诗并将之题赠黄永玉的那一年,沈从文得知故人去世、二位孤女来京找他的消息。亲戚曾告诉二女:"有些事情,在世界上或许只有从我处可以明白得更清楚,更多,也更对女孩子有用。便是'奇谜'一部分的过程。"并告诉女孩子,有一篇"卅年前发表过,可不曾在集子里找得到"的小说,可以让二女知道"母亲的历史最重要的一部分,同时还是女孩子本身的历史一部分",这便是《摘星录》。沈从文从一堆旧稿中找到了《摘星录》的底稿,并随手写下了《题旧书元稹〈赠双文〉诗》一篇文章。不但追叙了他和那位"偶然"的一些因缘——"我回念死去了的好友留下种种印象,充满了十分严肃

---

① 沈从文:《〈白玉兰花引〉跋》,《沈从文全集》第15卷,北岳文艺出版社2002年版,第303页。
② 沈从文:《〈白玉兰花引〉跋》,《沈从文全集》第15卷,北岳文艺出版社2002年版,第305页。

的感情，在深夜里去重新翻阅这个旧作品，许许多多卅四年前的离奇不经的情绪历史，以及同时存在前后已因种种不同际遇而先后死去了的至亲好友的声音笑貌，……一切都复明明朗朗的重现出来。"并谈到了对其创作的影响。他说："童心永远的强烈持久药物，就是和青春不可分的，无私而纯粹忘我的爱，用各种不同方式而得来的给予，不论是极端含蓄和热烈放纵到不可设想，其中就无不充满了一种诗情画意，给人以神圣庄严感。经时越久，且越具有教育作用，一种作人向上的教育。从不使人堕落，正相反，永远引人上升，达到任何其他知识书本所达不到的超越感！其中自然也不少庸俗凡鄙的混杂，但是，一经时间的澄滤，便总汇成满池一汪清碧。"① 说明这是一段令沈从文终生难忘且受益匪浅的情感经历，一个不起眼的数字"卅四年"，则暗示情感发生的时间应该是20世纪40年代初。但是，沈从文当年游崂山分明是1932年，怎么错位这么大呢？笔者认为诗中追怀的女性，或者是青岛大学任教的同事，抗战期间也到了昆明；而学界考证的昆明时期与其有情感纠葛的高青子、张充和等，与此文所写内涵也不一致。我以为，按照古训："诗无达诂。"承认此诗确实描写了诗人一段刻骨铭心的爱情，却不应过于坐实。沈从文在《跋二》中还说道："或人将说此时此世，风怀诗有市场？其实屈宋二曹，由古至今又何尝有'市场'？此二字在诗人心中，占有一定位置后，即不会再有任何诗情画意于生命中形成一种力量，一种存在。'市场'是永远不会为'抒情诗'留一位置，而抒情诗也永远［不会］为市场而产生的！"② 加引号的"市场"，应该联系诗作的年代理解。在政治抒情诗盛行的60年代，描述个人私情的诗歌，与屈宋二曹擅长的抒发情感的诗歌一样不合时宜，因此不受欢迎。何况，

---

① 沈从文：《题旧书元稹〈赠双文〉诗》，《沈从文全集》第14卷，北岳文艺出版社2002年版，第510—512页。
② 沈从文：《〈白玉兰花引〉跋》，《沈从文全集》第15卷，北岳文艺出版社2002年版，第303—304页。

沈从文说得很明白，当时的市场不会为抒情诗预留位置，抒情诗也不会为迎合那个市场而产生。因此，我们说沈从文是明确意识到这首诗是不可能发表的，且亦非为发表而写作，只是赠送朋友题赠用。

也有学者根据《残诗》描写的轻歌曼舞形象推测"最有可能是约三十年前在青岛昆曲界的曲会上一展歌喉舞姿的四妹张充和"。其根据：一是沈从文1962年4月11日《复张充和》中云："限于纸面，和其他忌讳，可惜不能将序跋写上。有些地方似乎得有序跋才好懂！""北京日来已开白玉兰，中南海边杨柳如丝，公园中有玉兰花也极好……"其二，推测这是离此信最近的诗作，且有序跋。其三，《白玉兰花引》有："曹植仿佛若有遇，千载因之赋洛神。梦里红楼情倍深，林薛犹近血缘亲。"最后一句"暗示出诗人当年在两位'犹近血缘亲'的女性之间难于抉择的苦恼，所谓比'林薛'更近血缘亲的，不就是姐妹吗？而从性格上说，三小姐张兆和平实性近于薛，四小姐张充和飘忽情近于林"。其四，根据"跋二"提到"风怀诗"而引清初诗人朱彝尊《风怀诗二百韵》，友人劝其删去，坚决不删。冒广生《小三吾词话》卷三："世传竹垞风怀二百韵，为其妻妹作。其实《静志居琴趣》一卷，皆风怀注脚也。"认为："沈从文自认他的《白玉兰花引》是'风怀诗'，其实也就是对读者的一个提示或者说暗示。"① 但是，若全面考察，认定此诗为张充和所写，仍难以服人。学界公认沈从文与张充和相识于1932年夏天，沈从文去苏州求亲时。② 而青岛的玉兰花开放时间为春天的三、四月份，两人不可能一起游崂山。何况，此时沈从文与张兆和的关系还没有确定下来，他怎么可能跟张充和走那么近？他和张充和的亲

---

① 裴春芳：《虹影星光或可证——沈从文四十年代小说的爱欲内涵发微》，《十月》2009年第2期。
② 沈虎雏：《沈从文年谱简编》曰：1932年"8月初，去苏州看望大学刚毕业的张兆和，第一次被邀到家中和她姐弟相见"。《沈从文全集》第28卷，北岳文艺出版社2002年版，第15页。

密关系建构于20世纪40年代的昆明,而非30年代的青岛。

之所以看重这首诗,主要是在那个特殊时代,沈从文敢于在诗中描述昔日旧情,大胆将私密情感作为吟咏对象,无疑是对政治抒情诗所主导的诗歌创作潮流的反驳。其次,该诗能够较贴切地借鉴传统诗歌的创作手法,包括他诗中提到的屈宋二曹诗中的赋兴、铺陈等手法,以及传统经典意象白鹄素颈、翠羽珠珰、山精木魅、清流濯足、芳草芊绵、碧莲花开、辛荑苞发、春波青苔、兰芷芬芳、棘矢贯虱等,既符合表现对象的特质,亦增添了诗歌典雅古奥的风貌。再次,唯其不为发表而作,诗歌流露的情感才更真实。无论是邂逅相逢的喜悦、古寺同游的印象,还是两相交好的场景、事后追忆的情愫,均表现出超越同侪的诗歌内蕴。

《郁林诗草》收1963年参观广东、广西创作的古体诗13篇。其中较有特色的是《漓江半道》和《阳朔刘三姐过渡处》,前者紧扣漓江美景:"绿树蒙茸山鸟歌,溪涧清润秀色多,船上花猪睡容美,岸边水牛齐过河。"① 其意象有特点——绿色,水牛,花猪,溪涧,富有生活气息。同时,诗歌具有声音美,鸟鸣声声,是写出的声音;流水淙淙,猪哼牛哞,是想象到的声音。这样,就写出了具有水乡特色的画面。《阳朔刘三姐过渡处》则以老榕树为主要意象,辅以水牛、方舟、山村、远山(列岫)、镰刀、稻浪(黄云)等,构成和谐画卷——

> 溪边老榕树,
> 浓阴被百牛,
> 横枝十丈长,
> 攫拿蛟龙道,
> 歌仙传古渡,
> 方舟沉潭浮,

---

① 沈从文:《漓江半道》,《沈从文全集》第15卷,北岳文艺出版社2002年版,第315页。

> 山村布其间，
> 列岫晦明绿，
> 高举百镰齐，
> 一片黄云熟，
> 嘉宾四海来，
> 同喜乐淹留，
> 异境拟桃源，
> 胜迹阳朔独。①

描绘眼前风景，融入歌仙刘三姐等典故，将自然风景与人文故事融会一体。然后，通过富有时代特点的集体生产场景，渲染丰收的热闹与村民的欢欣；再以古意象收束，肯定阳朔的繁荣、富庶。《牛棚谣》则收 1968 年尚未"解放"时所写古体诗 6 篇，均未发表过。这个诗集，与《郁林诗草》着意歌颂自然风光之美不同，表现生存在"文化大革命"氛围中的诗人如何被时代熏染、随时代发展的状态，刻下了深深的社会烙印，凸显出知识分子的心路历程。《五月》为不规范七言诗，以时代语言入诗。"衰年易感节物换，壮志同迎斗争新。世界有待重安排，五洲眺望北京城。"② 一方面表现诗人被斗争浪潮裹挟的激情状态，另一方面画出"文化大革命"时期国人唯我独尊的自大形象——全世界都仰望红太阳升起的地方，我们要解放所有被压迫者等时代意识，酝酿出那种扭曲的诗句。如果说这是对外的国家意识膨胀，那么，《箴"我"》则是向内的自我约束："斗'私'忘'我'除'怕'字，反复勤读老三篇。"③ 唯恐落后于时代，唯恐思想中自我、私我占据空间，

---

① 沈从文：《阳朔刘三姐过渡处》，《沈从文全集》第 15 卷，北岳文艺出版社 2002 年版，第 317 页。
② 沈从文：《五月》，《沈从文全集》第 15 卷，北岳文艺出版社 2002 年版，第 329 页。
③ 沈从文：《箴"我"》，《沈从文全集》第 15 卷，北岳文艺出版社 2002 年版，第 330 页。

所以要自我压榨，要学习"老三篇"。

对外膨胀、对内压榨的结果是丧失理性判断和自我认知能力，人随时代漂移。行之于诗，便少有诗意，或如同神经错乱般的表态，或狂呼口号般的宣泄，甚至如同谩骂般的词句组合。这样的诗，严格说已经不算诗歌，只是保留了特殊状态下诗人的意识流，对理解诗人尚有价值。《想昆明》前9行为七言诗，第10行开始变为散体——

> 理合启发千万人民
> 热爱祖国、热爱乡土、热爱伟大领袖，
> 改造社会、改造自然、保卫国防前线，事事宜占先！
> 欲占先，势不难，
> 必须改造自己思想行为，
> 好好学习人民解放军，"斗私批修"，
> 还要随时随事"改错"能"纠偏"！①

这哪里是在作诗，分明是在"文化大革命"抵达高潮时不得不做的表态，且越到最后越是散乱，将流行的政治语言塞进诗中，给人以诗人即将崩溃之感！《巴黎红五月》写于1968年5月22日，被抄走，没有发表过。此诗为歌行体，有政治话语入诗的鲜明特征：

> 五月春归迎初夏，
> 日出东方四海明。
> 帝修犹作春闺梦，
> 玫瑰丁香开满城。

---

① 沈从文：《想昆明》，《沈从文全集》第15卷，北岳文艺出版社2002年版，第331—332页。

> 人说巴黎风光好,
> 百花丛里语流莺。
> 招来游客千百万,
> 喝人血、吸人髓,腐烂糜费、吃喝玩乐寻开心。
> 乍闻惊雷传远近,
> 帝修资反相震惊,
> ……
> 工人学生同造反,
> 巴黎公社事重温。
> 厂校到处插红旗,
> 千万人民同欢欣。
> 烽火连天红灼灼,
> 任何圣经贤传、清规戒律、政客名流、议会学府、
> 工贼把头、祖传世袭、牛黄狗宝……
> 最后命运一齐扔向垃圾坑。①

情感不受节制,以政治情绪的宣泄为主。这里,不见了那个主张个性的沈从文,也没有对人性思索的内蕴,只有时代激情的抒发。

《云梦杂咏》收1970年2—9月在双溪所写古体诗7篇18首,均未发表。这组诗的艺术价值并不高,但是,真实记录了沈从文在湖北咸宁五七干校期间的活动与思想。《大虎景诗草》12首诗歌,前4首描写湖景,有恰切的景物描写:"茫茫大湖畔,野竹丛杂生,本是蛟龙窟,人多执杖行。"也有政治术语入诗:"学习解放军,一心为人民,战胜大自然,起步共长征。"(大湖景三)其余分别吟咏各种人物、现象。如

---

① 沈从文:《巴黎红五月》,《沈从文全集》第15卷,北岳文艺出版社2002年版,第334—335页。

第 5 首 "大湖中拖拉机手"——"独当艰巨责，能比坦克手。" 既写实，亦凸显战争话语的影响；或描写"大湖畔基建工程""好八连""双溪工作点"，或歌颂"各连大厨房""九连三战士"等，① 政治色彩浓郁，凸显时代影响。《自检》乃自我反思，作为"乾坤一腐儒"，通过实践证明，愧对这一称号!《黄石市知识青年下乡到双溪插队》描写知识青年来到后，"田中十人组，同吃同耕耘，同住同苦乐，亲如自家人。……谨遵新指示，共同炼红心。……青春能预此，不负好青春"。② 可以看出，在上山下乡运动如火如荼进行时，诗人和同代人一样，对其持肯定、赞扬态度。《双溪咏》则具有双重内蕴：既回忆昆明写《绿魇》时的情景，那时"前路迷远景，心胸郁叠稠"，也感慨今日"主席多圣智，英明世无俦"。③ 在个人崇拜盛行的时候，诗人显然不敢将崇尚思辨、浪漫适性的昆明生活定为理想，只能否定过去，歌颂新生活，极力追赶时代步伐。《双溪春耕》里标语口号直接入诗，也算是走到极端了。想一想沈从文这样跟时代，这样表白自己的态度，竟然不被当局接受，作为独立意识强、有自我文化选择的名作家，情何以堪!"斑鸠谷谷鸣，努力促春耕，国家一大事，不可稍稍停。向大寨学习，力争过千斤。"《新认识》歌颂"五七干校气象新"，认为："深明动植辩证理，胜利才能有保障。"④《闻新人大开会》将岁月流逝、自我否定、歌颂领袖、紧跟时代等诸多内涵融为一体，集中代表寄居湖北的诗人创作此类诗歌的娴熟程度："老去辞京国，始惊白发增。……深愧禄食厚，还感制度新。东亚一病夫，早成一巨人，……何以致成功?革命觉悟深。大

---

① 沈从文:《大虎景诗草》,《沈从文全集》第 15 卷,北岳文艺出版社 2002 年版,第 342—346 页。
② 沈从文:《黄石市知识青年下乡到双溪插队》,《沈从文全集》第 15 卷,北岳文艺出版社 2002 年版,第 351 页。
③ 沈从文:《双溪咏》,《沈从文全集》第 15 卷,北岳文艺出版社 2002 年版,第 352 页。
④ 沈从文:《双溪春耕》,《沈从文全集》第 15 卷,北岳文艺出版社 2002 年版,第 354—355 页。

海定航向,毛选是南针。紧跟新指示,举步齐长征。"① 为其感到悲悯的同时,也期待其中蕴含着变化的预示,此后的诗歌将是另一番风貌。

《文化史诗钞》《京门杂咏》《喜新晴》是沈从文的最后三组诗,凸显出诗人考究文化、历史遗迹的思想收获与面对形势变化、人生暮年的感慨。其中,《文化史诗钞》收 1970—1971 年创作的古体诗 9 篇,序跋 2 组。《红卫星上天》是一首长诗,闻卫星上天而以五言诗叙述人类史、革命史,加旁注。在《序二》中,作者说:"这个小诗是用旧体裁来表现新事物一种新试探性工作。共计一千一百字,用红卫星上天消息,引起历史联想,从作曲法得到一点启发,当作史诗加以处理的。""或许只宜当作一种个人'学习心得'看待。因为这么作,近于个人近廿年的政治学习、业务学习,以及近七个月来到五七干校的种种接触,正面接受党的教育,对新事物的积极态度。"(写于 1970 年 6 月 18 日寄给张兆和的抄稿前)② 应该说,沈从文对这首诗的定位是很准的,"用旧体裁来表现新事物一种新试探性""一种个人'学习心得'",很恰切地概括了诗歌的价值。其他如《读贾谊传》感慨其身世,缺乏新创见。但是,同样处于流放中,也有自我身世之感在:"缺少庄生达,后人悲过秦。"③《读秦本纪》叙述秦史,囿于史实;《文字书法发展——社会影响和工艺、艺术相互关系试探》以史证文,凸显其人民观、书法特长。《商代劳动文化中"来源"及影响试探——就武官村大墓陈列》反思暴政——"殷商主愚昧,重鬼轻人民。凡事必龟卜,可知迷信深。""珠玉饰狗马,奢侈无比伦。"④《西周及东周——上层文化之形成》则如诗

---

① 沈从文:《闻新人大开会》,《沈从文全集》第 15 卷,北岳文艺出版社 2002 年版,第 356 页。
② 沈从文:《红卫星上天》,《沈从文全集》第 15 卷,北岳文艺出版社 2002 年版,第 366—367 页。
③ 沈从文:《读贾谊传》,《沈从文全集》第 15 卷,北岳文艺出版社 2002 年版,第 368 页。
④ 沈从文:《商代劳动文化中"来源"及影响试探——就武官村大墓陈列》,《沈从文全集》第 15 卷,北岳文艺出版社 2002 年版,第 400—401 页。

后附言所云:"用文献结合文物互证法,分析西周到战国社会进展,由生产发展,引起社会矛盾、斗争、分解,因而促进制度的衍变和学术的兴起。"①《战国时代》为五言诗。诗前有语曰:"此诗计四百七十字,企图用五言旧体诗作新的处理,在旧式七言'说唱文'和启蒙《三字经》之间,得到一点启示,能给读者对于战国时代有一概括印象。"②这段话透出两点信息——一是用旧体形式,二是达到《三字经》的普及效应。《书少虞剑》是吟咏出土宝剑的。《京门杂咏》收1962年到1975年所写古体诗6篇7首,均未发表。《题〈寄虎图〉后》是写给老师个石先生的,因为熟悉,情感深厚,故此诗颇为圆熟:"京华寄身久,醇朴犹老农,作书拙愈秀,行文晚益工。临水赋鱼乐,登高送塞鸿,心目两明健,为近广寒宫。"③《孔丘何人》言周朝之无道,证孔子"复周礼"之不应该;《孔丘何人》(之二)配合"批林批孔"运动而作。《高知赞》讽刺趋炎附势者,故"高"有两层含义:水平高,地位高。"天才世上少,聪明人尽多,脸白有福相,心灵似八哥。应变比冯道,望气胜王朔。语默明节令,动静识微波。行船知转舵,触藩易拔角。或装聋卖哑,或随声附和。昔年献九鼎,今日贩鹦哥。陀螺长不倒,高明宜可学。呼之即欲出,巧佞相切磋!"④此诗作于1975年,没有发表过,应该是作者观察所见所闻高知们的行为后而作,可见沈从文内心深处还保持着湘西文化赋予他的纯真。唯其如此,他对长居高位的"大儒"也尽力讽刺。《圣人赞》:"顺水船易坐,逆风旗难擎。朝为阶下囚,暮作席上宾。……如何长不倒?'官家总圣明!'"跋曰:"近读某大儒论孔丘,复以诗作结,以为'箭一发而中三的',欣快之情,溢于

---

① 沈从文:《西周及东周——上层文化之形成》,《沈从文全集》第15卷,北岳文艺出版社2002年版,第409页。
② 沈从文:《战国时代》,《沈从文全集》第15卷,北岳文艺出版社2002年版,第410页。
③ 沈从文:《题〈寄虎图〉后》,《沈从文全集》第15卷,北岳文艺出版社2002年版,第423页。
④ 沈从文:《高知赞》,《沈从文全集》第15卷,北岳文艺出版社2002年版,第431页。

言表。事实已连中五犯,因除打中⋯⋯外,尚另有所中也,此其所以为今之'大儒'也耶?"① 虽然不能考证所讽刺的对象具体是谁,但是,对于以学术媚上者,此诗无疑是尖锐的抨击。

面对文化遗存、前辈师长或媚上小人,沈从文可以调侃、讽刺,但是,面对现实生活中的变化,他却谨慎得多。《喜新晴》收 1962 年到 1975 年所写古体拟咏怀诗 5 首,及序跋、备考诗稿 7 篇,均未发表。他或歌颂新的建设成就,如《丹江纪事——丹江大水电站完成忆成都》;或借生日感慨人生、咏史寄怀,如《拟咏怀诗——七十岁生日感事》;偶尔在诗中发出个性的呼喊,如《喜新晴》:"老骥伏枥下,千里思绝尘。⋯⋯只因骨格异,俗谓喜离群。真堪托生死,杜诗寄意深。间作腾骧梦,偶尔一嘶鸣,万马齐喑久,闻声转相惊!"结句仍为政治语:"独轮车虽小,不倒永向前!"② 为何如此? 在《双溪大雪》诗后的《跋一》中云:"即此来来去去,耳目接触,人事崭新,实在也是一种极好教育,得益不少。年及七十,若非生当'明时盛世',那能有此大好难得学习机会!"《跋二》曰:"七〇年春,下放咸宁之双溪。独住于长冈高处松林丛里一空空学校课堂中。三月雨雪载途,泥泞中拖拖沓沓,至区里大厨房就食,或取回至住处,用小煤油炉加温,就微明窗口食之。于极端孤寂中,一成习惯,反若从清静中归还自然,生命亦得复苏,亦奇迹也。"(书于 1981 年夏的修改稿后)③《跋一》既是诗人已被同化后的感悟,也是自我保护措施。《跋二》则是苦中作乐情绪的流露,是诗人自然本性使然。可见,自我性情的抒写、面对时代的无奈与透视历史的思辨一直伴随着其旧体诗创作的过程。

综观沈从文的歌谣搜集、白话诗创作与旧体诗写作,可以发现沈从

---

① 沈从文:《圣人赞》,《沈从文全集》第 15 卷,北岳文艺出版社 2002 年版,第 432 页。
② 沈从文:《喜新晴》,《沈从文全集》第 15 卷,北岳文艺出版社 2002 年版,第 448 页。
③ 沈从文:《双溪大雪·跋二》,《沈从文全集》第 15 卷,北岳文艺出版社 2002 年版,第 460—461 页。

文诗歌创作的动机、特点。搜集民间歌谣,源于沈从文观察北京大学发起的歌谣征集运动及其影响,其故乡具有丰富的歌谣资源,有表弟等战友帮忙搜集;当其小说、散文创作尚未获得文坛认可时,他将歌谣作为闯入文坛的途径之一。他的白话诗创作,一方面受激于故乡歌谣和青春期爱情冲动,有扎实丰厚的语言积累,且掌握有熟练的技法与结构;这方面,在1962年1月28日《复张兆和》的信中,他对写好白话诗有充分的自信:"过些日子或许还可为你写几首真正有新意的白话诗看看。"另一方面受白话诗创作已获社会认可的影响,以诗歌形式抒发自我对人生、爱情、社会等对象的认知及困惑之情。这些诗歌,"使一个爱欲的幻想,容纳到柔和轻盈的节奏中,写成了这样优美的诗,是同时一般诗人所没有的"。①虽然在艺术成就上,其白话诗尚未抵达徐志摩那样的高度,但其特色是一致的。至于60年代开始的旧体诗创作,则源于沈从文对时人利用旧体诗状况的不满,他认为:"现在因为看人到处题诗,都极俗气的堆名词,情、理、境三不高。……旧诗未尝不可写得极有感情,有气魄,而又不必借助于一些刺激性名辞。"② 可见,对题诗者"俗气的堆名词",那些诗"情、理、境三不高"等状况的厌恶,是沈从文创作旧体诗的基本动机。他认为不使用"刺激性名辞",也能写出"有感情,有气魄"的好诗,应该承认,在其部分诗歌如《白玉兰花引》等得以落实了;然而,他的相当一部分旧体诗依然存在着嵌入政治口号等"刺激性名辞"的弊端。

  从近代以来中国诗歌发展的轨迹考察沈从文的诗歌创作,则可以发现其歌谣搜集与整理、白话诗和旧体诗创作等行为几乎是近现代诗歌发展的缩影。从黄遵宪新派诗对广东民歌的借用与民间语言的引入,到梁

---

① 沈从文:《论徐志摩的诗》,《沈从文全集》第16卷,北岳文艺出版社2002年版,第100页。
② 沈从文:《有关诗作的三封信》,《沈从文全集》第15卷,北岳文艺出版社2002年版,第279—280页。

启超的"诗界革命"倡导俚语俗语入诗,再到胡适等人倡导白话诗创作,种种理念皆可从沈从文的诗歌活动中找到。如果联系宋诗派以文入诗的传统,则沈从文旧体诗写作中那些似乎散乱的长句式、口语中语气词的恰当使用等,则可视为其接受传统诗歌的潜在影响。当这些或显或隐的诗歌传统总汇于沈从文创作中时,沈从文诗歌创作的价值就凸显出来了。综观现代诗人,没有谁能够像他那样汲取种种诗歌传统、融会到自我创作中;没有哪位诗人能够像他那样有意无意进行着如此多维的诗歌创作实验。这种标本式的诗人及其创作长期不被重视——沈从文在绝大多数研究者视野里,是成功的小说家和杰出的散文家,恰恰是现代诗歌研究的缺憾。

研读沈从文的诗歌创作,可以看到一个独特的作家思想嬗变轨迹,即从疏离政治、不懂政治到接受政治教育、歌颂政治行为,这是创作主体不愿意改变,却不得不改变的过程。作为研究者,我们可以客观、冷静分析之,却永远无法完全体味蕴含其中的痛苦。依此分析沈从文的嬗变与时代的关系,则更能体会到1949年沈从文精神压力为何那么巨大,也能够理解沈从文诗歌创作中凸显出的游移于自我与时代之间的复杂心态,进而拓展思路,剖析沈从文主体意识建构的艰难,以及在现实挤压下主体意识的扭曲、变形是如何干预其思维、制约其创作的。若思辨至此,或许对沈从文的认知,会更接近真实。

第六章 沈从文的文学批评与"京派""海派"之争

沈从文没有接受过系统的文学理论教育,没有建构起自己的理论体系,但是,在长期的文学创作和文学批评过程中,他逐渐确立了自己的文学观,对小说、诗歌、散文、评论等有了独特的认知与阐释。如果将其进行客观、科学的梳理,不仅为阐释其文学创作确立理想的视角,亦为理解他为何挑起京、海派之争以及在争论中所持观点找到了合适的突破口。通过这两个层面的剖析,我们即可透视沈从文京派领袖地位的确立,解析京派小说创作的风貌,从而在更广阔的视野里,解析沈从文的文学价值。

一 沈从文的文学批评

沈从文对文学的理解源于其文学实践,包括对民间歌谣的搜集、对自我创作经验的总结。当然,也不排除教学过程中,他接受的中国传统文论以及西方文学理论的影响。这些观点,散见于其散文、序跋和文学评论中。细心研读这些文本,可以发现既有对文学创作规律的整体认知,也有对具体问题的细致阐释。通过这些理论,我们既可认知其文学创作的内在动力,也能解读其文学创作的多重内蕴。

沈从文是有文学创作雄心的,1942年,他对大哥说:"《长河》……《小砦》……写成十个时,我将取个总名,为《十城记》。……身体好,我还得写个二十年看看!"① 尽管没有实现这一宏伟目标,但是,雄心的萌生是有缘故的,这就是他对文学有自己的整体认知。提起沈从文的文学主张,学界最常见的观点就是表现"人性"。沈从文自己说过:"这世界上或有想在沙基或水面上建造崇楼杰阁的人,那可不是我。我只想造希腊小庙。选山地作基础,用坚硬石头堆砌它。精致,结实,匀称,形体虽小而不纤巧,是我理想的建筑。这神庙供奉的是'人性'。"② 重视这段话的人们,忽视了沈从文紧随后面的观点:"我要表现的本是一种'人生的形式',一种'优美,健康,自然,而又不悖乎人性的人生形式'。我主意不在领导读者去桃源旅行,却想借重桃源上行七百里路酉水流域一个小城小市中几个愚夫俗子,被一件人事牵连在一处时,各人应有的一分哀乐,为人类'爱'字作一度恰如其分的说明。"③ 也就是说,沈从文表现对象是"人生形式",而非"人性";所有的"人性"内蕴的展示,均归趋于"人生形式"。为了涵括内涵丰厚的"人生形式",沈从文以"神话"进入其对文学的阐释。20世纪30—40年代,沈从文不断发声,将文学与中国神话联系起来分析,强调中国的文学创作应该侧重表现人的原始蛮野生命力和"童心",以这种朴素的审美替代道德判断,进而重新写作"神话"。1930年,上海暨南大学出版社出版的他与孙俍工合著的《中国小说史》中这样论述庄子:"庄子把自然神话加以夸张的描画,是为解释他自己的一种哲学,解释他自己一种人生观。他的人生观是人当超于物外从抽象中找出结论。"④ 肯定庄子从

---

① 沈从文:《致沈云麓》,《沈从文全集》第18卷,北岳文艺出版社2002年版,第402页。
② 沈从文:《习作选集代序》,《沈从文全集》第9卷,北岳文艺出版社2002年版,第2页。
③ 沈从文:《习作选集代序》,《沈从文全集》第9卷,北岳文艺出版社2002年版,第5页。
④ 沈从文:《中国小说史》,《沈从文全集》第16卷,北岳文艺出版社2002年版,第49页。

神话中建构自己的人生观，强调其人生观是从抽象中找出结论，实际上是肯定文学创作中抽象概括能力的重要性。这种能力为何要取自神话？因为神话中蕴含着人类最初的审美、认知特征，具有文明童年时期的天真。因此，1934年7月5日《人间世》第7期刊登的《孙大雨》一文中曰："十九世纪末年，煤烟遮隔了人与上帝的关系，艺术家把服侍上帝的虔诚，转而来阿谀人类中的自己。……一切作品皆带了离经叛道的精神，失去了宗教情绪所培养的温润，柔和，而注入人的气息——原始人的野蛮朴素精悍雄强的气息！作风为多力，狂放，骄傲，天真。"①此文结合西方文艺发展的背景，论述了孙大雨作品的狂野、原始之美，也是对自己创作中所表现的湘西人原始生命力的赞许。同时，他一直强调"童心"对于文学创作的重要性，直到1946年11月24日在天津《益世报·文学周刊》发表《青色魇》时依然认为："所有故事都从同一个土壤中培养生长，这土壤别名'童心'。一个民族缺少童心时，即无宗教信仰，无文学艺术，无科学思想，无燃烧情感，实证真理的勇气和诚心。童心在人类生命中消失时，一切意义即全部失去意义。"②带着童心建构的神话，还没有被后世设置的道德规范所污染，因而以朴素的审美为主。沈从文推崇这种态度，在《水云》中说："文学艺术只有美与不美，不能说真和不真，道德的成见，更无从羼杂其间。""不管是故事还是人生，一切都应当美一些！丑的东西虽不是罪恶，总不能令人愉快。""美丽总使人忧愁，可是还受用。"③文学创作是审美活动，任何带给人丑恶感的东西都不应该进入审美视野；那份带着忧伤的情绪体验，恰恰是创作主体最"受用"的美感。唯其如此，1946年9月，他在《北平的印象和感想》中仍然呼吁："我们似乎需要'人'来重新

---

① 沈从文：《孙大雨》，《沈从文全集》第12卷，北岳文艺出版社2002年版，第193页。
② 沈从文：《青色魇》，《沈从文全集》第12卷，北岳文艺出版社2002年版，第180页。
③ 沈从文：《水云》，《沈从文全集》第12卷，北岳文艺出版社2002年版，第107页。

写作'神话'。这神话不仅综合过去人类的抒情幻想与梦，加以现世成分重新处理。应当是综合过去人类求生的经验，以及人类对于人的认识，为未来有所安排。"① 希望有真正具有人本意识的"人"出现，创作涵盖人类过去、现在、未来的新神话。这是沈从文对中国作家的期待，也是他对自己的期许。遗憾的是因为形势巨变，他还没有来得及尝试，便被现实裹挟着踉跄前行，差点完全崩溃。那"神话"，自然永远成为其憧憬了。

拒斥现代社会规则和道德，赞许凸显人类质朴、童真内涵的"神话"意识是沈从文文学理论的总概括。在不同时期的文章中，他还分别论述了文学创作的问题。具体可分为：其一，文学创作应该追求全面、深刻。《新文学研究》所收文章，均为1930年在中国公学讲课时的内容。其中《论汪静之的〈蕙的风〉》认为："他不但为同一时代的青年人，写到对于女人由生理方面感到的惊讶神秘，要求冒险的失望的一面，也同时把欢悦的奇迹的一面写出了。"② 肯定汪静之写出了恋爱中青年人心理的多重内涵，而非像当时攻击《蕙的风》者那样看重其对传统道德的冲击。在比较冯文炳与自己的创作风格时，也是从反映对象的全面与否考察的："同样去努力为仿佛我们世界以外那一个被人疏忽遗忘的世界，加以详细的注解，使人有对于那另一世界憧憬以外的认识，冯文炳君只按照自己的兴味做了一部分所喜欢的事。使社会的每一面，每一棱，皆有一机会在作者笔下写出，是《雨后》作者的兴味与成就。"③ 冯文炳尊重客观存在，呈现自己感兴趣的部分；沈从文凸显自我认知，将自己意识到的每一个方面都尽可能展示出来，看重对表现

---

① 沈从文：《北平的印象和感想》，《沈从文全集》第12卷，北岳文艺出版社2002年版，第284页。

② 沈从文：《论汪静之的〈蕙的风〉》，《沈从文全集》第16卷，北岳文艺出版社2002年版，第87页。

③ 沈从文：《论冯文炳》，《沈从文全集》第16卷，北岳文艺出版社2002年版，第150页。

对象的全面反映。在评价其他现代作家时，也体现出这一特点："依我看，是郭沫若郁达夫都不行的，鲁迅则近来不写，冰心则永远写不出家庭亲子爱以外。"① 指出别人的不足，凸显自己的目标，即题材、内容不要过于狭窄。

沈从文对于文学创作写什么和怎么写是有深刻理解的。以小说为例，1940年8月15日发表在《战国策》上的《小说作者和读者》中，他说："个人只把小说看成是'用文字很恰当记录下来的人事'，这定义说它简单也并不十分简单。因为既然是人事，就容许包含了两个部分：一是社会现象，即是说人与人相互之间的种种关系；二是梦的现象，即是说人的心或意识的单独种种活动。单是第一部分不大够，它太容易成为日常报纸记事。单是第二部分也不够，它又容易成为诗歌。必需把'现实'和'梦'两种成分相混合，用语言文字来好好装饰、剪裁，处理得极其恰当，方可望成为一个小说。"没有高深的语言，确立的目标却不低——将社会现象和梦相结合，才能够写作小说；当然不是随意组合，而是"恰当"地结合。"这恰当意义，在使用文字的量与质上，就容许不必怕数量的浪费，也不必对于辞藻过分吝啬。故事内容发展呢，无所谓'真'，也无所谓'伪'，要的只是恰当。全篇分配要恰当，描写分析要恰当，甚至于一句话一个字，也要它在可能情况下用得不多不少，妥帖恰当。文字作品上的真美善条件，便完全从这种恰当产生。"② 从全篇布局到描写分析，再到语言文字运用，都要恰当。沈从文的用语并不科学，"恰当"是一个相对模糊的语言，似乎有外在的章法逻辑、语法规范判断之，实际上更多是作家与读者的感觉。那么，一部作品到什么程度算是好作品呢？"我以为一个作品的恰当与否，必需

---

① 沈从文：《复王际真》，《沈从文全集》第18卷，北岳文艺出版社2002年版，第39页。
② 沈从文：《小说作者和读者》，《沈从文全集》第12卷，北岳文艺出版社2002年版，第65—66页。

以'人性'作为准则。是用在时间和空间两方面都'共通处多差别处少'的共通人性作为准则。……所以说到恰当问题求其所以恰当时,我们好像就必然要归纳成为两个条件:一是作者对于语言文字的性能,必需具有敏锐的感受性,具有高强手腕来表现它。二是作者对于人的情感反应的同差性,必需有深切的理解力,且对人的特殊与类型能明白刻画。"① "我们得承认,一个好作品照例会使人觉得在真美感觉以外,还有一种引人'向善'的力量。我说的向善,……我指的是这个读者从作品中接触了另外一种人生,从这种人生景象中有所启示。对人生或生命能作更深一层的理解。"② 至此,沈从文提出了自己的判断标准,即能否表现出"人性"内蕴、能否以"深刻的理解力"通过作品展示出"向善"的力量,从而引导读者"对人生或生命能作更深一层的理解"。显然,这是一个相当深刻、不易实现的目标。在"主义"流行、政治思潮干预创作的时代,沈从文提出这样的主张,既体现出湘西人的倔强,也凸显出其对文学的独特思考。

其二,文学创作是需要独立意识的行为。沈从文创作之初,虽然是被新文化运动吸引到北京来的,他对新文学作家并不盲从,其早期小说《白丁》就凸显出他对新文学的态度。文学讲师讽刺"郑什么简直胡闹"、怀念"当年琴翁"的东西,显然影射郑振铎的翻译、林纾的古文;讥讽冰心的新诗、嘲笑郁达夫的诗酒人生,认为"都是胡适之作孽,你看他那些诗成什么"。认为胡适这样做,就是为了"做官,享名,得利",并猜想其"吃大烟"!小说最后,"他"念着:"上帝啊?何时才把这些虫豸们收去?"③ 可见,他对完全否定传统文化、为名利

---

① 沈从文:《小说作者和读者》,《沈从文全集》第 12 卷,北岳文艺出版社 2002 年版,第 68 页。
② 沈从文:《小说作者和读者》,《沈从文全集》第 12 卷,北岳文艺出版社 2002 年版,第 66 页。
③ 沈从文:《白丁》,《沈从文全集》第 1 卷,北岳文艺出版社 2002 年版,第 387—388 页。

而创作的行为持否定态度。1928年在《杂谈 六》中说："我自己作我的小说，我并未梦到过我有一次卖给谁。我是我自己所有，我的思想也只是经验给我的。也不会为任何人用一点钱就可以买到。""我的工作只是我想把自己思想感情凭了文字来给异地异时人与人心的沟通的一个机会。"① 强调小说创作是自我经验的升华，是与人沟通思想的机会，而非为特定人员或为金钱而写，实为凸显小说创作的独立性。同年，在《阿丽思中国游记（第二卷）·序》中，他表明文学创作就是个人抒写："我为了把文学当成一种个人抒写，不拘于主义，时代，与事物论理的东西，故在通常标准与规则外，写成了几本书。"② 1936年，作《习作选集代序》曰："一切作品都需要个性，都必须浸透作者人格和感情，想达到这个目的，写作时要独断，要彻底地独断！（文学在这时代虽不免被当做商品之一种，便是商品，也有精粗，且即在同一物品上，制作者还可匠心独运，不落窠臼，社会上流行的风格，流行的款式，尽可置之不问。）"③ 为了彰显个性，不惜彻底独断，凸显沈从文对文学创作中个性存在的看重。后世学者认为文学创作需要经历、感觉和表述，"感觉之后，还必须表述出来，要找到个性化的方式，属于自己的方式，而且要把自己的方式推向极致，才不会平庸，才能走出自己的路来"。④ 同样强调文学创作中要保护个性，所谓"推向极致"，亦即以不容置疑的"专断"态度坚持自我认知，维护创作主体对世界、事物、人生等的认识与表述方式。

将个人抒写标榜出来，实际上是张扬个性，而个性的张扬不仅是时代的需要，更需要创作主体的自由。初步具有现代意识的沈从

---

① 沈从文：《杂谈·六》，《沈从文全集》第14卷，北岳文艺出版社2002年版，第26—27页。
② 沈从文：《阿丽思中国游记（第二卷）·序》，《沈从文全集》第3卷，北岳文艺出版社2002年版，第145页。
③ 沈从文：《习作选集代序》，《沈从文全集》第9卷，北岳文艺出版社2002年版，第2页。
④ 刘再复：《两度人生——刘再复自述》，河南文艺出版社2016年版，第85页。

文特别看重创作中的自由,反对来自任何方向的外来干涉:"文学是用生活作为根据,凭想象生着翅膀飞到另一世界里去一件事情,它不缺少最宽泛的自由,能容许感情到一切现象上去散步。什么人他愿意飞到过去的世界里休息,什么人他愿意飞到未来的世界里休息,还有什么人,又愿意安顿到目前的世界里:他不必为一个时代的趣味,拘束到他的行动。""文学方向的自由,正如职业的选择自由一样,在任何拘束里在我都觉得无从忍受。但我却承认每一个作家,都可以走他自己以为是正当的途径,假若这方面不缺少冲突,那解决它,证明它的东西,还是他的作品。"① 显然,沈从文强调自由对于创作的重要性,并认为衡量作家自主与否的标准是作品。概言之,不接受时代拘束,不能忍受不自由的创作环境,是沈从文从事文学创作几十年却从不加入任何团体的原因,尽管审美趣味方面可能与某些流派趋同。

怀着这份独立意识,他批评文坛不良倾向,倡导作家创作应具有"独立识见",甚至连妻子张兆和的善意提醒也被他认为是无意义的干预。1933年10月18日《大公报·文艺副刊》第8期刊载其《作家间需要一种新运动》,论及文坛现象时这样判定:"说得诚实一点,却是一般作者都不大长进,因为缺少独立识见,只知追逐时髦,所以在作品上把自己完全失去了。""作者需要有一种觉悟,明白如果希望作品成为经典,就不宜将它媚悦流俗,一切伟大作品都有它的特点或个性,努力来创造这个特点或个性,是作者的责任和权利。"② 如果没有自己的见解,只是人云亦云、追随时髦,就很难写出有个性的作品来;作家若想使其作品成为经典,就必须凸显出特点或个性来。在左翼文学思潮占

---

① 沈从文:《记胡也频》,《沈从文全集》第12卷,北岳文艺出版社2002年版,第31、43页。

② 沈从文:《作家间需要一种新运动》,《沈从文全集》第17卷,北岳文艺出版社2002年版,第101、107页。

据主流的20世纪30年代,如此张扬个性、强调独立的主张的确不多,但是,沈从文一如既往地坚持着。1934年1月1日《大公报·文艺副刊》第30期刊载其《元旦日致〈文艺〉读者》强调:"一个具有独立思想的作家,能够追究这个民族一切症结的所在,并弄明白了这个民族人生观上的虚浮,懦弱,迷信,懒惰,由于历史所发生的坏影响,我们已经受了什么报应,若此后再糊涂愚昧下去,又必然还有什么悲惨场面;他又能理解在文学方面,为这个民族自存努力上,能够尽些什么力,且应当如何去尽力。"① 此段文字道出了沈从文认定的独立思想者应该做的事情——反思国民劣根性,反思历史,为民族未来出力。直到1948年,在《致张兆和》的信中,他依然诚恳地告诉妻子:"你可不明白,我一定要单独时,才会把你一切加以消化,成为一种信仰,一种人格,一种力量!至于在一处,你的命令可把我头脑弄昏了,近来命令稍多,真的圣母可是沉默的!"② 在私密空间的交流中,沈从文明确表示自己独处时才能够思考对方;一旦被对方左右时便陷入头脑昏昏、无所适从的窘迫状态,哪怕是爱的力量也不行。他认为伟大的爱是沉默的,是给对方以独立、自由的。这,既是其情爱观的转移,也是其文学观的表达。

独立意识不是外来文化或社会规则强加给作家的,其生成需要作家的独立而深刻的思考。以其散文代表作《湘行散记》的创作为例,沈从文多次谈到隐含在行文间的沉痛隐忧和孤独悲哀。在《〈湘行散记〉序》中,他说:"这个小册子……内中写的尽管只是沅水流域各个水码头及一只小船上纤夫水手等等琐细平凡人事得失哀乐,其实对于他们的过去和当前,都怀着不易形诸笔墨的沉痛和隐忧,预感到他们明天的命

---

① 沈从文:《元旦日致〈文艺〉读者》,《沈从文全集》第17卷,北岳文艺出版社2002年版,第204—205页。
② 沈从文:《致张兆和》,《沈从文全集》第18卷,北岳文艺出版社2002年版,第497页。

运——即这么一种平凡卑微的生活,也不容易维持下去,终将受一种来自外部另一方面的巨大势能所摧毁。"① 生活其间的湘西人尚未意识到前途将要面临的危机,还麻木地继续着与祖祖辈辈相似的生存状态,返乡的沈从文却敏锐地感觉到并为之深深担忧。40 多年后,在为英译本《湘行散记》写序的 1981 年 9 月,沈从文再次写道:"是这四个性质不同、时间背景不同,写作情绪也不大相同的散文,却像有个共同特征贯穿其间,即作品一例浸透了一种'乡土性抒情诗'气氛,而带着一分淡淡的孤独悲哀,仿佛所接触到的种种,常具有一种'悲悯'感。……我到北京城将近六十年,生命已濒于衰老迟暮,情绪却始终若停顿在一种婴儿状态中。……或许正如朱光潜先生给我作的新语,说我是个喜欢朋友的热情人,可是在深心里,却是一个孤独者。"② 带着悲悯情怀,透视湘西人的生存状态,这是只有走出湘西且接受了新的文化内蕴者才会有的独立思考。因为人微言轻,湘西人的前途也尚未明朗,所以作者即便是感觉到了,也没法明确描述或归纳出来,只能成为潜意识里隐隐存在的忧虑;因为能够看到这种隐忧者太少,愿意改变现状者更少,所以沈从文是一个孤独者。

悲悯情怀的建构不是高唱几声人道主义就可以了,而是需要对表现对象有深切的同情,有深入的理解,这样,你才会懂得其表面行为与内心思想的差距,才能够在同情、理解的基础上形成自己的思想。"一个作家必需使思想澄清,观察一切体会一切方不至于十分差误。他要'生活',那只是要'懂'生活,不是单纯的生活。他需要有个脑子,单是脊髓可不成。更值得注意处,是应当极力避去文字表面的热情。我的意见不是反对作品热情,我想告你的是自己写作时用不着多大兴奋。神圣

---

① 沈从文:《〈湘行散记〉序》,《沈从文全集》第 16 卷,北岳文艺出版社 2002 年版,第 390 页。
② 沈从文:《〈湘行散记〉序》,《沈从文全集》第 16 卷,北岳文艺出版社 2002 年版,第 394 页。

伟大的悲哀不一定有一摊血一把眼泪,一个聪明作家写人类痛苦是用微笑表现的。"① 沈从文懂得现实生活与作家表现的生活之间的区别,并不将其混为一谈,所以他提出表现现实生活中的血和泪时并不需要以血泪写之,能够以平淡的语调将生活的残酷描述出来的作品,才是好小说。当我们阅读《边城》《菜园》《丈夫》《萧萧》《柏子》等表现湘西人生存现实的小说时,不是都能够感受到沈从文从思想出发所营造的蕴藉有致的艺术韵味吗?也正是对自我思想的坚持,使其在 20 世纪 40 年代末陷入困境。时代风云急剧变化,一向不赶时髦的沈从文意识到了自己的落伍,也明白属于自己的创作岁月即将结束。1948 年 12 月 7 日,在《致吉六——给一个写文章的青年》的信中,他说出了自己的预感:"一切终得变。从大处看发展,中国行将进入一个崭新时代,则无可怀疑。……人近中年,情绪凝固,又或因性情内向,缺少社交适应能力,用笔方式,二十年三十年统统由一个'思'字出发,此时却必需用'信'字起步,或不容易扭转,过不多久,即未被迫搁笔,亦终得把笔搁下。这是我们一代若干人必然结果。"② 意识到仅仅靠思想引导文学创作的时代即将过去,却不愿意追随信仰的号角前行,宁愿"搁笔"也不愿改变,恰恰凸显出沈从文对创作中思想渗入重要性的坚守,也是其独立意识的坚持。

其三,沈从文认为文学创作是充满爱心的从容的活动。一个作家,如果没有对生活其中的世界的关爱,没有对笔下人物的真挚情感,是很难进入表现对象内部进行描绘的;只有将满腔温情注入文本中的事事物物、各色人物中去,才可能写出内蕴深厚的作品来。同时,文学创作是需要作家对所表现对象进行长期观察、充满理解并凝练出独特思想后才能够表现出来的,这是一个相对从容的过程。任何为了生存需求或集团

---

① 沈从文:《给一个写诗的》,《沈从文全集》第 17 卷,北岳文艺出版社 2002 年版,第 185—186 页。
② 沈从文:《致吉六——给一个写文章的青年》,《沈从文全集》第 18 卷,北岳文艺出版社 2002 年版,第 519 页。

利益而匆促进行的写作，包括其早年为了谋生而赶出来的文字，沈从文认为都是不可取的。1950 年，沈从文追忆自己悲悯情怀的形成原因时，给布德写信说："有一次在芷江县怀化镇，一个小小村子里，在一个桥头，看到一对兵士押了两挑担子，有一担是个十二岁小孩挑的，原来是他自己父母的头颅，被那些游兵团队押送到军营里去！因这印象而发展，影响到我一生的用笔，对人生的悲悯，强者欺弱者的悲悯，因之笔下充满了对人的爱，和对自然的爱。""这种悲悯的爱和一点欢喜读《旧约》的关联，'牺牲一己，成全一切，'因之成为我意识形态一部分。"① 因看到人世间的不平而引发其悲悯情怀，且受《旧约》中自我牺牲意识影响，对人、对自然充满爱。这段追忆文字与 1934 年他在《边城·题记》中所论相结合，可以更完整地体悟其情怀："对于农人与兵士，怀了不可言说的温爱，这点感情在我一切作品中，随处都可以看出。……因为他们是正直的，诚实的，生活有些方面极其伟大，有些方面又极其平凡，性情有些方面极其美丽，有些方面又极其琐碎，——我动手写他们时，为了使其更有人性，更近人情，自然便老老实实的写下去。"② 这种"温爱"，不是廉价的人道主义，亦非纯粹的基督精神，而是生成于"小乡城文化"熏陶、对人类存在具有深刻同情与理解基础之上的博爱情怀。因此，他对自己创作的表现温爱内蕴的小说充满自信。如《阿黑小史·序》所说："或者还有人，厌倦了热闹城市，厌倦了眼泪与血，厌倦了体面绅士的古典主义，厌倦了假扮志士的革命文学，这样人，可以读我这本书，能得到一点趣味。我心想这样人大致总还有。"③ 相信作品有知音，相信"温爱"能够温暖读者，此意识构成其创作内动力，也是评价他人创作水平的标准。1952 年，他曾写信跟

---

① 沈从文：《致布德》，《沈从文全集》第 19 卷，北岳文艺出版社 2002 年版，第 68 页。
② 沈从文：《边城·题记》，《沈从文全集》第 8 卷，北岳文艺出版社 2002 年版，第 57 页。
③ 沈从文：《阿黑小史·序》，《沈从文全集》第 7 卷，北岳文艺出版社 2002 年版，第 231 页。

张兆和与两个儿子,讨论司马迁所写《史记》的艺术成就:"年表诸书说是事功,可因掌握材料而完成。列传却需要作者生命中一些特别东西。我们说得粗些,即必由痛苦方能成熟积聚的情——这个情即深入的体会,深至的爱,以及透过事功以上的理解与认识。因之用三五百字写一个人,反映的却是作者和传中人两种人格的契合与统一。"① 他认为,没有深入体会捕获的情感,没有"深至的爱"和对事功以上的理解,司马迁就不能写出那么多流芳百世的列传;没有"作者和传中人两种人格的契合与统一",也不可能用几百个字就写活一个人。爱与情,是文学创作成功的关键!

"温爱"不是惊天动地、轰轰烈烈的惊世情感,其表现也应该是从容、舒缓、充满情调的。当人们惊叹《边城》等表现湘西题材的小说充满"牧歌情调"时,实际上捕获的就是这份从容。沈从文对此深有体会,《〈看虹摘星录〉后记》云:"美丽总令人忧愁,然而还受用。""这其间没有乡愿的'教训',没有腐儒的'思想',有的只是一点属于人性的真诚情感,浸透了矜持的忧郁和轻微疯狂,由此而发生种种冲突,这冲突表面平静内部却十分激烈,因之装饰人性的礼貌与文雅,和平或蕴藉,即如何在冲突中松弛其束缚,逐渐失去平衡,必在完全失去平衡之后,方可望重新得到平衡。时间流注,生命亦随之而动与变,作者与书中角色,二而一,或在想象的继续中,或在事件的继续中,由极端纷乱终于得到完全宁静。"② 文学创作是美丽而充满忧愁的活动,关键是让创作者很"受用"。为何?因为它突进人物内心深处,抓住人性的冲突与平衡组织情节,缓解文化冲突在内心引发的矛盾;可以以"人性的礼貌与文雅"掩饰内心的激烈冲突,消解紧张,

---

① 沈从文:《致张兆和、沈龙朱、沈虎雏》,《沈从文全集》第19卷,北岳文艺出版社2002年版,第319页。
② 沈从文:《〈看虹摘星录〉后记》,《沈从文全集》第16卷,北岳文艺出版社2002年版,第343—344页。

使人情绪渐趋平衡，并最终归于"完全宁静"。这是一个审美构成，也是作家消解外部世界的刺激，调整内部情绪，进入从容创作的过程。沈从文一生看重创作心态的从容，1961 年，他对张兆和说："因为屠（屠格涅夫）在背景描写上加工，有长处。写人分析较少，让人从谈话中见性格，见思想，方法上还是有长处，比托（托尔斯泰）时时用解释方法分析情感，倒是屠的方法比较自然。……难的不是无可写的人，无可写的事，难的是如何得到一种较从容自由的心情，来组织故事，进行写作。难的是有一个写作环境，成熟生命还是可以好好使用几年的。"①比较两位俄罗斯文豪的差异，强调写作环境和创作心情的重要性。早年漂泊京沪期间，为了生存而匆匆写作时，他多次给好友倾诉被生活所逼的无奈："可惜的是生活总不许我在写文章时多凝想一下，写成后又缺少修改的暇裕，所以写纵是写，好是不容易的，……若果机会许可我从从容容写文章又从从容容改，我一定做得出点比目下还好的文章来。"② 期待有一天能够"从从容容写文章又从从容容改"，一定能写出更好的作品来。这是对创作环境的期许，也是渴望有类似创作《边城》时那种澄澈宁静的心态，实际情况如何呢？"中国文学的兴味与主张，是一万元或一个市侩所支配，却不是一个作家支配的，读者永远相信书店中人的谎话，永远相信先生老师者流的谎话，我同这些有力量抬高我的人是完全合不来的，所以我看得出我未来的命运。"信中充满对文坛的不满和对世俗力量的谴责，也有对自我的调侃："我或者可以有一时聪明起来，写得出一部永远存在的著作，可是使我对于钱发生一些责任，这一定永远做不到！"③ 甚至对自己的作品产生了厌恶感："我又印出了两本书。际真，这怎么办？我讨厌极了我的文章，见到新书同报纸上广告就非常

---

① 沈从文：《致张兆和》，《沈从文全集》第 21 卷，北岳文艺出版社 2002 年版，第 14 页。
② 沈从文：《复王际真》，《沈从文全集》第 18 卷，北岳文艺出版社 2002 年版，第 42 页。
③ 沈从文：《致王际真——住到上海不动了》，《沈从文全集》第 18 卷，北岳文艺出版社 2002 年版，第 127、129 页。

生气。"① 1931 年的沈从文，还要靠出版作品养活自己和家人。两本书的出版，能够带来收入，本来应该高兴的，他却"厌恶极了""非常生气"，原因就在于这些都是匆匆而就的谋生产品，而非从从容容写出的艺术精品。由此可以反观沈从文对充满爱心的创作心态与从容淡定的创作环境的追求。

其四，文学创作是人格与环境和谐统一的活动。作家的人格构成，受情绪影响而产生波动，其结果被称为情感；其情绪的产生，则与所处环境密切相关。沈从文强调情绪对于文学创作具有重要价值，创作乃"情绪的体操"。《情绪的体操》认为："我文章并无何等哲学，不过是一堆习作，一种'情绪的体操'罢了。是的，这是一种体操，属于精神或情感那方面的。一种使情感'成为渊潭，平铺成为湖泊'的体操，一种'扭曲文字试验它的韧性，重摔文字试验它的硬性'的体操。"② 这是对情感与写作关系的认知，也是对语言与创作关系的直觉理解。既然如此，作家就应该注意所写人物情绪的差异。《给一个读者》认为："每个军人上战场时感情皆不相同，作家从这方面应学的，是每一件事各以身分性别而产生的差别。简单说来就是'求差'。应明白每种人为义利所激发的情感如何各不相同。……好作品照例使读者看来很对，很近人情，很合式。"③ 不仅作品中人物的情绪需要关注，作者的写作活动对于其情绪调节也很重要，故评论作品亦需考虑作者情绪："我们若透过这些作品的表面形式，从更深处加以注意，便自然会理解作者那点为人生而痛苦的情形。这痛苦可说是惟有写作，方能消除。"④ 可见，

---

① 沈从文：《致王际真——住到上海不动了》，《沈从文全集》第 18 卷，北岳文艺出版社 2002 年版，第 144 页。

② 沈从文：《情绪的体操》，《沈从文全集》第 17 卷，北岳文艺出版社 2002 年版，第 216 页。

③ 沈从文：《给一个读者》，《沈从文全集》第 17 卷，北岳文艺出版社 2002 年版，第 227 页。

④ 沈从文：《小说作者与读者》，《沈从文全集》第 12 卷，北岳文艺出版社 2002 年版，第 72 页。

在沈从文的认知中，情绪是贯穿于创作全过程的要素。

既然情绪如此重要，而左右情绪的要素之一是人格，人格的形成与环境有关。沈从文的人格是怎样的环境熏陶而成的呢？他多次行文描述自己与水的关系，可以看出水性的柔韧温婉、蕴藉深沉，水势的顺其自然、不事雕琢等，对其人格及创作皆有巨大影响。1934年，在《我的写作与水的关系》中，他总结道："故事中我所最满意的文章，常用船上水上作为背影，我故事中人物的性格，全为我在水边船上所见到的人物性格。我文字中一点忧郁气分，便因为被过去十五年前南方的阴雨天气影响而来，我文字风格，假若还有些值得注意处，那只因为我记得水上人的言语太多了。"① 叙事背景、人物性格、自己的文字风格等，均与水有缘。1947年，他撰写《一个传奇的本事》，再次叙说创作与水的关系："水和我的生命不可分，教育不可分，作品倾向不可分。……三十年来水永远是我的良师，是我的诤友。""德性为兼容并包，柔弱中有强韧，从表面看，极容易范围，其实则无坚不摧。水教给我粘合卑微人生的平凡哀乐，并作横海扬帆的美梦，刺激我对于工作永远的渴望，以及超越普通个人功利得失，追求理想的热忱洋溢。我一切作品的背景，都少不了水。"② 这次综述，将水对于自我的价值提升到人生动力、生命哲学的高度，并强调所有创作的背景都离不开水。如此反复言说，自然不容忽视其内蕴。就写作而言，我们还应该注意到现代文学作家中，很少有人像沈从文这样强调自然环境与写作的关系，那是因为他们没有像沈从文这样生长在重视自然的"小乡城文化"环境中，没有明确意识到创作心态的宁静澄澈与文本内在节奏的舒缓绵延是相互依存的关系。于此，可以看出从创作实践积淀而出

---

① 沈从文：《我的写作与水的关系》，《沈从文全集》第17卷，北岳文艺出版社2002年版，第209页。

② 沈从文：《一个传奇的本事》，《沈从文全集》第12卷，北岳文艺出版社2002年版，第215、218页。

的沈从文的文学理论，显然与学院派引进西方的可能更加系统的理论不同。

认同水性，性随自然，对那些过分人为、有违天性的现象，沈从文便嗤之以鼻，甚至撰文批评。他不仅批评上海女孩因为人为打扮过度早熟，也多次批评梅兰芳演出时的做作虚假。1947年4月26日《致张兆和》曰："这里有个极令人奇怪现象，是女孩子一到十四五岁，就像被烘烤逼熟的，把成婚后的女人烫发穿衣全学会了。可能这种人又已经十七八岁了，总长不起来，和不健康的花一样，到了时候，勉强开放了。电车上到处可见这种人。另一种是新摩登，也多是个子小小的，总给人一种淫欲过度感。"① 1956年在长沙，他在《致张兆和》的信中批评梅兰芳的演出："梅兰芳六十岁犹上台装女孩子，有人在报上称赞宇宙疯装疯之妙，又说什么内心活动，出神入化，我一点不懂，今晚却有可能去看他的宇宙疯，岂不是奇闻巧事？""昨晚上还被邀去看梅兰芳《贵妃醉酒》，在一丈内看他作种种媚态，……梅兰芳谢幕时还作女孩子嗲态，以手捧心。……十点即散场，回来还是相当累，大致晚上看乒乓乒乓大锣大鼓的热闹，还是主动取消了好。特别是《贵妃醉酒》，毫无唐代空气，于是更加累人。"② 沈从文既反感其老年男性扮演少女的不自然，也对其内容不符合唐代史实不满，对那些盲目崇拜、吹捧梅兰芳者也进行了讽刺。由此可知，只要有违自然，无论是怎样的权威，也不管是不是熟人，沈从文均毫不客气批评之，足见其对自然水性的认同。观其人生，无论遭遇如何坎坷，始终不放弃，凸显的是韧性；察其作品，则最成功的人物类型是柏子、傩送那样的水手，最常见的空间是码头、河流，最难忘的场景是沉潭……无不与水关系密切。

---

① 沈从文：《致张兆和》，《沈从文全集》第20卷，北岳文艺出版社2002年版，第161页。
② 沈从文：《致张兆和》，《沈从文全集》第20卷，北岳文艺出版社2002年版，第111、115页。

最后，文学需要处理好与政治的关系。沈从文疏离政治，也不懂政治，但是，却时不时议论政治。这是因为文学创作，不管作家情愿与否，都绕不开政治。以此视角观察其文学理论，可以发现：尽管沈从文不从事政治活动，他对政治还是有独特认知的；当创作中需要厘定文学与政治的关系时，他能够把握住彼此的基准，处理好二者的定位。1928年，在《杂谈　六》中，他就明确表示艺术一旦匍匐在政治之下，就不再是艺术，顶多成为宣传品："在人人为一种新旧思想冲突中，有那感着政治的嗜好普遍形势时代，谈艺术也得附属于政治下面，（这艺术假若我们又认为不是应当受什么小小拘束的东西，）这结果，纵有好东西，也不过是艺术的宣传品罢了，那里能说？""我初不反对人利用这文学目标去达到某一目的，只请他记着不要把艺术的真因为功利观念就忘掉到后脑。政治的目的，是救济社会制度的腐化与崩溃，文学却是一个民族的心灵活动，以及代表一个民族心灵真理的找寻。"① 他把政治、文学的功用划分得很清楚，即政治是治理社会的，文学是拯救灵魂的。既然二者不相符，就不应该用其中一项制约另一项；文学，有其独特价值。"若把文学附属于经济条件与政治环境之下，而为其控制，则转动时代的为经济组织与政治组织，文学无分，不必再言文学。若否认文学受两者控制，文学实有其独创性与独立价值，然则文学论者所持论，仍无助于好作品的产生。"② 因为文学创作是完全自由方可有经典产生的精神活动，外来的制约除了制造障碍，实在无助于经典的生成："文学作品不能忍受任何拘束，惟其不受政治或道德的拘束，作者只知有他自己的作品，作品只注意如何就可以精纯与完美，方有伟大作品产生！"③

---

① 沈从文：《杂谈·六》，《沈从文全集》第 14 卷，北岳文艺出版社 2002 年版，第 25、27 页。
② 沈从文：《记丁玲　续集》，《沈从文全集》第 13 卷，北岳文艺出版社 2002 年版，第 207 页。
③ 沈从文：《风雅与俗气》，《沈从文全集》第 17 卷，北岳文艺出版社 2002 年版，第 213 页。

"艺术更需要'无私',比过去宗教现代政治更无私!必对人生有种深刻的悲悯,无所不至的爱,而对工作又不缺少狂热和虔敬,方能够忘我与无私!"① 显然,他认为政治是反映特定集团利益的,是自私的,根本不能也不宜渗入文学创作中。

之所以如此决绝,与他对政治的理解有关。1938 年,在《长河·题记》中,他指出:"所谓政治又只是许多人混在一处,相信这个,主张那个,打倒这个,拥护那个,人多即可上台,上台即算成功。终生事业目标,不是打量入政治学校,就是糊糊涂涂往某处一跑,对历史社会的发展,既缺少较深刻的认识,对个人生命的意义,也缺少较深刻理解。"② 他理解的政治,不过是你争我夺的游戏、胜王败寇的轮回;学习政治的人,往往是糊糊涂涂的,对历史、生命皆无深刻理解。1951年,在《我的学习》中,他进一步总结道:"过去只从历史认识政治二字的意义,政治和统治在我意识中即二而一,不过是少数又少数人,凭着种种关系的权力独占。专制霸道,残忍私心是它的特征。"③ 政治如此可怕、可恶,作家们还是远离政治的好。他在《新的文学运动与新的文学观》(1940)中警告:"至于作家被政治看中,作品成为政策工具后,很明显的变动是:表面上作品能支配政治,改造社会,教育群众,事实上不过是政客从此可以畜(蓄)养作家,来作打手,这种打手产生的文学作品,可作政治点缀物罢了。"④ 1947 年,沈从文发表《政治与文学》,号召作家:"我只觉得一个作家应当如思想家,不会和人碰

---

① 沈从文:《一个传奇的本事》,《沈从文全集》第 12 卷,北岳文艺出版社 2002 年版,第 231 页。

② 沈从文:《长河·题记》,《沈从文全集》第 10 卷,北岳文艺出版社 2002 年版,第 4—5 页。

③ 沈从文:《我的学习》,《沈从文全集》第 12 卷,北岳文艺出版社 2002 年版,第 361—362 页。

④ 沈从文:《新的文学运动与新的文学观》,《沈从文全集》第 12 卷,北岳文艺出版社 2002 年版,第 47—48 页。

杯，不会和人唱和，不算落伍。他有权利在一种较客观的立场上认识这个社会，以及作成社会的人民情绪生活的历史，从过去、目前，而推测出个未来。"① 不要做政客们的打手，以自己的思想统领作品，记录民族历史，推测民族未来，就是作家的使命。

基于对文学与政治关系的独特认识，沈从文一生主张远离政治。1934年，《致施蛰存函四通》（其二）曰："中国似乎还需要一群能埋头写小说的人，目前同政治离得稍远一点，有主张也把主张放在作品里，不放在作品以外的东西上，这种作品所主张的，所解释的，一定比杂论影响来得大，来得远。"② 1948年11月7日晚八时，在北京大学蔡孑民纪念堂召开"今日文学的方向"座谈会，围绕着行路者是否要服从红绿灯的问题，沈从文与冯至等人有一段独特的对话——

沈从文：驾车者须受警察指导，他能不顾红绿灯吗？

冯至：红绿灯是好东西，不顾红绿灯是不对的。

沈从文：如有人要操纵红绿灯，又如何？

冯至：既然要在路上走，就得看红绿灯。

沈从文：也许有人以为不要红绿灯，走得更好呢？

……

沈从文：文学自然受政治的限制，但是否能保留一点批评、修正的权利呢？

废名：第一次大战以来，中外都无好作品。文学变了。欧战以前的文学家确能推动社会，如俄国的小说家们。现在不同了，看见红灯，不让你走，就不走了！

---

① 沈从文：《政治与文学》，《沈从文全集》第14卷，北岳文艺出版社2002年版，第257页。

② 沈从文：《致施蛰存函四通》，《沈从文全集》第17卷，北岳文艺出版社2002年版，第418页。

沈从文：我的意思是文学是否在接受政治的影响以外，还可以修正政治，是否只是单方面的守规矩而已？

……

沈从文：一方面有红绿灯的限制，一方面自己还想走路。①

面临即将被"红绿灯"制约的现实，与冯至等人认可与接受的态度不同，沈从文一方面害怕有人操纵"红绿灯"，另一方面希望在政治限制之外，"保留一点批评、修正的权利"，因此陷入矛盾之中，亦即外有政治限制，内有想自己走的冲动。究其本质，还是想坚持自我对政治的认知，希望能够与政治保持距离。1972年，在《复程应镠》中，他总结自己一生疏离政治的得失云："今年虽已过七十，情绪倒似乎比不少五十以下熟人还天真，这也许是'不明政治有不明白好处'。在个人名位得失上不感兴趣，有机会升什么也不干。更好的是不妄想作'空头作家'，过去某年，即推到代替老舍那个位置，还是在近百人掌声中，自承无能。"② 如果说前者还是对文学知音的真情倾谈，强调作家用作品说话，而非借助作品以外的政治来扩大影响；那么，后者却是劫后余生的庆幸之语，如果不是他对政治保持警惕，为此甚至放弃了钟爱的文学事业，老舍在"文化大革命"中的遭遇或许就轮到自己头上了！

二 沈从文的读者意识和风格追求

文学创作的价值是通过读者的接受实现的，因此，接受美学强调读者的期待视野对文学创作的制约。期待视野（horizon of expectations），

---

① 沈从文：《今日文学的方向——"方向社"第一次座谈会纪录》，《沈从文全集》第27卷，北岳文艺出版社2002年版，第290—291页。

② 沈从文：《复程应镠》，《沈从文全集》第23卷，北岳文艺出版社2002年版，第117页。

也译为"期待地平线""期待层面"。"指读者接受文学作品的前提条件，如读者从已读过的作品中获得的经验、知识，对不同文学形式和技巧的掌握程度，以及读者本人的生活经历、文化水平与欣赏趣味等。"①期待视野不是固定不变的，会随着时代思潮、文学运动等方式变化。鉴于此，作家的创作应该考虑到读者的需求。沈从文属于从底层奋斗出来的作家，对于不顾及读者的行为不认同，自己创作时往往有清晰的预置读者，也曾经研究过读者的类型，在在说明他是有鲜明的读者意识的。

1930年在中国公学讲课时，他撰写的《论汪静之的〈蕙的风〉》，比较新文学两位大家鲁迅和冰心："鲁迅先生的创作，在同时还没有比冰心女士创作给人以更大兴味，就因为冰心是为读者而创作，而鲁迅却疏忽了读者。"②鲁迅文章的高深、冷峻，需要读者有相应的知识储备与理解能力，实际上也是有读者预置的，不过不如冰心表现"爱的哲学"那么接地气，好理解。因此，在沈从文看来，鲁迅的读者意识没有冰心强；他甚至认为鲁迅是疏忽了读者的。他赞赏郁达夫式的自叙传抒情方式，能够与读者建构直接的交流渠道，引发读者强调的阅读兴趣。在《郁达夫张资平及其影响》一文中，他评论道："穷，为经济所苦恼，郁达夫那自白的坦白，仿佛给一切年青人一个好机会，这机会是用自己的文章，诉于读者，使读者有'同志'那样感觉。这感觉是亲切的。""一个表白自己，抓得着自己的心情上因时间空间而生的变化，那么读者也将因时间空间的距离，读郁达夫小说发生兴味以及感兴。"③放下姿态，作家以平等的身份与读者沟通，将自己的喜怒哀乐倾诉出

---

① 王先霈、王又平：《文学批评术语词典》，上海文艺出版社1999年版，第453页。
② 沈从文：《论汪静之的〈蕙的风〉》，《沈从文全集》第16卷，北岳文艺出版社2002年版，第87页。
③ 沈从文：《郁达夫张资平及其影响》，《沈从文全集》第16卷，北岳文艺出版社2002年版，第187、189页。

来，引发读者共鸣，是郁达夫的创作特点，又何尝不是沈从文早期创作经验的夫子自道？

20世纪30年代的沈从文，把创作与作家的责任意识看得很神圣。1936年，他发表《谈作家集团组织》说："一个作家若不能逃脱个人爱憎与社会流行毁誉，想伟大实毫无希望可言。我认为，个人若是从事文学创作，为的是对'真理'或'未来社会'有所倾心，鼓励他应当是他对生存的责任或兴趣，刺激他应该是全体人类全体幸福与快乐，批评应当是现在未来的一切读者！"① 作家不能受个人爱憎和社会思潮的制约，要有追求真理的雄心和责任担当意识，有资格约束他、批评他的人是读者。其实，在沈从文文学创作进入成熟期的30年代初，他已经建构起自己的读者意识。《湘行散记》是其散文代表作，读者定位是张兆和，因此，亲切、随性、自然等成为显著特点；《从文自传》的读者面则宽泛得多，但是，写给厌恶旧学的年轻人和对作家经历感兴趣者的定位也是明显的，不然就很难理解他为何津津乐道其逃学经历了。在小说代表作《边城》的创作过程中，沈从文也有预置读者。《边城·题记》曰："我这本书只预备给一些'本身已离开了学校，或始终就无从接近学校，还认识些中国文字，置身于文学理论，文学批评，以及说谎造谣消息所达不到的那种职务上，在那个社会里生活，而且极关心全个民族在空间与时间下所有的好处与坏处'的人去看。"② 这部小说的读者定位，是那些文化知识不多、社会职务不高，却关心民族命运的人。因此，小说没有偏僻字，没有复杂的历史背景，更不设置曲折的悬疑情节，而是以朴素的语言叙述茶峒人的生存状态。从小说抵达的艺术水准与所受欢迎的程度看，沈从文是实现了自己

---

① 沈从文：《谈作家集团组织》，《沈从文全集》第17卷，北岳文艺出版社2002年版，第401页。
② 沈从文：《边城·题记》，《沈从文全集》第8卷，北岳文艺出版社2002年版，第58—59页。

的目标的。

为了实现文学创作与读者期待视野的吻合,沈从文专门研究过读者的类型。1940年,他撰写《小说作者和读者》曰:"想到读者本不是件坏事。一个作者拿笔有所写作,自然需要读者。""好作家固然稀少,好读者也极难得!这因为同样都要生命有个深度"。① 梳理、定位作家与读者的关系后,提出好读者也要有对生命深度的理解。那么,当时的读者主要有哪些类型呢?读者有三类:"一是个人多闻强记,读的书相当渊博,自有别的专业,惟已养成习惯,以阅读文学作品来耗费剩余生命的。……二是受了点普通教育,或尚在学校读书,或已服务社会,生命本无所谓,也有点剩余生命要耗费,照流行习惯来读书的。……三是正在中学或大学读书,年纪青,幻想多(尤其是政治幻想与男女幻想特别多),因小说总不外革命恋爱两件事,于是接受一个新的文学观,因为文学作品可以教育他,需要文学作品教育他(事实上倒是文学作品可以娱乐他满足他青年期某种不安定情绪),这种读者情感富余而兴趣实在不高,然而在数量上倒顶多。……唯有年龄自十五岁到二十四岁之间,把新文学作家看成思想家,社会改革者,艺员明星,三种人格的混合物,充满热诚和兴趣,来与新作品对面的,实在是个最多数。"② 这是一份难得的读者分析文章,第一类是专业人士,休闲阅读;第二类是普通职员,赶时髦阅读;第三类为在校生,为了满足自己的幻想或梦幻而阅读,充满热情与兴趣,是新文学的最大读者群。只要回顾沈从文二三十年代的青春期爱欲描述、大学生题材创作,就会明白这是作家的经验之谈;而四十年代以《看虹录》《摘星录》为代表的描述两性性爱经历的美文试验以及一大批探

---

① 沈从文:《小说作者和读者》,《沈从文全集》第12卷,北岳文艺出版社2002年版,第70—74页。
② 沈从文:《小说作者和读者》,《沈从文全集》第12卷,北岳文艺出版社2002年版,第76—77页。

讨生命、宇宙、人生等内容的散文写作，则是沈从文自我调适、适应读者的创作活动。

对读者的重视，使其在小说、散文、评论等诸多方面赢得了读者的喜欢。但是，仅仅是关注读者的需求，显然与社会脱节，尤其是在政治风云变幻急遽、社会思潮起伏波动、文学创作宗派林立的现代文学时段，沈从文显然不合时宜。因此，1957年跟大哥交流时，他不无自嘲地说："三十年前在一切想象不到困难中还能始终坚持用笔，也就早估计到在国内社会变动中，写作必要从写作以外来竞争，决不是有机会和人把作品公平摊到万千读者面前，让读者公平选择。我在写作上的不成功，是必然的。因为我在写作以外，既没有别的长处，是自然无从和人竞争的。"① 意识到写作以外因素的干扰，对其严重性还是有所认知的，然而，宁可放弃、也不屈从的史实证明：他对自己创作中重视读者的往昔，是不后悔的。如果从现代文学史发展的视角观察，沈从文的读者意识也是其创作成功的要素之一。

鲜明的读者意识促使沈从文在创作时多方面发力，努力形成自己的特色，以满足读者的需求。其中，语言的锤炼、技巧的选择、风格的建构等均为新文学发展提供了宝贵经验。沈从文是有自己的语言观的。1934年，针对倡导"小学读经"和"大众语问题"的讨论，他撰写《从"小学读经"和"大众语问题"的感想》认为："两方面即皆知道文字不过是个符号，新旧皆有它的用处，为什么这讨论还能继续下去？"② 显然，他认为语言的选择与使用不应以新旧为标准，而应该以合适为准。1930年12月15日，沈从文在《文艺月刊》第1卷第5号发表其《现代中国文学的小感想》，强调"用我们'自己的言语'，说明我们

---

① 沈从文：《致沈云麓》，《沈从文全集》第20卷，北岳文艺出版社2002年版，第138页。
② 沈从文：《从"小学读经"和"大众语问题"的感想》，《沈从文全集》第14卷，北岳文艺出版社2002年版，第71页。

'自己的欲望'，以'平常的形式与读者接近'，生息于上海的作家们，不屑注意它，也不能注意它"。① 找到属于自己的语言，实际上就是要找到自己的言说方式，以读者容易接受的方式创作作品，显然更受读者欢迎；并批评上海作家不屑、不能注意这个问题。具体讲，沈从文的语言标准是生动、恰当、凝练。生动的语言从哪里来？他强调从生活中学习。《从文自传》中，他多次谈到自己从水手们那里学习到生动活泼的语言。《我上过许多课仍然不放下那一本大书》曰："我从那方面学会了些下等野话，在亲戚中身份似乎也就低了些。只是当十五年后，我能够用我各方面的经验写点故事时，这些粗话野话，却给了我许多帮助，增加了故事中人物的生命。"湘西民间语言，对其创作有帮助，可以增加人物形象的活泼。在作家眼中，没有不可以利用的语言，即便是那些粗话，同样能够起到表达亲昵情感、塑造妩媚形象的作用。《姓文的秘书》叙述湘西人说话的习惯："不拘说到什么人，总得说：'那杂种，真是……'这种辱骂并且常常是一种亲切的表示，言语之间有了这类语助辞，大家谈论就仿佛亲爱了许多。"《船上》描述曾芹轩说粗话的效应："一切粗俗的话语，在一个直爽的人口中说来，却常常是妩媚的。"② 不以道德标准评判，不以雅俗区别，而是体悟到这些语言中蕴含的真实情感内蕴，看似粗俗的语言背后，是彼此的熟稔和沟通的顺畅，是融进其生活内部才能体会出的温馨。以这样的语言表现他们的生活，怎么不会生动感人呢？

文学创作的语言，毕竟不同于日常生活。无论是体裁对篇幅的规限，还是叙事的节奏需要，都要求作者使用语言要"恰当"。在《一般或特殊》中，他明确提出："一个作家对于文字的性能了解得越多，使

---

① 沈从文：《现代中国文学的小感想》，《沈从文全集》第 17 卷，北岳文艺出版社 2002 年版，第 35 页。
② 沈从文：《船上》，《沈从文全集》第 13 卷，北岳文艺出版社 2002 年版，第 283、314、333 页。

用它作工具时也就越加见得'恰当'。我不说'美丽',说的是'恰当',正因为一切所谓伟大作品,处置文字的惊人处,就正是异常'恰当'处。"① 他将"恰当"作为伟大作品的语言标准,实际上是一个可以感觉、难以界定的标准,因为"恰当"与否,在于评判者内心标准设定的高低,而非客观存在的尺度。好在他于不同的文章里有具体论述,给我们提供了阐释的可能。在《论冯文炳》里,他认为废名的语言特点是:"按照自己的习惯,使文字离去一切文法束缚与藻饰,使文字变成言语"。② 在《论郭沫若》中,他批评郭沫若:"他不会节制。他的笔奔放到不能节制。"③ 在《复汪曾祺》中,他批评老舍发表在《人民日报》上教别人如何写散文的散文"既不精练又不深刻"等,④ 均表明他是将去藻饰、懂节制作为基本标准,以创造凝练深刻的文学语言为目标的。那么,如何做到语言凝练呢?在《情绪的体操》中,他以自己为例,说明创作是"一种'扭曲文字试验它的韧性,重摔文字试验它的硬性'的体操。"⑤ 在《〈群鸦集〉附记》里,他赞许卞之琳对语言节奏的把握:"他知道选择'适当'的文字,却刷去了那些'空虚'的文字(这里梦家合他不同了。)他从语言里找节奏,却不从长短里找节奏"。⑥ 在《答辞八》中,他呼吁:"作者应当明白'经济'两个字在作品上的意义,不能过度挥霍文字,不宜过度铺排故事。"⑦ 可见,多进行试验、锤炼,讲究语言节奏感,按照"经济"原则使用语言等,

---

① 沈从文:《一般或特殊》,《沈从文全集》第17卷,北岳文艺出版社2002年版,第261页。
② 沈从文:《论冯文炳》,《沈从文全集》第16卷,北岳文艺出版社2002年版,第155页。
③ 沈从文:《论郭沫若》,《沈从文全集》第16卷,北岳文艺出版社2002年版,第147、155页。
④ 沈从文:《复汪曾祺》,《沈从文全集》第21卷,北岳文艺出版社2002年版,第27页。
⑤ 沈从文:《情绪的体操》,《沈从文全集》第17卷,北岳文艺出版社2002年版,第216页。
⑥ 沈从文:《〈群鸦集〉附记》,《沈从文全集》第16卷,北岳文艺出版社2002年版,第310页。
⑦ 沈从文:《答辞八》,《沈从文全集》第17卷,北岳文艺出版社2002年版,第405页。

是沈从文的语言凝练之道。

除了语言方面的多向追求，沈从文在文体方面也进行了多种尝试。"文体是指一定的话语秩序所形成的文本体式，它折射出作家、批评家独特的精神结构、体验方式、思维方式和其他社会历史、文化精神。……从表层看，文体是作品的语言秩序、语言体式，从里层看，文体负载着社会的文化精神和作家、批评家的个体的人格内涵。"① 可见，文体既是语言层面的外在组织形式，也凸显出行为主体的人格内蕴。真正成熟的作家，往往具有独特的文体试验和文体追求；但是，被文学史家称为文体家的还只有鲁迅、沈从文等少数。现代文学研究界称沈从文为"文体家"，实际上也是对他这种尝试的肯定。② 开始创作不久，沈从文就意识到了自己体裁方面的不足。1929年，他写信给朋友道："关于写的方面，你应当率直的指点我的不对处，因为我非常明白我的短处是所采用的体裁极窄，而我又无法知道许多好的方式。"坦承自己的缺点，也倾诉被生活所逼的无奈："我发烧到不知多少度，三天内瘦了三分之一，但又极怕冷，窗子也不敢开。无事作，坐在床边，就想假若我死了又怎么样？"③ 一方面承认王际真所指出的缺点确实存在，意识到自己前期创作体裁狭窄；另一方面则以生存之艰难自我辩护，凸显其无奈。无论如何，他是明白文学创作的体裁应该是多元的，不应局限于特定的模式。经过几年摸索，他对文学创作中关于体裁、技巧等问题有了更多思考。1933年8月14日《国闻周报》第10卷第32期上发表其《致王云五先生》，谈论散文《记丁玲女士》时说："此文因综合其人过去生活各方面而言，间或叙述中复作推断与批评。在方法上，有

---

① 童庆炳：《文体与文体的创造》，云南人民出版社1994年版，第1页。
② 如钱理群、温儒敏、吴福辉《中国现代文学三十年》（修订本）就认为："沈从文被人称为'文体作家'，首先是因为他创造性地运用和发展了一种特殊的小说体式，可称为文化小说、诗小说或抒情小说。"北京大学出版社1998年版，第244页。
③ 沈从文：《致王际真——住到上海不动了》，《沈从文全集》第18卷，北岳文艺出版社2002年版，第19—20页。

是既像小说,又像传记,且像论文。体裁虽若小说,所记则多可征信,即秩序排比,亦不混乱。"① 这种表述,一方面概括了其记叙散文的文体特征,表明处于文体探索期,没有固定的模式;另一方面,也说明作者是听从自我意志的指挥,根据表现对象的特点而创作,具有顺应自然的特性。因为他坚持认为:"文学有个古今一贯的道德,就是把一组文字,变成有魔术性与传染性的东西,表现作者对于人生由'争斗'求'完美'一种理想。毫无限制采取人类各种生活,制作成所要制作的形式。"② 文学是表现人生理想的具有魔性的存在,只有"毫无限制"地汲取生活营养,才能创作出适合表现对象的文本。其中,不是不需要技巧,而是需要"求恰当"的技巧。发表于1935年8月31日天津《大公报·小公园》第1782号的《论技巧》曰:"就'技巧'二字加以诠释,真正意义应当是'选择',是'谨慎处置',是'求妥帖',是'求恰当'。"③ 凡是主题先行或主题至上的小说,沈从文均认为是失败的创作。1972年6月7日《致张兆和》信中说:"有些小说,近些日子因书过少而竞购,后来试问问读者印象,却不怎么好。有的短篇似乎还极不好。同艺术一样,是主题方向对了,但表现方式却近于失败。"④ 可见,即便是不再从事文学创作了,沈从文依然认为好的小说应该是形式与内容相互协调的,亦即"恰当""妥帖"的技巧,才能符合文本所表现的内容。

之所以如此固执,是因为沈从文对小说有自己的认知。其《短篇小说》一文,发表于1942年4月16日《国文月刊》第18期。文中

---

① 沈从文:《致王云五先生》,《沈从文全集》第17卷,北岳文艺出版社2002年版,第376页。
② 沈从文:《"诚实的自白"与"精巧的说谎"》,《沈从文全集》第17卷,北岳文艺出版社2002年版,第390页。
③ 沈从文:《论技巧》,《沈从文全集》第16卷,北岳文艺出版社2002年版,第471页。
④ 沈从文:《致张兆和》,《沈从文全集》第23卷,北岳文艺出版社2002年版,第128—129页。

这样界定小说:"把小说看成'用文字很恰当记录下来的人事'。因为既然是人事,就容许包含了两个部分:一是社会现象,便是说人与人相互之间的种种关系;二是梦的现象,便是说人的心或意识的单独种种活动。单是第一部分容易成为日常报纸记事,单是第二部分又容易成为诗歌。必须把人事和梦两种成分相混合,用语言文字好好装饰剪裁,处理得极其恰当,才可望成为一个小说。""我只说要很'恰当',这恰当意义,在使用文字上,就容许数量上的浪费,也不必对于辞藻过分吝啬。故事内容呢,无所谓'真',亦无所谓'伪'(更无深刻平凡区别)。所要的只是那个'恰当'。文字要恰当,描写要恰当,分配更要恰当。作品的成功条件,就完全从这种'恰当'产生。"① 在他看来,小说是现实与理想的综合体,任何偏颇都不符合要求;无论文字的取舍、内容的描写,还是结构的选择等,均以"恰当"为标准。沈从文认为具有特色的语言、用读者易于接受的形式表现自己的欲望,才能创作出"恰当"的作品,鲁迅则总结得更为精确:"我做完之后,总要看两遍,自己觉得拗口的,就增删几个字,一定要它读得顺口;没有相宜的白话,宁可引古语,希望总有人会懂,只有自己懂得或连自己也不懂的生造出来的字句,是不大用的。这一节,许多批评家之中,只有一个人看出来了,但他称我为 stylist。"② 鲁迅告诉我们怎样做才能抵达文体家的境界,可惜沈从文没有这种精确叙述的技能,因此,只能提出标准。实际上,在文学批评和创作中,"恰当"与否是难以量化的,只能靠作者的感觉,包括选材的角度、文体的建构、语言的特点、技巧的选择等,都靠作者进行多维考察,然后选取最"恰当"的形式来承载所表现的内涵。王蒙认为:"文

---

① 沈从文:《短篇小说》,《沈从文全集》第 16 卷,北岳文艺出版社 2002 年版,第 493 页。
② 鲁迅:《我怎么做起小说来》,《鲁迅全集》第 4 卷,人民文学出版社 1959 年版,第 394 页。

体是个性的外化。"① 显然,沈从文的文学理论更强调作家的主体意识,因而其文本更多自我情绪的投射,具有浪漫主义特色。

三 沈从文与京派、海派之争

1933年10月18日《大公报·文艺副刊》第8期发表沈从文的《文学者的态度》,引发了所谓京派、海派之争。其实,沈从文对包括京派、海派在内的文学创作不良倾向的批评早就存在,应该视为已经进入创作成熟期的沈从文是抱着扶正祛邪、端正文风的心愿而发动的舆论攻势。对于论争过程、论争双方观点的阐释,已经有不少论文发表。② 但是,对于此前沈从文已经发表的相关文章及其观点,学界关注得还不够。事实上,沈从文对以京派、海派为代表的文坛负面形象是有完整的认知、认识过程的。

1930年,在文坛站稳并初步形成自我风格的沈从文,已经表现出对文坛诸多问题的不满。其《现代中国文学的小感想》载1930年12月15日《文艺月刊》第1卷第5号。该文对1927年后文坛的变化进行概括:"中华民国十六年后,……市侩商人由小文人手上,用一个并不过大的本钱,接受了若干部新书,且新的小规模书店次第而起,于是引起一种竞争,因此大家的目光皆注意到广告这样东西来了。这竞争,这由于'商业'的竞争,乃支配了许多人的兴味,成为中国文学转换方向使之热闹的背景。在上海转变这两个字是大家所习熟的字,都据说是那么转过来了,这个那个,俨然皆'变'了。"③ 由于商人主导,势必导

---

① 王蒙:《〈文体学丛书〉序言》,见童庆炳《文体与文体的创造》,云南人民出版社1994年版。
② 如吴投文《沈从文与"京派""海派"论争》,《中州学刊》2002年第1期;王继志《沈从文严肃文学观观照下的京派与海派》,《吉首大学学报》2002年第4期等。
③ 沈从文:《现代中国文学的小感想》,《沈从文全集》第17卷,北岳文艺出版社2002年版,第32页。

致文学创作受"商业"支配,进而影响中国文学的发展方向,所以风气大变,尤其是上海。之所以如此,是因为沈从文提倡促进社会健康的作品,因此在评论了老舍、叶圣陶、茅盾、丁玲、蒋光慈等人的创作后,他写道:"中国或许不缺少产生同时代接近使社会健康这样的作者与作品,在新的时代年青的人中发现,但一定不是上海作家,不是写恋爱故事的张资平,也不是写《瓶》写《我的幼年》的郭沫若。"以张资平、郭沫若为代表,点明他们热心写各种畸恋和展示自我的作品不属于健康之作,凸显其对追求商业利益、不顾社会效应等创作倾向的态度。他认为作家应该以严肃的态度对待创作,批评"新海派"一味重视"都市趣味":"在文学上所有企图,正像是一个道德的努力,在'创作态度'上,我们似乎也需要一点儿严肃才行。这一点,于无名作家,尤其是一个不可疏忽的信仰。缺少这个顽固坚实的态度,在上海,是可以从那类所谓都市趣味的新海派作者的成就,可以明白的。"[1] 明确将重视趣味、忽视社会影响的创作归为"新海派",已经凸现出沈从文将其视为文学流派来观察的倾向。沈从文如此看重这个问题,是因为他意识到金钱操纵文学创作的倾向必将毁灭文学,当然也使像他那样诚实创作者没有前途,正如他写给好友的信中所言:"中国文学的兴味与主张,是一万元或一个市侩所支配,却不是一个作家支配的,读者永远相信书店中人的谎话,永远相信先生老师者流的谎话,我同这些有力量抬高我的人是完全合不来的,所以我看得出我未来的命运。"[2] 商业利益操控文学创作,已经达到支配的地步,如果放任各地作家与追求利润的商人构成集团,并进一步垄断文坛,文学家以及中国文学将没有出路,故必须对其进行严肃批判。

---

[1] 沈从文:《沈从文全集》第17卷,北岳文艺出版社2002年版,第34、36页。
[2] 沈从文:《致王际真——住到上海不动了》,《沈从文全集》第18卷,北岳文艺出版社2002年版,第127页。

批判了"新海派"之后,他转而批"京派"。1931年8月15日《文艺月刊》第2卷第8号刊载的《窄而霉斋闲话》这样概括:"'京样'的'人生文学',提倡自于北京,而支配过一时节国内诗歌的兴味,诗人以一个绅士或荡子的闲暇心情,窥觑宽泛的地上人事,平庸,愚卤,狡猾,自私,一切现象使诗人生悲悯的心,写出不公平的抗议"。肯定京派诗歌表现人性、对现实悲悯的内蕴后,便对其"趣味主义"进行声讨:"人生文学的不能壮实耐久,一面是创造社的兴起,也一面是由于人生文学提倡者同时即是'趣味主义'讲究者。"① 因为讲究趣味,尤其是讨好读者的审美趣味,就容易出现媚俗现象,对文学的态度也就不够严肃了。"在他们自己所选定的方向上,自己若先就缺少信心,他们'玩'着文学,文学也自然变成玩具,'白相文学的态度',北京人生文学提倡者的堕落处,上海普罗作家或民族主义作家,都不免再向那条方便路上走去,什么也不讲的诗人,那自然更多机会成为'大家玩玩'的现象了。""现在应当怎么样使大家不再'玩'文学,所以凡是与'白相文学态度'相反而前的,都值得我们十分注意。"抱着"玩"的态度开展创作,是沈从文不能忍受的。本应该表现人性美好、揭示社会弊端的文学,成为有闲阶级的玩物,沈从文认为是一种堕落。这种堕落趋势,并非限于京派作家,海派也有:"上海目下的作家,虽然没有了北京绅士自得其乐的味儿,却太富于上海商人沾沾自喜的习气,去呆头呆脑地干,都相差很远。"对于文学的功利性,沈从文也不是全盘否定:"应当有那么一批人,注重文学的功利主义,却并不混合到商人市侩赚钱蚀本的纠纷里去。"② 他反对的是过于商业化,亦即作家不能仅仅追求经济利益,完全放弃社会责任与审美标准。同时,他所批评的对象也并非仅指向海

---

① 沈从文:《窄而霉斋闲话》,《沈从文全集》第17卷,北岳文艺出版社2002年版,第37—38页。
② 沈从文:《窄而霉斋闲话》,《沈从文全集》第17卷,北岳文艺出版社2002年版,第40—41页。

派，而是京派、海派都有，是针对文坛所有创作不良倾向而言的。

1932年12月15日《文艺月刊》第1卷第3期发表其《上海作家》一文，专门对海派作家进行评判："至于这两种人所做的事情，则大同小异，只是倦于正视人生，被社会一切正当职业所挤出，也就缺少那种有正当职业对于民族自尊的责任观念，大家聚集到租界上成一特殊阶级，全只是陶情怡性，写点文章，为国内腹地一切青年，制造出一种浓厚的海上趣味。这海上趣味，对于他们生活，也许可以使他们自觉更变得风流儒雅了一些，可是对于一个国家一个民族却完全不是必需的。"①两种人，指文章中提到的"海上旧式才子""海上新式才子"。他们以租界为庇护空间，形成独特审美趣味，只顾自己风流儒雅，缺乏对国家、民族的责任担当。此时，沈从文对海派的批判态度已经凸显出来了。待《文学者的态度》发表，其文学观更清晰地表现了出来。首先，他反对以"白相精神"玩文学，认为作家只有"诚实"工作，才可能创作出文学精品。他由家里厨师的诚实讲到作家们应该如何做："他做人表面上处处依然还像一个平常人，极其诚实，不造谣说谎，知道羞耻，很能自重，且明白文学不是赌博；不适宜随便下注投机取巧，也明白文学不是补药，不适宜单靠宣传从事渔利，这又是一件事。"但文坛现状是："只因为文学者皆因历史相沿习惯与时下流行习气所影响，而造成的文人脾气，始终只能在玩票白相精神下打发日子，他的工作兴味的热诚，既不能从工作本身上得到，必需从另外一个人取得赞赏和鼓励。""然而现在玩票白相的文学家，实占作家中的最多数，这类作家露面的原因，不属于'要成功'，就属于'自以为成功'，或'设计成功'，想从这三类作家希望什么纪念碑的作品，真是一种如何愚蠢的期待！"②缺乏来自内心的热情，热衷于依

---

① 沈从文：《上海作家》，《沈从文全集》第17卷，北岳文艺出版社2002年版，第43页。
② 沈从文：《文学者的态度》，《沈从文全集》第17卷，北岳文艺出版社2002年版，第51—52、49—50页。

靠他人的吹捧或传媒的宣传来成就"纪念碑的作品",这种做法让沈从文感到既厌恶又担忧。因为,在他看来,"伟大作品的产生,不在作家如何聪明,如何骄傲,如何自以为伟大,与如何善于标榜成名;只有一个方法,就是作家'诚实'做"。"且明白文学不是赌博;不适宜随便下注投机取巧,也明白文学不是补药,不适宜单靠宣传从事渔利,这又是一件事。"该文之所以从自家厨师谈起,就是为了强调作家们需要厨师的工作态度,应该具备"厚重、诚实、带点儿顽固而且也带点儿呆气的性格"。同年发表的《作家间需要一种运动》,再次强调作家创作要诚实,应有独立见解:"说得诚实一点,却是一般作者都不大长进,因为缺少独立识见,只知追逐时髦,所以在作品上把自己完全失去了。""作者需要有一种觉悟,明白如果希望作品成为经典,就不宜将它媚悦流俗,一切伟大作品都有它的特点或个性,努力来创造这个特点或个性,是作者的责任和权利。"① 可见,沈从文的初衷只是号召作家们诚实创作,不要赶时髦,而是尽可能凸显个性。沈从文本着京派圆润稳健的风度,对京派、海派各打五十大板,并无偏颇:"这类人在上海寄生于书店、报馆、官办的杂志,在北京则寄生于大学、中学,以及种种教育机关中。"② 这里,凸显出沈从文批判文坛错误倾向、无意挑起争论的初衷。

可是,文章发表后,其社会效应是作者难以把握的。尽管不是专门批判海派,沈从文还是遭到了海派作家的反驳。苏汶率先发表《文人在上海》论述上海作家的独特性。首先,他认为"居留在上海的文人,便时常被不居留在上海的文人带着某种恶意的称为'海派'"。看似轻盈的语气,实际上表明了对沈从文观点的反感。其次,他概括了海派文

---

① 沈从文:《作家间需要一种运动》,《沈从文全集》第 17 卷,北岳文艺出版社 2002 年版,第 101、107 页。

② 沈从文:《文学者的态度》,《沈从文全集》第 17 卷,北岳文艺出版社 2002 年版,第 52 页。

人的特质:"有着爱钱,商业化,以至于作品的低劣,人格的卑下这种意味。"再次,他描述了上海文人的生存状况:"文人在上海,上海社会的支持生活的困难自然不得不影响到文人,于是在上海的文人,也像其他各种人一样,要钱。""再一层,在上海的文人不容易找副业(也许应该说'正业'),不但教授没份,甚至再起码的事情都不容易找,于是在上海的文人更急切的要钱。这结果自然是多产,迅速的著书,一完稿便急于送出,没有闲暇搁在抽斗里横一遍竖一遍的修改。"① 该文是 1933 年 12 月 1 日发表的,虽然如实描述了海派作家生存之不易,却从地域视角切入论题,误解了沈从文的本意。作为回应,沈从文 1934 年 1 月 10 日在《大公报·文艺副刊》发表《论"海派"》,重新解释其海派内蕴:"'名士才情'与'商业竞卖'相结合,便成立了吾人今日对于海派这个名词的概念。"然后,他列举例证,除了"旧礼拜六派",再就是"左联":"感情主义的左倾,勇如狮子,一看情形不对时,即刻自首投降,且指认栽害友人,邀功俸利,也就是所谓海派。"并将杜衡、茅盾、叶绍钧、鲁迅等起而应战者排除在海派之外。在《关于"海派"》中,他解释道:"我所说的'名士才情',是《儒林外史》上那一类斗方名士的才情,我所说的'商业竞卖',是上海地方推销×××一类不正当商业的竞卖:正为的是'装模作样的名士才情'与'不正当的商业竞卖'两种势力相结合,这些人才俨然地能够活下去,且势力日益扩张。"② 至此,沈从文不仅进一步理清了"海派"的特定内蕴,而且凸显出其文学观的主要内涵——反对虚假伪饰、一味追求商业利益的文学。

到 40 年代,沈从文依然坚持其观点,认为追求商业利益是对文学的最大威胁,真正的文学家应该以表现人生崇高理想为目标,并保持对

---

① 苏汶:《文人在上海》,《现代》1933 年第 4 卷第 2 期。
② 沈从文:《关于"海派"》,《沈从文全集》第 17 卷,北岳文艺出版社 2002 年版,第 54—55、60 页。

社会的批判立场。1940年5月4日昆明《中央日报》发表其《文运的重建》一方面评判文运:"文运经过'商业'与'政治'两种势力分割后,作家的'天真'和'勇敢'完全消失了,代替它的是油滑与狡诈气习气。"另一方面倡导文学创作远离商业与政治,表现人生理想,凸显批评精神:"作品不当作商品与官场的点缀品,所谓真正的时代精神与历史得失,方有机会表现。而且这种作品中所浸透的人生崇高理想,与求真的勇敢的批评精神,方能启发教育读者的心灵。"① 1940年8月在《战国策》第9期上,沈从文发表《新的文学运动与新的文学观》,谈及文学堕落的原因时仍然认为:"原因是作者的创造力一方面既得迎合商人,一面又得傅会政策,目的既集中在商业作用与政治效果两件事情上,它的堕落是必然的,不可避免的。"② 1944年,沈从文在《欢迎林语堂先生》中依然认为:"另外一种习气,即战前十年来文学受商业与政治两种势力的牵制分割,想突破一切障碍,更必需作者对民族忧患所自来各方面具有深刻理解,且抱定宏愿与坚信,如战争一样,临以庄敬,面对问题。"③ 可见,排除商业操纵、脱离政治牵制,是沈从文一贯的主张。

在反对文学商业化方面,鲁迅与沈从文一致。比沈从文发表《文学者的态度》稍早,1933年8月,鲁迅发表《登龙术拾遗》,讽刺娶了盛宣怀孙女而傲视文坛的邵洵美与献媚出版诗集《湖风》的虞洽卿孙女虞岫云的曾今可,对于攀附大资本家的逐利行为进行批判。④ 但是,出于对沈从文将"左联"也纳入海派进行批判的不满和借机批判胡适等

---

① 沈从文:《文运的重建》,《沈从文全集》第12卷,北岳文艺出版社2002年版,第82—83页。
② 沈从文:《新的文学运动与新的文学观》,《沈从文全集》第12卷,北岳文艺出版社2002年版,第46页。
③ 沈从文:《欢迎林语堂先生》,《沈从文全集》第14卷,北岳文艺出版社2002年版,第171页。
④ 参阅《鲁迅全集》第五卷,人民文学出版社1981年版,第274—275页。

"近官"人士的策略,鲁迅于1934年1月发表《"京派"与"海派"》回应沈从文:"北京是明清的帝都,上海乃各国之租界,帝都多官,租界多商,所以文人在京者近官,没海者近商,近官者在使官得名,近商者在使商获利,而自己也赖以糊口。要而言之,不过'京派'是官的帮闲,'海派'是商的帮忙而已。但从官得食者其情状隐,对外尚能傲然,从商得食者其情状显,到处难于掩饰,于是忘其所以者,遂据以有清浊之分。"① 这样,鲁迅沿着苏汶地域化的思路,巧妙剔除作为论争主体的自由主义作家,而以屡屡替政府说话的胡适等作为评判对象,得出了京派近官、海派近商的结论,并以其论证的精彩和权威的地位影响了几代人对京派、海派之争的认知,也使读者对沈从文文学观的理解偏离了其本意。

其实,沈从文并没有把海派全面否定。他只是批判海派文学中过分重视商业性的倾向,对于鲁迅、穆时英等作家,他均有肯定之语。他多次评价鲁迅的创作:"从老辣文章上,我们又可以寻得到这个人的天真心情。懂世故而不学世故,不否认自己世故,却事事同世故异途,是这个人比其他作家名流不同的地方。"② "以被都市文明毁灭的中国中部城镇乡村人物作模范,用略带嘲弄的悲悯的画笔,涂上鲜明正确的颜色,调子美丽悦目,而显出的人物姿态又不免有时使人发笑,是鲁迅先生的作品独造处。"③ 在《论穆时英》一文中,他认为:"作品安排重在'与人相近',运用文字重在'尽其德性'。一个人能处置故事于人性谐调上且能尽文字德性的作者,作品容易具普遍性与永久性,那是很明显的。"④

---

① 鲁迅:《鲁迅全集》第五卷,人民文学出版社1981年版,第432页。
② 沈从文:《鲁迅的战斗》,《沈从文全集》第16卷,北岳文艺出版社2002年版,第165—166页。
③ 沈从文:《论施蛰存与罗黑芷》,《沈从文全集》第16卷,北岳文艺出版社2002年版,第171页。
④ 沈从文:《论施蛰存与罗黑芷》,《沈从文全集》第16卷,北岳文艺出版社2002年版,第233页。

可见，沈从文对海派的批评是辩证思考的结果，而非意气之争或全盘否定。

四　京派小说的独特风貌

沈从文的理论建构并非得自书本或课堂，而是自我创作的实践中探索、积累的，也是对前辈作家创作经验的总结与对海派创作的批评体悟的融会。这样，沈从文在京派的形成过程中就处于关键位置——一方面，总结、承继周作人、废名、杨振声等人的创作理念和传统，另一方面以其理论与创作影响着凌叔华、林徽因、萧乾、芦焚、汪曾祺等人的创作，促成了京派的集聚，规约着京派小说的风貌。

沈从文创作受废名的影响已是学界共识，接受周作人的影响尚未引起足够重视。实际上，废名是周作人器重的弟子，其创作理念多受周作人影响，故看重废名的沈从文，不可能不注意周作人。何况，周作人的理论主张，在新文学发生期影响巨大。1934年11月10日，沈从文发表《情绪的体操》，劝年青的作者学习一点"情绪的体操"。"你不妨试试看。把日子稍稍拉长一点，把心放静一点。到你能随意调用字典上的文字，自由创作一切哀乐故事时，你的作品就美了，深了，而且文字也有热有光了。……你不妨挥霍文字，浪费词藻，却不许自己为那些华丽壮美文字脸红心跳。"① 对此观点的来源，有学者认为："直接启发了他的就是周作人很久以来的文学主张及其转介而来的英国性心理学家霭理斯的文艺观。"② 在创作方面，沈从文也受周作人的影响。1928年，沈从文在自存《入伍后》扉页上题写："内中多带点谐谑味，或许受二周译文影

---

① 沈从文：《情绪的体操》，《沈从文全集》第17卷，北岳文艺出版社2002年版，第218页。

② 解志熙：《爱欲抒写的"诗与真"——沈从文现代时期的文学行为叙论》（上），《中国现代文学研究丛刊》2012年第10期。

响相当多。"可见,沈从文创作之初,是接受了周氏兄弟的文学营养的。

废名与沈从文的文学关系更为密切。相似的楚文化背景,对乡村牧歌情调的留恋与对城市现代文明冲击乡村文明的不满等因素,使其创作具有鲜明的承继性。1934年,在《论冯文炳》中,沈从文比较自己与废名的区别:"同样去努力为仿佛我们世界以外那一个被人疏忽遗忘的世界,加以详细的注解,使人有对于那另一世界憧憬以外的认识,冯文炳君只按照自己的兴味做了一部分所欢喜的事。使社会的每一面,每一棱,皆有一机会在作者笔下写出,是《雨后》作者的兴味与成就。"① 认为自己尊重客观存在,废名凸显自我认知,实际上,无论对乡村风俗、民情的描述,还是对童真、人性的赞美,两人都具有相似性,亦皆渗入了创作者的主体意识。具体讲,废名在凸显童真、赞颂淳朴人性、建构淡远风格、勾勒清丽人物等方面为京派小说奠定了基础。

废名的小说聚焦儿童,且多为十二三岁的女孩。这是春蕾欲绽的花样年华,本应该灿烂笑容挂在脸上的女孩儿,却一个个被生活逼压得没有了笑声。《柚子》通过"我"与柚子的交往,叙述姨妈家的衰败。"我"喜欢饧糖,吃完自己的一份,偷吃柚子妹妹的;而柚子知道我的把戏,并不作声。一个细节,将童年伙伴间的默契与亲情尽情凸显出来了。有时,他们也调侃逗趣,"我"采把杜鹃花,柚子嘲笑是"炎哥替芹姐折花回来了";"芹姐"是哥哥的未婚妻,对哥哥心有所属,柚子似乎有些妒忌,想留住兄妹情。遗憾的是生活摧残了这份童真,随着家境的衰微,柚子变得越来越没有灵气了。"她在东头孙家的日子多,——帮他们缝补衣服。姨妈的粮食,多半还由她赚回哩。"② 显然,柚子的童真被生活挤压掉了;看到柚子的现状,曾经顽皮的"我"也轻快不起来了。1924年创作的《竹林的故事》这样描述三姑娘:"老程有一个小姑娘,非常的害

---

① 沈从文:《论冯文炳》,《沈从文全集》第16卷,北岳文艺出版社2002年版,第150页。
② 格非选编:《废名小说》,浙江文艺出版社2007年版,第7页。

羞而又爱笑，我们以后就借了割菜来逗她玩笑。我们起初不知道她的名字，问她，她笑而不语。"老程打鱼后，妈妈温酒，三姑娘拿杯子，"家里只有这一个，老是归三姑娘照管"；安顿好了，"爸爸喝酒，我吃豆腐干！""老程实在用不着下酒的菜，对着三姑娘慢慢的喝了。"① 三姑娘的可爱、淳朴，农家生活的温馨、自然酝酿出浪漫的情感。然而，三姑娘八岁时，能够替代妈妈洗衣服了，老程却死了。于是，三姑娘陪伴妈妈、担负起卖菜的重任。她很懂事，正、二月间城里赛龙灯，姑娘媳妇争着去看，三姑娘不去。人家来喊她，她"总是微笑的推辞"；妈妈鼓励她去，她不去，怕妈妈寂寞，守着妈妈。当然，两人也会发生矛盾。"三姑娘同妈妈间的争吵，其原因都坐在自己的过于乖巧。"这样乖巧可爱的女孩，十二三岁时，"我"返乡再遇到她，却变得沉默不语了。在清明节的哀伤氛围里，小说以沉重的基调结束了："再没有别的声息：三姑娘的鞋踏着沙土。我急于要走过竹林看看然而也暂时面对流水，让三姑娘低头过去。"② 面对死寂，读者不禁追问——当年那个活泼可爱的三姑娘那里去了？这些年三姑娘经历了什么？是谁造成死亡般的现实？……这个结尾，留给人无限遐想。创作于1927年的《桃园》描绘父女俩的生活，女孩也是十二三岁。"王老大只有一个女孩儿，一十三岁，病了差不多半个月了。"她还小，生活中有太多不明白——不明白妈妈为何不埋在桃园里？不明白爸爸妈妈为何总是打架？不明白爸爸为何在家喝酒，还要到酒馆喝酒？不明白妈妈知道爸爸没有回家，为何还要老早把门关起来？③ 妈妈为何而死？爸爸妈妈为何经常打架？爸爸为何酗酒？……生活中有太多不解之谜，却没有人给她答案。她有一个微小的愿望——拥有几个玻璃桃子，爸爸给她买回来了，却被一个小

---

① 格非选编：《废名小说》，浙江文艺出版社2007年版，第34—35页。
② 格非选编：《废名小说》，浙江文艺出版社2007年版，第37、39页。
③ 格非选编：《废名小说》，浙江文艺出版社2007年版，第61—62页。

孩撞碎。这些小小梦想，萌生在十二三岁的女孩心上，无论她们怎样小心呵护，总是被外来因素打破。童真的被撞碎，童心的被污染，留下的不只是遗憾，更有作家对美的毁灭的喟叹。

杨振声早年以小说《玉君》成名，表现青年男女的坎坷爱情生活。到了20世纪30年代，他创作《报复》等小说时，则凸显出鲜明的京派特色，以表现人性内蕴和"粗人的哲学"为主。《报复》叙述小翠15岁时被妈妈许配给高二，后来，刘五多给了一些钱，妈妈又将其许给刘五。刘五要娶她的头三天晚上，高二带一帮好汉将其抢走成亲；刘五则趁小翠上山挖菜时欺负了她。此后，高二、刘五成了仇人。一次，高二在狂风暴雨中冒死救出了刘五，刘五也在高二酒后差点被罗小黑偷走钱袋时跟罗小黑大打出手，保住了钱袋。在李胡子等人调停下，端阳节，高二请刘五来家聚会，终于放下仇恨。小说擅长通过细节描写凸显人性，且关注小女孩的生存状态。15岁的小翠"见了生人，她也只会把个食指咬在口里，瞪着两个大眼睛呆呆的望"。这是刚露面的小翠，天真、纯洁，让人想起《边城》中的翠翠。待经历生活磨难、看到丈夫与刘五和解后，"小翠坐在屋角上，半天木木的。见他们这般的傻笑，她也禁不住笑了。她又想往嘴里插指头，但手到半路又放下来，她确是一个女人了！"① 没有完成的动作，照样表现出其内心深处依然存留着的纯真。得知刘五欺负小翠后，高二长时间寻找他报仇，却在暴风雨中救了他一命；刘五也知恩图报，最终和解。作者对他们的行为显然持肯定态度："'报仇不忘恩，冤家变成亲！'这是他们粗人的哲学。"恩怨分明，不搞阴谋诡计，人与人交往保存着古风，其看似粗犷的做派里蕴含着真率的人性，故作者赞许道："也怪，粗人倒比细人明白！"②

对纯朴人性的关注和对"粗人哲学"的表现，构成京派小说的重

---

① 吴福辉编选：《京派小说选》，人民文学出版社1990年版，第109、120页。
② 吴福辉编选：《京派小说选》，人民文学出版社1990年版，第120页。

要内蕴。沈从文小说创作中对三三、翠翠、萧萧、夭夭等女孩子纯洁天性的描绘，对柏子、傩送、天保等湘西水手存在状态的凸显，均反映出他对蕴含在少女形象中的烂漫情愫、童真本性的欣赏，对水手们放手拼搏生活、放肆挥霍青春的原始生命力持肯定态度。作为京派的旗手，他的创作倾向对于年青一代京派小说家具有引导作用。林徽因，论年龄，跟沈从文属于一代，但是创作小说时间较晚，且作为好友欣赏沈从文的文学创作，因此，20世纪30年代发表小说时，对乡村生活的向往、对美好女性形象的刻画与对人性的分层面描写成为其特点。1935年创作的《横影零篇》是一组小说，其中《钟绿》描述一位追求美好、向往乡村纯朴生活的女孩钟绿的人生悲剧。小说聚焦钟绿的美，通过一个女同学讲述的停电后烛光影中穿着中世纪尼姑服装的画面，再由男同学讲述那个为着爱钟绿而不得出走南美洲不再回来的故事，侧面烘托钟绿的美；尤其是钟绿回眸一笑的美丽背影，简直是令人销魂的特写。"试想一个静好如花的脸；一个长长窈窕的身材；一身的缟素；借着人家伤痛的丧礼哭她自己可怜的身世，怎不是一幅绝妙的图画！"她的美充满野性魅力。狂风暴雨中回眸一笑，继续按照自己的意志奔跑而去——"我就喜欢钟绿的一种纯朴，城市中的味道在她身上总那样的不沾着她本身的天真！那一天，我那个热情的同房朋友在楼窗上也发现了钟绿在雨里，像顽皮的村姑，没有笼头的野马，便用劲的喊。钟绿听到，俯下身子一闪，立刻就跑了！"① 尽显乡村纯朴的天性，没有都市女孩的矫情；不受约束的自由，具有野马一样的蛮荒味儿。为何如此？小说借钟绿的信告诉了读者。"我到乡村里来了，这回是散布智识给村里朴实的人！""乡间的老太太都是理想的母亲，我生平没有吃过更多的牛奶，睡过更软的鸭绒被，原来手里提着锄头的农人，都是这样母亲的温柔给培养出来的力量。我爱他们那简单的情绪和生活，好象日和夜，太阳和影子，

---

① 吴福辉编选：《京派小说选》，人民文学出版社1990年版，第203、206页。

农作和食睡，夫和妇，儿子和母亲，幸福和辛苦都那样均匀的放在天平的两头。""这农村的妩媚，溪流树荫全合了我的意，……真的，这样才是日子，虽然山边没有橄榄树，晚上也缺个织布的机杼，不然什么都回到我理想的以往里去。"① 信中对乡村生活充满赞颂，对乡下人生活的和谐给予肯定。同时，乡村景色激起她对童年生活的追忆，实际上告诉了读者为什么那么留恋乡村，难怪作者忍不住赞扬这样一个"古典的钟绿"。这样描写一个异国女性，蕴含在形象深处的，是作家价值立场的讨厌都市。这样超人脱俗的女孩，一个梦想着坐帆船周游世界的女孩，也不得不随流进入世俗的婚姻，作者对此充满担忧和疑惧。"我不时叹息，想像到钟绿无条件的跟着自然律走，慢慢的变成一个妻子，一个母亲，渐渐离开她现在的样子，变老，变丑，到了我们从她脸上身上再也看不出她现在的雕刻般的奇迹来。"② 林徽因希望留住美，不愿意纯洁的美丽毁溺于世俗的浊浪。担心美被毁灭，成为叙事内动力，于是，故事让其爱人在婚礼前一周猝死，钟绿则在两年后死在一条帆船上——这是她最喜欢的事情，坐帆船。实际上，也是在审美层面上实现了钟绿的梦想。究其内在动机，与《边城》中沈从文通过两个"也许"赋予翠翠不确定的未来一样，不忍心让世俗的生活污染了笔下的女神。

钟绿的人性美，是作家帮她坚守住了。林徽因更多时候是赋予人物自我坚守的力量，无论是对自我兴趣的追求，还是对自己人生道路的选择方面。小说《吉公》叙述外曾祖母抱养的儿子吉公，"在许多人眼前，他是被认为个不读书不上进的落魄者，所以在举动上，在人前时，他便习惯于惭愧，谦卑，退让，拘束的神情，惟独回到他自己的旧楼

---

① 吴福辉编选：《京派小说选》，人民文学出版社1990年版，第208页。
② 吴福辉编选：《京派小说选》，人民文学出版社1990年版，第213页。

上,他才恢复过来他种种生成的性格,与孩子们和蔼天真的接触"。①
对世俗规则和社会的厌恶与不适应,对自己天地、对童真的热爱,使他
成为另类。其实,他有"科学的兴趣",喜欢捣鼓钟表,"想到上海去
看一次火轮船,那种大机器转动起来够多有趣?"② 他学会了照相,并
因此认识一位未出阁的姑娘,然后,入赘到女方家里。大胆追求自己的
幸福,在人生关键时刻凸显出自我,是林徽因笔下形象的典型特征。文
珍也如此。小说《文珍》以7岁的"我"寄居在篁姊家所遇到的17岁
的丫鬟文珍为中心展开故事。她知道文环与公子芳哥的情感悲剧,因为
情感被隔阻,文环投井了;文珍与隔壁的革命党相爱,被主人责怪,准
备将其嫁给一个钱庄管账的40多岁的罗锅男人。她决定抗争;最后,
这个扎红头绳的丫鬟跟人私奔了。没有惊天动地的伟业,却抓住了人生
中最切己的利益,大胆自决,凸显出果敢、淳朴的人性。

　　最能表现林徽因对人性复杂认知的是其代表作《九十九度中》。小
说在炎热夏天的背景下,通过十几次视角转换,组合出都市人生画面,
凸显出不同的人性内涵。同为底层人物,车夫杨三趁空找车夫王康要
账,王康不还而发生打斗,最终皆被拘留。春燕堂娶媳妇,新娘阿淑
25岁,想自主婚姻而不得,拖了3年,还是不得不给人填房。婚礼上,
想起来九哥——逸九。阿淑在婚礼进行当中,一边跟着三鞠躬,一边想
到——"昨晚上她哭,她妈也哭,将一串经验上得来的教训,拿出来赠
给她——什么对老人要忍耐点,对小的要和气,什么事都要让着点——
好像生活就是靠容忍和让步支持着!""理论和实际似乎永不发生关系;
理论说婚姻得怎样又怎样,今天阿淑都记不得那许多了。实际呢,只要她
点一次头,让一个陌生的、异姓的、异性的人坐在她家里,乃至于她旁
边,吃一顿饭的手续,父亲和母亲这两三年——竟许是已是五六年——

---

① 吴福辉编选:《京派小说选》,人民文学出版社1990年版,第216—217页。
② 吴福辉编选:《京派小说选》,人民文学出版社1990年版,第219页。

来的难题便突然的，在他们是觉得极文明的解决了。"① 阿淑的意识流，一方面表现出人的自然天性与社会性的冲突，社会对其人性构成严重压抑；另一方面，亦凸显出当时自由恋爱尚处于理念阶段，婚姻大事依然蕴含着父辈的权威性和随机性。其他如逸九对阿淑、琼情感的追忆，刘太太对他人衣服合体的羡妒，老太太内侄孙丁大夫得到李姓挑夫患病求药的电话后，怕影响自己打麻将而冷漠告诉门房让他们到别的医院去；卖杨梅汤老头和丫鬟寿儿的矛盾心态，慧石对大伯关怀的感觉与妈妈说大伯坏话的困惑等，无不表现出林徽因敏感的人性认知与细腻的感知能力。

在挖掘人性深处的内蕴方面，李健吾、萧乾、芦焚、汪曾祺等京派作家具有一致性。李健吾的小说《坛子》写喜娃的继母打碎了坛子，引发喜娃对老人的咒骂，追叙喜娃父亲续娶老人时引发的猜想，进而展现作家对人性的认知。喜娃吝啬，"他不过二十五岁，但是他的吝啬仿佛五十岁的老人的"。② 平时，夫妻二人像支使仆人那样使唤将近60岁的继母；父亲刚死，就要驱逐之。钱娃似乎有同情心，邀来村长和族里前辈，最终继母得到五亩地。钱娃认为地应该归他，于是像喜娃一样责骂她，"钱娃有一点和喜娃相同：使唤她和使唤牛马一样。牛马也有休息的时候。老婆子是很知足的。他们还听见她谢天哪"。③ 尽管如此，钱娃一次酒后竟然想玷污她，被她咬伤。可以看出，钱娃跟喜娃一样，没有把她当人看待。围观者呢？割麦的佃伙或认为她年轻时有媚法，诱惑喜娃爹，或认为床上有妖法等，均不往正面猜测。对待一个卑微老人的态度，凸显出人性深处的卑劣。当然，京派小说家不只是看到人性的负面，还有更多内涵。芦焚的小说《过岭记》叙述我、退伍军人和小

---

① 吴福辉编选：《京派小说选》，人民文学出版社1990年版，第189—190页。
② 吴福辉编选：《京派小说选》，人民文学出版社1990年版，第173页。
③ 吴福辉编选：《京派小说选》，人民文学出版社1990年版，第181页。

茨儿三人住店与过岭、半途退回的故事，表现小茨儿淳朴、羞涩、活泼的性格。当退伍军人问他家有什么人时，一提到媳妇就支吾不语了："小茨儿羞得只是出大汗，弄得他脸上，没有胡子的嘴上，没一处不湿淋淋，像刚从暴雨里逃出来。"① 羞于言情的他，面对炎热可怖的蜈蚣岭，却三步一跳，口中随意唱着他家乡的小曲。萧乾的小说也聚焦人性本真，刻画人物的侠义、势利等内蕴。《邓山东》叙述卖零食的山东小贩仗义行事、敢于担当的故事。学校要惩罚买他东西的七名学生时，他替学生挨了斋务长一耳光。孙家福因为朝会上偷看《七侠五义》，被斋务长罚不准回家吃饭，空着肚子立正。这消息传到邓山东耳里后，就交给黄二少一包芙蓉糕。当被问钱谁付时，表示："俺眼没都长在钱上。朋友交的是患难。快去！"这种近乎痴愚的侠气，凸显出人性中义气、豪爽的内涵。像沈从文笔下的会明一样，他没有可以炫耀的现实，只能在追忆过去中获得满足。"俺在兵营里头领过一营人唱军歌。那威风！"说到这儿，他叹息地摸一摸腰间的皮带。"不是大帅打了败仗，俺这时早当旅长了。"② 现实的失落，并没有扭曲其人性的正义，反而在不计利害的行为里彰显出行伍生涯带来的豪气！《篱下》则以环哥的视角叙述被爸爸抛弃后，他跟着妈妈到姨家的遭遇——因为城乡差别和年龄小，他先是带着表弟去护城河里摸泥鳅，惹得姨夫要打表弟；吃饭时因为不懂规矩，多次被妈妈呵斥。早上起来，他对着花撒尿；见到表妹，他掐下最大的茉莉花，逗哭了表妹；表弟放学回来，他爬到树上晃动枣树，将姨夫准备送上司的好枣摇落，最终因为表弟说他没有爸爸而揍表弟。小说结尾，姨妈很惋惜地送别母子两人。在城乡对比的背景下，萧乾将环哥自然随性的性格特点与姨妈家（城里人）处处规矩、约束人性的环境构成矛盾，进而表现出对两种文明的态度。可以看

---

① 吴福辉编选：《京派小说选》，人民文学出版社1990年版，第235页。
② 吴福辉编选：《京派小说选》，人民文学出版社1990年版，第290、289页。

出,无论是小说结构、人物性格,还是文化内蕴、叙事氛围,均受沈从文小说的影响。

当然,京派的人性刻画呈现多彩局面,而非一样风貌。凌叔华、汪曾祺的人性描写,无论是凸显人性内蕴之幽微、表现手法之细腻,还是表现视角之独特、叙事结构之奇异等,均具有鲜明的个性。凌叔华的小说《李先生》叙述 C 女中学监李志清作为 43 岁尚未出嫁的女性,过着妒忌女学生、世事费猜疑的苦日子。看到淑英穿着一件金红色镶白花边的袍子,就认为太过招摇,于是委婉提醒不应该这么招摇,没想到淑英很机敏地回话:"都是表姊叫我穿的,她说出去看人去穿件鲜亮衣服要什么紧,现在不穿,留到脸皮打褶做老姑娘时穿吗?"为何有这样的冲突?小说写道:"一个正当十七八的姑娘,脸上学得那样妖媚表情,穿着这样艳丽,谁都会想到她是去会恋人吧。十几年前,就是志清年青时,女学生有了恋人比做了贼还可耻,家里知道,有辱门楣的闹,学校还要给她挂一个行止不端,有玷学风的开除牌子。"[①] 看着淑英远去,志清这样想到。其实,是嫉妒她们赶上了好时代,而自己错过了青春。但是,不温不火地写出来,微波不起的样子是典型的大家闺秀做派,也是京派风格。直到小说结束时,去二嫂家做客的她快到时忽然颤声叫道:"喂,拉回去,回去……"[②] 这个结尾,余韵悠长——首先,李志清最终还是不愿委屈自己,融入世俗情感旋涡中。其次,亲戚往来成为累赘,不仅使其心理负担很重,也引发了她的心脏病。再次,到了二嫂家,必定会谈起妈妈;而这正是她时常想起、却不愿面对的现实。最后,小说写到李志清照镜子的情景:"镜中人,确是有些年纪了,额前眼角满了细细的皱纹,皮肤一些都不存从前的红润壮实了,只冷冷的露出一色黄褐,几乎令人疑惑这里头装的血也不会是红的

---

① 吴福辉编选:《京派小说选》,人民文学出版社 1990 年版,第 83 页。
② 吴福辉编选:《京派小说选》,人民文学出版社 1990 年版,第 91 页。

了。""其实才四十三岁的人,不应该这样衰老,二嫂比她大一岁,还天天拍粉抹胭脂,穿长着短的一时一套呢。"① 到二嫂家,自己不成为陪衬人了吗?!这篇小说可以视为女性的觉醒,恰如沈从文笔下"丈夫"的人性觉醒一样——从一味迁就社会、他人,到从自我爱好出发行事,挣脱环境束缚,也是一种解放!

凌叔华的《酒后》《绣枕》《花之寺》《小哥儿俩》等小说对人性的其他内涵进行了细腻刻画。《酒后》叙述永璋、采苕夫妇的好友子仪来家聚会,酒后醉倒在客厅大椅子上。采苕忽然想吻他一下,永璋开始不同意,经不住妻子的软磨,同意了,采苕却不愿意吻了。采苕为何有此念头?是因为"他处在一个很不如意的家庭,我是可怜他"。"我想到他家中烦闷情况——一个毫无情感的女人,一些只知道伸手要钱的不相干的婶娘叔父,又不由得动了深切的怜惜。"② 自己的家庭越幸福,越是感觉到子仪家庭的不幸;同情之外,还有对人际关系的深深透视,凸显出采苕善良的人性。《绣枕》通过大小姐辛辛苦苦绣一对靠垫给白总长的二少爷,却被践踏、抛弃并送给了仆人的女儿,使其对爱情的向往遭受挫折。小说对有权势者肆意践踏女性尊严、玷污美好爱情寄托的描绘,凸显出世间恶行对美好人性的摧残。《花之寺》通过诗人幽泉及其爱人燕倩人生的片段,表现出两性间情感的波折。当幽泉接到一封充满暧昧意味的来信后,兴冲冲赴约而去;听到汽车声联想到可能是大家闺秀,闻脚步声即匆忙奔去,却发现走来的是妻子。男性的性爱心理波动,女性的不信任态度等,建构起人性展演的舞台。《小哥儿俩》则叙述七叔给大乖、二乖送来一只会说话的八哥,被野猫吃掉了;二人决定报仇,却发现野猫生了4只小猫,于是,忘记了仇恨,琢磨着给大猫小猫收拾个窝呢。看似平淡的故事背后,是蕴藏在儿童心中的人性天真、

---

① 吴福辉编选:《京派小说选》,人民文学出版社1990年版,第86—87页。
② 傅光明、郑实编:《凌叔华文萃》,文化艺术出版社2002年版,第158—159页。

纯洁。

汪曾祺的小说创作，聚焦人性中耿直忠厚、谦卑自然的内蕴展开。如《老鲁》叙述山东人老鲁从行伍间退到昆明当校警，对人热心、梦想不大却无法实现的故事。学校周边的塘水因为被污染而导致师生拉肚子、红眼病，其他工友偷懒，只挑塘水，老鲁却主动到山上挑水。"老鲁挑水都上山。也没有哪个告诉他肚子眼睛的事，他往两处看了看，说底下那个水'要不的'。这全校三百多人连吃带用的水挑起来也够瞧的。老鲁一模糊亮就起来，来来回回不停地挑。有时来不及，则一担四桶，前两桶后两桶。水挑回来，还得劈柴。然后一个人关在茶炉间里烧。"跟他一起来的老吴"有事推给别人做"，老鲁则主动揽事，勤快、热心处，自有其忠厚特性。唯其如此，他特别看重自己曾拥有的行伍生涯。"老鲁在张宗昌手下当过兵。'铳子队，'他说。'童子队？'有人不懂。'铳子队！噢，不懂？铳子队就是马弁。'"① 所以，他讲张宗昌火烧妓院三条街的故事，讲吃猪食、吃棉花的传奇经历。这是他值得自豪的往事，也是小人物能够体现自我价值的地方，恰如沈从文笔下的会明，从追忆行伍生活中凸显其人性的闪光点。《异秉》则通过王二做生意时的谦恭和机灵表现人性。与人相处，他异常谦卑，"王二从不打断别人的话，跟人抬杠，抢别人的话说。他简直没有甚么话，听别人的。王二总像知道得那么少，虚怀若谷的听，听得津津有味，'唉'，'噢'，诚诚恳恳的惊奇动色，像个小孩子。最多，比方说像雷打泰山庙旗杆，他知道，他也让你说，末了他补充发挥几句，而已。王二他大概不知道谦虚这两个字到底该怎么讲，于是他就谦虚得到了家了"。发家后，众人推究王二如何能有今天的致富？王二的答案出乎意外——"我呀，我有一个好处：大小解分清。大便时不小便。"② 王二谦虚的性格，符合

---

① 吴福辉编选：《京派小说选》，人民文学出版社1990年版，第359、362页。
② 吴福辉编选：《京派小说选》，人民文学出版社1990年版，第406—407、411页。

中国传统文化熏陶出的处世原则；带着黑色幽默味儿的发财经，既凸显他不愿外传发家秘密，也调侃、解构商业的正经，将一个精明的生意人勤快持家、略显狡狯的秉性成功刻画出来了。

京派作家的价值立场鲜明。他们或如废名、沈从文、芦焚、汪曾祺等成长于传统文化积淀丰厚的乡村，或如林徽因、凌叔华、萧乾等虽成长于都市，内心却向往乡村，因而其小说创作便或隐或现存在比较视角。描摹乡村生活的安静淡然，刻画乡下人性情的质朴纯洁，成为京派作家共同的特点。废名的小说《河上柳》表现陈老爹对传统文化的留恋，"逢着人便从盘古说到如今"，王茂才替他选定的对联——东方朔日暖，柳下惠风和。他觉得适合自己。小说结尾，象征性的老柳树，在驼子妈妈去世后不久的一场大水中，根须暴露，岌岌可危，于是引来木匠除之。"霹雳一声，杨柳倒了，……而那褪了色的红纸，顿时也鲜明不少。"① 这个结尾是对现实的讽刺——其一，陈老爹生活水平日益窘迫；其二，政令挤压的效应是摧毁性的；其三，对联的更加鲜明，反衬出陈老爹向往的传统风气已经不存在了，因为无以为生的主人，哪里顾及东方朔式的诙谐与柳下惠式的坐怀不乱？当生存所依渐渐轰毁，虚幻的精神又能支撑多久呢？！《菱荡》则叙述陈聋子在二老爹家打长工的生活。"二老爹的园是他种，园里出的菜也要他挑上街去卖。二老爹相信他一人，回来一文一文的钱向二老爹手上数。洗衣女人问他讨萝卜吃——好比他正在萝卜田里，他也连忙拔起一个大的，连叶子给她。"他跟雇主，跟村民，关系均和谐融洽；雇主与雇工之间很信任，雇工与村民之间很亲切，因此，连村里的妇女们也不外气——可以当着他说："哈哈哈，张大嫂好大奶！"也可以做出随意的行为——"张大嫂解开了她的汗湿的裰子兜风。"当送菱角到城里石家，被两只狗跳到肩膀上叫，却抓住篮子转圈，直到石家姑娘出来解围。"以后逢着二老爹的孙

---

① 中国现代文学馆编：《废名代表作·竹林的故事》，华夏出版社2009年版，第36页。

女儿吵嘴,聋子就咕噜一句:'你看街上的小姑娘是多么好!'"① 一方面凸显隐隐的城乡比较,对城里人朦胧的赞许;另一方面,文本止于赞许,并没有到城里去生活的可能性,废名把握住了关键点。1925—1927年的废名,已经在文本里建构起比较意识;等沈从文接棒前冲时,对乡村牧歌情调的歌颂、对城市文明的眺望以及二者比较后的选择等,则拿捏得恰到好处。

　　沈从文的《三三》《萧萧》《丈夫》《夫妇》《边城》等小说中均有城乡比较意识,并不复杂的叙事结局里,乡下人总是处于上风。无论是如《三三》《萧萧》中城里人的死亡或逃走,还是如《丈夫》中城里人欺负乡下人导致"丈夫"觉醒,抑或是《夫妇》中璜对小夫妻的羡慕、《边城》中翠翠对拿碾坊做陪嫁的稀奇和鄙夷,无不凸显出作家的价值立场和文化选择。杨振声的《报复》中对"粗人哲学"的欣赏,林徽因笔下的"钟绿"对乡下生活的赞美,萧乾的《篱下》对寄人篱下者的同情,汪曾祺对"老鲁"热心耿直品德的描绘等,让这些人物无论人生的过去时是在城市还是在乡村度过,到了现在时必须选择乡村文明。芦焚的《乡下人》内蕴更丰富,小说叙述进士家避匪进城,总管叉头为其忠心护家、与村人发生冲突的故事;直到范进士的族人范七砍了其家祖坟上的柏树,叉头醒悟到此处不可留,走向外面的世界去了。叉头一方面具有保守、传统性格,"时光虽已过到一千九百几十年,他取火的方法还是祖宗们都用的两件宝贝:一方火镰刀,一块火石。差!差,差,差!打着火,一边吸烟,两只小眼睛霎那么两霎,就定在某一地方,钉在那里了"。他也知道别人骂他"奴才!"② 但是,他坚守着自己的古朴与立场。"他不相信别的,除了自己。他不知道疲倦,从不知爱惜自己或偷懒。""在不被注意和岁月和土地的折磨下,叉头活着;

---

① 格非选编:《废名小说》,浙江文艺出版社 2007 年版,第 71—73 页。
② 吴福辉编选:《京派小说选》,人民文学出版社 1990 年版,第 248 页。

在催逼中,他活着;在嘲骂里,他活着。承袭了祖先的'美德',从未想过'为什么',一直到苍苍老迈。"不爱惜自己,不偷懒,靠原始生命力支撑,像沈从文笔下的老船夫一样。然而,他渴望获得人的尊严。下雨了,他想让元吉帮忙收拾散落的器具,元吉拒绝并骂了他。"他就在那里茫然立着。雨打在他灰白的头上,打在他佝偻的身上,水顺着脖子簌簌往下滚。他觉得自己真个孤单单的了,像置身在无人烟的旷野上。""叉头虽然一生被人践踏在脚下,却望人家把他当人看待,现在居然元吉也要骂他,便觉得无限怆伤。"伤心的叉头开始比较城乡的差异,"乡下人……城里人精明得一个鸡毛也不放过。"① 依然认同乡村文明,直到范七砍了进士家坟上的柏树,范七嫂嫁祸于他、众人欲围攻他时,他表态:"世界是大的,我哪里都去得;世界是长的,您也哪里都去得。大家安心回去罢,我说的!"作家显然为这个终于下决心走出乡村的老实人高兴,于是,"叉头衔着烟袋,轻捷的向前走去,……这时,过往的世界远离了,而各种矛盾融合在一起,心跳跃着跳跃着,充满了活气。他胸脯饱张着,不再佝偻;他年青了"。② 内心肯定、留恋乡村,行为上却冲出来了,这正是京派作家心有诗情、正视现实后的理性抉择。

相比较海派重视文学的商业性和趣味性、左翼重视文学的政治性和社会性,京派作家显然更关注文学对人性的表现、对生命力的展示。正如京派理论家朱光潜所言文学"是一个国家民族的完整生命的表现",因此,既反对"拿文艺做工具去宣传某一种道德的、宗教的或政治的信条",也反对"为文艺而文艺"的"不健全的文艺观"。③ 唯其如此,京派作家并不聚焦能够代表时代发展最新趋势的精英生活,而是表现社会

---

① 吴福辉编选:《京派小说选》,人民文学出版社1990年版,第251—252、257、251页。
② 吴福辉编选:《京派小说选》,人民文学出版社1990年版,第264—265页。
③ 朱光潜:《我对于本刊的希望》,《文学杂志》1937年创刊号。

下层人的生存状态。林徽因曾经注意到京派小说"趋向农村或少受教育分子或劳动者的生活描写",①"从他们那种执拗的乡镇立场出发,从敬畏天命的小民立场出发,来看待二十世纪中国的动荡,就不由自主地会害怕变动,只能在变动中发现旧有的美,不能在变动中发现急进的新。小说中的人物很少把人生的企求寄托在大变动之中,倒是喜欢退回到传统文化崇尚的淡泊、与世无争的地步,在自在状态的生活圈内获得自足"。②当京派作家批判海派的媚俗、逐利,批评左翼的激烈、血腥,选择从容、中庸的文化立场,建构和谐、优美的美学风格时,其文学价值就凸显出来了。一方面,京派于政治立场的左翼、右翼之外,选择了中国人更为普遍的生活场景为表现对象,因而能够深入挖掘蕴藏在生活画面背后的人性内蕴;另一方面,疏离政治视角的积极效应,鲜明地表现在京派对于传统文化采取温和、欣赏的姿态,能够通过文本表现出更具中国精神的内涵,弥补了新文化运动以来对传统文化偏激批判造成的文学缺憾。

　　从美学观的传承到价值观的一致,由周作人、废名等建构的文学传统,经过沈从文的理论倡导、期刊传播和林徽因、芦焚、李健吾、萧乾、汪曾祺等人的加入,并在文学创作方面取得了卓越成就,最终形成了特色鲜明的京派。

五　沈从文理论建构的价值

　　沈从文不是理论家,但是,其文学理论依然具有独特价值。首先,其理论建构是对自我创作经验的总结。作家对自我创作心得的体悟、升华,虽不如文学理论家的系统架构那么有条理性,却因为浸润着最真实

---

① 林徽因:《文艺丛刊小说选题记》,载《大公报文艺丛刊小说选》,1936年8月大公报馆版。
② 吴福辉:《京派小说选·前言》,人民文学出版社1990年版,第9页。

的质感、最丰富的情感而显得鲜活。沈从文强调创作过程的"独断",反对作家批评他人作品时的不平等,与其经验有关。1976年2月4日,在《复徐杰》的信中,他再次批评郭沫若:"他可以译歌德《浮士德》或《少年维特》,又有权利写浪漫诗歌,却不许别人更严肃的来写点五四以来男女问题。"对郭沫若利用权威地位压制他人的做法,沈从文表示强烈不满。就沈从文的理论内涵而言,是理清了创作与批评的关系的,即创作时可以按照自我意志进行,拒绝任何外来干涉;但是,批评他人的创作时,则应该抱平等态度,不能唯我独尊,霸道专横。谈到徐杰当年批判其小说时,沈从文写道:"如老兄所批评的'二录'(指《看虹录》《摘星录》——引者注),一般读者只觉得'还新奇',而不大看得懂是试验用抒情诗,水彩画,交响乐,三者不同成型法,揉成一个作品的。一般批评是触不到作者意识核心的。'赞美'和'谴责'都隔一层。因为缺少'欣赏'基础,又不明白作者本来意图,只用世俗作文章的'道德习惯'或'政治要求'去判断,和作品'隔'一层是不可免的。"[①] 与搞文学的作家谈论创作与批评,凸显出自己对批评家的观点———一个带着成见去批评作品的批评家,无论是赞美,还是谴责文本,其前提是必须读懂作品,搞清楚"作者本来意图"。否则,其批评与文本内蕴往往会"隔一层"。何况,很多批评家受"道德习惯""政治要求"的制约,其研判文本内涵,更容易受制于其"前理解",所表达的观点也如同隔靴搔痒,抓不到关键处。这样,作家的自我理论表述就显得真切、必要了。

其次,沈从文的理论建构是京派文学的指导思想。京派的雏形,虽然形成于周作人、废名等人的创作,但是,他们并没有对其进行理论概括,更没有建构固定的发表阵地。沈从文首先通过自己创作的示范效应,凸显出文学创作对政治层面的超越,在关注社会性的同时,更深入

[①] 沈从文:《沈从文全集》第24卷,北岳文艺出版社2002年版,第375—376、378页。

挖掘表现对象的人性内蕴。这些特征对林徽因、凌叔华、萧乾、师陀等聚集在《大公报·文艺副刊》周围的年轻作家产生了积极影响,对京派的形成具有决定性效应。其次,通过评论那些已经成名作家的创作得失,沈从文告诉青年作者和读者:热衷于控诉社会罪恶、人生血泪的作品固然能够红极一时,但缺乏持久的打动人心的力量;好的作品应该透过浮躁的社会表层,直抵人性深处,写出人性的善良与丑恶来。通过《沫沫集》为代表的评论文章和《废邮存底》为代表的与年轻作者通信集,肯定那些关注乡村文明变化的小说创作,批评宣泄自我情绪的小说流派,赞许对乡土充满温爱的叙说,进而使文本中的乡土不再是批判的对象,而成为建构理想、展示乡情的载体。热情引导、良性互动的文学行为,不仅改变了中国乡土文学的风貌,且以其价值立场、人性关怀促进了京派特色的建构。再次,借助文学期刊传播文学理论、指导青年作家。他登上文坛得力于《晨报副刊》编辑徐志摩的扶持,其发表阵地主要是《晨报副刊》《京报·民众文艺》《小说月报》《现代评论》等,独特的经历使其看重报刊的价值。后来,他主持《大公报》的"文艺""星期文艺""小公园"等副刊、《益世报·文学周刊》,并参与《文学杂志》编辑,建构起京派凸显的平台;在昆明时期,他主持《观察报》副刊《生活风》和《新希望》时,大量发表汪曾祺、杜运燮、陈敬容、袁可嘉、马逢华等年轻人的作品。他关注人性的创作观,通过编辑副刊和修改来稿、与作者通信等方式传播开来;以自己的小说创作和创设"《大公报》文艺奖"引导京派的创作,最终促成京派形成,成为京派领袖。其文学理论,成为京派的指导思想。

　　再次,其理论建构是现代文学理论的重要构成。中国现代文学生成于民族救亡、政治启蒙的特殊背景,因此,现代文学一直承载着超越自身能力的政治、社会重负。无论是新文化运动初期的文学"为人生"主张、创造社的"为艺术而艺术"理念,还是左翼文学的革命色彩、现代派的先锋意识,均侧重表现创作主体对社会的认知、剖析,或对人生的政治解读、对时代的超前描述,而缺乏对社会主体的人到底具有怎样的性质的探究,更勿论人性与政治、人性与社会、人性与性别等复杂关系了。在此背景下,沈从文建构的以人性表现为主的文学理论就具有独特的价值,不仅使现代文学的本体内蕴深入人的意识层面,多维展示作家对表现对象的复杂认知,而且有助于现代文学内涵的普适性,使其获得了超越特定时代、特定民族的特性。沈从文的文学创作,是糅进自我对表现对象的多重理解的。1963年11月12日,在《由长沙致张兆和》的信中,他抱怨道:"小妈妈,这就是我说的你能'看小说',可不大懂'写小说'的原因。你什么都好,就是不懂写好小说除人事外还要什么作料,以及使用作料混合作料的过程,火候、温度、时间、环境……写批评的人事实上且更加无知。"① 这段话,既表达出沈从文对小说创作需要什么的理解,也凸显出他认为批评家与小说家之间存在隔膜。之所以如此,是因为世人一直对他在1949年之后不再创作存在误解。1961年7月23日,张兆和在信中指责他:"当初为寻求个人出路,你大量留着鼻血还日夜写作,如今党那样关心创作,给作家各方面的帮助鼓励,安排创作条件,你能写而不写,老是为王瑶这样的所谓批评家而嘀咕不完,我觉得你是对自己没有正确的估计。"② 张兆和认为他可以为自己写,却不愿意为党创作;他"能写而不写",是受王瑶观点的影响;同时,"对自己没有正确的估计"。虽然,张兆和写过作品,也帮助沈从文修改过小说,但是,对文学创作的理解,与沈从文还是差别巨大的。她认为只要外部条件具备,组织需要,作家就可以写。事实上,郭沫若、老舍、曹禺等现代作家在1949年之后也是这样做的。但

---

① 沈从文:《由长沙致张兆和》,《沈从文全集》第21卷,北岳文艺出版社2002年版,第392页。
② 张兆和:《张兆和致沈从文》,《沈从文全集》第21卷,北岳文艺出版社2002年版,第76页。

是，沈从文认为文学创作更需要适当的火候、合理的温度、合适的时间与宽松的环境，亦即作家感觉到可以写才写。可见，坚持创作过程中的自主性，是沈从文一生的选择。其批评评论家的"无知"，也是对他们盲从时代需求、忽视创作复杂性的不满。如此个性鲜明、内蕴丰厚的文学理论，是中国现代文学理论的重要组成部分，也是沈从文对中国现代文学超越时代的独特贡献。

后　记

　　原计划2019年定稿，没有想到还是拖到了2020年。尤其是年前年后防控新冠肺炎，出不得门，心也不宁，无法静思。终于坐到桌前写这些文字时，心里有了几分坦然，对自己，对世界。

　　跟沈从文结缘，是20世纪80年代上大学期间。尽管所学《中国现代文学史》介绍《边城》的文字很少，看过小说后还是有一种别样的感觉。当然，那时候只是有感觉而已，根本不会想到耗费几十年研究沈从文。本科期间被几千年积淀下来的古典文学诱惑，认定那才是美文，那才叫文学，所以，尽管每月只有17.50元的助学金，除了吃饭、买衣服，还是买了一书架古典文学书籍，准备考古代文学硕士。留校任教几年，被古籍的竖排版和蚂蚁般的注释文字折磨，决定放弃古代文学，改考现当代文学。1990年，很多人还没有走出迷雾、依然被往事纠缠时，我决定考研，用备考的忙碌赶走困惑，也为教公共课的自我选择更适合的专业方向。我原选研究方向是当代文学，但是，刘思谦老师因为特殊原因不能带学生了，只好改为现代文学方向。这便注定了有可能再遇到沈从文。

　　读硕士期间，源于从乡村走出来的背景，自认为熟悉乡土文化，曾决定研究乡土小说或陕西作家群，收集了大量材料，却换来重重困惑；跟导师请教，被刘增杰先生认定选题过于庞大。多少年后，自己带学生时才明白这些选题的确过大;况且,熟悉的未必是适合研究的,从生活层面到文本层面,中间还隔着很多内涵呢!书海徘徊几多回,再读《边城》,又找到了那种悠然,那种令人陶醉的滋味,于是,决定以沈从文为研究对象,获得老师认可。选择切入视角时,受制于学养积淀和社会思潮——20世纪80年代兴起的文化热,制约着我的思维,遂以"文化选择"为突破口,研究其积极、消极效应,取得了成功。我认为沈从文的文化选择是"小乡城文化",此观点得到学界认可。从20世纪90年代初到现在,从找关系到图书馆借阅《沈从文文集》,到寒冬腊月去国家图书馆查阅资料,再到拥有《沈从文全集》和网上资源的便利,30年间陆续发表十几篇研究文章,对沈从文的认知也越来越全面、深刻,便有了写作《沈从文新论》的冲动。虽然从读博开始,有些疏离了沈从文,但是,潜隐在意识深处的联系,最终还是把我拉回到沈从文的文学世界中来。

说潜藏于心的联系,是指从本科到博士阶段,我的研究对象之间具有的内在关联。本科论文选题,我选的是陶渊明。因为所借《陶渊明集》到期了,我还给图书馆,准备次日再借;次日赶去,书已经被借走了!连续一周去查询,借阅者都没有还,只好跟导师王宽行先生沟通,改为研究曹植,并购买了《曹植集校注》。博士选题是"晚清狭邪小说",这是一个描写名士名妓休闲生活的小说流派。从陶渊明、曹植,到沈从文,再到名士名妓,他们有一个共同特点:处于社会边缘,与政治保持一定距离。可能是这种内在的一致性,使其成为我的研究对象;逆向思考,也证明了本人不具备弄潮儿的特质,只能站在岸上,欣赏弄潮儿的英姿,偶尔被浪花溅湿衣衫,算是沾染了时代色彩。无意成为焦点,却可聚焦焦点中的人际关系、人性内蕴,不能说无所得。研究主体与研究对象之间的契合,形成于无意,却有存在的合理性。

这部书稿的写作,伴随着喜悦和痛苦。进入沈从文的文学世界,会产生熟悉和陌生交织的感受——熟悉的形象,美丽的风景,小乡城文化、健康的人性……往往带着故事、萦绕着旋律浮出；对于从小滚爬在泥涂中、嬉戏于池塘中的我而言，往往有电影回放的温馨感。有时候，那湾湾碧水、悠悠白鹭和鱼鹰的钩鼻、渔网的收放还会闯入梦中。直到留校任教后，我还是留恋乡野间的气息。好几次，邀约好友王定华君一起畅游野鸭湖，在沙滩、木船、友情酝酿的氛围里，捕获曾经的温馨；或者，半夜冒雪骑行，从古城东北角到西郊，再到东郊，在他人难以理解的经历中，回味少年时期奔驰雪野的滋味……更惊喜的是陌生感的冲击，无论是解析沈从文诗歌创作的多重性，还是阐释其文学理论的多样性，抑或是剖析其宗教书写的独特性等，均凸显出陌生感和新奇性。

　　研究过程产生喜悦，写作过程却伴随痛苦。这部书的建构始于 2016 年，这年八月，妈妈王巧病逝。生命链条的上线瞬间消失带来的痛苦是文字难以描述的，好几次阅读《边城》时，想到沈从文也是在失去母亲的背景下写这个悲剧的，对其内蕴的理解便有了过去没有的深度。那种心领神会、难以言表的撕裂之痛，虽然无法完全以文字再现，却可以让人思考浸润着亲情的生命到底是怎样的存在。眼下，正经历新冠肺炎的煎熬，对生命的认知，更由亲人扩展到整个民族，甚至思考人类与自然的关系。于是，对沈从文的文学内蕴便萌生新的思考。生命的产生与逝去，生命的延续和断裂，生命的存在与文本意象之间的勾连等，成为解读沈从文的特殊视角。

　　这部书的完成，要感谢家人的支持和中国社会科学出版社郭晓鸿主任的鼓励。弟兄、姊妹们积极照顾家父，尽可能给我更多的时间；家人们理解我的忙碌和焦虑，不增加我的负担。郭主任不仅督促我完成此书，还宽容我的拖延。最后，应感谢一下十几年来选修《沈从文研究》课程的同学们，他们的热情与认可，他们的争论与感悟，对我也多有启发。在此，一并感谢诸位！

2020 年 3 月 27 日于文学院 B201 室